L'ABBÉ PIERRE

UNE VIE D'AMOUR

PHILIPPE DUPONT

City
Biographie

ISBN : 978-2-8246-2148-7
Code Hachette : 23 3049 5
Catalogues et manuscrits : city-editions.com

Dépôt légal : Novembre 2023

Sommaire

1. La jeunesse et la vie monastique 7
2. Un prêtre dans la guerre 35
3. Le député H.-A. Grouès-Pierre 95
4. Les premiers pas d'Emmaüs...................... 147
5. Une honte nationale et quelques héros 173
6. Hiver 1954 199
7. Après l'Appel, réussites et croissances 249
8. Après l'Appel, déceptions et regain...........285
9. Années 1960-1970, développements et aventures 323
10. 1980-1995, mouvements et médias 353
11. 1996-2007, surprises et adieux.................381
Bibliographie sélective........................... 409

« Je me souviens de l'abbé Pierre. »

GEORGES PEREC

1

La jeunesse et la vie monastique

Henri

Henri Grouès vient au monde le 5 août 1912 à Lyon. De mauvaise constitution, il est aussitôt ondoyé, c'est-à-dire qu'on le baptise rapidement, avec un cérémonial simplifié, au cas où il ne vivrait que quelque temps. Son prénom s'écrit avec un « i » sur son acte de baptême et un « y » sur son bulletin de naissance. Ses autres prénoms sont Marie et Joseph.

Fils d'une fratrie de huit enfants, Henri est le cinquième. Sa famille est très privilégiée, typique de la bourgeoisie industrielle catholique lyonnaise. Après une petite enfance passée rue des Gloriettes, dans le quartier de la Croix-Rousse, Henri grandit dans un vaste appartement du quartier cossu de la rue Sala, en plein centre de Lyon, près de la place Bellecour. L'appartement est assez grand pour y apprendre à faire du vélo dans les couloirs. Chaque enfant dispose de sa propre chambre. Ils habitent un appartement comprenant plus de dix chambres, avec des pièces communes suffisamment grandes pour toute la famille et la gouvernante. Les Grouès déjeunent avec des couverts en argenterie qui ont servi dans la famille depuis plusieurs générations. Avec ses quatre frères et ses trois sœurs, ils passent leurs fins de semaine et une partie des vacances dans une grande et élégante demeure entourée d'un parc, appelée le Vieux-Port, à Irigny, dans la banlieue chic de Lyon.

Son père, Antoine Grouès, d'une famille originaire des Alpes, voit le jour à Lyon en 1867. Le grand-père d'Henri Grouès vient de Fouillouse, village perché à 1 900 mètres d'altitude, où ses descendants ont encore aujourd'hui des attaches. Fouillouse est un hameau de la commune de Saint-Paul-sur-Ubaye, dans les Alpes-de-Haute-Provence, à la frontière avec l'Italie (le territoire de la commune longe la frontière). L'abbé Pierre accorde une grande importance à ses origines montagnardes paternelles. De nombreuses photos et dessins de ce village et cette région alpine décorent les murs de sa chambre à Esteville, en Normandie.

Sa maman, Eulalie Perra (1880-1942), est issue d'une famille d'industriels de Tarare (Rhône). Elle a un frère, le général Daniel Perra.

Antoine Grouès

Henri Grouès voue une grande admiration à son père, Antoine Grouès, dont il admire la droiture et le sens des responsabilités. Toute sa vie, il racontera à son sujet une série d'anecdotes qu'il juge décisives pour éclairer son parcours de vie. Il éprouve une immense estime pour cet homme qui, après son service militaire, se retrouve chef de famille suite à la mort de son père, commerçant en toiles. Il liquide les affaires de son père, qui n'étaient pas très florissantes, et part pour le Mexique afin de subvenir aux besoins de sa famille, pendant dix-huit années.

Antoine Grouès a immigré au Mexique comme de nombreux montagnards de la vallée de l'Ubaye. À 19 ans, il y suit des parents et des connaissances de sa région d'origine pour tenter sa chance. Aujourd'hui, dans la petite ville voisine de Barcelonnette (Alpes-de-Haute-Provence), un musée raconte l'aventure des milliers de Français de la région qui, entre 1821 et 1950, sont partis faire fortune au Mexique, en travaillant dans l'industrie et le commerce du textile et les grands magasins[1]. Quelques-uns sont revenus dans leur région d'origine pour construire des villas extravagantes que l'on peut encore admirer de nos jours. Barcelonnette organise tous les ans au mois d'août des fêtes latino-mexicaines qui commémorent cette histoire peu banale de migrations et d'ouverture au monde. Antoine Grouès y a gagné de l'argent et appris le métier de gestionnaire d'entreprises.

À 38 ans, au retour d'Amérique, Antoine Grouès se marie, le 3 mai 1905, avec Eulalie Perra, fille d'un négociant de Tarare (Rhône), de treize ans plus jeune que lui. Quand le petit Henri voit le jour, son père a déjà 45 ans et une vie bien remplie. Il assume des responsabilités d'administrateur de sociétés dans l'industrie du textile et de la sidérurgie.

L'abbé Pierre se souvient d'un père courageux, au tempérament gai, mais tendu dans l'effort car sa santé n'est pas bonne. Les périodes où le père est malade pèsent beaucoup sur l'atmosphère familiale. Le lycéen de terminale écrit ces mots à 17 ans, dans une dissertation où il doit décrire son caractère : « Quant à mon âme sensible et vibrante, éprise de rêve idéal, je crois la tenir de mon père, ce saint que je vénère déjà, cet homme qui soutint une vie si atroce, un martyre si splendide, si enviable. »

1. Le site internet du Sénat donne à lire une petite synthèse sur l'immigration française au Mexique : www.senat.fr/rap/r98-309/r98-30917.html

Catholicismes

La mystique sacrificielle est particulièrement répandue dans le catholicisme du XIXe siècle et de la première moitié du XXe. Elle consiste à mettre l'accent sur le don de soi jusqu'au bout, le martyre, la souffrance assumée et vécue comme une grâce divine et un moyen de faire du bien aux autres, spirituellement. L'expression de l'amour de Dieu pour les hommes passe par la douleur et la mort, comme le Christ pendant la Passion. De nombreuses familles catholiques françaises ont une image du Sacré-Cœur accrochée dans leur maison. Cette dévotion est très populaire, elle consiste à représenter Jésus montrant son cœur enflammé et sanglant, symbole d'un amour ardent qui va jusqu'au sacrifice de sa vie. Henri vivait dans cette ambiance que l'on peut qualifier de « doloriste », c'est-à-dire qui accorde une grande valeur à la douleur humaine acceptée et offerte dans son for intérieur. Les écrits intimes du jeune Henri Grouès sont emplis d'élans mystiques enflammés ; il se déclare prêt à tous les sacrifices, veut devenir saint. Il habite alors dans la rue du musée de la Propagation de la foi où il se rend fréquemment, les jours où il pleut. Ce musée rassemble une collection d'objets illustrant les activités des missionnaires catholiques dans le monde, objets ethnologiques récupérés sur tous les continents, œuvres d'art et instruments servant de support à l'évangélisation des peuples lointains. La vie et la mort des missionnaires martyrs y sont dépeintes avec un réalisme saisissant. Ce musée glorifie le sacrifice des martyrs partis évangéliser certains peuples jugés sauvages et sanguinaires. Ce lieu marque fortement Henri Grouès. Un jour il y découvre un livre qu'il dévore, *Instituts missionnaires*, dont la lecture contribue à inspirer sa future vocation religieuse.

Dans les discussions à la maison, on entend souvent les mots « adoption » ou « sauvetage de l'enfance ». Le père, Antoine Grouès, s'implique dans deux associations qui s'occupent des orphelins ou des enfants abandonnés[1]. Par ailleurs, il apporte son aide aux activités d'une autre association, Les Hospitaliers-Veilleurs, qui donnent rendez-vous à des vieillards défavorisés chaque dimanche matin dans une salle de la cité Rambaud, ensemble d'habitations pour personnes âgées pauvres créé au XIXe siècle par un prêtre, Camille Rambaud, typique du catholicisme social lyonnais de cette époque[2]. Avec d'autres hommes, ils servent le petit-déjeuner, rasent la barbe et coupent les cheveux des hommes qui viennent dans cette salle. Un dimanche, son père l'y emmène avec un de ses frères. La découverte de cette activité charitable fait forte impression sur le petit Henri. D'autant plus que son père se fait enguirlander par l'une de ces personnes qui considère qu'il s'y prend mal. Son père fait remarquer à ses enfants à quel point « c'est difficile d'être capable de vraiment servir ceux qui souffrent tant[3] ».

Antoine Grouès est tertiaire de saint François d'Assise, c'est-à-dire qu'il est engagé dans la branche laïque de l'ordre fondé au XIIIe siècle par ce religieux italien, François d'Assise, auquel l'abbé Pierre se trouve lié toute sa vie. Antoine Grouès est aussi titulaire de la prestigieuse médaille de *Bene Merenti*, décoration décernée par le Saint-Siège en récompense de services rendus à l'Église catholique. Chaque soir, la famille récite une prière de consécration écrite par le père, une prière faite d'abandon à Dieu, de confiance et de dévotion. Ils récitent le *Je vous salue Marie* et font leur examen de conscience en silence. La journée se termine par trois invocations au Sacré-Cœur de Jésus.

1. Chevallier Bernard et l'abbé Pierre, *Emmaüs ou Venger l'homme*, Le Centurion, 1980, p. 13-14.
2. Francisque Bouiller, « L'abbé Rambaud et la cité des vieillards de Lyon », *Revue du Lyonnais*, série 5, n° 19, 1895, p. 381-392.
3. Chevallier Bernard et l'abbé Pierre, *Emmaüs ou Venger l'homme*, *op. cit.*, p. 13-14.

Catholicisme social

Les tiers-ordres de saint François sont des unions de laïcs qui s'efforcent de mener une vie chrétienne, inspirée par la spiritualité franciscaine. En général, le premier ordre est celui des religieux, le deuxième, celui des religieuses et le tiers-ordre (ou troisième ordre) est celui des laïcs ou des prêtres séculiers qui ne vivent pas dans les couvents franciscains mais partagent la même mystique. À la fin du XIXe siècle, le célèbre et charismatique pape Léon XIII (1810-1903) est lui-même membre d'un de ces tiers-ordres. Il encourage leur création dans l'encyclique *Auspicato concessum* en 1882, comme un contrepoint à d'autres groupes, athées ou anticléricaux, jugés dangereux pour l'ordre social-chrétien : franc-maçonnerie, mouvements anarchistes, syndicats communistes, partis socialistes, etc. Il dénonce la cupidité et l'égoïsme de la société moderne industrielle : « Beaucoup [...] passent leur vie à la recherche avide du bien-être et du plaisir. Énervés par le luxe, ils dissipent leur bien, et convoitent celui d'autrui ; ils exaltent la fraternité ; mais ils en parlent beaucoup plus qu'ils ne la pratiquent ; l'égoïsme les absorbe, et la vraie charité pour les petits et les pauvres diminue chaque jour. » Les tertiaires franciscains sont nombreux dans certaines villes de France ; probablement 200 000 personnes en France dans les années 1920.

Les tiers-ordres franciscains, à l'époque d'Antoine Grouès, ne sont pas uniquement appliqués à la sanctification personnelle de leurs membres. Ils sont nombreux à s'engager dans des œuvres sociales et la réflexion politique. À partir de la seconde moitié du XIXe siècle, ils s'orientent de plus en plus dans cette direction qui cherche à comprendre les problèmes des ouvriers causés par l'industrie et à trouver des solutions pour améliorer la vie des classes populaires. Léon Harmel (1829-1915) joue un rôle de premier plan dans cette transformation. Patron chrétien de l'usine-modèle du Val-des-Bois à Warmeriville près de Reims, il est un membre actif du tiers-ordre franciscain. Il y diffuse ses idées qui tendent à faire évoluer le catholicisme social de l'action charitable à une prise de conscience des problèmes structurels qui engendrent la misère. Léon Harmel est un ami du pape Léon XIII. Il demande l'intervention de l'État pour apporter la justice sociale, à l'époque où le libéralisme est le modèle dominant et unique. Alors que les syndicats sont interdits en France, jusqu'en 1884, il prône la mise en place d'organisations ouvrières gérées par les ouvriers eux-mêmes, contrairement à d'autres catholiques sociaux et à la plupart des patrons chrétiens qui n'acceptaient que les organisations ouvrières sous leur autorité. Lors du premier congrès national du tiers-ordre franciscain réuni à Paray-le-Monial en 1893, les membres déclarent : « Si le socialisme est devenu le danger imminent de notre société, le capitalisme, c'est-à-dire la prédominance injuste du capital, et les abus qui en ont résulté, sont les vraies causes du désordre social actuel. »

En 1891, le pape Léon XIII écrit une encyclique décisive sur ces questions, *Rerum novarum*, qui inspire encore aujourd'hui les catholiques engagés dans l'action sociale. Il dénonce « la concentration, entre les mains de quelques-uns, de l'industrie et du commerce devenus le partage d'un petit nombre d'hommes opulents et de ploutocrates, qui imposent ainsi un joug presque servile à l'infinie multitude des prolétaires[1] ». Toutefois, même si *Rerum novarum* représente une avancée considérable dans le contexte de l'époque et pour les catholiques du monde, son message

1. Léon XIII, *Lettre-encyclique Rerum novarum, sur la condition des ouvriers*, Pierre Téqui, s.d.

n'est pas seulement un plaidoyer pour l'amélioration de la condition ouvrière. La doctrine sociale de l'Église dénonce le socialisme et insiste avant tout sur la pratique religieuse et le retour des classes populaires vers l'Église, la morale traditionnelle et la famille, le respect de l'autorité, la concorde sociale et la défense de la propriété privée. Les catholiques sociaux sont pour certains des innovateurs, mais ils sont loin d'être des révolutionnaires… D'ailleurs, le pape Pie X s'en inquiète en 1912 et interdit aux tiers-ordres franciscains de se mêler d'affaires économiques et civiles, leur demandant de revenir à leur vocation purement charitable et religieuse[1].

Lyon, capitale de la charité

L'historienne Axelle Brodiez-Dolino, spécialiste de l'histoire sociale de la France, parle pour cette époque de « Lyon, capitale de la charité[2] ». Le milieu catholique lyonnais est à la pointe de l'action charitable et sociale en France et en Europe à bien des égards. L'importante population ouvrière de cette ville a posé des difficultés auxquelles les catholiques se sont efforcés de répondre : révoltes populaires (comme celles des canuts lyonnais, ouvriers tisserands de la soie, en 1831 et 1834), condition ouvrière misérable, travail des enfants, logements indignes, déchristianisation… Le diocèse est animé par des catholiques qui mènent une vie de foi et de prière et s'engagent dans des œuvres aux services des personnes pauvres et vulnérables. De nombreuses œuvres pieuses et charitables, comme on dit alors, se développent dans tout Lyon. Ce sont surtout les personnes âgées et les enfants abandonnés

1. Mayeur Jean-Marie, « Tiers-ordre franciscain et catholicisme social en France à la fin du XIXe siècle », *Revue d'histoire de l'Église de France*, t. 70, n° 184, 1984, p. 182

2. Brodiez-Dolino Axelle, *Combattre la pauvreté. Vulnérabilités sociales et sanitaires de 1880 à nos jours*, CNRS, 2013.

ou orphelins qui sont aidés en premier et l'action charitable s'accompagne d'une activité d'évangélisation et de moralisation des personnes aidées matériellement.

La cité Rambaud, où le père d'Henri Grouès se dévoue, est un exemple éclairant et inspirant. L'abbé Camille Rambaud a construit en 1855 une cité modèle, inspirée en partie du philosophe Charles Fourier, qui inclut une réalisation urbanistique et architecturale adaptée à une population particulière déshéritée, celle des personnes âgées, au centre de laquelle sont édifiées une église et des salles d'activités[1]. Elle permet le maintien en couples d'environ 500 vieillards qui sans cela seraient séparés dans des foyers, nécessairement non mixtes. Ils ont l'obligation de rentrer le soir et d'assister à la messe le dimanche.

L'œuvre des Hospitaliers-Veilleurs, à laquelle appartient Antoine Grouès, est une des principales associations charitables de Lyon. Les membres veillent les personnes âgées malades alitées à leur domicile, afin de leur éviter une hospitalisation ou pour ménager le repos du reste de la famille qui travaille. Au début du XXe siècle, ils assurent environ 1 000 nuits par an pour 150 malades. Les hospitaliers sont environ 500 membres actifs qui aident 1 000 vieillards dans les différents hospices, dont la cité Rambaud : distribution de pains, soins à domicile, toilette, barbe, coiffure, en échange d'une instruction religieuse obligatoire.

De nombreux catholiques lyonnais ont su prendre en compte la souffrance des personnes vulnérables et des travailleurs et développer de multiples solutions innovantes. Au XIXe siècle, on peut évoquer Pauline Jaricot (1799-1862), bourgeoise lyonnaise béatifiée en 2022,

1. Angleraud Bernadette, *Lyon et ses pauvres. Des œuvres de charité aux assurances sociales, 1800-1939*, L'Harmattan, 2011.

surtout connue pour son œuvre missionnaire mondiale, l'Œuvre de la propagation de la foi, qui s'implique aussi auprès des canuts lyonnais et soutient la création par Léon Harmel d'une usine chrétienne modèle en 1840 à Rustrel dans le Luberon (Vaucluse). Le père Antoine Chevrier (1826-1879) crée une œuvre éducative pour les enfants pauvres dans les quartiers défavorisés de Lyon et forme des prêtres pour travailler à leurs côtés (l'association des prêtres du Prado). Enfin, Lyon est reconnu comme une capitale du mouvement mutualiste auquel de nombreux chrétiens se dévouent. Au début du XXe siècle, plus de 10 % de la population lyonnaise adhère à une mutuelle, ce qui est largement au-dessus de la moyenne nationale à cette époque.

Lyon est également un lieu d'études et de réflexions pour les catholiques qui ont à cœur de faire vivre la doctrine sociale de l'Église et d'adapter la charité chrétienne aux problématiques sociales concrètes de leur époque. La *Chronique sociale* a été créée en 1892 par deux membres des milieux industriels lyonnais (Marius Gonin, employé des soieries, et Victor Berne, grand patron) dans le but de développer des cercles d'étude et une revue qui permettent de réfléchir à la condition ouvrière et aux structures économiques qui engendrent les injustices dont souffrent les plus vulnérables. En 1904, Marius Gonin fonde les Semaines sociales de France, sortes d'universités populaires qui se déroulent chaque année sur plusieurs jours. Ces initiatives pérennes influencent fortement le catholicisme lyonnais et au-delà. De nombreuses personnalités émergent de ce mouvement, comme le père Chaillet et le théologien jésuite Henri de Lubac, fondateurs pendant la Seconde Guerre mondiale des *Cahiers du témoignage chrétien*, dont l'abbé Pierre fut un proche.

Éducation

Un des souvenirs les plus forts que l'abbé Pierre a maintes fois racontés est l'histoire du pot de confiture. Enfant, il a mis les doigts dans un pot de confiture et à cause de cela il est puni. Sa punition consiste à être privé de sortie chez des cousins beaucoup plus gâtés que lui, qui ont toujours les derniers jouets à la mode. Au retour de cet après-midi familial, les sœurs et les frères viennent raconter à Henri le bonheur qu'ils ont eu à jouer avec leurs cousins, au tir aux pigeons avec des fusils qui envoient des flèches à bout en caoutchouc. Henri leur rétorque qu'il n'en a rien à faire puisqu'il n'y était pas. Le père l'appelle alors et lui exprime le fond de son cœur : il est peiné que son fils ne se réjouisse pas de la joie de ses frères. Son père ne l'a pas blâmé, ne l'a pas grondé, mais lui a fait ressentir la tristesse profonde qu'il ressentait parce que son fils n'était pas bon, à cet instant. Cette tristesse du père marquera l'abbé Pierre qui s'en souviendra toute sa vie.

Dans ce type de famille, au début du siècle dernier, le sens du devoir est très fort, le dévouement aux autres est un ressort très puissant et les codes sociaux sont stricts et omniprésents. La sévérité est de mise dans l'éducation. Les enfants vouvoient leurs parents. Ils se trouvent imprégnés par un catholicisme exigeant qui dicte l'essentiel de leur vie, de leurs pensées et de leurs choix. La famille Grouès compte un oncle qui est prêtre jésuite et vicaire provincial (numéro deux) de la province de Lyon : le père Charles Chamussy. Les Grouès vivent avec les grands-parents maternels (les parents d'Eulalie, la maman d'Henri) et donc trois générations cohabitent sous le même toit. Quand le grand-père Marius meurt en

1923, sa dépouille reste sur son lit pendant trois jours de sorte que sa famille, ses amis et connaissances se relaient pour le veiller en priant, comme c'est la coutume à l'époque. Henri, âgé de 10 ans, fait rire sa fratrie en proclamant qu'on lui a menti car son grand-père n'est pas au paradis mais se trouve allongé sur son lit. Il comprend alors la différence entre l'âme et le corps et se met à désirer ardemment le paradis.

Dès l'enfance, il espère mourir jeune pour se trouver auprès de Dieu le plus tôt possible et il désire devenir saint. À 17 ans, Henri écrit une dissertation dans laquelle il tente de définir son caractère : « Je rêve encore de sacrifice, d'immolation, de martyre ; et puis aussi de gloire, de grandeur. La marine m'aurait convenu, je crois, si je ne voulais aimer, servir le Chef[1] pour être sûr de jouir du ciel ; de ce ciel, que je considère, que je vois, comme une étreinte éternelle avec Lui, où je retrouverais dans la gloire suprême et la Beauté tous ceux qu'ici-bas j'aime, dont la pensée m'affole. »

Les relations avec sa mère sont particulières. Toute sa vie, il dit n'avoir aucun souvenir de moments d'affection maternelle, de gestes de tendresse de sa mère, aucun souvenir d'avoir été embrassé par cette maman si affairée à s'occuper de sa maison et de l'éducation de sa grande famille. Quand il en témoigne, parfois à des journalistes et devant des caméras, l'abbé Pierre exprime ce manque avec une grande sensibilité, semblant avouer une meurtrissure profonde. La mère et le père forment pourtant une union forte et durable qui sécurise toute la famille. Ses frères et sœurs racontent que le petit Henri était le plus drôle de la famille, qu'il préparait des petits spectacles et amusait toute la fratrie.

1. Jésus-Christ.

Les enfants Grouès sont inscrits dans des établissements scolaires privés (non mixtes, comme toutes les écoles à cette époque) où la majorité des enseignants sont des prêtres et des religieux (ou des religieuses pour les filles). Ils assistent aux cours de catéchisme, se rendent à l'église en famille, prient ensemble à table, évoluent au milieu d'objets de piété et ils sont scouts.

Scout toujours !

Le scoutisme est un engagement très important dans le parcours d'Henri. De 14 à 19 ans, il en accomplit tout le cursus et il rempile même quelque temps en faisant de l'aumônerie scoute pendant la guerre. Importé en France vers 1911 et structuré en 1920, le scoutisme est alors une initiative qui se répand très vite[1]. Il fait ainsi partie des premiers scouts catholiques de France (ils ne sont que trois cent scouts catholiques en France en 1921). Le scoutisme est un mouvement de jeunesse qui propose une méthode d'éducation et de vie destinée à former aux valeurs d'inspiration chevaleresque des jeunes hommes (les filles sont accueillies en 1923), avec un goût prononcé pour les activités dans la nature, la vie collective, le bricolage, la débrouillardise, le sens du service et des responsabilités. Chez les scouts, on prend l'habitude de faire des « B. A. » (des bonnes actions). Henri Grouès obtient dix-huit badges et distinctions spéciales qui reconnaissent des compétences. Il est même adoubé « Chevalier scout de France » à 18 ans.

Avec ce mouvement, il apprend énormément de choses, il montre des talents de chef de patrouille, de camarade, il développe de nombreuses compétences techniques et

1. Combeau Yves, *Toujours prêt. Histoire du scoutisme catholique en France*, Cerf, 2021.

artistiques et il trouve dans les activités pratiquées dans la nature une source d'inspiration religieuse. Il est totémisé « Castor méditatif ». Les scouts de cette époque reçoivent chacun un nom, appelé totem, qui fonctionne un peu comme un symbole-guide, un repère métaphorique et tutélaire. « Castor méditatif » lui correspond bien, avec sa piété, son caractère rêveur et tourmenté associés à son goût pour le travail manuel et les astuces techniques. « Castor méditatif » exprimera parfaitement plus tard son choix d'une vie religieuse contemplative qui deviendra par la suite celle d'un homme d'action.

En 1929, il est invité à participer au rassemblement de tous les scouts du monde : le jamboree, qui est le troisième du genre et reste le plus grand rassemblement de scouts de l'histoire. Il a lieu du 29 juillet au 12 août 1929 en Angleterre à Arrowe Park, près de Birkenhead, au sud de Liverpool. Il réunit environ 320 000 visiteurs et près de 56 000 scouts venus de 67 pays. Henri Grouès s'y rend avec six scouts de sa patrouille des Cigognes. Le scoutisme lui procure de solides amitiés qu'il va garder pendant de longues années.

Les amis

On connaît bien les états d'âme et les amitiés d'Henri grâce aux nombreux écrits personnels et carnets intimes qu'il remplit et conserve tout au long de sa vie, textes rédigés d'une écriture fine, dans un français impeccable, révélant une grande intelligence et une grande sensibilité.

Adolescent, Henri vit une passion pour un de ses camarades du scoutisme et du collège : Yves. Un jour, il l'entend chanter dans la chapelle et sa voix cristalline le bouleverse ; son chant le subjugue, lors d'une messe de minuit (Noël 1926). Yves n'est ni grand ni beau et sa personnalité est assez banale, mais Henri éprouve des sentiments débordants pour ce garçon, sentiments qui ne sont pas partagés. Yves le considère comme un simple camarade. Pour Henri, il ne s'agit pas de désir physique, l'idée ne l'a même pas effleuré[1]. Cette passion amicale fait souffrir Henri qui se morfond, en parle à un prêtre et à sa mère, et en tombe malade. Rétabli, il écrit à son retour d'un pèlerinage scolaire à Rome et Assise en Italie, à Pâques 1927 : « J'ai retrouvé Yves. Demain mon amitié avec lui sera forte et simple. Je l'aime, il m'aimera. Et nous ferons le bien à deux. Ô Jésus, fais que ce beau plan se réalise. J'ai confiance en ton aide. »

Henri Grouès a une relation riche et profonde avec un autre camarade du scoutisme et du collège, François Garbit, de deux ans et demi de plus que lui. « Je n'ai jamais aimé personne dans ma vie autant que cet ami », dira-t-il. Tous les deux sont scolarisés chez les pères jésuites. Pendant quelques années, François est le chef de patrouille scoute d'Henri, qui est son second. Fils d'un général, François Garbit a les pieds sur terre et un moral d'acier. Henri Grouès admire son sang-froid et son équilibre. Ils discutent souvent, partagent la même foi et les mêmes valeurs.

François Garbit est avec lui lors de ce pèlerinage scolaire à Pâques 1927. À cette occasion, dans la splendeur d'Assise, ville médiévale perchée sur une crête qui domine une plaine magnifique, Henri Grouès vit une expérience poétique et mystique, au pays de saint François ; expérience d'adoration et de communion universelle qui le met

1. « Interview de l'abbé Pierre », *VSD*, 24-30 janvier 2007, p. 16-17. Certains articles à ce sujet laissent à penser qu'il s'agissait d'homosexualité, alors que l'abbé Pierre affirme le contraire dans cette interview et que rien de tel n'apparaît dans ses carnets intimes.

sur la piste de sa future vocation monastique. La visite de l'ermitage de saint François, appelé Carceri, situé à 4 kilomètres d'Assise dans un lieu sauvage et isolé, est également un moment important de ce pèlerinage.

Quand la vie les éloigne, ils s'échangent des lettres pendant plusieurs années. Leur correspondance dure de 1927 à 1940. Elle a été publiée par l'abbé Pierre[1]. François Garbit choisit la voie militaire et effectue ses études dans la prestigieuse école d'officiers de Saint-Cyr. Sa carrière se déroule dans l'infanterie coloniale en Afrique : Mauritanie, Tchad, Congo et Érythrée. Pendant la Seconde Guerre mondiale, François est capitaine. Il rejoint la France libre du général de Gaulle peu après l'Armistice et accomplit des missions en Afrique et au Proche-Orient. En 1941, à la frontière entre le Liban et la Syrie, au contact des troupes françaises de l'autre camp obéissant au maréchal Pétain, afin de tenter d'éviter un échange de coups de feu entre compatriotes, il s'avance seul avec le drapeau blanc et le drapeau tricolore. Malheureusement, un homme ordonne qu'on lui tire dessus. François Garbit meurt quelque temps après dans un hôpital à Damas, le 7 décembre 1941. Il est fait Compagnon de la Libération quelques jours plus tard.

Leur correspondance permet de mieux comprendre le milieu amical et les états d'âme du jeune Henri Grouès. À l'adolescence, Henri a des tendances mélancoliques ; François Garbit lui reproche de trop se lamenter sur les petites contrariétés de la vie : « Ma vieille branche [...] Tâche de ne pas avoir le cafard sans raison. [...] Lutte ferme. Il n'y a que comme cela que l'on devient quelqu'un. [...] Ton ami qui voudrait te voir plus heureux » (lettre du

1. *Vers le plus grand amour*, Soleil Levant, 1962. D'autres éditions ont été publiées ultérieurement de façon amateur.

6 mai 1927). François fait preuve d'une grande sagesse ; on devine un garçon équilibré et habité d'un grand amour de la vie. « La vie n'est pas qu'une série d'ennuis. Elle a ses joies, des joies enivrantes ; et, même dans la douleur, son étreinte, farouche, a quelque chose de sublime et de grand » (lettre du 30 mars 1928). Pendant la période monastique d'Henri Grouès (1931-1939), François Garbit traverse une période de doute car il lui arrive de passer trois ans en Afrique sans voir de prêtre. Il perd de vue sa pratique chrétienne et a l'impression de rater sa vie spirituelle. Les rôles s'inversent et c'est Henri qui tient alors le rôle de confident paisible qui a trouvé sa voie. François lui écrit : « Oh ! toi qui connais la grande paix de l'âme, qui aime Dieu, pense à moi » (lettre du 5 février 1934). Ou encore : « Pour toi qui avances sur la route de la lumière, tout est clair et tu n'hésites pas » (lettre du 21 août 1935). À partir de 1937, Henri remet en question des aspects de sa vie monastique et lui avoue qu'il souffre. François lui rappelle leurs échanges sur ce sujet quand ils étaient adolescents.

Artiste

La sensibilité d'Henri trouve à s'exprimer dans le dessin. Ses archives contiennent des dizaines de pastels, d'aquarelles et de dessins au crayon qui sont très bien exécutés. Henri possède un véritable talent, il est doué. Il signe parfois d'un pseudonyme : Henri de Bologne. Le musée des beaux-arts de Lyon possède une belle collection de peintures et de dessins de l'École de Bologne (courant de la Renaissance italienne) qu'il passe du temps à copier dans les salles. Ses œuvres, de bonne qualité graphique, ne manifestent pas une grande originalité créatrice ou une inspiration d'avant-garde, elles sont des reproductions assez académiques de la réalité, des paysages surtout, quelques scènes religieuses, un autoportrait en scout, avec une légère touche mélancolique, renforcée par un goût pour le brun et le vert.

Henri possède aussi un talent pour la poésie. Il écrit des prières, des poèmes ou des textes poétiques dans les lettres qu'il adresse à ses amis. Sa prose, souvent faite de phrases longues, parfois difficiles à lire, est plus adaptée à l'oral qu'à l'écrit ; ses vers, eux, sont plus littéraires. À 16 ans, il écrit :

> *La lône*[1]*, c'est toute la paix de septembre, chez nous. La lône, c'est l'étendue transparente qui reflète tout ce qui l'entoure. La lône, c'est le calme, c'est un miroir qui sait tout vous faire goûter, les matins brumeux et humides, les midis lourds et orageux, les crépuscules de paix, dans la brise de nuit qui se lève, passe en vous frôlant, qui parle si doucement à l'oreille, qui chante, qui console, en vous sifflant dans les cheveux.*

Plus tard, il publie un recueil de poèmes (en 1955)[2] et trouve un autre moyen d'expression dans la photographie, qu'il pratique tout au long de sa vie.

Santé

Henri Grouès est souvent malade. Il a une santé fragile, comme son père. Il passe par des phases où il est très énergique et des moments où il tombe malade ; des maladies qui nécessitent soit une hospitalisation et une opération, soit un repos complet de plusieurs semaines,

1. Une lône est le bras dérivé d'un fleuve, qui n'est pas toujours alimenté en eau. Dans ce texte, il s'agit du Rhône.

2. Abbé Pierre, *Feuilles éparses*, ACAPE, 2020.

voire plusieurs mois. Pour bien comprendre les maladies d'Henri Grouès, tout au long de sa vie, il faudrait avoir effectué des études de médecine ! Par exemple, en 1927, à 15 ans, il doit partir neuf mois en convalescence à Cannes chez un vieux prêtre qui héberge des jeunes ayant besoin de repos et d'air marin. Après son bac, il entreprend une année d'études de lettres modernes à l'université catholique de Lyon, le temps de se remettre d'une diphtérie, avant de rentrer chez les capucins.

Au cours de sa vie, avant même de devenir une personne âgée, il contracte des bronchites, des pneumonies, des diphtéries, des pleurésies, des grippes intestinales, la scarlatine… Il a des abcès et des furoncles. Il souffre d'une phlébite de la face, d'une hernie du diaphragme, il est opéré des yeux, il est malentendant de l'oreille gauche et quasiment sourd de la droite. À 43 ans, on lui retire toutes ses dents. Ses maux d'estomac l'ont tourmenté toute sa vie.

D'une nature très sensible et souffrant dans sa chair, il a su tirer profit de ses difficultés pour développer une profonde empathie, une capacité à rentrer en communion avec les émotions des gens, à s'imprégner de la souffrance des personnes. Cette capacité empathique est une des grandes forces de l'abbé Pierre. Elle lui a permis de s'engager énergiquement pour les personnes en difficulté qu'il a rencontrées sur son chemin mais aussi de considérer avec lucidité le problème de la souffrance et de l'injustice universelles. Dans ses papiers personnels, l'abbé Pierre se qualifie lui-même de « malade de sympathie ».

La maladie a été pour lui une occasion de passer de moments d'action et d'agitation à des temps de réflexion forcée et de recul obligé. Cette alternance d'engagements sur le terrain d'une part et de travail intellectuel et spirituel d'autre part est une des grandes caractéristiques de l'abbé Pierre, que l'on observe très tôt.

À Cannes, en 1927 pendant sa longue convalescence, il lit la biographie de François d'Assise écrite par l'écrivain danois Johannes Jørgensen en 1907 (traduite en français en 1909). Ce livre connaît un grand succès de librairie dans de nombreux pays. Il a permis de mieux faire connaître ce saint italien des XIIe et XIIIe siècles, sa vie et son message. Cette lecture convainc Henri Grouès de choisir la famille franciscaine pour y devenir religieux.

François d'Assise

Qui est saint François ? Un jeune homme riche de famille bourgeoise, commerçante en draps dans la ville d'Assise (en Ombrie, au nord de l'Italie) au Moyen Âge. Saint François naît en 1181 et meurt en 1226. Il s'intéresse d'abord à la chevalerie et à l'idéal venu de France véhiculé par la poésie courtoise. La poésie courtoise prône de nobles idéaux et vise à tempérer la force brutale du chevalier pour la mettre au service de causes généreuses et des nécessiteux. La courtoisie consiste à renoncer à la force débridée par grandeur d'âme. Vers l'âge de 25 ans, suite à une période de maladie, François d'Assise découvre la courtoisie de Dieu : le Christ se fait homme et vit sur terre une sorte de dépossession divine. « Le Verbe[1] reçut la vraie chair de notre humanité et fragilité », écrit-il. Il choisit de « suivre nu le Christ nu ». Il abandonne ses vêtements en public devant son père, qui désapprouve son nouveau choix de vie, et se place sous la protection de l'évêque de la ville qui le couvre de son manteau.

1. Autre nom pour désigner Jésus-Christ.

Dès lors François se consacre à une vie de pauvreté radicale, essayant d'imiter à la lettre la vie pauvre de Jésus-Christ telle qu'elle est décrite dans les Évangiles. Il soigne les lépreux, restaure des chapelles abandonnées, annonce la paix et prêche par l'exemple et avec des mots simples, dans un langage qui est celui de l'amour et du cœur. Il s'habille de vêtements frustes avec pour toute ceinture une corde, passe de longues périodes de prière et de solitude dans la nature, s'adonne aux travaux manuels les plus humbles et, à défaut, à la mendicité.

De nombreux frères se joignent à lui. François essaie de créer une règle de vie mais il est davantage un religieux qui inspire qu'un religieux qui organise. La communauté se désigne comme celle des frères mineurs, c'est-à-dire les plus petits. Leur idéal est de « vivre selon le saint Évangile », dit saint François, il s'agit d'imiter l'humanité du Christ, de méditer sur sa Passion et de traduire en actes la foi chrétienne. Saint François accueille certains frères d'origine très modeste. Il demande qu'ils ne possèdent rien, ni en propre, ni en commun. Il refuse l'argent et se méfie des études et de l'enseignement. Il voyage aussi beaucoup afin d'annoncer que « l'Amour n'est pas aimé » comme il le répète souvent. Il se rend dans de nombreux endroits en Italie, en France, en Syrie, en Égypte et en Espagne. Son mode de vie alterne le service et la prédication en ville, la retraite dans la nature, le pèlerinage et la route[1].

Son ordre religieux est reconnu par le pape qui le soutient. Il ne se situe pas en dehors de l'Église catholique mais il dénote par sa singularité et sa radicalité. De son vivant certains frères tentent d'organiser l'ordre dans un sens plus adapté aux réalités de leur temps, sans l'aval

1. Le Goff Jacques, *Saint François d'Assise*, Gallimard (Folio), 2014.

du fondateur. Saint François en abandonne la direction et ne suit pas toujours les règles que d'autres ont établies. La communauté se divise. Saint François est souvent malade. Il écrit des cantiques et des conseils spirituels. En 1224, deux ans avant sa mort, il reçoit miraculeusement les stigmates, c'est-à-dire les marques de la Passion du Christ sur son corps, qui sont cinq plaies aux mains, aux pieds et au côté. Fait très rare, le pape le canonise seulement deux ans après son décès[1]. Saint François d'Assise est un des saints les plus populaires de l'Église catholique. Il fascine le jeune Henri Grouès. Il trouve les religieux de cet ordre pleins de paix et de vie quand il leur rend visite à 18 ans.

Frère Philippe

Le 21 novembre 1931, à 19 ans, Henri Grouès entre pour un an au noviciat des capucins de la province de Lyon, situé au couvent Notre-Dame de Bon Secours à Saint-Étienne. Les six premiers mois, il est le seul novice de sa promotion. Le 10 décembre 1932, il signe un acte de renonciation à toute possession et à son héritage, réitéré et renforcé par un second acte le 25 septembre 1936, en préparation de ses vœux solennels. Comme tous les capucins, il change de nom dans le but de marquer sa nouvelle identité et sa nouvelle vie. Il s'appelle désormais frère Philippe, probablement en référence à Philippe (dit « le long »), l'un des premiers disciples de saint François d'Assise. Il rejoint le couvent d'étude de Crest[2], dans la Drôme, au sud de Valence, jusqu'en 1939. L'année scolaire 1933-1934, il quitte le couvent pour effectuer son service militaire à

1. Dalarun Jacques, *François d'Assise en questions*, CNRS, 2019.
2. Se prononce « crè ».

la 14e section d'infirmiers militaires de Lyon, dont il sort sergent de réserve.

L'ordre des frères mineurs, dont les capucins sont l'une des branches, est un ordre mixte. C'est-à-dire que la vie des religieux alterne des moments de vie cloîtrée contemplative, centrée sur la prière, et des moments de vie active, en mission dans la société. L'objectif est de créer une élite de prêtres formés et sanctifiés qui passent une partie de leur vie au couvent et une autre dans des missions extérieures où ils restituent, en quelque sorte, le fruit de leur vie spirituelle. Les ordres mixtes sont caractéristiques des fondations médiévales du XIIIe siècle, comme les dominicains par ailleurs. Ce sont des ordres citadins et mendiants (ils ne doivent pas vivre de revenus fonciers comme les autres moines). Les religieux des ordres mendiants passent leurs années de formation, environ sept ans, dans une vie cloîtrée. Ils ne sortent pas ou très peu de leur couvent pendant toute la période qui précède leurs vœux solennels. Ensuite, ils sont envoyés pour des temps de mission souvent temporaires. L'ordre des frères mineurs n'est pas unifié. Il compte trois branches masculines différentes, qui ne vivent pas leur vocation de la même manière. Certains mènent une vie plus active que d'autres.

Les capucins sont la branche cloîtrée de la famille franciscaine. Ils sont créés au début du XVIe siècle, suite à la réforme du religieux italien Matthieu de Baschi, qui souhaitait insister sur la partie érémitique[1] de la vie de saint François et l'évangélisation des plus pauvres. Les premiers frères sont d'ailleurs appelés « frères mineurs ermites ». Pour Matthieu de Baschi, il s'agit de retourner aux sources de la règle originelle : pauvreté, pénitence et contemplation.

1. Érémitique : relatif aux ermites, aux personnes qui vivent seules une vie de prière et de pénitence dans un endroit isolé.

À l'époque où l'abbé Pierre est religieux, les capucins vivent en sandales toute l'année. Ils portent la couronne : une sorte de tonsure qui ne leur laisse qu'une couronne de cheveux sur la tête, un peu comme une auréole. En guise de ceinture pour leur vêtement de couleur brune, ils ont une corde avec trois nœuds, qui représentent leurs trois vœux de pauvreté, chasteté et obéissance. Ils pratiquent trois carêmes (périodes de jeûne) par an : un de quatre semaines avant Noël, un de quarante jours avant Pâques et un autre entre les deux, pour ceux qui le peuvent. Les repas se prennent en commun au réfectoire, en silence, pendant qu'un frère lit un livre religieux *recto tono*. Outre la messe et les sept offices quotidiens au cours desquels l'on récite des psaumes (comme tous les religieux), les frères pratiquent l'oraison, la prière silencieuse ensemble dans l'église, quarante-cinq minutes après le dîner et une heure pendant la nuit. Ils dorment tout habillés, sur une planche en guise de sommier. Ils se couchent vers 20 h 30 et se relèvent à minuit pour deux heures : une heure pour chanter l'office de nuit et l'autre pour l'oraison nocturne. Ils se recouchent vers 2 heures et se lèvent vers 5 h 45. Les capucins ont chacun leur cellule. Ils y dorment et s'y administrent la discipline, qui consiste à se fouetter le dos (avec une corde), en général le vendredi, jour de la Passion du Christ. Ils pratiquent des exercices spirituels : neuvaines aux plaies de la Passion du Christ et chemins de croix. Leur emblème représente deux bras portant les stigmates sortant d'un nuage et surmontés d'une croix, le bras du Christ et celui de saint François. Certains frères peuvent porter à même la peau un vêtement rugueux appelé cilice. Les capucins ont l'habitude de lire des vies édifiantes de saints capucins : pénitents, mystiques ou martyrs héroïques. Ils n'ont pas accès aux nouvelles, aux journaux, pendant tout le temps de leur formation, et vivent coupés du monde extérieur. L'observance de la règle se présente comme une voie privilégiée pour être proche de Dieu et accéder au paradis. Environ cinquante religieux capucins ont été canonisés dans l'histoire.

Leur formation intellectuelle est rudimentaire, afin d'éviter la gourmandise intellectuelle (le plaisir d'étudier) et l'orgueil que peut provoquer le savoir[1], et aussi pour que leur prédication s'adresse directement au cœur des gens, en particulier aux gens modestes, sans fioriture intellectuelle, à partir d'exemples de la vie quotidienne. La théologie franciscaine insiste davantage sur la charité, l'amour, le cœur, que sur la vérité des mystères divins que l'on appréhende par l'intelligence. De plus, les maisons des capucins sont petites et l'ordre en France n'a pas les moyens humains d'assurer un enseignement de haut niveau, faute de formateurs compétents[2]. Tout ce qui est simple est encouragé. La paix et la joie sont les fruits de ce mode de vie que les capucins sont censés transmettre. Une attention particulière est accordée à la beauté de la nature, considérée comme l'œuvre de Dieu, inspirée par François d'Assise qui s'adressait au loup et aux oiseaux.

Leur charisme, à l'instar de toute la famille franciscaine, les oriente vers le soin des malades, comme saint François envers les lépreux. C'est sans doute pour cette raison qu'Henri Grouès effectue son service militaire dans un hôpital. Après leurs sept ans de formation, la majorité des capucins partent en mission pour prêcher des retraites spirituelles, assurer des confessions, être directeurs spirituels, mais ils peuvent aussi s'impliquer dans une grande

---

1. Le Goff Jacques, *Saint François d'Assise*, *op. cit.*, p. 203-204.

2. Lebon Dominique, « Ludovic de Besse (1831-1910), un capucin artisan du crédit populaire », *Les Études sociales*, n° 164, 2016, p. 113-136.

variété d'activités, en conformité avec la vocation de leur ordre et l'exemple de leur fondateur. Par exemple, le capucin français Ludovic de Besse (1831-1910) crée à Angers une œuvre sociale destinée à protéger les ouvrières en les orientant vers des entreprises chrétiennes adhérentes. Il étend son action aux hommes et lance une mutuelle et un bureau de placement. Il initie ensuite à Angers et à Paris un organisme de crédit analogue au microcrédit d'aujourd'hui, qui devient une banque populaire coopérative pour les petits patrons et les ouvriers[1].

Les premières années, frère Philippe de Lyon (on ajoute le nom de la ville de naissance) vit des périodes heureuses au couvent de Crest, mais il souffre à partir du moment où il intègre le cursus d'études théologiques, en 1935-1936. Il trouve que les études sont creuses, pénibles et insuffisantes. La vie capucine lui devient de plus en plus difficile. Il est souvent malade et dispensé des observances les plus rigoureuses. Il s'en plaint à son entourage, il passe par des moments d'angoisse et de désespoir et cherche des solutions auprès de sa famille et de son oncle jésuite qui est aussi son confesseur. La situation s'éternise. Il prononce pourtant ses vœux solennels en 1937. Il est ordonné prêtre le 24 août 1938 avant d'effectuer sa dernière année de théologie, quand il craque. La pauvreté des études lui est insupportable. Il déplore par ailleurs les mesquineries et les attitudes condescendantes de certains religieux de sa communauté (les capucins sont des êtres humains !)[2]. Il somatise, sa santé ne suit plus.

Dix-neuf ans plus tard, il formule la critique suivante : selon lui, les frères convers, c'est-à-dire les religieux qui ne deviennent pas prêtres, exercent une activité manuelle

1. Lebon Dominique, « Ludovic de Besse », art. cit.

2. Mary Brigitte (dir.), *Inédits, abbé Pierre, textes de combat, écrits intimes, correspondances*, Bayard, 2012, p. 173.

et sont souvent d'origine modeste. Ils sont considérés comme des « religieux de seconde classe », les « domestiques des révérends pères » et les « valets de chambre des couvents »[1]. Après des démarches longues et compliquées, en 1939, il obtient d'être nommé prêtre séculier dans le diocèse de Grenoble. Il quitte la vie capucine.

1. Abbé Pierre, « La vocation monastique et la misère du monde », *Vie spirituelle*, mars 1957, p. 289 et 296.

2

Un prêtre dans la guerre

Juste avant « l'abbé Pierre »

Pour comprendre la vie de l'abbé Pierre et des Français pendant la Seconde Guerre mondiale, il n'est pas superflu de rappeler quelques événements historiques essentiels. La France, avec la Grande-Bretagne, déclare la guerre à l'Allemagne le 3 septembre 1939, deux jours après l'attaque de la Pologne par l'armée allemande. Commence alors la Drôle de guerre qui désigne cette période de huit mois où la France et la Grande-Bretagne laissent faire l'invasion par l'Allemagne nazie de la partie occidentale de la Pologne (tandis que l'URSS envahit la partie orientale) puis l'entrée des troupes allemandes au Danemark et en Finlande. Période d'indécision et de scepticisme quant à l'orientation du conflit, la Drôle de guerre prend fin le 10 mai 1940 avec l'invasion par surprise des Pays-Bas et de la Belgique. Commence alors la campagne de France qui est une « guerre éclair » au cours de laquelle l'armée française est battue en un temps record, au terme de combats aussi sanglants que ceux de la Première Guerre mondiale. Le 22 juin 1940, le dernier gouvernement de la IIIe République signe un armistice avec l'Allemagne à l'endroit même de la signature de celui de 1918, la clairière de Rethondes, à Compiègne (Oise). Les deux tiers du territoire français métropolitain sont livrés à l'occupation de l'ennemi, quant au tiers sud et sud-est ainsi qu'à l'empire colonial, ils passent entre les mains du régime de Vichy, appelé État français, qui est un régime autoritaire d'extrême droite dont le chef, Philippe Pétain, obtient les pleins pouvoirs de l'Assemblée nationale le 10 juillet 1940.

De 1940 à 1942, pendant les premiers temps de l'Occupation et du régime de Vichy, la Résistance est confidentielle. Le combat clandestin provient plutôt d'initiatives ponctuelles diverses, menées par des résistants isolés et des petits groupes qui travaillent au renseignement, à la contre-information (impression et diffusion de tracts et de journaux), et à l'aide aux prisonniers évadés. La Résistance engage dès les débuts de la guerre une bataille d'opinions contre les Allemands et le régime de Vichy avec différentes publications clandestines qui se diffusent dès la fin de 1940. Des réseaux de renseignement entament leur activité pour le compte des services d'information de la France libre (les résistants français installés à l'étranger) à Londres, du gouvernement britannique lui-même ou de certains services du régime de Vichy qui jouent double jeu.

Deux événements vont précipiter de nombreux Français dans la Résistance. D'abord les rafles des Juifs à partir de juillet 1942 à Paris et la mise en œuvre progressive du Service du travail obligatoire (STO), à partir du 6 juin 1942, renforcé par une loi de 1943 puis une autre en janvier 1944. Les deux événements sont mêlés dans l'esprit de nombreux Français : déportation raciale et déportation du travail. Ils surviennent à la même période, suscitant tous deux une vive angoisse.

Pendant les premières années de guerre, la vie de l'abbé Pierre est relativement banale. D'abord, en 1939, il est mobilisé dans les services de logistique de l'armée de terre. Il est incorporé dans le Train, avec un « T » majuscule, c'est-à-dire dans l'arme (le service de l'armée française) qui s'occupe de la logistique, du transport du matériel en soutien aux mouvements de l'armée de terre. Il ne s'agit pas seulement de transport ferroviaire, mais de tout moyen de transport terrestre et en premier lieu routier. L'abbé Pierre est d'abord sur le front des Alpes, en soutien aux combats de l'armée française contre l'armée italienne, puis en Alsace. Il effectue la plupart de ses missions à cheval. En juin 1940, il est muté et devient sergent du 28e Groupe de santé divisionnaire, qui assure le transport de soldats blessés jusqu'aux ambulances de corps d'armée. Il est démobilisé en août 1940 à cause d'un problème pulmonaire, une pleurésie. Sa vie militaire s'arrête, il retourne à sa vie de prêtre.

Le 2 septembre 1940, il devient aumônier d'un hôpital à La Mure, en Isère, à une quarantaine de kilomètres au sud de Grenoble, puis chargé d'enseignement religieux dans une école catholique et un collège public. Il assure un service d'aumônerie auprès des mineurs de charbon et de la Jeunesse agricole catholique et reprend ses activités scoutes. À Grenoble en 1941, lors d'un camp de guides (scoutes féminines) il utilise, pour la première fois connue, la référence au mot « Emmaüs », village de Palestine où deux disciples ont été témoins de la résurrection de Jésus[1]. Il rédige pour les veillées au coin du

1. Luc 24, 13-35.

feu une prière-poème où l'on trouve ces mots : « Nous sommes tous pèlerins d'Emmaüs. Nous sommes tous gens qui peinent dans l'obscurité du soir, las de doute après la journée méchante. [...] Entre avec nous t'asseoir à notre feu. » Le 11 mai 1941, il prêche devant 6 000 jeunes lors d'un rassemblement à l'occasion de la fête de Jeanne d'Arc. En janvier 1942, il devient pour quelques mois aumônier d'un orphelinat laïc à une cinquantaine de kilomètres au nord-est de Grenoble, à La Côte-Saint-André, ville natale du compositeur Hector Berlioz. Après cette brève expérience, il est nommé vicaire à la cathédrale de Grenoble, le 25 juin 1942.

Sauver

Deux mois après son installation dans un petit appartement du centre historique de la ville, place Lavalette, des hommes inconnus frappent à sa porte. Ce sont des Juifs réchappés d'une rafle qui s'est produite la veille dans Grenoble, le 24 août 1942[1]. Ils sont une vingtaine, la plupart alertés par des voisins qui leur ont conseillé de ne pas regagner leur domicile où la police française vient de procéder à la rafle de leurs familles et de leurs voisins. Après avoir erré dans les rues, ils sonnent au hasard à la porte de l'appartement où l'abbé Pierre a punaisé quelques jours avant une carte de visite indiquant : « Henri Grouès, prêtre ». Ils ne le connaissent pas personnellement, ils font confiance à sa fonction, espérant obtenir de l'aide. L'abbé Pierre les oriente où il peut, en attendant de leur trouver une solution durable, et en cache deux dans son propre appartement.

---

1. Cogne Olivier, Duclos Jean-Claude, Ihl Olivier, Loiseau Jacques, *1939-1945. Grenoble en Résistance*, Dauphiné libéré, 2015, p. 40. La première de rafle de Juifs à Grenoble se produit à cette date. Dans son récit de guerre, l'abbé Pierre se trompe sur la date et sur le profil des personnes arrêtées.

La grande histoire vient frapper à la porte de l'abbé Pierre. L'été 1942 est le début des grandes rafles de Juifs en France, l'accélérateur de la mise en œuvre de la Solution finale en Europe de l'Ouest. En France, 76 000 Juifs seront déportés, dont 11 400 enfants. 4 300 personnes juives reviendront des camps. En Europe, 6 millions de Juifs sont morts dans ce contexte.

Le gouvernement de Vichy est un régime antisémite dirigé par le maréchal Pétain qui promulgue, de sa propre initiative, un statut des Juifs en France dès le 1er octobre 1940, à peine arrivé au pouvoir. Il autorise l'internement des Juifs étrangers (qui bien souvent avaient fui les menaces antisémites dans leur pays d'origine), leur interdit d'exercer certaines fonctions (dont celles d'enseignant, journaliste, fonctionnaire, etc.) et abroge le décret Crémieux qui accordait la nationalité française aux Juifs d'Algérie. En mars 1941, l'obsession antijuive incite à la création du Commissariat général aux questions juives, organe officiel de l'antisémitisme d'État et le 2 juin de la même année un deuxième décret vient aggraver la situation (obligation de se faire recenser, etc.).

Le gouvernement de Vichy partage avec l'Allemagne nazie l'idée selon laquelle la nation doit pratiquer une purge en son sein, afin de retrouver sa vigueur et survivre, en se débarrassant des éléments supposés la corrompre, tels que les étrangers, les Juifs, les nomades, les francs-maçons, les communistes, les syndicalistes, les pacifistes… Tous accusés d'avoir provoqué la défaite de 1940.

Depuis la fin du XIXe siècle et l'apparition de l'antisémitisme moderne, les Juifs sont accusés par toute une frange des sociétés occidentales d'être à l'origine des principaux maux du monde moderne. Ils sont désignés comme des comploteurs qui visent à créer une situation où ils seraient en mesure de dominer le monde et réduire les non-Juifs au statut de serviteurs. Ils sont accusés, de façon aussi contradictoire, d'être des capitalistes et des libéraux, des faiseurs de crise économique et financière, des apatrides complotant contre les nations et l'armée, mais aussi des communistes, propageant la révolution et l'abolition de la propriété. Ils sont accusés de diffuser l'athéisme en même temps que d'être des croyants fanatiques persuadés d'être le peuple élu de Dieu. On leur reproche de s'enrichir et d'entretenir des liens de connivence à l'échelle de la planète. En réalité, ce qu'on appelle « les Juifs » renvoie à des réalités personnelles et collectives extrêmement différentes. Ceux-ci connaissent des situations tout à fait dissemblables et, au milieu du XXe siècle, la majorité d'entre eux vit pauvrement, principalement en Europe centrale et orientale[1].

L'abbé Pierre va s'efforcer de trouver des solutions pour ces personnes en détresse. La situation qu'il vit ce soir-là fait penser à ce poème de Louis Aragon, écrit précisément à ce sujet :

Qui frappe à la porte au noir du silence
Il se lève un vent de la violence
Sur la ville un vol de coquecigrues[2]
Traque des fuyards à travers les rues
Qui frappe à la porte au noir du silence[3]

Au hasard, l'abbé Pierre prend son vélo et va demander à des particuliers et des communautés religieuses grenobloises s'ils peuvent accueillir ces fugitifs. Il a l'idée de se rendre dans un internat de la ville, l'institut Notre-Dame-de-Sion qui est un établissement scolaire pour des jeunes filles de milieux aisés. Il sait que cette congrégation a été

1. Minczeles Henri, *Une histoire des Juifs de Pologne*, La Découverte, 2006.
2. Monstre ailé.
3. Louis Aragon, « Le médecin de Villeneuve », 1942.

fondée au XIXe siècle par des Juifs convertis au catholicisme, qu'elle s'occupe d'œuvres sociales à destination des Juifs pauvres et qu'elle dispose de nombreuses chambres et possibilités d'abri. La supérieure, mère Magda Zech, le reçoit. Il prend toutes les précautions pour lui expliquer la situation, conscient que si elle accepte elle joue gros et entre dans l'illégalité. Quelle n'est pas sa surprise quand la religieuse lui explique calmement qu'elle accueille déjà de nombreux Juifs dans leurs locaux et qu'elle ne pourra en recevoir que cinq ou six ! Mère Magda Zech ajoute qu'elle va lui présenter sœur Joséphine, spécialisée dans l'imitation de la signature du commissaire de police de la ville de Grenoble, qui va lui apprendre à concevoir de faux documents afin de garantir une protection aux personnes traquées[1].

Passer la frontière

Quelque temps plus tard, l'abbé Pierre trouve une autre idée, il se souvient de sa participation à une randonnée en montagne dans la vallée de Chamonix, au cours de laquelle le guide lui avait dit qu'ils se trouvaient en Suisse. Il parvient à convaincre le curé de la cathédrale de lui accorder un peu de vacances pour faire des excursions dans les Alpes, pour sa santé, puis va tout raconter à son collègue vicaire qui lui exprime son admiration et ses regrets de ne pas pouvoir en faire autant et lui promet de le remplacer toutes les fois où il en aura besoin.

Quelques jours plus tard, à 3 280 mètres d'altitude, l'abbé Pierre emmène trois hommes encordés derrière lui et leur fait passer la frontière suisse. Pour la première fois de sa vie, il se comporte en passeur clandestin, en

1. Comte Madeleine, *Sauvetages et baptêmes. Les religieuses de Notre-Dame de Sion face à la persécution des Juifs de France (1940-1944)*, L'Harmattan, 2001, p. 126-127.

contrebandier de l'amour et de l'espérance. Sa première cordée dure huit heures de marche dont trois de glacier. Il vit cette aventure avec exaltation, se souvenant des accolades au moment de franchir la frontière, des effusions d'hommes se sentant enfin sauvés et qui expriment leur soulagement et leur gratitude.

Les historiens parlent de la « filière de Notre-Dame-de-Sion » de Grenoble et lui attribuent une trentaine de passages de frontières[1] pour des Juifs, sans compter les passages pour d'autres types de fugitifs (résistants et leur famille, militants politiques...). Nous ignorons le nombre de passages exacts effectués par l'abbé Pierre.

Le réseau grenoblois travaille sur trois axes : les caches, les faux papiers et les passages de frontières. Il est essentiellement constitué de catholiques, de prêtres et de religieuses. Ils disposent de lieux où les personnes peuvent être mises à l'abri pendant quelques jours, avec la complicité des propriétaires qui encourent des risques non négligeables : des chambres de bonnes, des soupentes, des cagibis, des caves, des garages, des chambres d'orphelinats et de maisons religieuses, des fermes, des villas bourgeoises, des maisons d'instituteur... Les personnes doivent y demeurer le plus discrètement possible, elles sont ravitaillées le temps d'obtenir les documents attendus et de rejoindre une mission d'évasion. Parfois l'opération finit mal. L'abbé Pierre se souvient d'un étudiant juif polonais qui après avoir été traqué des mois en zone nord avait trouvé refuge à Valence dans la Drôme. On l'oriente ensuite vers l'abbé Pierre. Logé dans le grenier d'une personne âgée, le jeune homme est particulièrement angoissé, tous les jours il vient supplier pour que ses faux papiers soient réalisés le plus vite possible. Il devient de

1. Ruth Fivaz-Silbermann, *La Fuite en Suisse. Les Juifs à la frontière franco-suisse pendant les années de « la Solution finale »*, Calmann-Lévy, 2020.

plus en plus insistant et imprudent. L'abbé Pierre essaie de le rassurer et l'invite à plus de discrétion. Finalement, il doit se résoudre à lui ordonner fermement de se calmer et d'attendre. Quand les documents sont prêts, deux jours plus tard, l'abbé Pierre va trouver le réfugié et le découvre pendu dans sa cachette.

Les passages de la frontière ont lieu au col du Tour, entre Chamonix et l'entrée du Valais suisse, et à plusieurs endroits différents. Les personnes se rendent en train jusqu'à la gare du village de Montroc, au nord de Chamonix ; s'ensuit une longue ascension. L'abbé Pierre est parfois accompagné d'un authentique guide de montagne professionnel. Il est lui-même membre du Club alpin français. Le prétexte d'une randonnée en montagne est tout trouvé en cas de contrôle. D'autres fois, la filière d'évasion passe par le col de Balme, accessible aussi à partir de Montroc. Au cours de la guerre, de nombreuses personnes, quelle que soit la filière de passeurs, parviendront à s'échapper en Suisse par ces cols. Le 14 septembre 1942, il y a même trois cordées qui partent avec trois équipes de passeurs différents[1]. Un autre prêtre assure des passages, l'abbé André Payot, curé de Vallorcine, paroisse de montage voisine de ces cols. Il sera reconnu Juste parmi les nations, distinction de l'État d'Israël accordée à ceux qui ont sauvé des Juifs[2].

Les passages par la haute montagne, périlleux et épuisants, ont lieu jusqu'à l'automne 1942 qui rend les expéditions encore plus difficiles et l'abbé Pierre doit reprendre ses activités paroissiales. Les personnes sauvées par cette filière sont en partie des scientifiques ou des étudiants de l'institut polytechnique de Grenoble, tous Juifs étrangers en contact avec l'institut Notre-Dame-de-Sion grâce à

1. *Ibid.*, p. 458

2. Jean-Luc de Uffredi, *L'Abbé Payot. Résistant et chef de réseau (1939-1945), Chamonix Mont-Blanc – Vallorcine*, Les Passionnés de Bouquins, 2019.

Szunio Waysman, dit Gilbert, ancien diplômé de l'institut polytechnique de Grenoble. Gilbert (Szunio Waysman) est un résistant proche de l'abbé Pierre, qui l'aide à fabriquer des faux papiers. Avec sa femme Caroline déguisée en infirmière, il participe en novembre 1943 au sauvetage du frère du général de Gaulle[1]. C'est ainsi que le Général entendra parler pour la première fois de l'abbé Pierre. Notons aussi que l'épouse de Jacques de Gaulle est la tante d'une des belles-sœurs de l'abbé Pierre. La filière de Notre-Dame-de-Sion est en relation avec de nombreuses personnes, notamment avec le frère Roger Schutz, fondateur de la communauté œcuménique de Taizé en Bourgogne, qui deviendra célèbre dans les milieux chrétiens après la guerre et qui oriente des personnes pour s'échapper en Suisse avec leur aide. La filière de Notre-Dame-de-Sion a également des liens avec le pasteur Marc Boegner qui est la première personnalité religieuse française, président de la Fédération protestante de France, à protester publiquement contre l'antisémitisme de Vichy dans une lettre ouverte au grand rabbin Isaïe Schwartz du 26 mars 1941. Sa lettre connaît un grand retentissement car elle est reprise dans la presse collaborationniste qui la dénonce. Le pasteur Marc Boegner oriente aussi des personnes juives pour des passages en montagne vers la Suisse et favorise la constitution de la Cimade en 1939, association dont la vocation est de venir en aide aux personnes déplacées, action que cette association poursuit encore auprès des personnes migrantes.

Tous les passages guidés par l'abbé Pierre lui-même ont pu se faire sans refoulement à la frontière, ce qui ne fut pas le cas de toutes les tentatives de son réseau. Au milieu de la guerre, la Suisse change d'attitude et prend de nouvelles

1. De Gaulle Charles, *Mémoires de guerre*, t. 2, Plon, 1969 [Maison, année,] p. 173-174.

mesures : des ordres de restrictions sont donnés à partir du 26 septembre 1942 et les douaniers suisses effectuent des refoulements de fugitifs. Il y a eu environ 2 850 refoulés juifs pendant toute la période, dont une partie a péri suite au refoulement. Ces restrictions ont pour effet de faire prendre aux fugitifs traqués davantage de risques, en passant de nuit par des itinéraires plus vertigineux, et de causer des décès dans la montagne. En tout, pendant la guerre, 12 675 personnes juives ont été accueillies et sauvées en Suisse[1].

Le 4 janvier 1942 est décédée Eulalie Grouès, sa maman, dans la maison familiale d'Irigny près de Lyon, à l'âge de 61 ans. Ses frères et ses sœurs souhaitent que leur frère Henri, l'abbé Pierre, qui n'est plus capucin, puisse avoir sa part d'héritage. On se souvient qu'il y a renoncé en s'engageant dans l'ordre fondé par saint François d'Assise. En 1942, les choses ont changé et la fratrie propose qu'il hérite comme eux d'une part du patrimoine familial, mais l'abbé Pierre le refuse. Pourtant ses frères et sœurs sont au courant pour les passages de frontière, sans toutefois se douter de l'ampleur de son engagement de résistant et des besoins financiers qui en découlent.

Faussaire

Grâce à sœur Joséphine (au civil Denise Paulin), ancelle[2] de l'institut Notre-Dame-de-Sion, l'abbé Pierre découvre le travail de faussaire. L'activité de la sœur est maintenue secrète à l'intérieur du couvent, même auprès des autres religieuses[3]. Elle sait comment s'y prendre pour établir

1. Ruth Fivaz-Silbermann, *La Fuite en Suisse*, *op. cit.*, p. 21.

2. Une ancelle est une religieuse qui n'a pas prononcé ses vœux définitifs et qui ne porte l'habit de la congrégation qu'à l'intérieur du couvent, étant habillée en civil à l'extérieur, ce qui est pratique pour passer inaperçue dans ce contexte.

3. Comte Madeleine, *Sauvetages et baptêmes*, *op. cit.*, p. 132-134.

de faux documents : extraits de baptême, cartes d'identité, laissez-passer, certificats de travail, cartes d'alimentation… L'abbé Pierre est formé par sœur Joséphine et constitue une petite équipe qui se met au travail à la fin des réunions d'études religieuses du soir, dans l'appartement grenoblois de l'abbé Pierre, place Lavalette, ou bien chez d'autres personnes de ce réseau. Non seulement ils savent imiter des signatures mais ils ont aussi de faux tampons et des papiers officiels. Ils utilisent un nardigraphe qui est un outil de vitrographie permettant d'effectuer des copies de documents à l'aide d'une plaque de verre dépolie. Le petit groupe est composé de deux à sept personnes, tel Gilbert (Szunio Waysman), Briançon (André Julien), tous deux impliqués par ailleurs dans les activités maquisardes de l'abbé Pierre, et d'autres complices de cet atelier de faussaires : un jeune Rémois frère de résistant déporté (Bernard de Nonancourt, *alias* Petit Louis), une dame catholique, un juge allemand rescapé du nazisme, une militante syndicaliste (Lucie Coutaz, *alias* Louise), un dirigeant de la jeunesse catholique du Luxembourg… Ils passent une partie de la nuit à confectionner les documents et à refaire le monde. L'atelier permet aussi d'échanger des idées entre militants proches des idées de la démocratie chrétienne et du catholicisme social, pour la plupart. À cette époque, l'abbé Pierre dort peu, moins de quatre heures par nuit.

Parmi d'autres, l'abbé Pierre fournit une fausse identité à un journaliste allemand qui a fui le nazisme, un certain Éric Marcus. Diplômé de l'université de Berlin et titulaire d'un doctorat, Éric Marcus a fait carrière en Allemagne dans le journalisme et le tourisme (il est aussi directeur des relations publiques de l'Office de tourisme national allemand), jusqu'à l'arrivée des nazis au pouvoir et sa déchéance de nationalité en 1933. Réfugié en France, il est arrêté et interné par le gouvernement de Vichy dès 1940. Il parvient à s'échapper en 1943, après deux ans et demi de captivité dans un camp où il était forcé de fabriquer du charbon de bois dix heures par jour. Grâce au réseau de l'abbé Pierre, il peut survivre et travailler sous la fausse identité d'Étienne Marais et occuper un poste d'enseignant d'anglais et d'allemand dans un collège de l'Isère, jusqu'à la fin de la guerre. En 1947, Éric Marcus obtient un poste de professeur de français et d'allemand à l'université de Bridgeport dans le Connecticut aux États-Unis[1]. Devenu citoyen américain en 1949, après dix-sept années passées sans nationalité, il entend parler de nouveau de l'abbé Pierre en 1955, lorsque celui-ci vient présenter son action lors d'une conférence à New York et ils reprennent contact. La lettre touchante d'Éric Marcus, *alias* Étienne Marais, écrite à l'abbé Pierre en 1955 est visible aujourd'hui par le public dans le lieu de mémoire d'Esteville en Normandie.

Les Juifs dans la tourmente

Dans son récit de guerre intitulé *Clandestin*[2], que l'abbé Pierre écrit à partir des conférences données en 1945, on remarque au chapitre 2 qu'il se justifie d'avoir sauvé des Juifs étrangers. « Mais, au fait, qui étaient-ils ceux-là qui se trouvaient menacés et pour lesquels un tel risque était consenti ? [...] Oui, ils n'étaient pas sans doute de nos proches les plus intimes par la famille, le sang ou la patrie. Mais ils étaient des hommes ! [...] Quels qu'ils soient ils sont des frères, ils sont des nôtres. » Le patriotisme en vigueur au lendemain de la guerre est de nature à jeter le

1. On trouve des informations biographiques sur Éric Marcus dans le journal de l'université de Bridgeport, *The Scribe*, dont les archives sont accessibles sur le site https://scholarworks.bridgeport.edu.

2. Abbé Pierre, *Clandestin, 1942-1944*, Volodalen (Citadelle), 2007.

soupçon sur les étrangers. La mentalité générale est à la suspicion sur leurs intentions, plus ou moins espions, séditieux, révolutionnaires, opposées ou indifférents par nature aux intérêts du peuple parmi lequel ils vivent. L'antisémitisme et la méfiance envers les étrangers sont encore très présents dans les mentalités de cette époque, y compris chez des résistants. En s'exprimant ainsi, l'abbé Pierre devance les potentielles critiques de son auditoire.

Pourtant, il est indéniable aujourd'hui que la population française dans son ensemble a rejeté les mesures de déportation prises par les nazis et les autorités françaises à partir de l'été 1942, comme le prouvent de nombreuses études historiques. L'ouvrage *Ni héros, ni salauds. La population a-t-elle protégé les Juifs en France occupée*[1] *?* le démontre et il n'est pas le seul[2]. Les Français ordinaires ont résisté comme ils ont pu aux déportations des Juifs. Ce sont les autorités de Vichy et les collaborateurs qui ont participé à la Shoah. Les historiens indiquent même que certains Français partageant des opinions antisémites se sont montrés indignés par le sort réservé aux personnes arrêtées à partir de l'été 1942. « Dans quasiment tous les départements les préfets ont relevé combien la population a été indignée par ces rafles et certains policiers ont d'ailleurs été pris à partie par des témoins durant l'exécution de leur tâche[3]. »

La hiérarchie de l'Église catholique, comme la plupart des Églises en Europe, protestantes et orthodoxes, s'est refusée à prononcer une protestation publique unanime au moment des rafles des Juifs, privilégiant la défense des intérêts des chrétiens à la sauvegarde des Juifs. On l'a reproché par la suite au clergé français et au pape

1. Doulut Alexandre et Lazare Lucien, *Ni héros, ni salauds. La population a-t-elle protégé les Juifs en France occupée* ?, Le Bord de l'eau, 2019.

2. Sémelin Jacques, *La Survie des Juifs en France, 1940-1944*, CNRS, 2018.

3. Doulut Alexandre et Lazare Lucien, *Ni héros, ni salauds*, *op. cit.*, p. 52.

Pie XII. Par ailleurs, des discours et des comportements ouvertement antisémites ont été commis par des ecclésiastiques, même s'ils restent minoritaires. Une exposition temporaire en 2022 et 2023 consacrée à ce sujet au mémorial de la Shoah à Paris a fait le point sur ces questions, détaillant la culpabilité des uns, les silences coupables des autres et l'engagement héroïque de certains religieux. Elle montre le silence relatif des autorités de l'Église, par prudence surtout, qui a eu pour effet de ne pas inciter les chrétiens de la base, laïcs et religieux, à agir. La majorité des évêques de France étaient favorables au maréchal Pétain et aux valeurs mises en avant par sa « Révolution nationale » qui se rapprochait d'un certain nombre de préoccupations chrétiennes (famille, travail, sens du devoir, anticommunisme, autorité, traditions…). Le gouvernement de Vichy prétendait donner à l'Église de France une place de choix dans le nouveau projet national. Aux moments des rafles en 1942, seuls cinq évêques se sont élevés publiquement contre les déportations massives : Mgr Saliège à Toulouse, Mgr Théas à Montauban, Mgr Gerlier à Lyon, Mgr Delay à Albi et Mgr Moussaron à Marseille. Être prêtre ou religieuse en 1942 et sauver des Juifs ne va pas de soi, bien au contraire. Il s'agit de s'opposer à trois niveaux d'autorité : aux ordres des Allemands, mais aussi de son propre gouvernement, puis des autorités épiscopales (dans la majorité des situations) auxquelles un membre du clergé ou une religieuse sont censés obéir parfaitement. L'abbé Pierre partage son soulagement dans le livre d'entretiens *Emmaüs ou Venger l'homme* paru en 1979, lorsqu'il cite un document de 1944 émanant des plus hautes autorités du Vatican qui indiquent que le pape Pie XII encourageait « l'assistance spirituelle des hommes du maquis[1] ». « Il est si bon pour des fils, ou des amis, d'entendre enfin la libre voix du Père dire : C'est bien… » Ce qui prouve que des prêtres comme l'abbé Pierre ignoraient quel était leur niveau de désobéissance (et de réprobation pontificale éventuelle) sur le moment, dans le cadre de leur action de prêtres catholique au sein de la Résistance.

Les risques encourus étaient nombreux. Les personnes repérées pour avoir aidé des Juifs pouvaient être, selon l'auteur de l'arrestation et les faits reprochés, emprisonnées, torturées, immédiatement fusillées ou déportées dans les camps. L'abbé Pierre a fait partie de cette foule discrète et héroïque des serviteurs de Dieu qui ont pris tous les risques pour venir en aide aux personnes les plus vulnérables à cette époque. Il rejoint ainsi d'autres figures catholiques en France, sauveurs de nombreux Juifs et résistants, tels les religieuses de la congrégation de la Miséricorde de Moissac (dans le Tarn-et-Garonne), le père capucin Pierre Marie-Benoît qui sauva plus de 4 000 personnes juives à Nice, Marseille et Rome, le père Pierre Chaillet (des *Cahiers du témoignage chrétien*), le père Roger Braun, le père carme Jacques de Jésus à Avon près de Fontainebleau, l'abbé Alexandre Glasberg, dit abbé Corvin, et Germaine Ribière du réseau de l'Amitié chrétienne, et tous ceux, dont la liste serait trop longue à établir ici.

Dans le livre d'Alexandre Doulut et de Lucien Lazare mentionné plus haut, on lit dans l'épilogue : « *Il est néanmoins pertinent de souligner que dans les dossiers de Justes conservés à Yad Vashem, nombreux sont les témoignages de sauveurs affirmant avoir agi sous l'effet de leur éducation religieuse chrétienne*[2]. »

---

1. Chevallier Bernard et l'abbé Pierre, *Emmaüs ou Venger l'homme*, *op. cit.*, p. 82.
2. Doulut Alexandre et Lazare Lucien, *Ni héros, ni salauds*, *op. cit.*, p. 223.

Cambrioleur

Le 11 novembre 1942, la zone sud est occupée par les Allemands qui franchissent la ligne de démarcation et s'installent donc dans la partie contrôlée par le régime de Vichy. Le régime du maréchal Pétain devient alors un État fantoche et perd une grande partie de sa légitimité. Cette opération allemande est baptisée opération Anton. Elle est menée à la suite du débarquement et de la victoire des Alliés en Afrique du Nord. En effet, le 8 novembre 1942, l'opération Torch permet aux forces anglaises, américaines, et aux résistants français (libération d'Alger) de battre les forces italo-allemandes de l'Axe et de prendre le contrôle des rives sud de la Méditerranée, du Maroc jusqu'à l'Égypte. Pour se protéger d'un débarquement sur les côtes nord-méditerranéennes, les Allemands s'implantent sur l'ensemble du territoire français métropolitain avec leurs alliés italiens qui se voient confier une zone d'occupation dans le sud-est de la France. Le territoire de l'armée italienne correspond aux huit départements de Haute-Savoie, Savoie, Drôme, Isère, Hautes-Alpes, Basses-Alpes, Var et Alpes-Maritimes. Par conséquent, Grenoble est concerné. À l'annonce de la nouvelle, et comme les armées italiennes doivent arriver d'un moment à l'autre, l'abbé Pierre et ses camarades se précipitent pour enlever le plus possible d'équipement des mains du futur envahisseur. « Déjà contrebandier, nous devenions cambrioleurs », écrira-t-il dans *Clandestin*. En 1940 déjà, l'armée de l'armistice représentée à Grenoble par le 6e bataillon de chasseurs alpins avait caché des armes, dont de l'armement lourd, un peu partout dans la montagne et les forêts environnantes pour les soustraire à l'ennemi et dans la perspective d'une revanche. Les forces italiennes avaient procédé à un premier pillage et une réquisition de matériel en 1940, emporté en Italie par la route ou le rail. La passivité du régime de Vichy au moment de l'invasion de la zone sud en 1942 provoque la dissolution de l'armée d'armistice, qui opère juste avant une deuxième opération de camouflage du matériel. L'armée italienne possède déjà une division sur place, à Grenoble, mais cette fois elle arrive en Isère avec 1 000 hommes supplémentaires dans la perspective d'assurer un contrôle plus important de sa nouvelle zone d'attribution. La Résistance est bien structurée et organisée en Isère[1]. L'abbé Pierre et son groupe investissent un entrepôt de couvertures, de vêtements et de chaussures. En quelques heures, ils utilisent des remorques, des charrettes à bras et des vélos pour vider l'entrepôt, dans le double objectif d'en priver les forces ennemies et d'approvisionner en équipement les personnes pauvres du quartier de la cathédrale de Grenoble (qui est alors un quartier ouvrier) où l'abbé Pierre est vicaire. Le surplus de matériel non distribué aux Grenoblois nécessiteux est caché dans des garages, des greniers et des locaux paroissiaux et servira quelques mois plus tard à équiper les maquis. Le temps passe et la nuit tombe, l'abbé Pierre est affairé au vidage de l'entrepôt quand une voiture civile se gare devant la porte d'entrée du bâtiment, suivie de toute la colonne de l'armée italienne ! Les officiers italiens prennent conscience du pillage en cours et ferment les portes du bâtiment. L'abbé Pierre et ses amis sont pris au piège. Ils se précipitent afin de passer par les fenêtres, parviennent à escalader un mur, en emportant encore quelques paquets de chaussures, et réussissent à échapper à leurs poursuivants. « C'était ma première évasion », écrit-il.

---

1. Barrière Philippe, Bruttman Tal, Duclos Jean-Claude, Emprin Gil, Esperguin Nora, Loiseau Jacques, *1939-1945. L'Isère en résistance*, Le Dauphiné libéré, 2005, p. 44.

Travailler en Allemagne ?

Le STO a été mis en place en juin 1942 à la demande des Allemands qui souhaitent renforcer leur économie de guerre mise à mal par le prolongement des combats en Europe de l'Est. Le front germano-soviétique dure beaucoup plus longtemps qu'envisagé et les pertes humaines sont très nombreuses. La stratégie de l'Allemagne consiste à mettre à contribution les travailleurs européens et français en particulier afin de remplacer les soldats allemands partis au combat, dans les fermes, les usines, chez les artisans, etc. Fin 1942, un premier contingent de 240 000 jeunes Français est parti en Allemagne, en échange du retour de quelques prisonniers de guerre. Plusieurs lois tentent d'accroître le nombre de départs pour l'Allemagne, dans les années qui suivent. La loi du 1er février 1944 stipule que les femmes sans enfants de 18 à 45 ans et les hommes de 16 à 60 ans peuvent être envoyés en Allemagne si leur emploi n'est pas strictement nécessaire à l'économie de la France. Les autorités allemandes souhaitent recruter 1 million de personnes. L'historien Guy Rossi-Landi estime que, au 30 septembre 1944, il y a environ 700 000 travailleurs français en Allemagne (dont 40 000 femmes). L'insuffisance du recrutement de ceux qu'on appelle « les STO » fait partie des principaux reproches des autorités allemandes au régime de Vichy. Beaucoup de jeunes refusent de partir, par peur ou par patriotisme, ou les deux parfois. Le plus simple pour ces réfractaires est de se cacher chez un parent qui habite à la campagne ou dans leur environnement habituel, par exemple des séminaristes se cachent au séminaire en continuant de suivre les cours et en évitant de sortir. Beaucoup de réfractaires au STO rejoignent les mouvements de résistance et les maquis. La politique allemande aura permis de rapprocher la population des mouvements de Résistance, proximité encore peu développée au milieu de la guerre. C'est surtout à partir du printemps et de l'été 1943 que les réfractaires rejoignent les maquis existants dans certaines régions où ils trouvent un petit noyau souvent formé de militaires de carrière, de gens plus âgés et aguerris. La rencontre entre les deux profils de maquisards ne va pas de soi. Parfois les jeunes sont fortement rudoyés par les maquisards, avant qu'ils n'intègrent le groupe de combattants. L'abbé Pierre le relate dans ses souvenirs de guerre.

Devant la détresse de tant de jeunes appelés au STO, dans un premier temps, l'abbé Pierre se propose pour partir en Allemagne afin de soutenir les travailleurs français en exil, mais il est refoulé par les autorités allemandes qui n'acceptent pas les prêtres. Ils sont une douzaine du diocèse de Grenoble à se proposer. Il envisage alors de se faire embaucher localement comme ouvrier, pendant un certain temps, afin d'être en mesure de s'inscrire par la suite en présentant une fausse profession, mais ses supérieurs ecclésiastiques refusent ce projet. En France, certains prêtres ont pu partir clandestinement travailler dans des usines en Allemagne, dans ce cadre. Leur expérience originale est le point de départ de l'aventure des prêtres-ouvriers français, c'est-à-dire ces prêtres qui ont vécu en milieu ouvrier, qui ont travaillé dans des usines et se sont engagés dans le milieu politique et syndical. Cette expérience a fortement marqué l'Église catholique, jusqu'à sa restriction par le pape Pie XII en 1954, suivie de sa suppression en 1959.

Maquis palace

Après avoir aidé les réfractaires à se cacher dans des fermes, l'abbé Pierre s'oriente vers la création d'un maquis. À cette époque, il ne connaît aucun maquis déjà en place. Avec l'aide d'un charpentier de la ville de Voreppe, surnommé Paul, de son vrai nom André Demirleau, l'abbé Pierre implante son petit groupe de jeunes, en mars 1943, dans une ancienne grange dans le massif de la Chartreuse (au nord de Grenoble), au hameau de la Platelle, commune de Pommiers. Paul (André Demirleau) n'en est pas à son coup d'essai et a déjà organisé un autre maquis dans le secteur[1]. Les candidats peuvent rentrer en contact avec l'abbé Pierre en se rendant au presbytère ou dans le confessionnal de la cathédrale de Grenoble. L'abbé Pierre y tient une permanence qui sert autant à absoudre les péchés qu'à recevoir des conseils pour choisir soit d'aller travailler en Allemagne, soit de se cacher ou de rejoindre le maquis. L'abbé Pierre organise en ville des petits comités qui se cotisent pour assurer le ravitaillement des maquisards. Des familles réunies par groupe de six s'organisent pour procurer à tour de rôle le nécessaire aux jeunes du camp. Des complices, dont Gilbert (Szunio Waysman) et Briançon (André Julien), effectuent des navettes pour leur livrer du ravitaillement dans les ruines d'une usine des environs. Remonter les vivres au camp est une épreuve physique intense[2].

Le groupe de jeunes hommes dirigés par l'abbé Pierre est surtout composé de catholiques pétris d'idéaux et patriotes, de réfractaires au STO, certains sont séminaristes. Ils passent leur temps à effectuer des corvées difficiles et ils compensent en refaisant le monde, en débattant

1. Parsus Joseph, *Malleval dans la Résistance*, première édition non datée (années 1990), p. 29.
2. *Ibid.*, p. 32

de nombreux sujets avec ardeur. Dans un premier temps, il y a peu d'armes et d'équipement et pas de chef. Les décisions sont prises en commun. L'abbé Pierre leur trouve Raoul, de son vrai nom Pierre Godart, ancien officier d'infanterie, sous-lieutenant de réserve, qui arrive au camp de Chartreuse le 29 mai 1943. Il prend en charge l'instruction militaire et la sécurité, se fixant pour mission de militariser le camp, de transformer les réfractaires en authentiques maquisards. Il est coopté par le groupe pour être leur chef. Le « Maquis palace », comme d'autres maquis en France au même moment, passe ainsi peu à peu de maquis refuge à maquis combattant.

Vivre dans la montagne et la forêt est une aventure difficile, une épreuve permanente. La vie est surtout nomade et très incertaine. Il faut trouver de la nourriture, aller chercher de l'eau, effectuer la cuisine, monter le campement, construire et aménager des abris, installer une infirmerie, se vêtir, réparer ses vêtements, se laver, effectuer des tours de garde, veiller à la sécurité de tous, réceptionner et acheminer les ravitaillements, échanger des informations, recevoir de nouvelles recrues, entretenir des rapports avec la population locale, se former et se divertir. Survivre en montagne et en forêt est un défi de tous les jours. D'autant plus que les jeunes réfractaires n'ont pas effectué leur service militaire qui a été supprimé par le régime de Vichy. Certains viennent de la ville et ignorent tout de la dure vie en montagne, d'autres sont arrivés en costume de ville et n'ont ni les bonnes chaussures, ni les vêtements adaptés aux caractéristiques du maquis[1]. L'abbé Pierre relate le cas d'un jeune qui n'avait plus de chaussures et qui était obligé de marcher ainsi quatre heures par jour dans la montagne, le temps qu'il lui trouve une solution, en

1. Grenard Fabrice, *Les Maquisards. Combattre dans la France occupée*, Vendémiaire, 2019.

détournant frauduleusement un stock de l'intendance militaire de Grenoble (en produisant un faux ordre de mission).

D'autres actions de ce type sont organisées par le Maquis palace. Ses membres cambriolent de nuit, le 31 mai 1943, un camp des Chantiers de jeunesse, une organisation paramilitaire créée par le régime de Vichy pour remplacer le service militaire, en tenant en joue les chefs dans leur chalet pendant que les autres prennent ce qu'ils peuvent pour s'équiper. Un peu plus tard, le 2 juillet 1943, ils cambriolent le camp voisin de Jeunesse et montagne, une autre organisation paramilitaire vichyste issue de l'armée de l'air, avec notamment Petit Louis (Bernard de Nonancourt), déserteur de cette organisation de jeunesse, un des premiers maquisards de l'abbé Pierre.[1] Ils prennent de la nourriture, des vêtements de montagne, de l'équipement. Les tentes volées ce soir-là serviront jusqu'à la fin de l'aventure en Vercors.

Presse clandestine

À partir de Pâques (avril) 1943, l'abbé Pierre crée son propre journal dont il assure seul la rédaction. Il l'appelle *Les Cahiers de l'Union patriotique indépendante.* Le logo est une croix de Lorraine (symbole d'unité nationale adoptée par les résistants) enchâssée dans un U, sur le modèle de l'emblème bien connu de la Résistance qui comprenait un V (de « victoire ») à la place du U (d'« union »). L'abbé Pierre écrit trois numéros de ce journal. Il n'est pas anormal à cette époque d'assurer seul la rédaction d'un journal. Il existe d'autres exemples : le journal *Libération*, du réseau de résistants socialistes et syndicalistes Libération-Nord, est rédigé

1. Parsus Joseph, *Malleval dans la Résistance*, *op. cit.*, p. 33 et 39.

par son dirigeant et fondateur Christian Pineau, quasiment tout seul. La Résistance n'est pas qu'une histoire d'actions et de renseignements, c'est un chaudron bouillonnant d'idées. Parfois des mouvements de résistance commencent par un journal. De nombreux mouvements de résistants portent le même nom que leur publication clandestine (Combat, Franc-Tireur...). La guerre de la pensée et de l'information est très forte dans ce contexte. Le sous-titre de l'*Union patriotique indépendante* (*UPI*) est : *Pour une France libre, juste, forte, fière devant l'étranger, indépendante devant les partis, fidèle à la plénitude de son passé.* Les premières lignes ne manquent pas d'humour. Le coût du journal est « le don passionné de toute ton âme, éprise de liberté, de justice et de grandeur ». La maison d'édition se trouve : « à la barbe de la Gestapo ». L'adresse est située au Service d'ordre légionnaire de Lyon, précurseur de la Milice française, groupe de collaborateurs avec les nazis. « Pour tout renseignement, s'adresser au milicien de garde. » On reconnaît bien le ton malicieux que l'abbé Pierre saura conserver jusqu'à ses vieux jours. Ce ton est aussi celui que l'on retrouve dans d'autres journaux clandestins de la Résistance.

Les différents numéros encouragent les jeunes à refuser de se plier au STO en Allemagne, assimilé à une « déportation ». « L'armée secrète nous ouvre ses pas », peut-on lire. Ils déplorent que « les camps manquent de chefs, de doctrine et de coordination » et notent que « des désordres graves s'y produisent ». Ils proposent une direction morale et appellent les jeunes à discuter des textes de ce journal à la veillée. Le numéro de mai 1943 voit loin et exige « un ordre social juste, dans la répartition des biens matériels et un ordre spirituel où l'esprit soit libre de se porter vers la possession de la science réelle, de la beauté et du bien. Que tu deviennes un être de désir infini ».

Les premières pages sont politiques et spirituelles. Les suivantes donnent des informations encourageantes sur la suite de la guerre. La défaite allemande de Stalingrad en février 1943 est reconnue comme une lueur d'espérance à l'Est. Les combats en Afrique du Nord laissent entrevoir une libération qui se rapproche. Les Alliés et les Français battent les Italo-Allemands lors de la bataille de Tunisie (novembre 1942-mai 1943). L'*UPI* propose un modèle d'organisation par groupes de six personnes. Il fournit des consignes pour s'organiser, que l'on soit en ville ou dans les maquis. « L'*UPI* se lève pour te donner des cadres et une doctrine », lit-on. La position politique est celle d'un retour à la démocratie, aux libertés syndicales supprimées par le gouvernement de Vichy. Le journal prône un État social juste et la création d'instances de cogouvernement pour les travailleurs. Il réclame l'indépendance de l'État « des puissances financières », une société rénovée, la création de régions et la suppression des départements jugés étriqués. Il lance un appel vibrant : « Cette chose qui soudain se réveille frémissante, en toi, Français : l'âme de la France et sa fierté », qui préfigure l'appel lancé onze ans plus tard par l'abbé Pierre qui sollicitera « l'âme commune de la France » à la radio.

Le troisième exemplaire de l'*UPI* appelle ses lecteurs à la patience et la prudence. L'abbé Pierre essaie de calmer les ardeurs des jeunes maquisards et réfractaires qui sont visiblement pressés de s'engager dans les actions militaires. Les informations du front semblent annoncer les prémices de la défaite allemande et stimulent la volonté de se battre des maquisards. Les Alliés viennent de se rendre maîtres de l'Afrique du Nord en mai 1943 et préparent le débarquement sur l'autre rive de la

Méditerranée. Le général de Gaulle s'installe en même temps à Alger et proclame le Comité français de libération nationale, instance de gouvernement qui précède d'un an le gouvernement provisoire de la République française. La puissance allemande semble avoir entamé son déclin. Le journal invite à faire confiance aux chefs des organisations de la Résistance et tente d'expliquer les actions de logistique, de coordination, d'information et de soutien accomplies par les responsables des mouvements et réseaux de la Résistance.

Il remet en perspective les problèmes d'impatience quand le ravitaillement se fait attendre : « Si parfois, il y a quelque retard, dis-toi bien que le plus souvent, c'est simplement parce que quelques-uns de tes camarades, inconnus de toi, qui risquent tout pour toi, ont couru grand risque ou même parfois, hélas ! se sont fait prendre, et sont peut-être, à ce moment même où tu serais tenté de les maudire, à la torture, les pieds chauffés au chalumeau, et mourant, les dents farouchement serrés pour ne livrer aucun de leurs camarades, pour ne pas te livrer, toi. »

Enfin, il invite les maquisards à se former, lire et discuter afin de se forger un esprit éclairé et des convictions et ainsi préparer l'avenir de la France. « Sortir du maquis en ayant une idée claire, sûre, vraie, intégrale, sans aucune omission sur le sens de la vie... » car « aucun homme n'a été vraiment grand dans ses œuvres qui n'est passé par ce passage d'un temps de solitude énorme et de rentrée en lui-même... ».

Le tirage des trois exemplaires du journal est le suivant : 500 (avril 1943), puis 1 000 (mai 1943), puis 3 000 exemplaires (juin 1943) imprimés et distribués. Louise (Lucie Coutaz), dont on parlera plus en détail ultérieurement, aide à l'impression du journal dans son appartement grenoblois grâce à une Roneo (ronéotype, appareil de photocopie qui fonctionne à la main) cachée dans le double fond d'un placard. Briançon (André Julien) participe aussi à la réalisation de la publication. Ses amis viennent chercher le journal et le distribuent à leur entourage, notamment à la quinzaine de jeunes hommes du Maquis palace.

À cette époque, l'abbé Pierre diffuse des tracts, imprimés par d'autres, par milliers. Il diffuse aussi les *Cahiers du témoignage chrétien*, une publication clandestine créée à Lyon en 1941 par le prêtre jésuite Pierre Chaillet et des pasteurs lyonnais, qui compte treize numéros jusqu'en 1944. L'abbé Pierre est proche des dirigeants et rédacteurs de ce journal, notamment l'homme de lettres Stanislas Fumet et le théologien Henri de Lubac (futur cardinal). Le père Henri de Lubac et les *Cahiers du témoignage chrétien* font partie de ce courant qu'on appelle la « résistance spirituelle au nazisme ». Il désigne les travaux des croyants (Juifs, protestants ou catholiques) qui produisent une réflexion de fond au sujet du nazisme et qui le dénoncent pour ce qu'il est dans sa nature. La résistance spirituelle au nazisme étudie la pensée et l'action des nazis afin d'en révéler le caractère intrinsèquement violent, païen, antihumaniste et antichrétien et lui opposer un refus intransigeant. Ils dénoncent toute collaboration et tout compromis et la présence des chrétiens dans les organes du régime de Vichy[1]. En zone sud, *Témoignage chrétien* est le seul organe de presse à accorder une place prépondérante à la dénonciation de la xénophobie et de l'antisémitisme[2].

L'abbé Pierre finance comme il peut ses activités de journaliste, de fabricant de faux papiers, de passeurs de frontière et de ravitaillement des évadés et réfractaires. Il

1. Wieviorka Olivier, *Histoire de la Résistance, 1940-1945*, Perrin (Tempus), 2013, p. 97.
2. *Ibid.*, p. 302.

quête auprès de son entourage, auprès de ses paroissiens, et en faisant payer les fugitifs qui en ont les moyens lors des passages de frontière. Il utilise tous les moyens à sa disposition pour être soutenu financièrement, en mettant à contribution les personnes qu'il connaît. Un jour, un chef d'état-major régional de la Résistance, le commandant Benoît, prend contact avec lui, après avoir lu l'*UPI*, et lui apporte les fonds nécessaires à son action.

Sornin, Vercors

Dès avril 1943, l'abbé Pierre assure la connexion entre le Maquis palace et l'Organisation de Résistance de l'armée dont le commandant Descour est le chef à Lyon[1]. Cette organisation créée en janvier 1943 se veut apolitique. Elle fusionne en février 1944 avec l'Armée secrète, un regroupement de plusieurs mouvements de résistants français, plutôt favorables au général de Gaulle. L'abbé Pierre souhaite que son groupe reste indépendant des mouvements politisés.

En France, certains maquis sont plus idéologisés que les autres et on trouve une grande diversité de positionnements politiques et de rapports aux autres groupes résistants. Quelques maquis sont rebelles à toute autorité, à tout commandement extérieur centralisé et sont considérés par les autres résistants comme des anarchistes. D'autres groupes sont clairement communistes et se trouvent rattachés à des réseaux nationaux issus du Parti communiste français (PCF), tel le Front national, groupe de résistants communistes (à ne pas confondre avec le parti fondé par Le Pen en 1972) ou les FTP, Francs-Tireurs et partisans. D'autres maquis sont nettement gaullistes et orientés

1. Cf. l'attestation de 1945 signé du commandant Descour, chef d'état-major de la région, reproduite par Parsus Joseph dans *Malleval dans la Résistance*, *op. cit.*, p. 21.

vers la France libre, ils se structurent notamment dans le mouvement Combat. Certains relèvent des services des opérations extérieures britanniques (*Special Operations Executive*) et se battent sous commandement anglais. Enfin, on trouve des groupes qui se déclarent apolitiques et rejettent le général de Gaulle ou lui préfèrent son concurrent, le général Giraud.

Le Maquis palace dispose de peu d'armement. À cette étape de son histoire, la stratégie de Raoul (Pierre Godart) et de l'état-major de l'Armée secrète est de permettre aux jeunes de survivre et de se préparer militairement, sans toutefois se lancer dans des actions armées[1]. Ils ne sont pas prêts. De plus en plus, la stratégie plus globale des dirigeants de la Résistance intérieure, comme de la France combattante à l'étranger, consiste à faire du Vercors un lieu stratégique lors du débarquement à venir dans le sud de la France.

De nouveaux jeunes réfractaires des Chantiers de jeunesse rejoignent le maquis. Quand l'armée italienne est repérée en train d'effectuer des opérations de reconnaissance dans les environs et d'installer de l'artillerie lourde, il est temps de partir. Après environ quatre mois dans le massif de la Chartreuse (mars-juillet 1943), le camp déménage, en juillet 1943, au plateau de Sornin dans le Vercors (à l'ouest de Grenoble).

Cette aventure nous est connue grâce au minutieux travail d'enquête mené par Joseph Parsus dans son ouvrage *Malleval dans la Résistance* (réédité en 2011 chez Peuple libre). Trois camps différents se répartissent dans le secteur de Sornin. Un camp sert à l'accueil des nouveaux, un autre, à former des encadrants, un autre encore, pour les anciens qui n'ont pas de rôle de chef d'équipe. De nouveaux

1. *Ibid.*, p. 35.

volontaires de différentes régions de France se présentent et, fin juillet 1943, l'effectif a plus que doublé. L'abbé Pierre se rend plusieurs fois dans le camp de Sornin pour exercer ses fonctions d'aumônier, transmettre du ravitaillement et des informations et soutenir les uns et les autres.

Les nouveaux maquisards découvrent là-haut sur le plateau du Vercors, un réseau d'entraide, un lieu d'échanges d'idées, des solidarités plus fortes qu'en ville, une fraternité virile et patriotique. Ils découvrent aussi la vie militaire, les privations, les exercices, le maniement des armes, les techniques de combat. Tous ne restent pas, certains abandonnent. Sur le plateau de Sornin, le maquis se militarise, avec le concours de chasseurs alpins (les aspirants de Raoul) qui organisent des manœuvres et instruisent les volontaires. Le fonctionnement du maquis s'insère encore davantage dans la hiérarchie de l'Armée secrète, qui lui apporte des fonds. Le chef militaire du camp, Raoul (Pierre Godart), a un chef civil, Gilbert (Szunio Waysman), lui-même sous les ordres d'Albert de Reyniès, officier du 6e bataillon de chasseurs alpins qui cherche à reconstituer son bataillon et assume depuis 1943 les responsabilités de chef départemental de l'Armée secrète en Isère. Des « équipes de ville » orientent les volontaires vers le maquis et rendent différents services.

Dans le Vercors, des compagnies de volontaires sédentaires viennent s'entraîner dans les maquis et prêtent leur concours pour des actions spécifiques qui demandent des renforts, puis ils retournent vivre en ville et dans les villages (à Grenoble, Romans, etc.). Ces volontaires ne vivent pas dans la montagne, le maquis physique, mais ils appartiennent au maquis militaire, par leurs participations ponctuelles aux missions, leur contribution au moment de passer à l'action. Ce fonctionnement se retrouve dans de nombreux maquis de France. L'abbé Pierre non plus ne fait pas partie du maquis physique. Il ne vit pas dans la montagne, mais il fait partie du maquis militaire. Il y apporte sa contribution de l'extérieur : recrutement de cadres, orientation de candidats, diffusion d'un journal, organisation du système de ravitaillement, orientation de prêtres, contacts avec l'état-major, etc. Quand il s'y rend pour de courts séjours, il accomplit des missions d'information, de liaison et d'aumônerie (messes, confessions, conseils spirituels). Ses visites servent à réconforter et parfois à tenter de réconcilier des maquisards en désaccord[1], tels Gilbert (Szunio Waysman) et Raoul (Pierre Godart) dont les divergences de vues pèsent lourdement sur le groupe. Raoul souhaite créer une unité militaire opérationnelle au moment des combats de la Libération, alors que Gilbert, qui ne vit pas dans le camp, veut imposer aux maquisards de multiplier les actions commandos, de guérilla, pour déstabiliser les forces allemandes.

Le camp de Sornin est devenu une force d'environ 80 combattants dès l'été 1943. D'autres camps et dépôts de Jeunesse et montagne et des Chantiers de jeunesse sont braqués ou cambriolés. Des mulets sont rapportés au camp. Les maquisards érigent un mât pour le lever des couleurs. Le dimanche 26 septembre 1943, au cours d'une cérémonie militaire, en présence d'officiers, le maquis est officiellement intégré à l'Armée secrète et désigné comme futur noyau du 6e bataillon de chasseurs alpins. Les jeunes appellent aussi ce camp la « petite République ».

Traqué, à Lyon

L'été 1943, au cours d'une mission dans le maquis de Sornin, l'abbé Pierre est surpris par un orage. Trempé, il se

1. Chevallier Bernard et l'abbé Pierre, *Emmaüs ou Venger l'homme*, *op. cit.*, p. 70.

met à l'abri dans une grange en attendant que la pluie cesse et il s'endort. Il repart à moto non pas à Grenoble mais à Irigny, où il rejoint ses frères et sœurs dans leur maison de famille au sud de Lyon, le Vieux Port. La pluie et la moto lui ont fait beaucoup de mal, il tombe malade. Le médecin diagnostique une diphtérie qui l'oblige à rester alité quelques jours à Irigny. Pendant sa convalescence, la police effectue une perquisition de son appartement au presbytère de la cathédrale de Grenoble… Il est recherché par la Gestapo. Hors de question de retourner à Grenoble pour l'instant.

À partir du 8 septembre 1943, l'armée allemande a pris le contrôle de la zone italienne (l'Italie a signé un armistice avec les Alliés) et donc de l'Isère. La situation se durcit. Du 25 au 30 novembre 1943 se produit la « Saint-Barthélemy grenobloise », opération d'ampleur s'abattant sur les chefs de la Résistance qui sont nombreux à être exécutés. Les mouvements sont durement touchés. De multiples actions de répression sont menées par les Allemands et les collaborateurs.

L'abbé Pierre a vécu une partie de la guerre dans une ville qui s'est particulièrement fait remarquer par l'intensité de son activité de résistance. Grenoble, avec l'île de Sein, Nantes, Vassieux-en-Vercors et Paris, fait partie des cinq collectivités décorées de l'ordre de la Libération. L'abbé Pierre y habite un an, de l'été 1942 à l'été 1943.

À Lyon, il tente d'échapper aux arrestations comme il peut. C'est le début d'une vie clandestine éprouvante. Il loge chez des amis, puis au séminaire des Missions africaines, ensuite au scolasticat des Jésuites (dont la moitié des locaux sont alors occupés par la Gestapo). Il utilise plusieurs identités secrètes. À cette époque, il participe à l'évasion du frère du général de Gaulle avec sa femme et leur jeune fils, opération qui demande quinze jours de préparation. L'évasion est couronnée de succès le

10 novembre 1943. Le passage a lieu en ville, au sud de Genève. Elle est rendue possible grâce à ses complices grenoblois mentionnés plus haut, à l'aide des douaniers français du poste frontière de Saint-Julien-en-Genevois et du curé de la ville frontalière voisine de Collonges-sous-Salève, l'abbé Marius Jolivet (1906-1964), qui effectuera des centaines de passages en Suisse. L'abbé Pierre cette nuit-là a dû porter dans ses bras Jacques de Gaulle, malade de Parkinson.

L'abbé Pierre est contraint de rester encore quelques mois à Lyon où il se met au service de l'état-major de la Résistance régionale. Il est aux côtés du commandant Descour, chef régional de l'Armée secrète qui essaie d'unifier les différents mouvements de résistants. Il participe à l'organisation du ravitaillement des détenus de la sinistre prison de Montluc à Lyon, que les nazis ont réquisitionné en février 1943. Il rend de multiples services et monte au maquis (Sornin puis Malleval) quand il le peut et en fonction des besoins.

Malleval, Vercors

Fin septembre et début octobre 1943, à l'instigation de Raoul (Pierre Godart) qui a fait des repérages, les maquisards quittent Sornin, lieu inadapté pour passer l'hiver, et s'en vont, équipe après équipe, plus loin à l'ouest dans les montagnes du Vercors, dans le village de Malleval, qui est plus à l'écart des villes et dispose de maisons vides. Le camp de Sornin a été occupé trois mois environ (juillet-octobre 1943).

Malleval est situé au milieu d'une couronne de falaises. Le site est grandiose. On y accède principalement par les spectaculaires gorges du Nan qui donnent l'impression de pénétrer dans une forteresse naturelle inviolable. L'altitude moyenne est de 940 mètres, le maximum est 1 440 mètres. Dans cette petite commune se trouvent des maisons abandonnées qui font l'affaire pour affronter la morte-saison. Le bourg a été déserté : sur 300 habitants au XIXe siècle, il n'en reste plus que 61 en 1943, dont certains sont des réfugiés et des réfractaires du STO. L'habitat est dispersé, il y a plusieurs hameaux.

Sur place, se trouve déjà un petit groupe de maquisards FTP, Francs-Tireurs et partisans, mouvement proche du parti communiste, installé là en mars 1943. Les nouveaux arrivés de Sornin ne se mélangent pas avec les FTP, à quelques rares exceptions (pour des coups de main). Leurs cultures divergent. Les uns (ceux de Raoul et de l'abbé Pierre) renforcent leurs capacités militaires, dans l'optique de reconstituer un bataillon de l'armée régulière et les autres (FTP) mènent des actions de guérilla. Les FTP sont une douzaine, qui effectuent des sabotages, font dérailler des trains, tentent d'assassiner des collaborateurs, mènent des embuscades contre les soldats allemands, cambriolent et réquisitionnent… Ils sont pour la plupart communistes.

En septembre-octobre 1943, Raoul (Pierre Godart) a envoyé ses maquisards dans des fermes embaucher quelques jours pour la récolte des noix, afin d'aider au financement du camp. D'autres récupèrent des munitions du 6e bataillon de chasseurs alpins cachées en 1940. De nouveau, des camps des Chantiers de jeunesse sont cambriolés en Isère. Dépouiller les organisations de jeunesse du régime de Vichy est une spécialité des maquisards de la région[1]. Raoul s'installe au presbytère avec la désapprobation du curé qui habite à Cognin, le village situé dans la vallée. En revanche le maire de Malleval les

1. Grenard Fabrice, *Les Maquisards*, *op. cit.*, p. 221.

soutient, comme de nombreux habitants. Ils obtiennent une camionnette. Le 28 octobre 1943 a lieu une cérémonie d'engagement dans la Résistance en présence des autorités civiles et militaires régionales de l'Armée secrète. Les chefs d'équipe prêtent serment. On parle alors du « camp de l'Armée secrète » et du 6e bataillon de chasseurs alpins pour le distinguer de celui des FTP qui habitent dans un des hameaux de Malleval.

Le 13 novembre 1943 est le jour du premier parachutage d'armes sur le Vercors. L'opération tant attendue a lieu à la plaine Darbounouse, 30 kilomètres au sud de Malleval (plus de huit heures de marche en montagne). Les maquisards de Raoul s'y rendent et effectuent un effort surhumain pour récupérer une partie du matériel, réparti entre les différents maquis du secteur. À cette époque, l'abbé Pierre est réfugié à Lyon mais il apprend le largage par un de ses camarades lors d'un bref passage à Grenoble[1]. De nouveaux jeunes réfractaires ou d'autres camps rejoignent le maquis de Malleval en décembre 1943 et janvier 1944.

En cette fin d'année 1943, l'abbé Pierre est chargé d'une mission de la plus haute importance. Les maquisards ont décidé d'organiser de belles fêtes de Noël. Il leur faut un prêtre pour la cérémonie. Le curé de Cognin, dans la vallée, qui a la responsabilité de la paroisse de Malleval, ne les soutient pas et leur refuse la messe. Raoul (Pierre Godart) envoie alors un de ses maquisards séminariste à l'évêque de Grenoble qui leur oppose également un refus. Ils se retrouvent dans une situation qui ressemble à une excommunication ! Heureusement, l'abbé Pierre est là pour trouver une solution. On ne sait pas s'il a pu lui-même participer et se rendre à Malleval ce Noël-là. Les sources sont contradictoires. Ce qui est certain, c'est

1. Abbé Pierre, *Clandestin*, *op. cit.*, p. 80.

qu'il a trouvé un prêtre jésuite de Lyon, le père Lucien Fraisse, qui a le même âge que lui et vient d'être ordonné, afin qu'il monte au bourg de Malleval dire la messe de minuit du 24-25 décembre 1943[1]. Lucien Fraisse est un confrère du père de Lubac, jésuite également, il participe aux *Cahiers du témoignage chrétien* et à la résistance spirituelle au nazisme. Il vient en aide aux réfractaires au STO. Par la suite, le père Lucien Fraisse est incité par l'abbé Pierre à visiter d'autres camps du Vercors afin d'assurer des services d'aumônerie. Il accomplira cette tâche, puis servira dans les Forces françaises de l'intérieur (FFI). Il deviendra même chef d'état-major des FFI dans la Drôme[2].

La messe de Noël 1943 est un moment d'humanité, une parenthèse de joie et d'espérance, dans une période de privation et de douleur. Une épouse et deux fiancées sont montées pour retrouver leurs amours de maquisard, des amis des environs ont fait le trajet, un spectacle est organisé avec tout le soin possible, la messe réchauffe les cœurs des croyants et des incroyants, les provisions ont été cuisinées pour faire de ce réveillon une réussite culinaire partagée avec les habitants du village, il y a même du champagne au menu et la soirée finit en chansons.

À ce moment de son histoire, le maquis compte un peu plus d'une centaine de combattants. Dès décembre 1943, Raoul (Pierre Godart) envisage de changer de lieu et annonce qu'il va déménager le maquis dans un endroit plus sûr. Il compte partir avec ses hommes au début du mois suivant. Cependant, les relations avec sa hiérarchie se sont encore dégradées. Autant il est apprécié par les maquisards qui l'admirent et lui obéissent, autant il est en difficulté avec ses supérieurs, surtout avec son chef

1. Parsus Joseph, *Malleval dans la Résistance*, *op. cit.*, p. 93.
2. « Le père Lucien Fraisse », *Le Monde*, 8 août 2001.

civil, Gilbert (Szunio Waysman). L'abbé Pierre est proche des deux hommes. Il les connaît bien, n'ignore pas leurs tempéraments antagonistes et tente une dernière conciliation en se rendant à Malleval en janvier 1944[1]. La cassure est trop importante. Le chef de l'Armée secrète en Isère, le commandant Albert de Reyniès tranche. Il prend la décision de démettre Raoul de ses fonctions le 7 janvier 1944 et nomme un autre chef militaire à sa place pour le maquis de Malleval. Le nouveau est un militaire de carrière, lieutenant de 43 ans surnommé Durand (Gustave Eysseric). Raoul part continuer la guerre sur d'autres terrains (Ardèche, Alpes-Maritimes, etc.).

Certains maquisards s'en vont en permission pour quelques jours et doivent rentrer à la fin du mois de janvier. Trente et un maquisards font scission et partent le 20 janvier 1944 pour rejoindre d'autres maquis dans leur région d'origine, dans le Vercors ou ailleurs. Parmi ceux-ci, il y a des anciens du Maquis palace et des anciens de Sornin, des proches de l'abbé Pierre, trop attachés à leur chef Raoul pour accepter de continuer sans lui dans le même camp. Vingt-trois d'entre eux, sur les 31, s'installent en mars 1944 au centre du Vercors (dans la région de Saint-Martin-en-Vercors) pour reconstituer le 11e cuirassiers, régiment sous les ordres d'un des aspirants de Raoul, et continuer le combat. Ils sont commandés par la suite par Thivollet, de son vrai nom Narcisse Geyer, chef d'escadron et commandant du 11e cuirassiers, qui intègre par la suite la 3e division blindée. Quels que soient la forme et l'endroit, la plupart des membres du groupe de maquisards initié, guidé et soutenu par l'abbé Pierre continue le combat jusqu'à la fin de la guerre.

---

1. Parsus Joseph, *Malleval dans la Résistance*, *op. cit.*, p. 109.

29 janvier 1944

À Malleval, il ne reste plus que 47 hommes dans le maquis de l'Armée secrète et 9 chez les Francs-Tireurs et partisans quand l'armée allemande attaque le village, le 29 janvier 1944 vers 7 heures du matin. Les maquisards du poste de garde peuvent à peine riposter tant les Allemands sont nombreux et leur tir, nourri. La puissance de feu des Allemands entraîne la neutralisation rapide des gardes. Ils sont plusieurs centaines de soldats (certaines sources mentionnent 1 800 hommes), aidés de miliciens français. Des soldats s'avancent avec des véhicules dans les gorges du Nan et d'autres sont postés sur les hauteurs. Les résistants n'ont quasiment aucune chance. Ils se font mitrailler du haut des falaises. Les maquisards qui sont installés dans le bourg peuvent à peine riposter avec leurs armes, de l'aveu des rescapés recueillis par Joseph Parsus dans l'ouvrage déjà mentionné. Durand (Gustave Eysseric) est tué rapidement aux côtés de plusieurs de ses hommes. Certains maquisards s'enfuient dans les bois, d'autres parviennent à se cacher entre les rochers.

Les soldats allemands achèvent les blessés. Ils incendient ou dynamitent des bâtiments. Ils mettent le feu à une grange où périssent dans les flammes trois civils et trois maquisards. Vingt-six bâtiments sont touchés, principalement dans le bourg. Parmi les maquisards, vingt-trois sont tués pendant l'opération, cinq sont faits prisonniers et emmenés à Grenoble où ils subissent la torture. Sur les cinq prisonniers, deux sont fusillés à Lyon et trois sont déportés (dans le camp de concentration de Mauthausen en Autriche pour deux d'entre eux et à Auschwitz, en Pologne, pour le médecin juif du camp). Parmi les civils, neuf habitants de Malleval sont tués, dix sont arrêtés, la plupart sont déportés à Mauthausen, seulement cinq en reviendront. Il y a aussi des personnes disparues, dont les corps n'ont pas été retrouvés[1].

Pendant plusieurs jours, l'armée allemande sillonne les alentours à la recherche de maquisards qui ont réussi à fuir ou qui se cachent dans les villages situés en bas, dans la vallée de l'Isère. L'abbé Louis Gaillard, curé de Voreppe, la ville de Paul (André Demirleau), le fondateur avec l'abbé Pierre du Maquis palace, prend le train sur la ligne qui circule entre Moirans et Saint-Marcellin afin de repérer des jeunes qui peuvent être du maquis et les avertir que les Allemands les recherchent. L'abbé Gaillard est un résistant du réseau de l'abbé Pierre, il a déjà visité le camp. Il cherche à empêcher que des jeunes maquisards de retour de permission ne descendent à la gare la plus proche de Malleval où ils sont susceptibles de se faire arrêter[2]. Les dix-huit maquisards survivants se dispersent, certains vont en ville ou rejoignent d'autres maquis.

L'abbé « maquisard »

L'abbé Pierre n'est pas un chef maquisard à proprement parler. Il ne porte pas les armes et ne dirige pas lui-même le maquis qu'il a initié et soutenu. Il n'a jamais vécu parmi les maquisards, sauf pour de courts séjours, mais il fait partie du « maquis en ville », comme d'autres personnes de son réseau. Il assure des fonctions de logistique, de ravitaillement, de liaison, de formation, de conseils, de médiation, d'orientation et d'aumônerie. Toutes ces missions existent par ailleurs dans toutes les armées.

L'abbé Pierre n'a pas non plus participé aux grands combats du Vercors de l'été 1944 puisqu'il ne se trouve

1. *Ibid.*, p. 249-250.

2. Blanchet Marie-Claude, « L'abbé Gaillard fut aussi un grand résistant », *Le Dauphiné libéré*, 7 juin 2020.

plus en France à ce moment-là. Recherché à Grenoble, il quitte l'Isère à l'été 1943 et se rend à Lyon jusqu'en février 1944, puis, à nouveau traqué, il doit partir à Paris et enfin à Alger. On remarque que sa publication *L'UPI* cesse de paraître dès qu'il quitte Grenoble, même s'il continue de soutenir le maquis pendant les mois de sa période lyonnaise. Le contenu et le ton de son journal laissent supposer qu'il a songé à créer ou susciter un mouvement de Résistance, comme les mouvements Combat ou Libération, mais que les circonstances (il est recherché) et les dissensions de son groupe de maquisards lui ont fait abandonner le projet.

Comme de nombreux maquis en France et en Europe, le groupe que l'on appelle « de Malleval » a beaucoup évolué et s'est plusieurs fois déplacé. Le premier groupe du Maquis palace a vécu en Chartreuse pendant quatre mois, puis trois mois à Sornin en Vercors, quatre mois à Malleval, puis il s'est en partie dispersé en janvier 1944. Certains jeunes hommes ont continué la lutte en rejoignant un autre groupe du Vercors, un régiment qui a participé aux combats de la Libération et qui a fusionné dans l'armée régulière pour se battre jusqu'en 1945. Le maquis de l'abbé Pierre se voulait non partisan et refusait l'affiliation à des mouvements trop marqués politiquement. Il s'est orienté vers la militarisation afin d'être prêt à se battre comme un régiment classique au moment propice, plutôt que vers la guérilla.

Dans les documents de l'abbé Pierre, aux Archives nationales du monde du travail à Roubaix, on trouve une lettre touchante écrite en 1945 par un jeune maquisard rescapé de Malleval, Maurice Georges, dit Géo. Il lui raconte comment il a réussi à échapper à l'armée allemande, lors de l'attaque du 29 janvier 1944. Levé très tôt afin de préparer la camionnette pour accomplir une course en ville, Géo a pu entendre avant les autres le bruit des véhicules allemands et des premiers coups de feu échangés entre les soldats et les gardes du camp et avertir ses camarades avant de fuir. Avec de la chance, il a pu s'échapper dans la neige, dans les bois et par les falaises. Dans cette lettre de six pages, il appelle affectueusement l'abbé Pierre, plus d'un an après les faits : « Cher aumônier ».

Dans ces archives, on peut lire également une correspondance, dans les mois qui suivent l'armistice de 1945, de l'abbé Pierre avec des anciens du maquis, qui servent encore dans leur régiment, le 11e cuirassiers. L'abbé Pierre leur propose d'organiser une journée de retrouvailles à Malleval.

On ne peut pas mentionner l'activité de l'abbé Pierre dans le Vercors sans évoquer la figure de Tom Morel. Véritable héros des maquis de la Résistance, Théodose Morel, *alias* Tom, est un ami d'enfance de l'abbé Pierre. Ils se sont connus au collège des Jésuites à Lyon. L'abbé Pierre a été son chef de patrouille chez les scouts lyonnais (il a trois ans de plus que lui). Officier saint-cyrien, chasseur alpin, Tom Morel est le commandant du maquis savoyard du plateau des Glières. Organisateur hors pair, il parvient à créer une force importante en fédérant des combattants d'horizons différents et en militarisant son groupe de façon efficace. Son maquis est un des premiers à recevoir des parachutages importants de matériels. Le lieutenant Tom Morel est assassiné lâchement le 10 mars 1944 par un officier des Groupes mobiles de réserve, la police paramilitaire de Vichy. Compagnon de la Libération à titre posthume, honoré par André Malraux et plusieurs présidents de la République, cet ami d'enfance intime de l'abbé Pierre[1] repose dans la Nécropole nationale des Glières en Haute-Savoie.

---

1. Tom Morel lui rend visite au couvent de Crest lors de ses vœux monastiques

Témoin de premier plan de l'action des maquisards, l'abbé Pierre a participé à l'aventure à leurs côtés. Combien étaient-ils ? Encore aujourd'hui, aucun historien ne peut affirmer avec exactitude le nombre de maquisards en France pendant la guerre, à cause de leur activité, par nature clandestine. De plus, on le devine, ce chiffre n'est pas le même en fonction des périodes. L'historien Fabrice Grenard évoque 30 000 maquisards fin 1943 et 100 000 dans les semaines qui suivent le débarquement allié[1]. Pierre Montagnon dans un ouvrage antérieur, en s'appuyant principalement sur les chiffres donnés par le général Eisenhower, estime à 400 000 le nombre de maquisards à la Libération, en les mélangeant peut-être avec l'ensemble des FFI qui ne sont pas tous des maquisards[2].

Lucie Coutaz

En 1943, par l'intermédiaire du père de Lubac, l'abbé Pierre rencontre Lucie Coutaz, une des personnes les plus importantes de sa vie. Son surnom dans la Résistance est Louise. Elle est plus âgée que l'abbé Pierre, treize ans de plus que lui, née en 1899. Elle est laïque consacrée, c'est-à-dire une sorte de religieuse au sein de la société, sans qu'on sache si elle appartient à un institut séculier ou une association religieuse spécifique. À cette époque, apparaissent les prémices des instituts séculiers, dont les membres féminins sont l'équivalent des prêtres-ouvriers pour des religieuses qui vivent « dans le monde ». Les membres des instituts séculiers, tels que l'institut Notre-Dame du Travail ou l'institut Jésus ouvrier, institués officiellement un peu plus tard, pratiquent leur vocation

1. Grenard Fabrice, *Les Maquisards*, *op. cit.*, p. 523.
2. Montagnon Pierre, *Les Maquis de la Libération, 1942-1944*, Pygmalion, 2000, p. 385.

religieuse en dehors des couvents et échappent à l'autorité des évêques. Ils s'impliquent dans le domaine social, dans les actions de solidarité au sein des milieux ouvriers. Ces laïques consacrées peuvent prononcer des vœux comme les religieuses, pauvreté, chasteté et obéissance. Elles mènent une vie de célibat, de service social, de prière et de foi.

Avant la guerre, Lucie Coutaz est responsable syndicale dans l'Isère de la Confédération française des travailleurs chrétiens (CFTC), qui est un syndicat important au milieu du XXe siècle. D'origine populaire, elle exerce le métier de secrétaire à 16 ans chez Lustucru, à Grenoble. Puis, pendant six ans, de 1915 à 1921, elle vit, handicapée, impotente, paralysée dans le dos. Elle souffre du mal de Pott qui est une localisation vertébrale de la tuberculose. Elle vit en permanence avec une planche qui lui maintient le dos immobile. Ses amies lui paient un voyage à Lourdes, au sanctuaire des apparitions de la Vierge, dans les Pyrénées. Elle guérit miraculeusement à 22 ans et rentre en marchant normalement à Grenoble. Ce miracle n'a pas fait l'objet d'une homologation par les autorités officielles du sanctuaire de Lourdes, mais Lucie Coutaz en a témoigné toute sa vie.

Au début de la guerre, le régime de Vichy interdit tous les syndicats. Lucie Coutaz travaille alors à l'Office social des renseignements de Grenoble. Elle assume des fonctions d'assistante sociale en accompagnant des personnes âgées dans leurs démarches administratives afin qu'elles puissent faire valoir leurs droits à la retraite. Elle continue la formation des militants par des cercles d'études, dans la perspective de la reprise du syndicalisme. Personnalité profondément religieuse, d'une grande force de caractère, énergique, qui ne mâche pas ses mots, d'une franchise capable d'en dérouter plus d'un, parfois jugée autoritaire, mais aussi capable de douceur, Lucie Coutaz a laissé une trace et une forte impression auprès des gens qui l'ont connue. Encore aujourd'hui, des personnes (d'un certain âge) viennent témoigner à l'auteur de ces lignes de leur admiration pour celle que tout le monde appelait respectueusement « mademoiselle Coutaz ».

Entre Lucie Coutaz et l'abbé Pierre, il n'est pas question d'ambiguïté amoureuse. Leur relation ne se situe pas sur ce registre. On dirait plutôt deux personnes d'Église engagées, deux religieux militants habités par l'Esprit. De plus, Lucie joue un rôle de grande sœur fidèle, prévenante et raisonnable. Dès l'époque de la guerre, on s'aperçoit qu'elle trouve que l'abbé Pierre s'engage dans des entreprises téméraires alors qu'elle est beaucoup plus prudente. Lucie ressemble à une sorte de « bonne du curé moderne », dotée d'un diplôme, de très utiles compétences administratives et d'un grand sens des réalités. Leur correspondance contient de nombreuses lettres. Leurs échanges épistolaires sont profondément religieux. On peut parler d'une sainte correspondance. On y découvre une grande proximité spirituelle. Outre le récit des actions en cours, les aspects techniques et les affaires à régler, apparaissent des formules telles que : « Je vous confie toujours [à Dieu]. Êtes-vous un peu raisonnable dans votre activité ? Oh, je sais bien que le Christ est allé jusqu'à la folie du Calvaire et que nous devons le suivre jusque-là. Laissons-nous entraîner par Lui dans la lumière de son sillage jusqu'à l'holocauste absolu » (lettre à l'abbé Pierre daté du 23 mai 1944). « La Providence dispose toutes choses avec amour ; je me le répète pour nous confier à sa paternelle bonté », écrit-elle dans une lettre de janvier 1944[1].

1. Mary Brigitte (dir.), *Inédits, abbé Pierre, textes de combat, écrits intimes, correspondances*, *op. cit.*, p. 85.

Dans le Sud-Est, Lucie Coutaz participe aux mêmes filières et réseaux de résistants que l'abbé Pierre. À Grenoble, on la retrouve dans les mêmes actions : faux papiers, journaux clandestins et soutien aux maquisards. Son bureau grenoblois est un lieu de contact stratégique pour l'information et la liaison entre les différents résistants de l'Isère. Des réunions importantes entre chefs résistants y ont eu lieu, comme celle, décisive pour l'avenir du maquis, entre Albert de Reyniès et Raoul (Pierre Godart), par exemple. Elle participe à l'identification des corps du maquis de Malleval après le drame du 29 janvier 1944. Elle sera décorée de la croix de Guerre en 1945.

Conseil national de la Résistance, Paris

En février 1944, l'abbé Pierre est envoyé à Paris pour se cacher et informer Georges Bidault des activités de l'action clandestine à Lyon, Grenoble et dans les maquis du Vercors. Georges Bidault est une des principales personnalités de l'histoire de France, à cette époque et après la guerre. À la suite de la mort de Jean Moulin, il prend, en septembre 1943, la tête du Conseil national de la Résistance (CNR), organisme qui se fixe pour mission de diriger et rassembler toutes les tendances de la Résistance intérieure française. Avant guerre, Georges Bidault est un démocrate-chrétien engagé, professeur agrégé d'histoire et géographie et inscrit au Parti démocrate populaire, issu du sillon de Marc Sangnier (mouvement de la démocratie chrétienne). Il écrit dans le journal démocrate-chrétien *L'Aube* dès 1934. Après la campagne de France de 1940, il devient prisonnier de guerre pendant un an dans un *stalag* en Allemagne. De retour en France, le régime de Vichy lui interdit d'exercer la profession de journaliste. Georges

Bidault intègre à Lyon en 1942 le comité directeur du journal clandestin *Combat.* Et en avril de la même année, à la demande de Jean Moulin, il dirige le Bureau d'information et de presse (BIP), véritable agence de presse clandestine. L'abbé Pierre travaille alors pendant trois mois avec le BIP qui a deux fonctions principales. Il s'agit de transmettre des informations fiables au gouvernement de la France libre à Londres puis à Alger et de faire office de service public de remplacement des organes d'information de l'État français à Vichy qui collaborent avec les Allemands. Ensuite, le BIP permet de diffuser une information sûre à la population française et sert donc d'instrument de contre-propagande. L'abbé Pierre apporte son bref concours à la réalisation du *Bulletin d'information de la France combattante*, publication clandestine qui comptera 250 numéros, diffusée en France et utilisée à l'étranger par les services de l'information de la France libre, notamment par Maurice Schumann et l'équipe des « Français parlent aux Français ». Installé d'abord à Lyon, le BIP est transféré à Paris en 1943. Il est rebaptisé l'Agence d'information et de presse le 25 avril 1944 quand l'abbé Pierre y travaille encore, avant son départ dans le Pays basque.

De février à mai 1944, l'abbé Pierre est donc à Paris. Il intègre un réseau qui lui offre l'occasion de travailler avec des personnalités : le journaliste communiste Pierre Hervé (futur député), Michel Habib-Deloncle (futur député et secrétaire d'État), le futur Mgr Rupp qui fera une carrière au plus haut niveau dans l'Église catholique, le père Daniélou (futur cardinal), etc. Activement recherché, il échappe à une descente de la Gestapo dans le logement où il a trouvé refuge.

Pendant ce temps-là, des mauvaises nouvelles lui parviennent de ses camarades qui ont été arrêtés et qui sont morts, dont il apprend le martyre dans les caves de la Gestapo ou ailleurs. En France, la répression contre la Résistance se fait de plus en plus intense, de plus en plus atroce. À Lyon opère le sinistre Klaus Barbie. Dans le Sud-Est, les Allemands ont remplacé les Italiens à partir du 9 septembre 1943. À Grenoble, sévit Aloïs Brunner, bras droit d'Adolph Eichmann, arrivé en février 1944 avec son groupe de SS. Il intensifie la chasse aux Juifs et aux résistants en employant des méthodes d'une grande violence et cruauté. Aloïs Brunner ne reste qu'un mois et demi et s'en va sur un constat d'échec, devant l'hostilité de la population de la région. Son bilan est de 424 Juifs et une trentaine de résistants envoyés dans les camps, et de cinq morts des suites de torture ou abattus par son groupe[1].

La liberté par les Pyrénées

Robert Comte, un des collègues de l'abbé Pierre, directeur technique de l'Agence d'information et de presse, est également traqué. Il est par ailleurs l'ami d'un de ses frères. Il faut partir, quitter Paris. En compagnie de Robert Comte, l'abbé Pierre prend le train pour le Pays basque avec un solide alibi. Il possède depuis quelques semaines une nouvelle fausse identité. Il se nomme abbé Georges Houdin, étudiant en théologie à l'Institut catholique, et possède tous les faux papiers qui vont avec, telle une autorisation de célébrer la messe en voyage à ce nom ou encore une carte de membre de la Croix-Rouge. Par un autre résistant de son réseau, l'abbé Pierre obtient une lettre de mission du secrétaire d'État de Vichy, le puissant commissaire aux questions juives Louis Darquier de Pellepoix, qui l'envoie effectuer des recherches généalogiques dans le Pays basque afin de prouver ses soi-disant origines

1. Barrière Philippe, Bruttman Tal, Duclos Jean-Claude, Emprin Gil, Esperguin Nora, Loiseau Jacques, *1939-1945. L'Isère en résistance*, *op. cit.*, p. 59.

nobles. Ainsi missionné, le pseudo-abbé Georges Houdin, pseudo-généalogiste, obtient facilement un sauf-conduit allemand pour se rendre dans la zone interdite des Pyrénées. En réalité, l'abbé Pierre espère rétablir une filière de passage de la frontière franco-espagnole qui a été brisée et permettre à Robert Comte de passer en Espagne. Il ne pense y rester que quinze jours.

La frontière pyrénéenne fait l'objet d'un contrôle renforcé par les autorités allemandes. Surtout à partir de la fin de l'année 1942 et l'invasion de la zone sud, l'armée allemande dispose de davantage de soldats pour contrôler les passages. Les autorités allemandes, vichystes, mais aussi espagnoles savent que des Juifs tentent de s'échapper par cette voie et que de nombreux résistants rejoignent la France libre à Londres puis à Alger en traversant l'Espagne. Pour les Allemands, il s'agit d'empêcher le flux de résistants et de futurs combattants contre les puissances de l'Axe et de retenir les Juifs qui essaient d'échapper aux rafles. L'historien Robert Belot estime à 3 170 le nombre de soldats allemands affectés au contrôle de cette frontière et à la lutte contre les évasions, en mars 1943[1]. Selon lui, environ 20 000 personnes sont passées par cette frontière entre fin 1942 et la Libération. Trois mille Français étaient déjà recensés en Espagne en janvier 1943.

La tentative est périlleuse et les échecs sont nombreux. Il y a ceux qui décèdent en montagne (plusieurs centaines). Il y a ceux qui sont arrêtés et refoulés (environ 7 000 personnes, selon Robert Pelot). Enfin, parmi ceux qui parviennent à franchir la frontière certains sont arrêtés par les autorités espagnoles et passent (ou finissent) dans le camp de concentration de Miranda (situé entre Bilbao

1. Belot Robert, *Aux frontières de la liberté. Vichy, Madrid, Alger, Londres, s'évader de France sous l'Occupation*, Fayard, 1999.

et Burgos) en compagnie de milliers de prisonniers républicains espagnols. D'autres sont envoyés dans des prisons ou des résidences balnéaires surveillées.

Rappelons que l'Espagne est depuis 1939 une dictature nationaliste et catholique. Elle est dirigée par un militaire, le général Franco, qui a imposé son pouvoir grâce à l'armée, avec l'appui des mouvements d'extrême droite espagnols et de la plupart des membres de l'Église catholique, à la suite d'une guerre civile remportée contre les Républicains, c'est-à-dire des communistes, des anarchistes et des démocrates, de 1936 à 1939. Franco maintient une certaine neutralité de son pays dans la guerre, mais il accorde certaines libertés et facilités aux autorités allemandes. L'ambiance du pays est marquée par le souvenir des années meurtrières de guerre civile, par la peur du communisme et la méfiance à l'égard des résistants français.

Les personnes qui parviennent à traverser l'Espagne essaient de rejoindre l'enclave britannique de Gibraltar afin de se rendre à Londres dans un premier temps, quand le gouvernement de la France libre s'y trouve, puis à Alger lors de l'installation du Comité français de libération nationale fin 1942, à la suite du débarquement réussi d'Afrique du Nord.

L'abbé Pierre laisse Robert Comte dans un couvent à proximité de Bayonne et en profite pour faire tamponner un de ses faux papiers d'ecclésiastique par l'évêché de Bayonne[1]. Il se rend ensuite chez un historien basque, érudit local bien connu des habitants, du nom de Martin Elso, qui réside dans une maison du hameau de Dantxaria (en français Dancharia) situé sur le territoire

1. Archives nationales du monde du travail, *L'Abbé Pierre (1912-2007). « Frère des pauvres et provocateur de paix »*, 2012, p. 46

de la commune d'Ainhoa dans le département des Pyrénées-Atlantiques (appelé à l'époque Basses-Pyrénées). Dantxaria est un village frontalier et la maison de Martin Elso se trouve à la limite de l'Espagne. Au bout de son jardin, une petite porte permet de se rendre en territoire espagnol en quelques enjambées, après avoir franchi une rivière. L'alibi est parfait, l'abbé Pierre peut se justifier en indiquant qu'il effectue des recherches dans la bibliothèque de Martin Elso qui possède de nombreux documents et des archives sur l'histoire locale. Il y reste deux jours. Les filles de Martin Elso trouvent que l'abbé Pierre est maigre et a mauvaise mine. Aussi s'emploient-elles à le nourrir le mieux possible pour qu'il reprenne de la vigueur[1]. Heureux d'avoir identifié le point de passage de la frontière, l'abbé Pierre prend congé de ses hôtes afin d'aller chercher Robert Comte à Bayonne. Il emprunte pour cela le bus que les Allemands ont mis en service pour transporter la main-d'œuvre qui travaille à la construction d'un blockhaus à Ainhoa et qui relie Cambo-les-Bains, ville située plus au nord, à 12 kilomètres. À Cambo, l'abbé Pierre fait l'objet d'un contrôle de la Gestapo. Sûr de lui, il n'a pas remarqué que Cambo-les-Bains se situe en Zone montagne et pas en Zone océan. Or son laissez-passer n'est valable qu'en Zone océan. La Gestapo lui demande de demeurer quarante-huit heures au presbytère du curé de Cambo le temps qu'elle puisse vérifier sa situation en téléphonant à Paris. Certain que son alibi ne tiendra pas un examen plus approfondi, pendant la nuit du 19 au 20 mai 1944, l'abbé Pierre s'enfuit. Il utilise la bicyclette du curé jusqu'à Pau, parcourant 110 kilomètres (environ 6 h 30 de route !) où il rejoint un de ses amis prêtre.

1. Lalanne Guy, *Le Passage de l'abbé Pierre en Espagne pendant la Seconde Guerre mondiale*, Association Jakintza, Ciboure, 2018.

À Pau, l'abbé Pierre communique à ses supérieurs de Paris les renseignements qu'il a pu collecter à Dantxaria, sur la filière de passage en Pays basque permise par la complicité de Martin Elso. Sur ordre, il se rend ensuite au sanctuaire de Lourdes où Robert Comte le rejoint et où il célèbre la messe. Ensuite, tous deux se rendent à Saint-Jean-de-Luz où Martin Elso les a mis en contact avec un chanoine de sa famille. Là-bas, ils obtiennent de l'aide de la paroisse Saint-Jean-Baptiste de Saint-Jean-de-Luz. Les prêtres mettent en contact les deux fugitifs avec des Basques qui font de la contrebande : Jean Tellechea et Saint-Martin Gachen qui ont respectivement 21 et 31 ans. Ils sont membre du réseau de Résistance Ossau et habitent dans le proche village d'Urrugne situé au sud de Saint-Jean-de-Luz, à la frontière. Les deux contrebandiers connaissent parfaitement les sentiers. Il leur arrive même de faire passer des vaches de nuit jusqu'en Espagne ! Le plus âgé, Saint-Martin, s'est fait tirer dessus quelques semaines plus tôt par une patrouille allemande et il boite. Cela ne l'empêche pas de mener l'abbé Pierre et Robert Comte dans les Pyrénées à un point de passage situé au sud de la commune d'Urrugne, dans la nuit du 25 au 26 mai 1944. Le passage a lieu à proximité de la Rhune (900 mètres), du col d'Ibardin et du col de Lizuniaga. Il est marqué par deux moments de frayeur. Le premier est causé par une patrouille d'une dizaine d'Allemands qui effectuent une ronde. Les fugitifs se cachent car quelques arbres et les hautes fougères favorisent le camouflage[1]. Le deuxième est provoqué par des contrebandiers qui passent furtivement, portant sur leur dos des sacs de vanille en Espagne.

1. Eychenne Émilienne, *Les Pyrénées de la Liberté. Les évasions par l'Espagne 1939-1945*, France-Empire, 1983, p. 46.

La traversée de l'Espagne

À l'aube, ils arrivent au village espagnol de Bera. Il a plu pendant la nuit et ils sont trempés. Dans le village endormi, ils sentent une odeur de pain. La seule maison qui est animée est la boulangerie. Le boulanger et sa femme accueillent l'abbé Pierre et Robert Comte. Ils leur donnent du pain, du lait et du cognac et mettent leurs vêtements à sécher. « Je n'oublierai jamais », leur dit l'abbé Pierre. (Il tiendra sa promesse en leur rendant visite en 1983[1]). L'abbé Pierre souhaite dire la messe. Il est orienté vers la chapelle du collège des frères maristes, religieux enseignants qui tiennent un établissement scolaire dans le village. À l'issue de la messe, ils sont arrêtés par la police espagnole. Les frères maristes les ont dénoncés à la Guardia Civil. Comme de nombreux membres du clergé espagnol, ils sont encore marqués par la guerre civile et considèrent les résistants français comme suspects d'être des communistes et des assassins. L'abbé Pierre et son ami se retrouvent emprisonnés dans la ville d'Irún pendant dix jours.

L'évêque de Vitoria, Mgr Carmelo Ballester Nieto, intervient en faveur de l'abbé Pierre. La ville de Vitoria est située entre Bilbao et Burgos, à la limite sud de la province du Pays basque. Pendant la guerre civile, une grande partie du clergé basque était autonomiste et engagée dans le camp républicain. De nombreux prêtres basques ont été exécutés par les troupes franquistes. Dans ce contexte, on comprend pourquoi un tel évêque peut soutenir la Résistance française. Le 7 juin 1944, l'abbé Pierre est envoyé à la Croix-Rouge à Madrid. À la gare, il apprend par les crieurs de journaux que les

1. Dewitte Vincent, « Avec l'abbé Pierre, direction Bera », *Sud-Ouest*, 25 janvier 2019.

Anglo-Américains viennent de débarquer en Normandie. Il regrette de ne pas pouvoir retourner en France aussitôt afin de rejoindre les maquis et, comme il l'avait demandé à ses supérieurs, d'apporter son aide d'aumônier auprès des combattants de la Libération.

Robert Comte, qui n'est pas prêtre, a moins de chance que l'abbé Pierre. Il se retrouve dans l'obligation de croupir pendant plusieurs semaines dans le camp de concentration de Miranda. La Croix-Rouge est présente un peu partout en Espagne. Elle visite les camps et vient en aide aux réfugiés. Un prêtre français, Mgr Boyer-Mas, exerce une activité importante en faveur des réfugiés français dont il organise le passage à Alger par centaines[1]. Représentant direct du pape Pie XII, il est « camérier du Saint-Père » et porte le titre « Monseigneur » sans être évêque. Il dirige la délégation de la Croix-Rouge à Madrid où il est diplomate depuis 1939 et prend en charge les évadés pour favoriser leur sortie d'Espagne. À Madrid la situation est curieuse : il existe deux ambassades. La première est l'ambassade officielle, loyale au régime de Vichy, qui est quasiment vide depuis que les fonctionnaires ont décidé de la quitter pour rejoindre l'autre ambassade. L'ambassadeur officiel, François Pietri, a obtenu de l'État espagnol, dès novembre 1942, que les évadés français arrêtés ne soient pas refoulés à la frontière franco-espagnole, mais qu'ils soient internés. La deuxième ambassade est une ambassade officieuse et dissidente qui est dirigée depuis octobre 1943 par Jacques Truelle, ancien ambassadeur en Roumanie, nommé responsable de la Mission de la France combattante par le général de Gaulle. Cette ambassade dissidente est logée dans un

1. Catala Michel, « Les ecclésiastiques au cœur de la diplomatie française en Espagne durant la Seconde Guerre mondiale », *Experts et expertises en diplomatie*, Presses universitaires de Rennes, 2018, p. 291-303.

hôtel particulier que Mgr Boyer-Mas s'est fait mettre à disposition par la duchesse de Lecera, présidente de la Croix-Rouge espagnole. Mgr Boyer-Mas exerce une influence sur le pouvoir franquiste car il est en poste depuis longtemps, à l'époque où le maréchal Pétain était ambassadeur de France à Madrid, et il a permis à des franquistes de s'échapper en France pendant la guerre civile (environ 300 prêtres). Diplomate doué et parfaitement hispanophone, il obtient l'échange des prisonniers français contre des marchandises (phosphates, denrées alimentaires…). L'abbé Pierre est troqué auprès des autorités espagnoles contre des céréales. On peut dire qu'à cette époque, il valait du blé ! L'abbé Pierre est interrogé pendant six jours par les services de l'ambassade auxquels il fournit des renseignements sur les maquis et les différents mouvements et réseaux qu'il connaît. On lui obtient une nouvelle identité, celle de Sir Harry Barlow, pilote d'avion de l'armée canadienne, et il part en train pour la Linea de Concepción, ville frontalière de Gibraltar. Le 16 juin 1944, à 8 heures, il dit la messe à la cathédrale de Gibraltar, puis à 10 heures il se met en quête d'un avion sur l'aérodrome. Un « York » (un avion de ligne quadrimoteur britannique) consent à l'embarquer au milieu des sacs postaux. C'est son premier voyage en avion. Il atterrit à Alger.

France combattante, Afrique du Nord

À Alger, il est arrêté par l'armée américaine. On l'interroge le lendemain, de midi à 18 heures, à jeun et debout. Il réclame à cor et à cri qu'on appelle le bureau du général de Gaulle et il finit par obtenir gain de cause. La secrétaire, Élisabeth de Miribel (celle qui a tapé l'appel du 18 juin

1940), envoie chercher l'abbé Pierre dans la voiture personnelle du Général. Les soldats américains sont au garde-à-vous quand il quitte leurs locaux… Il loge alors chez l'ambassadeur du Canada à Alger, le général Vanier, et son épouse qui le soignent. Son état d'épuisement est tel qu'il s'évanouit fréquemment. Il demeure à Alger pendant deux mois au cours desquels il se repose de son périple et renseigne longuement les services compétents de la Direction technique des services spéciaux (DTSS). Sa déposition de vingt-deux pages est accessible aux archives de l'armée. Elle permet de bien connaître l'état d'esprit de l'abbé Pierre à la fin de la guerre, d'apprécier sa vision des différentes institutions, des mouvements de résistants ou des collaborateurs, des courants politiques et de l'avenir de la France. On y découvre un homme très informé de l'état de son pays et des différentes forces en présence. La DTSS constitue des dossiers d'enquête systématique auprès des résistants qui arrivent, afin de maîtriser les rouages des mouvements de Résistance et des maquis en France et afin de repérer les traîtres éventuels dans le but de les juger plus tard.

Il devient aussi homme de radio en animant trois émissions à la radio des Nations unies à Alger au sujet de la Résistance et des maquis. « Jamais on ne dira assez à l'heure où, sous les derniers coups de l'ennemi qui s'écroule, ils soutiennent des combats surhumains, la noblesse et la grandeur des maquisards des FFI », proclame-t-il sur les ondes, le 3 août 1944. L'abbé Pierre devient un défenseur des maquisards. Il se charge de cette mission pendant plusieurs années.

À Alger, il rencontre aussi le général de Gaulle qui l'invite à déjeuner chez lui le 21 juin 1944. Ils échangent leurs points de vue sur la situation de la France et du monde.

En juillet 1944, l'abbé Pierre se présente pour se rengager mais il passe une visite médicale défavorable. Il est envoyé à Casablanca au Maroc comme aumônier militaire de la Marine, à l'École navale et pour l'ensemble des écoles de la marine, à la base où se trouve stationné le *Jean-Bart*, cuirassé de 248 mètres de long qui sert à former les futurs marins. Il rend également service au clergé catholique local de Casablanca, à la cathédrale notamment. Il occupe ces fonctions pendant six mois.

La Maison de la marine et la tournée des conférences

En janvier 1945, l'abbé Pierre rentre en métropole. Il devient un aumônier de la Maison de la marine à Paris. Il loge rue Duguay-Trouin dans le 6e arrondissement au siège de la Jeunesse maritime chrétienne. Dans les jours qui suivent son retour, il déjeune pour la deuxième fois en tête à tête avec le général de Gaulle. Puis, de passage dans le Sud-Est, il croise par hasard Lucie Coutaz sur le quai de la gare à Lyon. Ils ne se sont pas vus depuis plusieurs mois. Il lui promet de la retrouver lors d'un prochain séjour à Grenoble. Trois mois plus tard, l'abbé Pierre lui propose de devenir sa secrétaire et l'invite à le rejoindre à Paris pour l'aider dans ses diverses tâches administratives. Auparavant, il a consulté le cardinal archevêque de Paris, Mgr Emmanuel Suhard (1874-1949), qui considère que Lucie Coutaz est la personne tout indiquée pour cette fonction. Il la recommande par écrit. Celle-ci réfléchit huit jours avant de se décider. Finalement, elle dit oui, sans savoir que cette acceptation va changer le cours de sa vie et l'entraîner aux côtés de l'abbé Pierre pendant trente-sept ans.

L'abbé Pierre occupe une position politiquement stratégique à cette période de sa vie. Il fait le lien entre les organisations issues de la Résistance, le clergé catholique et une partie de l'opinion publique. L'Église de France a besoin de s'appuyer sur des personnes comme lui qui se sont engagées dans le bon camp pendant la guerre, alors que nombreux ecclésiastiques se sont déconsidérés en restant fidèles au maréchal Pétain. À titre d'exemple, les cardinaux et les archevêques de la zone nord et de la zone sud ont signé une déclaration commune, le 5 septembre 1941, dans laquelle ils affirment : « Nous vénérons le chef de l'État[1] et nous demandons instamment que se réalise autour de lui l'union de tous les Français. » Aucun chef d'État n'avait obtenu autant de soutien de la part de l'Église de France depuis le XIXe siècle.

Par ailleurs, les démocrates-chrétiens sont une des principales forces politiques de la France en 1945. Représentant une forme de centrisme d'inspiration chrétienne, ils fondent un parti qui regroupe un grand nombre de résistants, né dans la clandestinité, appelé dans un premier temps Mouvement républicain de libération, puis Mouvement républicain populaire (MRP), il est officiellement constitué sous ce nom lors d'un congrès à Paris les 25 et 26 novembre 1944. On y trouve des hommes politiques qui jouent un rôle de premier plan dans les gouvernements de la France de l'après-guerre : Georges Bidault, Francisque Gay, François de Menthon, Marc Sangnier, Maurice Schumann, Robert Schuman, Pierre-Henri Teitgen…

Ils ont besoin de figures comme l'abbé Pierre pour ses qualités d'orateur, son intelligence, sa connaissance des réseaux, sa sympathie pour le mouvement de la démocratie chrétienne et son passé de résistant. L'abbé Pierre a rencontré un certain nombre de militants du MRP, dont Georges Bidault, lors de son activité auprès du service de

1. Le maréchal Pétain.

presse du CNR à Paris en 1944. Il lui a écrit quand il était à Casablanca pour proposer ses services en métropole. Pierre-Henri Teitgen est alors ministre de l'Information, jusqu'en mai 1945. Il confie une mission officielle à l'abbé Pierre qui consiste à donner une série de conférences sur la Résistance. L'abbé Pierre remplit parfaitement cette fonction. Son exposé s'intitule « 23 mois de vie clandestine » et dure environ trois heures. Il raconte son expérience dans la guerre, de l'accueil des premiers fugitifs à Grenoble, en 1942, jusqu'à son arrivée à Alger, en 1944, en passant par les faux papiers, les passages de frontières, les maquis, la France combattante…

Sa première conférence de l'Information a lieu à Paris au palais de Chaillot le 23 avril 1945. Puis l'abbé Pierre annonce qu'il part l'été 1945 donner ses conférences dans plusieurs villes de France et dans les colonies d'Afrique francophone, mission qui doit durer quinze jours. « Pour le père, tout ce qui était aventure lui plaisait. Mais à moi, ça ne me plaisait pas du tout », souligne Lucie Coutaz. De plus, il ne revient pas comme prévu et Lucie se retrouve seule à gérer l'activité de la Maison de la marine, sans nouvelles de l'abbé Pierre. Elle n'apprécie pas du tout la situation. Si elle n'avait pas entamé le catéchisme pour préparer deux garçons à la première communion, elle serait rapidement rentrée à Grenoble. L'abbé Pierre a prolongé son voyage. Il se rend à Oran, Casablanca, Dakar, Accra, Léopoldville, Brazzaville, Mayumba, Monrovia et Alger. Il découvre l'Afrique, approfondit sa connaissance de cultures inconnues et il partage son récit de guerre avec les personnes qu'il rencontre pendant deux mois (du 28 juin au 25 août 1945), parcourant plus de 20 000 kilomètres.

À son retour, il croise Michel Habib-Deloncle, dont on a parlé plus haut, qu'il a côtoyé à Paris en 1944. Sur un ton potache, celui-ci lui demande comment cela se fait qu'il ne soit pas encore mort et lui indique qu'il le verrait bien député. Il en parle à Pierre-Henri Teitgen et voici l'abbé Pierre candidat sur une liste MRP de Meurthe-et-Moselle, avec l'approbation des évêques de Paris, Nancy et Grenoble. À la Maison de la marine, quand il retrouve Lucie Coutaz, se produit une situation cocasse : Lucie, contrariée, s'apprête à lui signifier qu'elle rentre chez elle à Grenoble, alors que l'abbé Pierre lui demande de devenir son assistante et de déménager à Nancy pour la campagne électorale. Finalement, c'est l'abbé Pierre qui l'emporte.

3

Le député H.-A. Grouès-Pierre

Démocratie chrétienne

On a coutume de présenter l'abbé Pierre comme un homme indépendant, qui, par tempérament, ne dépend d'aucune structure, d'aucun pouvoir, d'aucune hiérarchie. L'abbé Pierre aimait aussi se présenter de cette façon et il y a un peu de vrai dans cette affirmation. Pourtant, pour bien comprendre la pensée et la vie de l'abbé Pierre, il est nécessaire de prendre conscience qu'il appartient, à sa manière, à un courant politique bien spécifique de la vie politique du xxe siècle qui est la démocratie chrétienne. On peut même préciser : l'aile gauche de la démocratie chrétienne. La vie parlementaire de l'abbé Pierre s'inscrit dans l'histoire de cette famille politique. Non que l'abbé Pierre ait été un partisan, c'est-à-dire un homme soumis à un parti ou obéissant en tout point à un mouvement structuré, mais il apparaît que sa pensée et ses engagements se situent dans ce courant spécifique de la vie politique en France au xxe siècle, dont les contours sont suffisamment souples pour y permettre l'épanouissement d'un esprit libre.

La démocratie chrétienne est une famille politique avec un idéal, des valeurs propres, des méthodes d'action, une filiation sur plusieurs générations, des compagnons de route, des intellectuels, des mouvements, des syndicats et des partis, des hommes politiques connus dont certains ont exercé les plus hautes responsabilités, des lieux de rencontre et de formation, des journaux et un héritage qui subsiste de nos jours. Cette proximité avec la démocratie chrétienne est assez ancienne dans son parcours. À titre d'exemple, en juillet 1944, l'abbé Pierre est longuement interrogé par la Direction technique des services spéciaux, l'organisme de renseignement français à Alger. Dans ce rapport, composé de 22 pages, au chapitre qui concerne ses opinions politiques, l'abbé Pierre indique qu'il n'a encore jamais voté car chez les capucins l'usage veut que les novices et les étudiants ne votent pas et, une fois qu'il est devenu prêtre séculier, le gouvernement de Vichy a supprimé les élections. Cependant, il dit aux agents des renseignements : « Préférence nette, fixée au cours de mes études d'histoire et de philosophie politique, pour les efforts des démocrates chrétiens[1] ».

La démocratie chrétienne est une des grandes familles de la vie politique européenne. De nombreux partis s'en réclament dans d'autres pays que la France, tels que l'Allemagne, l'Autriche, la Belgique ou l'Italie avec leur orientation spécifique et leur histoire particulière. En France, elle naît au milieu du XIXe siècle avec Frédéric Ozanam (1813-1853), fondateur des conférences de saint Vincent de Paul et du journal *L'Ère nouvelle*, animateur d'un mouvement où se mêlent actions charitables et réflexion politique et sociale. On lui doit l'emploi de la dénomination « démocratie chrétienne ». Le catholicisme social

1. « Déposition de l'abbé Pierre à la DTSS », Archives nationales, Pierrefitte-sur-Seine, Dossier 17401/1, pièce B, 21 juillet 1944, p. 2

concerne dans un premier temps uniquement l'amélioration de la condition des travailleurs dans le contexte de la révolution industrielle, alors que la démocratie chrétienne cherche une position qui fasse coïncider les valeurs et la foi chrétiennes avec les valeurs et l'esprit de la démocratie et du progrès. La démocratie chrétienne est un mouvement politique alors que le catholicisme social se cantonne plutôt à une action caritative en milieu ouvrier. La démocratie chrétienne aborde les problématiques de son époque de façon plus vaste, incluant les questions politiques, éducatives, internationales, économiques, etc. Elle connaît une deuxième naissance en 1891, après la mort de Frédéric Ozanam, avec *Rerum novarum*, l'encyclique du pape Léon XIII, que nous avons déjà présentée.

Le mouvement de la démocratie chrétienne a été porté en France par différentes personnalités dont le député abbé Pierre poursuit le combat. Parmi ses plus illustres prédécesseurs, on peut indiquer par exemple les noms de Jacques Maritain (1882-1973), Emmanuel Mounier (1905-1950), Étienne Gilson (1884-1978) et remonter aux personnalités du siècle précédent que sont Albert de Mun (1841-1914), Charles de Montalembert (1810-1870), et même plus loin avec Félicité de Lamennais (1782-1854) et Henri Lacordaire (1802-1861).

Marc Sangnier

La personnalité la plus importante de la démocratie chrétienne en France dans la première moitié du XXe siècle est Marc Sangnier (1873-1950). Le journaliste Denis Lefèvre, qui lui a consacré une biographie, est également l'auteur d'une biographie consacrée à l'abbé Pierre intitulée *Les Combats de l'abbé Pierre*, sortie en 2012, et de deux autres livres sur l'abbé Pierre et Emmaüs. Dans *Marc Sangnier. L'aventure du catholicisme social* paru en 2008, Denis Lefèvre consacre son épilogue à l'abbé Pierre qu'il appelle « fils spirituel de Marc Sangnier ». À la toute fin du XIXe siècle, dans la lancée de l'encyclique *Rerum novarum*, Marc Sangnier rejoint et développe la revue et le mouvement Le Sillon, où il diffuse sa pensée et suscite de nombreuses adhésions (500 000 membres). Il se revendique ouvertement de la Déclaration des droits de l'homme et du citoyen de 1789. Condamné pour excès de socialisme et de démocratie en 1910 par le pape Pie X, Marc Sangnier se soumet, arrête la publication de la revue et dissout le mouvement, avant de former un autre Sillon catholique et de reprendre ses activités qu'il tente de rendre plus acceptables pour les autorités religieuses de son temps. En 1912, Marc Sangnier fonde le parti Jeune république qui compte quatre députés dans l'entre-deux-guerres, s'inscrit résolument à gauche et participe au Front populaire. Au château de Bierville, dans la commune de Boissy-la-Rivière, à une soixantaine de kilomètres au sud de Paris, le mouvement Jeune république accueille en 1926, pendant un mois, le Congrès international démocratique de la paix qui rassemble des milliers de jeunes, pour la plupart, venus de nombreux pays d'Europe et principalement de France, d'Allemagne et du Royaume-Uni. Marc Sangnier est aussi le promoteur des auberges de jeunesse, premier créateur d'une auberge de jeunesse en France, en 1929 au château de Bierville. En 1948, l'abbé Pierre fonde lui aussi une auberge de jeunesse dans la région parisienne à Neuilly-Plaisance, qui adhère à la même fédération. À la Libération, Marc Sangnier devient président d'honneur du MRP. Il siège avec l'abbé Pierre sur les bancs de l'Assemblée nationale.

Un humanisme exigeant

La démocratie chrétienne comprend un spectre assez large de convictions politiques. On peut dire qu'il s'agit d'un centrisme, nourri d'idées chrétiennes et animé par un humanisme exigeant. Les grandes thématiques sont la lutte contre la pauvreté, l'amélioration de la condition ouvrière, la recherche d'une troisième voie entre le socialisme et le collectivisme d'une part et la droite conservatrice et le libéralisme économique d'autre part, la concorde entre les nations, la responsabilité des pays riches à l'égard des pays moins développés, l'éducation populaire, le refus des idéologies totalitaires communistes et fascistes, la défense et la promotion de la famille, l'attachement à la démocratie et à la liberté d'opinion, la distinction entre l'action temporelle des chrétiens et l'action proprement religieuse de l'Église, l'indépendance de l'éducation vis-à-vis de la tutelle de l'État (défense de l'école confessionnelle) et le respect de la propriété privée. Ces convictions sont inspirées des enseignements pontificaux, de la tradition théologique catholique et de la Bible, tout cela mis en cohérence avec les problématiques temporelles du monde moderne et les idées humanistes et républicaines des penseurs et des courants politiques progressistes. La démocratie chrétienne est une tentative de réconciliation de la pensée chrétienne avec la société de son temps et une façon de faire valoir une vision spécifiquement chrétienne au sein des dynamiques démocratiques, de droits humains et de progrès social, apparues souvent en dehors du milieu chrétien.

Partis et dirigeants

Outre Jeune république positionné à gauche, le premier parti ouvertement démocrate-chrétien est le Parti démocrate populaire, positionné au centre droit, qui est actif de 1924 à 1940 et compte jusqu'à 19 députés à l'Assemblée nationale. Son quotidien *L'Aube*, fondé en 1932, exerce une influence importante sur l'opinion et la vie politique française de l'entre-deux-guerres.

Après la Seconde Guerre mondiale, le MRP reprend l'héritage de la démocratie chrétienne, du Sillon et du Parti démocrate populaire. Fondé et dirigé par des hommes connus pour leur action dans la Résistance, il devient un des premiers partis de France, un parti de gouvernement dont l'action sur la politique française va durer pendant plus de vingt ans ; jusqu'à sa fusion en 1966 dans le Centre démocrate de Jean Lecanuet et la dispersion de ses membres vers diverses formations politiques de gauche (tel Robert Buron, proche de l'abbé Pierre) ou de droite (gaullisme). Ses dirigeants sont presque tous des résistants et majoritairement d'anciens militants d'action catholique. Parmi les principaux, on trouve Georges Bidault (Compagnon de la Libération, dirigeant du CNR après la mort de Jean Moulin, président du gouvernement provisoire de la République française, président du Conseil et plusieurs fois ministre), Maurice Schumann (Compagnon de la Libération et plusieurs fois ministre), Robert Schuman (artisan de la construction européenne, président du Conseil et ministre des Affaires étrangères), Pierre-Henri Teitgen (Compagnon de la Libération et plusieurs fois ministre), Pierre Pfimlin (président du Conseil, plusieurs fois ministre, président du Parlement européen et maire de Strasbourg), François de Menthon (Compagnon de la Libération, député et ministre), Robert Buron (ami de l'abbé Pierre et plusieurs fois ministre) et de nombreux autres. Le MRP ne se reconnaît pas comme un parti confessionnel.

Figures tutélaires

Le milieu lyonnais de l'abbé Pierre voit l'émergence de personnalités qui sont à l'origine du mouvement démocrate-chrétien pendant la guerre, militants qu'il fréquente avant et après sa période monastique. À l'externat Saint-Joseph, le collège jésuite de Lyon, l'abbé Pierre est un camarade de classe de Roger Radisson (1911-1944) qui évolue dans le milieu de l'Action catholique et de la résistance spirituelle au nazisme. Il assume les fonctions de rédacteur de *Positions*, un journal de culture chrétienne qui réussit à passer entre les filets de la censure en proposant des articles pleins de sous-entendus et d'allusions défavorables à la politique du régime de Vichy. Comme l'abbé Pierre, il distribue clandestinement les *Cahiers du témoignage chrétien*. Roger Radisson est arrêté, torturé et fusillé en 1944 par les Allemands pour son implication dans les mouvements chrétiens de la Résistance. Il est un de ceux qui ont posé les bases de ce qui devient le MRP, avec son camarade Gilbert Dru.

Gilbert Dru (1920-1944) est une figure tutélaire du MRP. Avec lui, l'abbé Pierre entend parler pour la première fois du Mouvement républicain de libération. Gilbert Dru est responsable de la Jeunesse étudiante chrétienne. Il conçoit un « Projet d'introduction à une action révolutionnaire des jeunes Français » à l'été 1943, qui ambitionne de créer un mouvement qui réunisse l'engagement chrétien, « la mystique des droits de l'homme et la mystique démocrate[1] ». Il présente son projet, qui rassemble militants chrétiens et militants de gauche, et obtient l'assentiment de responsables chrétiens de la Résistance, dont Georges Bidault et Marc Sangnier. Gilbert Dru exerce une

1. Letamendia Pierre, *Le Mouvement républicain populaire. Histoire d'un grand parti français*, Beauchesne, 1995, p. 58.

influence importante sur les futurs fondateurs du MRP. Il collabore à une revue diffusée en zone sud, *Les Cahiers de notre jeunesse*, sur une ligne proche de celle de Roger Radisson qui participe également à son mouvement politique. Ils s'engagent dans le refus du STO et la création de maquis et assurent une présence chrétienne dans les organes régionaux de la Résistance. Gilbert Dru est arrêté avec des documents compromettants, torturé, puis fusillé place Bellecour à Lyon le 27 juillet 1944. Le poète Louis Aragon ajouta son nom à la dédicace de son célèbre poème « La rose et le réséda », à celui des résistants communistes Guy Môquet et Gabriel Péri et à celui du résistant royaliste Honoré d'Estienne d'Orves.

L'abbé Pierre fait fréquemment référence à ses amis, aux côtés desquels il a reçu sa formation politique pendant la guerre, dans l'action catholique et le mouvement de la résistance spirituelle, et qui constituent des inspirations décisives pour sa famille politique : « Voyez-vous, je repense aux amis morts avec lesquels, dès 1943 à Lyon, nous concevions ce mouvement politique qui, à la Libération, devait porter aux travailleurs, à tous ceux qui peinent beaucoup, toute une vie durant, et ne reçoivent qu'une si faible part des valeurs qu'ils créent, l'espérance, puis la réalité d'une libération bien meilleure que celle que le communisme lui peut offrir. Je réentends nos conversations avec Roger Radisson, avec Gilbert Dru. Dans cette volonté, ils sont tombés[1]. »

Prêtre-résistant-député

À l'automne 1945, sur une proposition de son ami Michel Habib-Deloncle, l'abbé Pierre est sollicité par Pierre-Henri

1. Archives nationales du monde du travail, cote 2010 18 210, Lettre de démission de l'abbé Pierre au président du MRP, 28 avril 1950, p. 2

Teitgen, président du MRP, afin de se porter candidat à l'élection parlementaire en Lorraine dans la circonscription de Meurthe-et-Moselle qui inclut Nancy, Toul, Saint-Nicolas-de-Port et Longwy. Il a pris depuis 1944 à Alger le nom de « H.-A. Grouès-Pierre ». « H.-A. » signifiant « Henri-Antoine » : le prénom de son père est ajouté au sien. H.-A. Grouès-Pierre fait campagne sur une liste MRP sans être lui-même adhérent à ce parti. Il est le seul élu de sa liste dans sa circonscription et devient député de la première l'Assemblée constituante, assemblée chargée de tourner la page de la IIIe République, dont les institutions sont accusées d'avoir favorisé les catastrophes de 1940. Les députés doivent proposer une Constitution et créer la IVe République française, soumise au peuple par un référendum en 1946. L'abbé Pierre est très remarqué localement au cours de sa campagne électorale. En effet, il est un orateur extraordinaire. À titre d'exemple, le commissaire de police de la petite ville de Dombasle, où l'abbé Pierre a tenu une de ses réunions électorales, adresse un rapport le 15 octobre 1945 au préfet de Meurthe-et-Moselle, dans lequel il indique que des militants communistes étaient présents dans la salle par curiosité, dans la perspective de se moquer et conspuer le candidat du MRP. Or, à la fin du meeting, séduits par l'abbé Pierre, ils vont à sa rencontre et lui avouent : « Nous ne comprenons pas comment un homme comme vous se présente dans une liste de MRP. Si nous n'étions pas communistes, vous auriez nos suffrages[1]. » L'abbé Pierre s'appuie principalement sur ses états de service de résistant pour son argumentaire électoral. Il se présente comme un homme qui a pris tous les risques pour sauver ses semblables en détaillant son aventure de deux ans de vie clandestine au cours de la

1. Archives départementales de Meurthe-et-Moselle, « Rapport au préfet sur la réunion publique électorale à Dombasle des candidats du Mouvement républicain populaire », 15 octobre 1945.

guerre. L'abbé Pierre détonne par son discours ardent, en faveur des ouvriers, dans lequel il mentionne habilement quelques références chrétiennes. Dans sa lettre de remerciement de 1945, il raconte qu'il a passé la journée des élections du dimanche dans le silence sur la colline de Sion, un lieu de pèlerinage lorrain bien connu, et il termine sa lettre par : « Vive la Lorraine, membre vivant de la France qui ressuscite[1]. »

On remarque que l'abbé Pierre a voté pour la première fois de sa vie pour l'élection où il est lui-même candidat ! Il devient député le 21 octobre 1945. La hiérarchie catholique approuve sa candidature sans difficulté.

Collègues prêtres

L'abbé Pierre n'est pas le seul prêtre député, d'autres siègent sur les bancs de l'Assemblée au même moment.

Le chanoine Félix Kir (1876-1968) a donné son nom à la célèbre boisson, mélange de crème de cassis et de vin blanc de Bourgogne aligoté. Plus sérieusement, il s'est illustré lui aussi pendant les graves heures de la guerre, en permettant l'évasion de 5 000 prisonniers du camp de Langres en Haute-Marne. Il est arrêté deux fois par les Allemands. En janvier 1944, il est blessé et survit à un attentat commis par des collaborateurs. En 1945, il devient maire de Dijon jusqu'en 1968 et député pendant vingt-deux ans, de 1945 à 1967. Il siège sous l'étiquette des Républicains indépendants, groupe parlementaire de centre droit. Il est membre d'un parti fondé en 1949, le Centre national des indépendants et paysans, où l'on retrouve René Coty et Antoine Pinay.

1. Archives départementales de Meurthe-et-Moselle, Lettre de Monsieur « l'Abbé Pierre », député de Meurthe-et-Moselle, novembre 1945.

L'abbé Albert Gau (1910-1993) est élu député du MRP dans le département de l'Aude. Il siège de 1945 à 1956 aux deux assemblées constituantes et aux deux assemblées législatives. Il s'est illustré dans la Résistance en sauvant des centaines de Juifs. En 1986, il est reconnu Juste parmi les nations au mémorial de Yad-Vashem. Comme député, il s'engage pour les jardins ouvriers, pour l'objection de conscience et contre la torture en Algérie et contre la peine de mort.

L'abbé Barthélemy Boganda (1910-1959) siège de 1946 à 1958 aux trois assemblées nationales législatives de la IVe République. Il est élu à la première Assemblée de la Ve République mais il décède un an plus tard d'un accident d'avion. L'abbé Barthélemy Boganda représente l'Oubangui-Chari, territoire de l'Afrique centrale qui prend le nom de République centrafricaine, à l'indépendance en 1960. Barthélemy Boganda se démarque de ses confrères prêtres députés en abandonnant le sacerdoce en 1950. Il est membre du MRP jusqu'à cette date, à partir de laquelle il dirige le Mouvement d'évolution sociale de l'Afrique noire qu'il vient de créer. En 1958, il devient le premier président du gouvernement centrafricain.

Le révérend père Francis Aupiais (1877-1945) est un Breton de Loire-Atlantique, prêtre puis provincial de la Société des missions africaines, organisation de prêtres missionnaires. Il passe la majorité de sa carrière en Afrique, dans l'actuel Bénin. Il est élu député du Dahomey-Togo, sous l'étiquette MRP, à la première assemblée constituante de 1945. Il est élu le 4 novembre et décède le 15 décembre 1945. Le père Aupiais est connu pour ses travaux ethnologiques et sa défense des cultures et des droits des populations africaines.

Tripartisme

L'abbé Pierre fait campagne dans un environnement plus ouvrier que certains de ses collègues du MRP. Le MRP est parfois conspué. Ses contradicteurs l'appellent « Mouvement des révérends pères » ou « Machine à ramasser les pétainistes » ou encore « Mensonge, réaction, perfidie »[1], des injures courantes destinées à reléguer ce parti catégoriquement à droite. La droite française est quasiment inexistante dans un premier temps, emportée par le discrédit du régime de Vichy.

Lors de la première élection de 1945, les trois partis qui arrivent en tête sont le PCF avec 26,2 % des voix, le MRP avec 23,9 % et la SFIO (ancêtre du Parti socialiste) avec 23,4 %. Les deux partis qui se réclament du marxisme (PCF et SFIO) rassemblent la moitié des électeurs. Ces trois partis se mettent d'accord pour diriger la France et constituer un gouvernement. C'est le tripartisme. Un des objectifs est de limiter le risque d'une prise de pouvoir des communistes, sur le modèle des démocraties populaires qui se mettent en place au même moment en Europe de l'Est. Le général de Gaulle est reconduit à la tête du gouvernement provisoire de la République française, responsabilité qu'il occupe depuis le 3 juin 1944, jusqu'à sa démission le 20 janvier 1946, dans le but de créer une réaction en sa faveur dans l'opinion, projet qui échoue. Le socialiste Félix Gouin devient alors chef du gouvernement à sa place et répartit les ministères entre les trois partis.

Nouvelle Constitution

À cette époque, les débats constitutionnels qui agitent la vie politique s'articulent principalement autour de

1. Rioux Jean-Pierre, *La France de la IVe République. L'ardeur et la nécessité (1944-1952)*, Seuil, 1980, p. 90.

deux idées : les gaullistes souhaitent un pouvoir exécutif fort qui tire directement sa légitimité du suffrage des électeurs, tandis que les communistes et les socialistes préfèrent un système parlementaire où l'assemblée unique des députés représente la nation et possède l'essentiel des pouvoirs. Ces deux conceptions supposent des propositions constitutionnelles antagonistes. Le MRP oscille entre les deux conceptions. L'abbé Pierre n'adhère pas à la vision gaulliste de la France.

Le 5 mai 1946, les Français se prononcent par référendum et refusent la Constitution qui leur est proposée. L'abbé Pierre a voté non. Le MRP préconisait un vote négatif car cette Constitution est jugée trop proche des vues des communistes et des socialistes. Par conséquent, les électeurs sont appelés à voter de nouveau pour élire une assemblée qui se charge d'élaborer une nouvelle constitution. Le 2 juin 1946, l'abbé Pierre se représente dans la même circonscription ; il est élu une deuxième fois. Le MRP arrive en tête des scrutins et un de ses membres, Georges Bidault, devient président du Gouvernement provisoire de la République. Premier parti de France avec 28,2 % des voix, il est suivi par le PCF (25,9 %) et la SFIO (21,1 %). L'abbé Pierre adhère au MRP. La nouvelle Constitution est adoptée par le peuple français le 13 octobre 1946. Elle prévoit deux chambres qui élisent le président de la République et valident la nomination du président du Conseil, véritable chef du gouvernement. Les institutions de la IVe République, validées par le MRP, ressemblent malheureusement à celles de la IIIe République, ce qui va entraîner une instabilité gouvernementale. Le 10 novembre 1946, les élections législatives permettent à l'abbé Pierre d'obtenir un troisième mandat de député, cette fois pour une durée de cinq ans. Le tripartisme est confirmé : le PCF prend la tête avec 28,2 % des voix, le MRP obtient

25,9 % et les socialistes de la SFIO baissent à 17,8 %. Le 16 janvier 1947, le socialiste Vincent Auriol devient président de la République pour un septennat.

Tripartisme et désaccords

La vie parlementaire de l'abbé Pierre est marquée par les dissensions au sein du tripartisme. Au départ, le MRP, le PCF et la SFIO sont d'accord sur de nombreux sujets, telles la question des nationalisations des secteurs clés et la mise en place d'une planification économique. Ils trouvent des compromis pour mettre en place les principales structures de Sécurité sociale et les innovations en matière de partage des richesses (système de la participation des salariés aux bénéfices des entreprises), mais l'inflation va entraîner des divergences de plus en plus nettes jusqu'à la rupture.

Le pouvoir d'achat des Français baisse sensiblement entre 1944 et 1947. Les tickets de rationnement sont encore en vigueur (jusqu'en 1949). Pendant cette période, le peuple français, pourtant marqué par la guerre, s'appauvrit encore[1]. Pour enrayer la hausse des prix, le gouvernement essaie de limiter les hausses des salaires, ce qui entraîne des grèves importantes et des manifestations de la faim. Après avoir suivi cette politique de stagnation des rémunérations, au sein du tripartisme, le PCF et la Confédération générale du travail (CGT) changent de stratégie et décident de soutenir les revendications des ouvriers qui mènent de nombreuses grèves spontanées, avec parfois des violences, un peu partout en France. Ces mouvements sociaux qui commencent en 1947 prennent de l'ampleur et s'étendent en dehors du monde ouvrier.

1. *Ibid.*, p. 120.

1947 est une année noire ; 1948, une année insurrectionnelle. Les Français souffrent et, pour certains, peinent à survivre. Le chef du gouvernement, le socialiste Paul Ramadier, est surnommé « Ramadiète ». L'abbé Pierre est particulièrement concerné par les mouvements sociaux : sa circonscription comporte une importante population ouvrière, surtout dans le Nord, dans ce qu'on appelle le « Pays-Haut », dans les environs de Longwy, où se trouvent des mines et de nombreuses industries. Par exemple, en 1948, le directeur et plusieurs cadres des Aciéries de Longwy sont séquestrés et menacés de mort par plusieurs centaines de femmes d'ouvriers encadrées par la CGT locale.

Le syndicalisme a repris de la vigueur après sa suppression en 1941 par la charte du travail du régime de Vichy et sa restauration en 1944. En 1945, 700 000 syndicalistes adhèrent à la CFTC, et plus de 5 000 000 à la CGT. Précisons qu'à cette époque le corps électoral est composé de presque 25 000 000 électeurs inscrits, dont les femmes pour la première fois en 1945.

Sur le plan de la politique coloniale, les désaccords se multiplient au sein du tripartisme avec le vote de crédits militaires pour lutter contre les indépendantistes communistes du Vietnam (le leader Hô Chi Minh proclame de façon unilatérale l'indépendance du Vietnam le 2 septembre 1945 à Hanoï) et la répression du soulèvement contre le pouvoir colonial en 1947 à Madagascar (qui cause la mort d'environ 40 000 personnes). Socialistes et MRP suivent une politique coloniale de maintien des intérêts français dans les colonies et de lutte contre ce qu'ils considèrent comme des manœuvres communistes, tandis que le PCF soutient les insurrections des leaders indépendantistes dans les colonies françaises, qu'il considère comme des mouvements de libération. En Europe, au fur et à mesure, l'URSS avance ses pions pour faire basculer le plus de pays possible dans son camp pendant que les États-Unis essaient de faire contrepoids, situation qui provoque la guerre froide. Les socialistes et le MRP se rangent naturellement dans le camp occidental aux côtés des États-Unis alors que les communistes prennent l'URSS pour modèle. Ainsi, un désaccord sur la question du réarmement et de la réunification de l'Allemagne, souhaitée par Staline, fournit un argument supplémentaire pour susciter le renvoi des ministres communistes du gouvernement français en 1947. Le PCF, qui espère alors faire partie d'un prochain gouvernement, passe dans l'opposition et se retrouve dans une situation qui ne changera pas sous la IVe République.

L'abbé Pierre est opposé à la politique coloniale menée par son parti. Il souhaiterait que le MRP puisse « aller dans le sens de l'espoir des peuples[1] ».

Troisième force

Les institutions de la France causent de nombreux problèmes. Le pouvoir trop important de l'Assemblée provoque une forme d'impuissance gouvernementale, de telle sorte qu'il n'y a pas une véritable séparation des pouvoirs législatifs et exécutifs. On parle même d'un « régime d'assemblée[2] ». Les partis jouent un rôle très important. Leurs chefs exercent un véritable contre-pouvoir, tels Maurice Thorez au PCF ou Guy Mollet à la SFIO. Ils contrôlent fortement le programme et la composition de chaque nouveau gouvernement par un système complexe de « double investiture ». Le tripartisme PCF-SFIO-MRP permet de rendre viable, tant bien que mal, cette situation

1. Archives nationales du monde du travail, cote 2010 18 210, Lettre de démission de l'abbé Pierre au président du MRP, 28 avril 1950, p. 2

2. Berstein Serge et Milza Pierre, *Histoire du XXe siècle, 1939-1953*, Hatier, 1987, p. 182.

jusqu'en 1947, année charnière de la IVe République qui voit la fin du tripartisme et l'apparition de la « troisième force » qui se produit suite à l'éviction du PCF (qui représente plus du quart des électeurs). La SFIO et le MRP totalisent seulement 272 députés alors qu'il en faut 310 pour parvenir à une majorité[1]. La troisième force consiste en une alliance de la SFIO et du MRP avec des petits partis situés plus au centre et à droite, dits modérés et radicaux. Ces alliances déstabilisent la vie politique de la France. Les points de désaccord principaux portent sur la question de l'intervention de l'État dans l'économie et les questions sociales, intervention prônée par la SFIO et le MRP qui entre en contradiction avec les idées libérales des petits partis. L'abbé Pierre s'oppose à la « droitisation » du MRP. Il déplore « l'abandon croissant de la protection et du soutien du légitime combat ouvrier pour sa conquête de sa dignité d'homme[2] ».

L'exclusion du PCF en 1947 s'inscrit dans un contexte national et mondial particulièrement troublé. En France, les grèves font peser une menace de basculement révolutionnaire. Ensuite, l'apparition d'un puissant mouvement gaulliste, le Rassemblement du peuple français (RPF), fondé en avril 1947, exerce une pression sur les forces politiques en présence, d'autant plus qu'il remporte un triomphe aux élections municipales de 1947, en attendant avec impatience les prochaines assemblées législatives de 1951. À cette époque, certains observateurs craignent un coup de force gaulliste ; certains considèrent de Gaulle comme un potentiel dictateur. Le terme « troisième force » définit un positionnement situé entre les deux autres forces que sont les communistes et les gaullistes.

1. Letamendia Pierre, *Le Mouvement républicain populaire*, *op. cit.*, p. 308

2. Abbé Pierre, *Pour qu'une aube nouvelle se lève après le crépuscule où celle d'hier s'éteint*, 14 mai 1950, p. 5.

Sur le plan international, les partis de la troisième force s'accordent en matière coloniale, d'une part, et contre la mise en place d'un bloc communiste menaçant. La politique à l'égard des colonies s'appuie sur une grande fermeté et peu d'ouverture en direction des aspirations des peuples colonisés. La Constitution de 1946 a substitué à l'idée d'empire celle d'Union française, mais dans la pratique le pouvoir colonial demeure inchangé. La troisième force gère mal l'évolution du statut des différentes colonies, au grand dam de parlementaires comme l'abbé Pierre, ce qui va contribuer à entraîner sa rupture avec son parti en 1950.

Un monde dangereusement bipolaire

En juin 1947, le plan Marshall est officiellement lancé. Il consiste en des financements américains considérables pour la reconstitution des infrastructures économiques européennes, aides que l'URSS et ses alliés refusent. En mars 1947, le traité de Dunkerque entre la France et la Grande-Bretagne engage les deux cosignataires à intervenir en cas d'agression militaire. Ce traité s'étend l'année suivante à la Belgique, aux Pays-Bas et au Luxembourg. Cette politique évolue vers l'implication d'autres pays européens, ainsi que le Canada et les États-Unis dans l'alliance militaire qui donne naissance le 4 avril 1949 au Pacte atlantique (douze pays signataires). L'Organisation du traité de l'Atlantique nord (Otan), émane de ce traité. Pour l'abbé Pierre, ce traité et le plan Marshall sont suspectés de poursuivre un but essentiellement capitaliste, c'est-à-dire d'être conçus pour permettre « d'accroître les bénéfices de quelques hommes d'affaires anxieux de débouchés rentables pour leur surproduction[1] ».

1. Archives nationales du monde du travail, cote 2010 18 210, Lettre de démission de l'abbé Pierre au président du MRP, 28 avril 1950, p. 2

En Europe de l'Est, la Biélorussie, l'Estonie, la Lettonie, la Lituanie et l'Ukraine sont intégrées, avant même la fin de la guerre, à l'Union des républiques socialistes soviétiques (URSS), alors que les trois pays baltes étaient des républiques démocratiques indépendantes avant guerre. Les autres pays d'Europe orientale deviennent communistes les uns après les autres, parfois dans des contextes où les premières années de vie parlementaire d'après guerre reposent sur une entente entre des partis démocrates et socialistes avec le parti communiste local, situation semblable à la vie parlementaire française et italienne. Les pays qui deviennent des républiques populaires (des États communistes) sont : la Yougoslavie en 1945, l'Albanie en 1946, la Bulgarie en 1946, la Roumanie et la Pologne en 1947, la Tchécoslovaquie en 1948 (lors du « coup de Prague » qui choque l'opinion mondiale et renforce la crainte de la contagion communiste pilotée par Moscou) et la Hongrie et la République démocratique allemande (dite « Allemagne de l'Est ») en 1949. À l'autre bout du continent eurasiatique, la Corée du Nord devient une république populaire en 1948 et la Chine de Mao Zedong en 1949. Dès septembre 1947, le Kominform est créé afin de rassembler autour de l'URSS les pays communistes européens et les partis communistes les plus puissants d'Europe de l'Ouest (Italie et France).

Les États-Unis d'Amérique sont dotés de l'arme atomique depuis le 16 juillet 1945. Le 6 août 1945, leur bombe larguée sur Hiroshima au Japon cause la mort de 100 000 personnes, plus 30 000 des suites des radiations. Trois jours plus tard, à Nagasaki, une deuxième bombe atomique tue 40 000 Japonais. La majorité des victimes sont des civils. Le 29 août 1949, l'URSS effectue avec succès son premier essai atomique militaire. Deux ennemis possèdent alors un armement capable d'anéantir la planète.

Europe

L'Europe se structure progressivement. À la demande du gouvernement américain, une organisation destinée à favoriser la gestion des fonds du plan Marshall se met en place officiellement le 16 avril 1948 à Paris : l'Organisation européenne de coopération économique (OECE), ancêtre de l'OCDE. Le 5 mai 1949, le Conseil de l'Europe voit le jour avec un rôle consultatif visant à renforcer la coopération entre chacun des membres des dix pays européens fondateurs, rejoints à la fin de l'année par quatre autres. La Communauté européenne du charbon et de l'acier (Ceca) est la première entité supranationale européenne (les Britanniques n'y participent pas). Elle est instituée le 18 avril 1951 par le traité de Paris signé par la République fédérale allemande, la Belgique, la France, le Luxembourg, l'Italie et les Pays-Bas dans le but de créer un marché unique en matière de charbon et d'acier. L'ambition des fondateurs est de poser les bases d'une communauté européenne supranationale axée sur le développement économique.

L'abbé Pierre est tout à fait favorable à la construction européenne mais il déplore qu'elle se fonde sur « des mystères techniques[1] » qu'est le consortium du charbon et de l'acier. Il préférerait qu'elle se fonde sur des projets qui engagent davantage les peuples dans une lutte partagée et incarnée (comme le logement).

1. *L'abbé Pierre vous parle*, Centurion, 1955, p. 191.

En France, la construction de l'Europe est la grande préoccupation du MRP. Les démocrates-chrétiens d'Europe, en général, travaillent opiniâtrement à construire la nouvelle Europe. Parmi les principaux pères fondateurs de l'Europe, on retrouve de nombreux dirigeants démocrates-chrétiens, tels Konrad Adenauer (Allemagne), Alcide de Gasperi (Italie) et Maurice Schumann (France), pétris d'idées chrétiennes mais sans intentions hégémoniques. « Ils agissaient pour une Communauté européenne [...], investie du respect pour la personne humaine, et pour une communauté de valeurs, mais dans un monde temporel pluraliste sans domination de l'Église[1]. » Le pape Pie XII leur exprime régulièrement le soutien officiel du Vatican. Pie XII est un grand partisan du mouvement européen. Il prône même le fédéralisme, c'est-à-dire la construction d'une entité supranationale.

Un député neutraliste

Le député abbé Pierre n'est pas sur la même ligne que le MRP sur la question coloniale et sur l'alliance avec les États-Unis. Il fait partie de ce qu'on appelle les « neutralistes ». Sur ces questions internationales, au fur et à mesure que s'instaure une répartition du monde en deux blocs, quelques parlementaires choisissent de ne pas se ranger derrière l'aigle américain ou l'ours russe et d'adopter une position neutre. Ils ne souhaitent pas accepter cette division du monde en deux blocs et se méfient des deux nouveaux leaders.

Le débat sur le neutralisme en France culmine avec les prises de position du philosophe Étienne Gilson

1. Piotr H. Kosicki, « Image et réalité : la *mythologisation* française de la Démocratie chrétienne de l'après-guerre », *Chrétiens et sociétés*, n° 12, 2005, p. 109-128.

(1884-1978), spécialiste de philosophie médiévale, professeur au Collège de France et membre de l'Académie française, qui s'exprime dans le journal *Le Monde*, où il écrit depuis 1945. Étienne Gilson est un philosophe catholique dont les idées neutralistes ont déchaîné les passions et suscité de vives polémiques entre 1948 et 1951. Gilson rejette l'idée d'une Europe victime de la guerre froide entre l'URSS et les États-Unis. Il estime que les pays européens se mettent davantage en danger en se positionnant trop fortement aux côtés des Américains et que le soutien militaire des États-Unis en cas d'agression russe n'est pas suffisamment assuré.

Il existe plusieurs positions neutralistes à cette époque. Les neutralistes sont parfois des pacifistes, pas forcément des antimilitaristes. L'abbé Pierre n'est pas un antimilitariste. Il arbore les rubans de ses décorations militaires sur sa soutane, ainsi que sa croix d'aumônier militaire. Il reste aumônier honoraire de la marine, pendant toute la durée de ses mandats parlementaires et même au-delà. Il est titulaire de la Légion d'honneur, de la croix de Guerre avec deux palmes, de la médaille militaire, de la médaille de Résistance, de la médaille des évadés et de celle des combattants volontaires. De 1945 à 1951, il est membre de la Commission de la défense nationale.

Interventions parlementaires

Dans un premier temps, ses interventions dans l'hémicycle s'effectuent dans le prolongement direct de son engagement de la guerre, avec une insistance pour ce qui concerne la Résistance et la collaboration. Lors de son premier mandat, il présente une proposition de loi destinée à obtenir des avantages aux combattants volontaires de la Résistance (26 décembre 1945) puis une autre pour établir un statut des réfractaires au STO (5 avril 1946). Par ailleurs, il se prononce en défaveur des décorés de la Francisque, distinction spécifique du régime de Vichy, et contre les collaborateurs. En avril 1946, l'abbé Pierre intervient contre un amendement déposé par un député, le résistant Jules Houcke, qui souhaite adoucir la peine de certains collaborateurs condamnés qui se sont engagés alors qu'ils étaient très jeunes (moins de 20 ans). Il s'y oppose fermement car « si l'on veut que la nation continue à vivre il ne faut pas supprimer la distinction entre le crime et l'héroïsme[1] ». Par la suite, l'abbé Pierre exprimera des regrets pour cette dureté.

Lors de son deuxième mandat, il relance son projet de loi pour le statut des réfractaires au STO, puis une proposition tendant à instituer une promotion dans la Légion d'honneur pour certaines catégories d'habitants des régions atteintes pendant la Première Guerre mondiale (23 septembre 1946), situation qui concerne sa circonscription de Lorraine.

Lors de son troisième mandat, il présente de nouveau des propositions à propos des trois sujets de son mandat précédent (victimes de 14-18, STO et résistants). En plus de la Commission de la défense nationale, l'abbé Pierre participe à la Commission des pensions (1948) et à celle de l'intérieur (1951), il est également juré à la Haute Cour de justice. Ses autres propositions de loi concernent les FFI pendant l'Épuration, les récompenses aux résistants, l'impôt sur les profits de guerre et les permissions agricoles pour les militaires. Trois autres propositions concernent les aidants familiaux et les orphelins, la prime à la première naissance et un sujet agricole. S'agissant de

1. Extrait du *Journal officiel* du 13 avril 1946.

ses interventions, elles portent sur des questions variées, pas seulement militaires.

L'abbé Pierre est investi dans la défense de la classe ouvrière. Il s'élève contre les lois destinées à contrer les mouvements de grève de 1947 et s'en prend aux possédants qu'il désigne responsables de la situation. Il n'effectue aucune intervention connue sur la question du logement populaire. L'abbé Pierre n'est pas encore « l'apôtre des sans-logis » qu'il va progressivement devenir au gré des circonstances et des rencontres, surtout une fois sa vie parlementaire terminée.

On remarque une intervention en faveur d'un amendement tendant à prévoir une contribution de 1/1 000e des dépenses militaires au profit des organisations fédérales mondiales (23 juin 1949), une demande d'interpellation sur la publication d'atrocités attribuées aux troupes françaises combattant en Indochine (23 juin 1949) et une demande d'interpellation sur les incarcérations des objecteurs de conscience (13 octobre 1949).

Fédéralisme mondial

Le principal engagement du député abbé Pierre concerne le mouvement fédéraliste mondial. Ce mouvement a laissé peu de traces dans les mémoires et son histoire suscite de l'étonnement lorsqu'on la raconte aux citoyens d'aujourd'hui. Pourtant, il a provoqué de hautes espérances et reçu le concours de personnalités parmi les plus estimées de la planète. Son apogée se situe entre 1947 et 1951, sans omettre que ce combat a des antécédents beaucoup plus anciens et qu'il se poursuit de nos jours.

Le fédéralisme mondial est un mouvement politique qui ambitionne de créer une entité étatique supranationale fédérale, c'est-à-dire un État mondial. Cette entité supranationale n'a pas vocation à gouverner l'ensemble de la terre dans tous les détails de la vie. Elle est conçue comme une organisation fédérale, donc décentralisée, dont la fonction principale consiste à réguler les relations internationales et assurer la paix. Sa vocation est d'obtenir le monopole du recours à la force armée dans les questions internationales, en réservant aux États l'usage de la force pour leurs affaires intérieures. Elle a pour but de fournir à l'humanité les conditions d'organisation, les institutions et les outils juridiques qui créent les conditions de la paix, en permettant par exemple de travailler efficacement à l'éradication de la faim dans le monde et de tous les problèmes qui ne peuvent pas se régler autrement qu'à l'échelle de la planète. Le mouvement fédéraliste est un mouvement de paix qui cherche à créer un État mondial démocratique et tire sa légitimité d'une élection par tous les citoyens du monde. On peut comparer ce projet à une super-ONU dont l'assemblée ne serait pas constituée par des représentants d'État mais par des personnes élues au suffrage universel, par tous les citoyens du monde.

L'abbé Pierre est un membre fondateur du groupe parlementaire des fédéralistes français qui se constitue le 19 juin 1947. Le fédéralisme est une idée importante chez les parlementaires à cette époque. De nombreux pays possèdent des groupes parlementaires qui souscrivent à cette idée, soit au niveau européen (les fédéralistes européens), soit au niveau mondial (les fédéralistes mondiaux). Pour mieux le comprendre, il faut se remémorer les éléments de contexte de la guerre froide, l'atmosphère de péril international qu'il suscite, augmentée par l'effroi de la multiplication des armements nucléaires entre les mains de pays rivaux. Ensuite, les premières institutions des pays d'Europe de l'Ouest et les grandes créations de l'Organisation des Nations unies (ONU) montrent un mouvement mondial appliqué à la création d'un ordre international meilleur.

Organisation des Nations unies

Le 26 juin 1945, la conférence de San Francisco rassemble 50 pays qui adoptent la charte des Nations unies fixant les principes et le fonctionnement de l'ONU. On lit dans le préambule de la charte : « Nous, peuples des nations unies, résolus à préserver les générations futures du fléau de la guerre qui deux fois en l'espace d'une vie humaine a infligé d'indicibles souffrances… » Les objectifs de l'ONU, créée le 24 octobre 1945, sont de concourir à la paix et la sécurité internationales. La charte consacre l'égalité souveraine de tous les membres, le règlement pacifique des différends et l'obligation d'assistance pour faire respecter les principes de la charte.

Les institutions internationales sont établies afin de permettre le bien-être économique et social et la coopération entre les pays. Le 16 octobre 1945 est créée la FAO, l'Organisation des Nations unies pour l'agriculture et l'alimentation, dont le siège est à Washington (puis à Rome en 1951). Son objectif est d'aider à construire un monde libéré de la faim. John Boyd Orr (1880-1971), un médecin et un chercheur écossais, en est le premier directeur général. La première tâche de la FAO est de mener en 1946 une enquête mondiale sur l'alimentation qui porte sur 70 pays. Celle-ci permet de prendre conscience du drame de la faim et de la malnutrition qui touche deux tiers de l'humanité. En 1952, une deuxième enquête montre que l'apport calorique moyen est tombé en dessous du niveau d'avant-guerre et que l'écart se creuse entre les pays riches et les pays pauvres.

D'autres institutions internationales sont créés au milieu du xxe siècle : l'OMS (Organisation mondiale de la santé), l'Unesco (Organisation des Nations unies pour l'éducation, la science et la culture), l'Unicef (Fonds d'urgence des Nations unies pour l'enfance), l'OIT (Organisation internationale du travail), le FMI (Fonds monétaire international) et la Bird (Banque internationale pour la reconstruction et le développement).

Congrès de Montreux

Le mouvement fédéraliste mondial se rassemble en congrès à Montreux en Suisse, du 17 au 24 août 1947. L'abbé pierre y est délégué représentant les parlementaires français. Cinquante et une organisations et plus de 400 délégués et observateurs y participent. Les membres décident de créer une union des différents mouvements fédéralistes mondiaux existants. Le Mouvement universel pour une confédération mondiale (MUCM) voit le jour. Il a pour but de rassembler les fédéralistes mondiaux. Ses buts et ses principes sont définis dans une déclaration : « Telles qu'elles sont constituées maintenant, les Nations unies […] sont impuissantes à empêcher la course à la guerre. » « Nous, fédéralistes mondiaux, affirmons que l'humanité peut se libérer à jamais de la guerre, mais qu'elle n'y parviendra que par l'établissement d'une Confédération mondiale. » « La création de la Confédération mondiale est le problème capital de notre temps. Tant qu'il n'est pas résolu, toutes les autres questions, nationales ou internationales, resteront sans réponses valables. Ce n'est pas entre la libre entreprise et l'économie dirigée, entre le capitalisme et le communisme qu'il s'agit de choisir, c'est entre le fédéralisme et l'impérialisme. »

Six principes sont adoptés : participation universelle ; limitation des souverainetés nationales ; application de la loi directement à l'individu ; création d'une force armée supranationale ; armes atomiques entre les mains de la confédération ; pouvoir de perception (impôt mondial). La constitution d'unions régionales (continentales) est envisagée, dans la mesure où elles ne se transforment pas en blocs perturbateurs.

Au même endroit, la semaine suivante, le congrès fédéraliste européen crée l'Union européenne des fédéralistes présidée par le Français Henri Frenay (1905-1988), fondateur du mouvement de Résistance Combat et homme politique de gauche. Les deux tendances, mondiale et européenne, se séparent à cette époque, allant par la suite jusqu'à s'ignorer l'une l'autre. Il est vrai que le fédéralisme européen n'ambitionne pas de régler les grandes questions qui concernent la totalité de l'humanité, comme interdire l'usage de l'arme atomique ou rendre impossible la troisième guerre mondiale. Même s'il participe d'une même dynamique, sa vocation continentale limite ses objectifs. Toutefois, il existe de nombreux fédéralistes européens qui considèrent la construction européenne comme une étape vers une confédération mondiale[1].

La déclaration du premier congrès du Mouvement universel pour une confédération mondiale prévoit deux méthodes possibles. L'une consiste à agir directement sur les gouvernements en vue de les amener à transformer l'ONU en une confédération mondiale. L'autre, à préparer une Assemblée constituante mondiale au plus tard pour 1950, en coopération avec les organisations internationales, les mouvements fédéralistes et les groupes

1. Auvray Michel, *Histoire des citoyens du monde. Un idéal en action de 1945 à nos jours*, Imago, 2020, p. 35.

parlementaires. En résumé, soit l'ONU se transforme en un État mondial, soit une Assemblée élue par tous les citoyens du monde va doter l'humanité d'une constitution puis d'un État. Cette assemblée doit comprendre un représentant élu par million d'habitants.

John Boyd Orr est élu président du MUCM et l'abbé Pierre, vice-président de son comité exécutif. Quelques mois plus tard, il devient président du comité exécutif du MUCM, fonction qu'il assume pendant quatre ans (1947-1951). Elisabeth Mann-Borgese, spécialiste des océans et fille de l'écrivain Thomas Mann, le remplace à la vice-présidence.

Au congrès suivant, du 5 au 7 septembre 1948 à Luxembourg, l'abbé Pierre et les fédéralistes mondiaux adoptent une troisième méthode possible pour parvenir à la création d'un État mondial : organiser une assemblée de parlementaires nationaux qui s'attellent à rédiger une constitution mondiale qu'ils soumettent ensuite au vote de leurs parlements nationaux. Le MUCM revendique 250 000 membres de dix-neuf nationalités.

Mouvement de la paix

Lors des Rencontres internationales de Wrocław en Pologne, du 25 au 28 août 1948, des militants appellent à la tenue d'un Congrès mondial des partisans de la paix afin de réagir à la crainte que les États-Unis ne recourent à l'arme atomique et à l'escalade de tensions de la guerre froide. Le secrétaire du congrès est Louis Aragon, membre du parti communiste. Le Conseil mondial de la paix est constitué à Paris en avril 1949 sous la présidence du physicien mondialement connu à cette époque, Frédéric Joliot-Curie (1900-1958), lui aussi membre du parti, avec le soutien d'associations diverses et de milliers d'adhérents individuels. Plus de 2 000 participants venus de 70 pays adoptent un manifeste issu de leurs réflexions collectives. Ce mouvement se situe dans l'orbite des partis communistes et de l'URSS et il rassemble des militants et des sympathisants de toute la gauche.

Les congrès ultérieurs et surtout l'appel de Stockholm du 18 mai 1950 lancent un mouvement mondial d'envergure qui réclame des avancées et des garanties pour la paix et contre le colonialisme et tentent d'exercer une influence sur les États. Des dizaines de millions de personnes (beaucoup d'URSS) signent l'appel de Stockholm qui reçoit un immense accueil dans l'opinion. Parmi ses soutiens, on trouve des artistes et des intellectuels célèbres, comme Louis Aragon, Duke Ellington, Thomas Mann, Pablo Neruda, Pablo Picasso (qui crée le fameux dessin de la colombe, emblème du mouvement)… Le Mouvement de la paix est une entreprise née dans un contexte marqué par de multiples ambiguïtés, car l'URSS en exclut ses opposants, comme la Yougoslavie, et se dote de l'arme atomique dès 1949, renforcée par la bombe thermonucléaire en 1953. L'abbé Pierre n'est pas membre du Mouvement de la paix. De plus, ses dirigeants se sont montrés défavorables au mouvement des citoyens du monde. Ses organisateurs empêchent même le militant Garry Davis d'accéder à leur congrès mondial de la salle Pleyel à Paris, entre le 20 et le 25 avril 1949.

Déclaration universelle des droits de l'homme

Le 7 décembre 1948, au palais de Chaillot à Paris, les Nations unies adoptent la Déclaration universelle des droits de l'homme. Ce texte définit les droits fondamentaux de l'homme valables pour toutes les cultures. Parmi les 43 premiers signataires figurent des pays aussi différents que l'Afghanistan, l'Australie, la Chine, l'Égypte, l'Inde, l'Irak, l'Iran, le Liberia, le Pakistan, le Venezuela, le Paraguay, etc. Ce texte composé d'un préambule et de 30 articles ne crée pas d'obligations pour les États mais définit un « idéal commun à atteindre par tous les peuples et toutes les nations ». Il a un but politique et symbolique plus que juridique, mais inspirera ultérieurement la rédaction de grands textes juridiques internationaux.

L'abbé Pierre a participé aux travaux de rédaction de la déclaration, en qualité de représentant du Mouvement universel pour une confédération mondiale. René Cassin (1887-1976), un des deux pilotes de la rédaction de la Déclaration universelle des droits de l'homme (avec le Canadien John Peters Humphrey), connaît l'abbé Pierre, qui le porte en haute estime. Durant cette session qui a lieu à Genève en 1947-1948, il milite, avec d'autres camarades, pour faire adopter un article sur les devoirs de l'homme. Ses efforts se sont portés sur le paragraphe 1 de l'article 29, dont il juge le résultat insuffisant. Celui-ci énonce : « L'individu a des devoirs envers la communauté dans laquelle seul le libre et plein développement de sa personnalité est possible. » Pour l'abbé Pierre la référence à des devoirs est tout à fait fondamentale. Il trouve absurde de croire qu'on peut faire respecter les droits fondamentaux de l'homme du seul fait de leur proclamation. La réalisation concrète des droits de l'homme ne peut se faire que grâce à l'accomplissement de devoirs basés sur l'amour. Pour l'abbé Pierre, il manque à la Déclaration universelle des droits de l'homme, la proclamation des devoirs de l'homme fondés sur l'amour ! L'amour qui est la condition pour faire avancer les humains ensemble, et, selon la foi de l'abbé Pierre, qui est l'être même de Dieu. « Dieu est amour[1] », lit-on dans la Bible.

Pierre Teilhard de Chardin

Le scientifique et théologien jésuite Pierre Teilhard de Chardin (1881-1955) joue un rôle majeur dans les mouvements visant à la pacification et à l'unification de la planète. Dans un texte rédigé le 22 mars 1947, sous le titre « Quelques réflexions sur les droits de l'homme », il répond à une enquête de l'Unesco au sujet des fondements philosophiques des droits de l'homme. En voici quelques extraits qui montrent les convergences de vue entre l'abbé Pierre et Teilhard de Chardin au sujet de la question des droits et des devoirs de l'homme.

« Pour d'innombrables raisons convergentes (accroissement rapide des liaisons ethniques, économiques, politiques et psychiques), l'élément humain se trouve définitivement engagé dans un processus irrésistible tendant à l'établissement sur Terre d'un système organo-psychique solidaire. Que nous le voulions ou non, l'humanité se collectivise, elle se totalise sous l'influence de forces physiques et spirituelles d'ordre planétaire. D'où le conflit moderne, au cœur de chaque homme, entre l'élément, toujours plus conscient de sa valeur individuelle, et des liens sociaux, toujours plus exigeants. »

« Ce n'est pas en s'isolant (comme on aurait pu le croire), mais en s'associant convenablement avec tous les autres, que l'individu peut espérer atteindre à la plénitude de sa personne, plénitude d'énergie et de mouvement et plénitude de conscience, surtout puisque nous

1. Première épître de Jean 4, 7.

ne devenons complètement “réfléchis” (c’est-à-dire “hommes”) chacun, qu’en nous réfléchissant mutuellement les uns dans les autres. »

Pour Teilhard de Chardin, la question des droits de l’homme doit s’intégrer dans le cadre de deux processus : « collectivisation et personnalisation ». Il croit au progrès humain, valorise l’activité humaine transformante et organisatrice, comme action cocréatrice de l’univers. En conclusion, il résume son propos de la façon suivante :

> *Devoir absolu pour l’élément de travailler à se personnaliser.*
> *Droit relatif de l’élément à être placé dans les meilleures conditions possibles pour se personnaliser.*
> *Droit absolu de l’élément, au sein de l’organisme social, à ne pas être déformé par coercition externe, mais super-organisé intérieurement par persuasion, c’est-à-dire en conformité avec ses évidences et ses aspirations personnelles.*
> *Trois points à expliciter et à garantir dans toute nouvelle charte de l’humanité*[1].

La pensée de Pierre Teilhard de Chardin s’avère complexe, mais aussi prodigieuse. Son influence est considérable au XXe siècle. Il fait partie des deux seuls théologiens (avec Maurice Zundel) dont l’abbé Pierre affiche la photo sur le mur de sa chambre, à Esteville en Normandie. Pour résumer l’in-résumable (en quelque sorte), sa pensée est profondément humaniste, anthropocentriste, elle vise à produire une grande synthèse à la fois scientifique (il est géologue et paléontologue), philosophique et théologique inspirée par la théorie de

1. https://courier.unesco.org/fr/articles/trois-points-garantir-dans-la-charte-de-lhumanite.

l'évolution, la mystique unitive (qui met l'accent sur l'union de l'âme à Dieu), une réflexion sur l'incarnation de Dieu dans la matière et l'eucharistie et les systèmes philosophiques qui voient dans l'histoire une dynamique de convergence. Pour lui, l'homme n'est plus au centre de l'univers, mais il est « flèche du monde en croissance ». Sa pensée essaie de tirer des découvertes scientifiques du XXe siècle des vérités philosophiques et théologiques en produisant un effort de synthèse entre l'esprit, la matière, le temps, l'histoire et le divin. Elle aboutit à une architecture intellectuelle singulière qui emploie et invente des notions particulières : « Amorisation », « Christophère », « Christification », « Esprit-matière », « Hominisation », « Milieu divin », « Noosphère », « Planétisation », « Point oméga »…

Ce jésuite exerce une influence non négligeable sur la pensée de l'abbé Pierre, qui le cite à de nombreuses reprises tout au long de sa vie, à un tel point qu'il apparaît superflu d'en lister les références ici. Il ne s'agit pas d'exagérer les capacités de l'abbé Pierre à effectuer des études longues et compliquées et à intégrer dans les détails des travaux complexes. L'abbé Pierre n'est pas un intellectuel : sa formation initiale présente des lacunes et ses engagements intrépides dès l'âge de 30 ans, entrecoupés de phases de maladie, défavorisent son application à l'étude. Toutefois, il se montre d'une grande intelligence et imprégné par un milieu chrétien où les idées de Teilhard de Chardin sont très répandues, surtout des années 1940 aux années 1970. Chez lui, il est entouré d'une grande bibliothèque composée d'ouvrages de théologie et de sciences politiques, au sens large, où figurent les œuvres de Teilhard de Chardin.

Pie XII

Le pape qui règne alors sur l'Église catholique est un conservateur. Pourtant, Pie XII (1876-1958), souverain pontife depuis 1939, est le plus fédéraliste de tous les papes de l'histoire. Il soutient nettement les mouvements fédéralistes mondiaux et européens et souscrit pleinement à leurs objectifs pour établir la paix. Il envoie même un représentant officiel du Vatican siéger à un des congrès fédéralistes européens. Dans ce contexte, l'abbé Pierre le rencontre trois fois, dont deux en audience privée.

Pour Pie XII, le fédéralisme coïncide avec la doctrine sociale de l'Église qui considère que l'organisation politique doit suivre l'ordre naturel et compare le corps social à un organisme. Le fédéralisme respecte le principe de subsidiarité, cher à l'Église, qui consiste à laisser les échelons inférieurs gérer leurs affaires sans l'intervention des échelons hiérarchiques supérieurs. Pour le pape, le fédéralisme offre de meilleures garanties pour l'équilibre et la paix et s'oppose à l'impérialisme qui cherche à imposer une vision totalisante imposée d'en haut. Inquiet de la mise en place de la guerre froide, il compte sur le fédéralisme pour la « rééducation de l'humanité à l'esprit de solidarité fraternelle[1] ».

Le 6 avril 1951, au Vatican, il prononce un discours très important devant les représentants du Mouvement universel pour une confédération mondiale emmenés par l'abbé Pierre. Son soutien est sans ambiguïté : « Votre Mouvement s'attache à réaliser une organisation politique efficace du monde. Rien n'est plus conforme à la doctrine traditionnelle de l'Église, ni plus adapté à son enseignement sur la guerre légitime ou illégitime, surtout

1. Herberichs Gérard, *Théorie de la paix selon Pie XII*, 1964, p. 166.

dans les conjonctures présentes. Il faut donc en venir à une organisation de cette nature, quand ce ne serait que pour en finir avec une course aux armements où, depuis des dizaines d'années, les peuples se ruinent et s'épuisent en pure perte. »

Pie XII n'est pas la seule personnalité d'envergure internationale à soutenir la cause du fédéralisme. On trouve d'autres compagnons de route célèbres : Pierre Bergé, André Breton, Albert Camus, Aimé Césaire, Winston Churchill, Albert Einstein, Jules Romains, Bertrand Russell, Robert Sarrazac, Léopold Sédar Senghor…

Einstein

Le MUCM se réunit en congrès pour la deuxième fois au Luxembourg en septembre 1948. Cette fois, une nouvelle piste est proposée, qui consiste à faire travailler les députés fédéralistes en assemblée afin de produire une Constitution fédéraliste qu'ils proposent ensuite au vote de leurs parlements nationaux.

Fin 1947, l'abbé Pierre se rend en Tchécoslovaquie, quelque temps avant le « coup de Prague », rencontrer des fédéralistes tchèques. Il est chargé par le MUCM de nouer des relations avec les pays de l'est de l'Europe et avec l'URSS[1]. En novembre 1948, il effectue un voyage de quatre semaines aux États-Unis d'Amérique, où il participe à des réunions fédéralistes. À cette occasion, il rencontre Albert Einstein (1879-1955), fervent partisan d'un État mondial, dans sa maison de Princeton, dans l'université de laquelle il enseigne, lors d'un entretien privé de deux heures. Le savant explique à l'abbé Pierre sa théorie des trois explosions qui représentent, selon lui, trois

1. Archives nationales du monde du travail, Correspondance de 1947, Entretien avec Mrs Roosevelt en décembre 1947 à Genève.

dangers et trois enjeux pour l'humanité : celle de l'atome, avec l'arme nucléaire, celle de la médecine, qui entraînera une augmentation du nombre de personnes pauvres et celle de l'information, la plus spectaculaire, qui apportera aux défavorisés du monde la connaissance précise des inégalités insupportables dont ils sont victimes. Il prédit : « L'humanité se trouvera ainsi acculée, sans dérobade possible, à de nouveaux partages », rapporte l'abbé Pierre.

Garry Davis

Citoyen américain, artiste de music-hall devenu pilote d'avion dans l'armée américaine, Garry Davis (1921-2013) participe comme sous-lieutenant, pendant la Seconde Guerre mondiale, au bombardement de villes belges, françaises et allemandes.

Révolté par les atrocités de la guerre et inspiré par les idées fédéralistes d'Albert Einstein, Garry Davis souhaite renoncer à sa nationalité américaine et se consacrer à des travaux de reconstruction des localités européennes bombardées. Le 19 mai 1948, il se rend à l'ambassade américaine à Paris où il fait part de ses intentions. Les employés lui proposent de bien réfléchir à sa décision. Le 25 mai 1948, il revient, rend officiellement son passeport et se déclare premier citoyen du monde. Il se fabrique lui-même un passeport de citoyen du monde portant le numéro 000 001. Comme les communiqués qu'il adresse à la presse ne produisent aucun effet, il décide de profiter de l'installation de la troisième session de l'Assemblée des Nations unies à Paris pour faire connaître sa démarche. Le palais de Chaillot et les jardins du Trocadéro passent sous l'autorité provisoire de l'ONU le 1er septembre 1948.

Cinquante-huit États siègent dans ces bâtiments grandioses proches de la tour Eiffel.

Le 12 septembre 1948, après avoir prévenu les journaux, il s'installe au Trocadéro avec son sac de couchage, une Bible et sa machine à écrire. Son objectif, qu'il énonce dans des communiqués officiels, consiste à demander la protection de l'ONU, se faire reconnaître citoyen du monde et provoquer une révision de la charte de l'ONU (la charte de San Francisco) pour l'avènement d'un État mondial. Garry Davis, vêtu de son blouson d'aviateur et d'un pantalon beige, avec ses cheveux roux et son air malicieux, attire aussitôt l'attention de tous les journaux. Sa photo fait la une de la presse (sauf de *L'Humanité* qui ne le soutiendra pas), son action fascine le public. Il devient connu du jour au lendemain et popularise la cause du fédéralisme mondial. La nuit, il dort dans son sac de couchage sous le péristyle du restaurant du Trocadéro. Le jour, il est entouré de curieux, de journalistes et de militants pacifistes qui débattent ensemble. Il reçoit le soutien de militants fédéralistes qui lui fournissent un ravitaillement et même une tente. Garry Davis distribue les premières cartes d'identité aux nouveaux citoyens du monde.

Au bout d'une semaine, il est chassé du Trocadéro et se réfugie chez des soutiens parisiens. Il obtient l'appui de Robert Sarrazac (1913-2006), grand résistant, catholique, disciple de Pierre Teilhard de Chardin, ancien officier et collaborateur du ministre Henri Frenay. Il est le fondateur d'un Front des citoyens du monde qui participe aux congrès du MUCM. Un comité de solidarité avec Garry Davis se met en place, qui comprend l'abbé Pierre qui devient un ami personnel de Garry, André Breton (poète et leader du mouvement surréaliste), Albert Camus (écrivain et philosophe), Emmanuel Mounier (philosophe), Raymond Queneau (écrivain), le pasteur Henri Roser (pacifiste), Sarrazac, Vercors (écrivain) et d'autres personnalités engagées pour les mêmes idées. Ils donnent une conférence de presse le 22 octobre 1948 à Paris. Garry Davis proclame : « En abandonnant la nationalité américaine, j'ai voulu notamment attirer l'attention du monde sur l'article 109 de la charte des Nations unies qui prévoit la constitution d'un Parlement mondial. Or aucune nation n'a jamais fait aucune proposition dans ce sens. Mon geste est un geste de révolte, et c'est en se révoltant que l'on peut changer quelque chose[1]. »

Le 19 novembre 1948, Robert Sarrazac met au point une action spectaculaire avec Garry Davis, Albert Camus, André Breton, Pierre Bergé (qui a alors 18 ans), Emmanuel Mounier, Vercors et une vingtaine de complices. Ils s'invitent à 14 h 30 dans le palais de Chaillot à la tribune où le public peut écouter les débats. Garry Davis se lance et lit son texte en anglais. Trop tard : le personnel de la sécurité l'emmène sous les yeux étonnés des membres de l'Assemblée. Sarrazac a le champ libre, il se lance à son tour et peut dire son message en intégralité. Le texte s'appelle « Déclaration d'Oran », en hommage à son auteur supposé, Albert Camus :

Monsieur le président, Messieurs,
Au nom des peuples du monde qui ne sont pas représentés ici, je vous interromps,
Mes paroles seront sans doute insignifiantes pour vous.
Et pourtant notre besoin d'un ordre mondial ne peut être plus longtemps négligé.
Nous, le peuple, nous voulons la paix que seul un gouvernement mondial peut donner.

1. « Une conférence de presse de M. Garry Davis », *Le Monde*, 25 octobre 1948.

Les États souverains que vous représentez ici nous divisent et nous mènent à l'abîme de la guerre.
J'en appelle à vous pour que vous cessiez de nous entretenir dans l'illusion de votre autorité politique. J'en appelle à vous pour que vous convoquiez immédiatement une Assemblée constituante mondiale qui lèvera le drapeau autour duquel tous les hommes peuvent se rassembler : le drapeau de la souveraineté d'un seul gouvernement pour un seul monde.
Si vous manquez à cette tâche, écartez-vous, une Assemblée des peuples surgira des masses mondiales pour bâtir ce gouvernement.
Car rien de moindre ne peut nous servir.

Des exemplaires du texte sont ensuite jetés de la tribune sur les membres de l'Assemblée de l'ONU. Une partie de l'équipe de Garry Davis est expulsée et se retrouve au poste de police. Albert Camus et André Breton quant à eux donnent une conférence dans un café proche du Trocadéro le soir à 18 heures pour expliquer leur point de vue.

Le 3 décembre 1948, un meeting de soutien à Garry Davis se tient salle Pleyel avec 3 000 personnes, plus les 2 000 qui écoutent à l'extérieur où il a fallu installer des haut-parleurs. De nombreuses personnes du comité de soutien prennent la parole. Au même moment, l'abbé Pierre voyage aux États-Unis où il rencontre Albert Einstein et les fédéralistes américains. Ce soir-là, un fauteuil d'honneur laissé libre sur l'estrade marque la présence symbolique du physicien de Princeton. On lit un message de soutien qu'il a envoyé pour l'occasion. Quand vient son tour, Garry Davis s'exprime en français. Il est acclamé comme un héros. La conclusion de la soirée revient à Robert Sarrazac qui adresse une question officielle, nette et précise, au président de l'Assemblée générale des Nations unies, l'Australien Herbert Evatt : « Avez-vous un plan pour organiser la paix ? »

La réponse du président offre l'occasion au comité de solidarité de Garry Davis d'organiser un deuxième meeting plus ambitieux, cette fois au Vel d'Hiv, le 9 décembre 1948. L'abbé Pierre participe à cette réunion qui rassemble une foule d'environ 17 000 personnes. La réponse du président Herbert Evatt est la suivante (extraits) : « L'organisation de Nations unies […] n'a pas le pouvoir ou la prérogative de faire la paix. En effet, la charte […] donne comme fonction primordiale le maintien de la paix internationale, une fois que cette paix aura été établie. » La réponse rencontre un écho outré. Les participants du meeting veulent une organisation qui leur garantisse la paix. L'abbé Pierre proteste :

> *Lorsqu'il s'agit de gérer nos affaires municipales, on nous demande notre avis et on nous dit : élisez un maire et des conseillers. Lorsqu'il s'agit de gérer nos affaires départementales, on nous donne la parole pour désigner un conseil général. Lorsqu'il s'agit d'affaires nationales, on nous donne encore la parole pour défendre les intérêts de cette communauté nationale. Et de quel droit est-ce qu'aujourd'hui où l'unité du monde dans les nécessités économiques et techniques est une évidence, de quel droit est-ce que l'on tarde si longtemps à nous donner la parole pour que nous puissions nous-mêmes désigner les hommes qui étudieront et régleront les problèmes mondiaux*[1] *?*

Plus loin, il précise une grande idée du mouvement fédéraliste mondial qui consiste à affirmer que la cause fédéraliste ne concerne pas seulement la paix, mais aussi la

1. « Discours de l'abbé Pierre en faveur de Garry Davis au Vel d'Hiv à Paris », 9 décembre 1948.

faim dans le monde (et tous les problèmes qui appellent une gestion à l'échelle de la planète, tels ceux que les agences de l'ONU essaient de résoudre). La thématique de la faim dans le monde est souvent mise en avant par le MUCM, d'autant plus que son président, John Boyd Orr, est nutritionniste, médecin, et à l'origine de la FAO. Pour la première fois dans l'histoire il est techniquement possible d'éradiquer la faim, en se dotant des bonnes institutions, il appartient à un État mondial de résoudre ce problème. À la fin du meeting, Garry Davis est porté en triomphe.

Fin 1948, celui-ci revient sur son geste à l'ambassade américaine et précise que la citoyenneté mondiale n'est pas exclusive et qu'elle s'ajoute à la citoyenneté nationale. On peut être en même temps un bon citoyen américain et un bon citoyen du monde.

La France apporte un soutien relatif à Garry Davis en lui fournissant des visas provisoires. Il est même reçu en audience privée par le président de la République le 21 décembre 1948. Il est au faîte de sa célébrité. De nombreux journaux parlent de lui et de son mouvement. En mars 1949, un sondage de l'Institut français d'opinion publique (Ifop) indique que 51 % des Français connaissent Garry Davis. Pendant ce temps, il continue d'enregistrer de nouveaux citoyens du monde à qui il remet ses documents d'identité faits maison (l'abbé Pierre a le n° 1339). Il mène diverses actions, puis décide de faire une pause et se met en retrait de la vie publique pour quelque temps pendant l'été 1949.

Garry Davis revient sur le devant de la scène en faveur d'un réfractaire au service militaire, objecteur de conscience de confession catholique, Jean-Bernard Moreau. Incarcéré, il attire l'attention de Garry Davis qui écrit, le 13 septembre 1949, une lettre de protestation à Vincent Auriol, président de la République. Huit jours plus tard, il s'installe avec une couverture sur le trottoir devant la prison où croupit Moreau, renouvelant son geste de l'année précédente au palais de Chaillot. Il est arrêté et relâché et en profite pour revenir installer une tente devant la prison du Cherche-Midi à Paris. Interpellé plusieurs fois, il attire à lui des pacifistes de toutes sortes qui l'imitent en s'installant devant la prison, selon la méthode de la non-violence de Gandhi, et pour certains qui finissent en cellule[1]. Il finit par se retrouver incarcéré à la prison de la Santé en raison de son statut précaire d'étranger apatride et passe en jugement le 21 septembre 1949, où sa détention est confirmée. De nombreux pacifistes le soutiennent : des militants des auberges de jeunesse, des artistes, des religieux, comme le pasteur Henri Roser (1899-1981), cofondateur du Mouvement international de réconciliation, ils effectuent des *sit-in* (manifestations qui consistent à s'asseoir en groupe dans l'espace public) devant sa prison. Le 4 octobre 1949 a lieu son jugement au cours duquel l'abbé Pierre plaide sa cause et dénonce l'injustice et l'arbitraire de l'attribution des visas[2]. Garry Davis exige de rester en prison aussi longtemps que Jean-Bernard Moreau s'y trouve et demande à ses avocats de renoncer à plaider. Il est condamné à huit jours de prison, couverts par la détention préventive, et recouvre la liberté le soir même. Son action rencontre un écho et suscite de la sympathie dans plusieurs villes de France et à l'étranger. En 1961, l'histoire de Jean-Bernard Moreau est le sujet du film *Tu ne tueras point* réalisé par Claude Autant-Lara et primé plusieurs fois.

La suite de l'histoire de Garry Davis (1921-2013) se déroule comme les derniers épisodes d'une fiction qui s'éternise, où les scénaristes finissent par gâcher leur héros

---

1. « Cinquante-quatre émules de Garry Davis ont passé la nuit au commissariat », *Le Monde*, 4 octobre 1949.
2. Auvray Michel, *Histoire des citoyens du monde*, *op. cit.*, p. 138.

principal. Son tempérament plaisantin et naïf l'amène à multiplier les promesses non tenues, les revirements de position, les enfantillages, les extravagances plus ou moins mystiques, puis d'autres condamnations moins flatteuses. Il perd assez vite sa crédibilité, dès 1950, au sein même du mouvement dont il a été le héraut populaire. Il est arrêté pour un vol à l'étalage de vêtements féminins à Paris en 1957, geste qu'il justifie par la bonne cause. Ses passeports fabriqués par sa société, qu'il fonde en 1953, Word Service Authority (jusqu'à 2,5 millions d'exemplaires signés et tamponnés) lui valent des accusations d'escroquerie de la justice américaine car il les fait payer (sauf pour les apatrides). Il se fait remarquer en créant chez lui aux États-Unis son propre gouvernement mondial dont il est le coordinateur. Ses autres frasques répétées, un peu partout dans le monde, contribuent à le rendre attachant, lui, le clown militant dont on ne peut que constater et admirer, avec un sentiment mi-navré, mi-amusé, la constance des convictions universalistes, y compris en s'exposant à de grandes difficultés (il revendiquait 32 incarcérations), jusqu'à son dernier souffle à 91 ans[1]. Il a été un ami de l'abbé Pierre et, pendant deux ans, le visage rieur qui a popularisé le combat des citoyens du monde et du fédéralisme mondial, auquel l'abbé s'est consacré avec ardeur et conviction.

Efforts fédéralistes

L'abbé Pierre admire beaucoup John Boyd Orr. Il se réjouit de son prix Nobel de la paix reçu en 1949, distinction qui encourage le mouvement fédéraliste mondial tout entier. Il l'accompagne lors de sa visite au président Vincent Auriol le 15 décembre de la même année, événement qui

1. Nécrologie sur le site du *Los Angeles Times* : www.latimes.com/local/obituaries/la-xpm-2013-aug-01-la-me-garry-davis-20130801-story.html.

passe au journal télévisé de la RTF (Radiodiffusion télévision française).

Le 2 mars 1950, l'abbé Pierre dépose une proposition de « loi relative à l'élection de députés à une Assemblée constituante mondiale », avec sept autres députés dont Charles d'Aragon, Paul Boulet, l'abbé Albert Gau et Marc Sangnier. Il s'agit d'organiser l'élection de représentants de la France à une assemblée fédéraliste mondiale. Le scrutin est prévu pour le 24 juin 1950. Il s'inspire d'une loi votée en avril 1949 par l'État américain du Tennessee qui entraîne une élection de trois représentants pour le Parlement fédéraliste mondial, élection qui s'est déroulée le 7 août 1950 à Nashville.

Henri Marçais est un avocat, mutilé de la Première Guerre mondiale, fondateur du périodique *Le Mondialiste* et soutien de Garry Davis. Il mène des actions depuis la fin de l'année 1949 auprès des plus hautes autorités françaises au nom du péril atomique afin d'obtenir un gouvernement mondial et une force mondiale de la paix garantissant la sécurité. Il veut présenter à l'Assemblée nationale son plan fédéraliste mondial pour éviter la guerre. Il crée des groupes d'action pour appuyer le projet de l'organisation d'élections de l'abbé Pierre et ses collègues. Il se présente à l'Assemblée nationale le 23 mai 1950 et entame une grève de la faim dans l'espoir d'être reçu et entendu par les différents groupes parlementaires. Les forces de l'ordre l'en chassent, il s'installe dans une barque amarrée sur le quai de la Seine en face du Palais-Bourbon. L'abbé Pierre lui apporte son soutien le 31 mai 1950, quelque temps après l'enterrement de Marc Sangnier, en interpellant Georges Bidault, président du Conseil, sans succès. Henri Marçais est arrêté avec ses soutiens qui sont évacués *manu militari* des quais de la Seine. Le projet de loi de l'abbé Pierre n'est pas adopté.

La guerre de Corée porte un coup rude aux fédéralistes mondiaux. À la fin de la guerre, après l'évacuation japonaise, le pays des matins calmes[1] se trouve coupé en deux au niveau du 38e parallèle. Le Nord est un État communiste industrialisé et le Sud, une démocratie moins développée, soutenue par les États-Unis. Le 25 juin 1950, les troupes de Corée du Nord envahissent la Corée du Sud. Le Conseil de sécurité des Nations unies condamne cette agression et met en place une force armée composée des ressources militaires de seize pays, dont la France (l'URSS boycotte le vote). L'Assemblée générale autorise les forces onusiennes à rentrer en guerre. Deux millions de soldats américains sont engagés dans ce conflit, avec leurs alliés (dont 3 400 soldats français) contre les Nord-Coréens communistes soutenus par des centaines de milliers de « volontaires » de la République populaire de Chine. Les forces de l'ONU se trouvent clairement sous commandement américain. L'usage de l'arme atomique est même évoqué par le général MacArthur, finalement limogé par le président américain Harry Truman. L'événement crée une véritable panique dans le monde, la peur d'une troisième guerre mondiale. Assez vite, cette crainte s'estompe, les opinions mondiales constatent dès l'automne 1950 que le conflit, bien qu'international, reste localisé. La guerre de Corée renforce profondément la logique de la guerre froide et des deux blocs. Elle détruit en partie les espoirs d'une paix mondiale, assurée par un gouvernement fédéraliste, sous l'égide d'une ONU renforcée. Ce conflit atroce dure plus de trois ans, entraînant la mort de plusieurs millions de personnes (le chiffrage exact demeure incertain), pour aboutir à peu près, en juillet 1953, au rétablissement de la situation territoriale de départ. Il n'est techniquement toujours pas terminé, à l'heure où ces lignes sont écrites.

1. Surnom de la Corée.

Le troisième congrès du MUCM a lieu à Stockholm en Suède pendant huit jours du 5 au 13 septembre 1949. Trois cent cinquante délégués et observateurs sont présents. Le Japon envoie pour la première fois un représentant, porteur d'un message émouvant du maire d'Hiroshima, qui est très acclamé[1]. Du 30 décembre 1950 au 5 janvier 1951, s'ouvre à Genève l'Assemblée constituante mondiale, annoncée trois ans plus tôt au congrès fondateur de Montreux. Les délégués, qui représentent 27 pays, dont ceux du Tennessee, concluent que leur légitimité démocratique est insuffisante. L'Assemblée mondiale des peuples n'a pas réussi à se constituer. Ce congrès marque un tournant dans l'histoire de ce mouvement, moment à partir duquel il perd en importance et en vigueur.

Une fois qu'il cesse d'être député, l'abbé Pierre perd sa fonction de président du comité exécutif du MUCM mais il continue de participer à des grandes réunions internationales de fédéralistes mondiaux (à Londres en 1952, à Paris en novembre 1953...). Ensuite, son implication est moins régulière, mais on le retrouve à de nombreuses reprises dans les soutiens ou les participants à des rassemblements dédiés à cette cause tout au long de sa vie.

Il est important de souligner que, malgré sa moindre importance de nos jours, le MUCM existe toujours sous la forme d'associations diverses et que ses objectifs demeurent vivants et actuels.

Objection de conscience

L'objection de conscience consiste à refuser d'effectuer son service militaire, en toutes circonstances, pour des raisons intimes de conviction philosophique ou religieuse.

1. Marc Alexandre, « Le congrès qui vient de se tenir à Stockholm poursuit son mouvement universel », *Le Monde*, 13 septembre 1949.

Les objecteurs français sont condamnés à des peines de prison en temps de paix, alourdies en temps de guerre. Les opposants à l'objection de conscience dénoncent ce qu'ils considèrent comme un manque de patriotisme et une tentative de se dérober aux obligations des autres citoyens par lâcheté. Ils redoutent que l'objection de conscience se répande dans la société et vide les armées de ses soldats.

Le 1er décembre 1949, quelques semaines après les actions menées à Paris par Garry Davis et ses amis, l'abbé Pierre présente une proposition de loi « tendant à la création d'un service civil pour les objecteurs de conscience », avec l'abbé Albert Gau et plusieurs autres députés socialistes et démocrates-chrétiens. L'objection de conscience est déjà reconnue sous diverses formes dans un certain nombre de pays : Canada, Royaume-Uni, Danemark, Suède, Pays-Bas, Norvège, Finlande, Allemagne... Ce projet de loi développe en préambule un argumentaire de plusieurs pages qui permet de comprendre les idées de l'abbé Pierre et ses collègues. D'abord, il est fait référence à la résistance à Vichy et au nazisme, « née dès le début d'une objection de conscience d'hommes incapables d'obéir à un gouvernement dont l'attitude niait les valeurs spirituelles essentielles qui étaient nos raisons de vivre ». Ensuite, ils citent les nombreux exemples de refus de tuer qui existent dans les différentes traditions chrétiennes, ainsi que le mouvement de Gandhi en Inde. Ils en concluent qu'« il s'agit d'une des formes de la spiritualité française, d'une des forces qui constituent le patrimoine moral de notre pays ». Le texte de loi demande que les objecteurs soient examinés par une commission qui vérifie leurs allégations et qu'ils effectuent un service civil « aussi dur et 50 % plus long que le service militaire »[1].

1. Archives nationales du monde du travail, cote 2010 18 258.

Cette loi n'est pas adoptée, mais le combat pour l'objection continue dans le domaine civique et médiatique. L'abbé Pierre prendra la parole sur ce sujet à de nombreuses reprises par la suite. « Il est stupide de persécuter ceux qui acceptent de souffrir pour pouvoir aimer [...]. Je réclame une "armée" internationale de lutte contre la misère[1] », dit-il à l'académie Nobel d'Oslo en Norvège, le 1er décembre 1958. Il deviendra un des douze membres du comité de patronage du Secours aux objecteurs de conscience, à l'époque où certains croupissent en prison. Il mènera des actions en faveur de Louis Lecoin (1888-1971), le plus célèbre objecteur de conscience de France, de convictions anarchiste et antimilitariste, une nouvelle fois en grève de la faim, pendant 22 jours en 1962, à l'âge de 73 ans. Le 22 décembre 1963, une loi accorde enfin un statut aux objecteurs de conscience français. De nombreux objecteurs effectueront leur service civil à Emmaüs. Encore aujourd'hui, certains salariés du mouvement Emmaüs ont commencé leur engagement de cette façon.

Gauche indépendante et neutraliste

L'abbé Pierre s'insurge contre la répression sanglante de la grève de Brest où Édouard Mazé (1914-1950), un ouvrier du bâtiment, frère d'un leader syndical, est tué par balle par les forces de l'ordre, le 14 avril 1950. Un autre militant est grièvement blessé. Les auteurs des tirs ne sont pas identifiés. Son décès soulève une grande émotion, 5 000 personnes assistent à ses obsèques. L'abbé Pierre critique vertement la façon dont son parti considère cet événement. Il y voit le signe d'un abandon de la classe ouvrière par le MRP et la preuve de la trahison des valeurs

1. « Paroles très nettes de l'abbé Pierre », *Liberté*, 12 décembre 1958.

originelles du mouvement démocrate-chrétien, dont il se sent un gardien par sa proximité passée avec Gilbert Dru et Roger Radisson. La politique du MRP, coloniale (Madagascar et guerre d'Indochine) et atlantiste (Otan), est également contraire à ses convictions. Il quitte le MRP le 28 avril 1950, en expliquant publiquement ses raisons (il fait paraître une brochure) et il participe au congrès suivant du parti pour tenter d'influencer les militants. Il poursuit cependant son activité parlementaire et va au bout de son mandat de député.

En juin 1951, l'abbé Pierre tente de créer un mouvement politique et se présente dans sa circonscription sur une liste « Gauche indépendante et neutraliste ». Avec ses collègues, il refuse la loi sur les apparentements du 7 mai 1951, un mécanisme électoral qui permet à un parti de s'allier avec un autre et de profiter de leurs scores électoraux combinés. Il est utilisé dans le système proportionnel de la IVe République afin de favoriser les partis déjà alliés et au pouvoir (MRP, SFIO, radicaux et modérés), au détriment des communistes du PCF et des gaullistes du RPF, plus isolés. La loi des apparentements est considérée par beaucoup comme une loi malhonnête, une magouille électorale.

Avec quelques dissidents du MRP moins connus, militants fédéralistes, tels Paul Boulet, maire de Montpellier et député de l'Hérault, Albert Lécrivain-Servoz, député du Rhône et Charles d'Aragon, député des Hautes-Pyrénées, il représente la tendance de gauche de la démocratie chrétienne qui rejette le MRP, en particulier sa politique étrangère. Son mouvement de Gauche indépendante et neutraliste n'obtient aucun succès et tous les anciens élus MRP ayant choisi cette voie sont battus. L'abbé Pierre ne recueille que 7,7 % des suffrages exprimés et perd son siège. De plus, le MRP subit un revers électoral important.

Il arrive en quatrième position, avec 12,6 % des suffrages des Français. Le PCF est premier avec 26,9 %, le RPF est deuxième avec 21,6 % (de nombreux électeurs ont déserté le MRP pour les candidats gaullistes), la SFIO est troisième avec 14,6 %. La loi des apparentements offre au MRP un nombre de sièges suffisant qui permet à la troisième force de se reconstituer.

Bilan parlementaire

L'abbé Pierre a exercé ses trois mandats de député de 1945 à 1951, de l'âge de 33 à 38 ans. Il ne se présentera plus jamais à une élection, absorbé par le mouvement Emmaüs et ses autres combats parallèles. Les deux dernières années de sa vie parlementaire coïncident avec les deux premières années d'Emmaüs, tel qu'on le connaît avec l'accueil des premiers compagnons dans ce qui devient peu à peu la première communauté de Neuilly-Plaisance et la construction à l'est de Paris des premiers logements pour les familles pauvres.

L'abbé Pierre racontait peu son expérience de député et n'exprimait pas d'enthousiasme dans l'expression des souvenirs de sa vie parlementaire. Il se jugeait peu utile et peu compétent. Il est probable qu'il ne sentait pas assez « abbé Pierre », c'est-à-dire l'homme engagé auprès des plus pauvres qu'il devient à partir du début des années 1950, moment où il trouve pleinement la vocation de sa vie. « De ce temps de responsabilité parlementaire, je me sens comme étranger, comme n'ayant rien à en dire. Cela reste pour moi un temps obscur[1] », exprime-t-il en 1979. Il aime dire qu'il se trouve plus utile comme ancien député que comme député actif.

1. Chevallier Bernard et l'abbé Pierre, *Emmaüs ou Venger l'homme*, *op. cit.*, p. 88.

L'étude attentive de ses engagements politiques éclaire beaucoup son parcours de vie ultérieur. On comprend mieux son positionnement politique de chrétien radicalement engagé contre les injustices, contre la misère et pour la paix. Il représente le courant révolutionnaire de la démocratie chrétienne, positionnement singulier qui le tient suffisamment à l'écart du communisme (de ses excès, comme de son discrédit), qui lui permet d'articuler un message audible pour de nombreux milieux, tout en exprimant des positions particulièrement radicales. On comprend mieux également ses très nombreux voyages et sa tentative d'aller porter son message dans le monde entier. Sa vie politique, issue de la Résistance et nourrie d'intuitions chrétiennes, ainsi que son engagement fédéraliste mondial lui ont permis d'appréhender pleinement les principaux problèmes de l'humanité.

4

Les premiers pas d'Emmaüs

Neuilly-Plaisance

Alors qu'il est parlementaire, l'abbé Pierre loue en 1947 une grande maison abandonnée en mauvais état entourée d'un vaste parc, à Neuilly-Plaisance à l'est de la région parisienne. Bricoleur, il la restaure, l'aménage et l'agrandit. « Tout a commencé parce que la maison était trop grande », dira-t-il. Dans un premier temps, il l'appelle « le pavillon Saint-François »[1]. Il reçoit des familles ouvrières parisiennes, orientées par des prêtres-ouvriers de la Mission de Paris, qui viennent passer le week-end dans cette demeure avec son parc d'un hectare planté de pommiers, qui fait un peu penser (en moins chic) à la maison de sa famille à Irigny. Dans un bâtiment annexe, il crée une salle de réunion et une chapelle et dans un autre il permet à un jeune couple placé par la mairie de Neuilly-Plaisance de rester vivre sur place.

Au fur et à mesure que la maison est rénovée et aménagée, il accueille des prêtres et des jeunes pour des réunions et des rencontres : prêtres-ouvriers, mouvements d'action

1. Coutaz Lucie, *40 ans avec l'abbé Pierre*, Centurion, 1988, p. 21.

catholique, séminaristes, scouts… La maison est animée. En 1948, il l'aménage en Auberge internationale de jeunesse, qui devient un succès (5 000 nuitées en 1948 et 7 000 nuitées en 1949)[1]. Il y a une quarantaine de lits. Le mouvement des Auberges de jeunesse est dans la droite ligne de la démocratie chrétienne et du Sillon de Marc Sangnier, le premier à en avoir créé une en France. Il concrétise une idée de tendance pacifiste et universaliste qui offre la possibilité aux jeunes de tous les pays de découvrir le monde, de se rassembler, se connaître et fraterniser.

Il a l'idée d'appeler la maison « Emmaüs », en référence à un village de Palestine, situé à environ 8 kilomètres de Jérusalem (Neuilly-Plaisance est environ à la même distance de Paris). Emmaüs est mentionné dans un passage de l'Évangile de Luc[2] où deux disciples désespérés suite à la mort de Jésus retrouvent l'espérance dans une auberge. Grâce à une rencontre, en partageant un repas, les deux hommes découvrent que Jésus est ressuscité et ils rebroussent chemin, pleins de joie, pour annoncer la bonne nouvelle à leurs amis.

Viens m'aider à aider

En septembre 1949, un jeune militant de la Jeunesse ouvrière chrétienne alerte Lucie Coutaz à propos d'une situation qui s'annonce dramatique : un homme est désespéré, il est à bout, un malheur est à redouter. Il s'appelle Georges Legay et il vient de purger une peine de dix-huit ans de bagne à Cayenne en Guyane. En 1929, il a été condamné aux travaux forcés à perpétuité pour le meurtre de son père et

1. Brodiez-Dolino Axelle, *Emmaüs et l'abbé Pierre*, Presse de la FNSP, 2008, p. 40.
2. Luc 24, 13-35.

une tentative de meurtre sur sa belle-mère, à Villemomble[1]. Gracié (pour une conduite exemplaire lors d'un incendie au bagne, selon Lucie Coutaz[2]), il rentre en France et trouve une situation familiale insupportable. Pendant son absence, sa femme a mené une autre vie : elle a deux enfants d'un autre homme[3]. Pourtant, elle l'a soutenu pendant toute sa détention en effectuant des démarches pour que sa peine soit aménagée. Elle s'est rendue à deux reprises à la colonie pénitentiaire de Cayenne avec leur fille Mireille[4]. La reprise de la vie commune est impossible, Georges sombre dans le désespoir et l'alcoolisme.

Au retour d'un congrès de fédéralistes mondiaux en Suède, l'abbé Pierre fait connaissance avec Georges, que Lucie a déjà rencontré auparavant. Il a tenté de se suicider à deux reprises par empoisonnement[5]. Devant le malheur de cet homme, dans un premier temps, l'abbé Pierre ne sait pas ce qu'il peut lui proposer. Il a soudain une idée. Et si cet homme venait l'aider à aider d'autres personnes ? Et si on inversait les rôles ? Il lui dit : « Tu es horriblement malheureux, et moi je ne peux rien te donner. Mais toi, puisque tu veux mourir, tu n'as rien qui t'embarrasse. Alors est-ce que tu ne voudrais pas me donner ton aide pour aider les autres ? » Georges accepte la proposition de l'abbé Pierre. Il vient vivre et travailler auprès de lui pour ceux qui en ont besoin, en octobre 1949[6]. Il devient ainsi le premier compagnon d'Emmaüs.

Dans un premier temps, Georges Legay vient travailler dans une chambre que l'abbé Pierre loue pour lui avenue

---

1. Commune voisine de Neuilly-Plaisance.
2. Coutaz Lucie, *40 ans avec l'abbé Pierre*, *op. cit.*, p. 27.
3. Archives nationales du monde du travail, cote 2010 18 318, Note d'une assistante sociale, 1949.
4. Note de recherche aux Archives nationales d'outre-mer, Aix-en-Provence, Laurent Desmard, 2019.
5. Archives nationales du monde du travail, cote 2010 18 318, Note d'une assistante sociale, 1949.
6. *Courrier des chantiers de l'homme*, n° 14, février 1966.

Paul-Doumer, car Lucie Coutaz est défavorable à son installation dans l'auberge de jeunesse. À la faveur d'un déplacement de Lucie chez sa sœur malade pendant un mois, l'abbé Pierre intègre Georges à l'auberge[1].

Par cette rencontre, l'abbé Pierre improvise et invente le principe même du compagnon d'Emmaüs : une personne désespérée, qui se trouve en situation de souffrance personnelle et d'exclusion sociale, vient vivre en communauté et devient un travailleur solidaire. De demandeur d'aide il devient sauveur. D'aidé il se transforme en aidant. Aujourd'hui, il existe plusieurs milliers de compagnons dans une quarantaine de pays qui vivent cet idéal et produisent concrètement de la solidarité. Très vite, d'autres hommes, compagnons d'Emmaüs, se joignent à lui.

George apporte sa contribution pour entretenir et faire fonctionner la maison auberge qui accueille des jeunes, des familles ouvrières en vacances et un jeune couple. Assez vite, il se trouve impliqué dans une action plus étoffée, à mesure que le mouvement Emmaüs se développe. Georges travaillera dix-sept ans avec l'abbé Pierre. Sans cesse il dira : « N'importe quoi que vous m'auriez donné, j'aurais recommencé à me tuer parce que ce qui me manquait, ce n'était pas seulement de quoi vivre, mais des raisons de vivre. » Il est décédé en 1966 dans un sanatorium à Liancourt, dans l'Oise, soutenu jusqu'au bout par Lucie Coutaz et l'abbé Pierre. Il est le premier compagnon enterré à Esteville en Normandie.

Pour l'abbé Pierre et l'ensemble de ses héritiers, cette rencontre avec Georges, dont on ignore la date exacte, est considérée comme la naissance du mouvement Emmaüs, le point de départ d'une aventure célébrée chaque année qui finit par un neuf.

1. Hervé Le Ru, « L'abbé Pierre à cœur ouvert », *Faim et soif des hommes*, n° 100-101, 1991, p. 6.

La première famille

L'abbé Pierre a besoin d'agrandir les lieux. Il s'agit de construire des petits chalets dans le parc et pour cela le salaire de député ne suffit pas. Lucie Coutaz occupe de son côté un emploi de secrétaire à mi-temps. Il a repéré des baraquements à Aubervilliers vendus aux enchères mais il lui manque les fonds. Son statut et son indemnité de député lui permettent d'obtenir un prêt. Les compétences d'un charpentier sont mises à profit et un deuxième compagnon est accueilli. Avec Georges, il se met à bâtir quatre dortoirs et trois salles de réunion.

Trois jours avant Noël 1949[1], l'abbé Pierre assiste à l'expulsion d'une famille de son logement. Il y a le père et la mère, le grand-père et trois enfants. Ce sont des cafetiers de Neuilly-Plaisance dont il essaie de s'occuper depuis quelque temps. Leur propriétaire vient d'effectuer des travaux et les a remplacés par d'autres, jugeant qu'ils ne font plus l'affaire pour faire fonctionner le café rénové. Ils perdent ainsi leur emploi et leur logement de fonction. L'expulsion est terrible. Toutes leurs affaires sont sur le trottoir, en plein courant d'air, à la vue des passants : berceau, vêtements, jouets d'enfants, papiers personnels, photos… La famille est impuissante et désemparée. L'abbé Pierre a pourtant tenté de leur trouver un nouveau logement, en s'adressant où il a pu, sans succès. Alors, il décide d'héberger cette première famille dans le réfectoire de la maison de Neuilly-Plaisance puis, à défaut d'une autre solution, dans la chapelle. Il installe un oratoire au deuxième étage et il transforme la chapelle en une petite habitation. « Chez nous, le premier qui a donné sa place à des petits enfants

1. Brodiez-Dolino Axelle, *Emmaüs et l'abbé Pierre*, *op. cit.*, p. 41.

et une maman sans logis, c'est Notre Seigneur Jésus Christ », dit l'abbé Pierre. Ils y demeurent une année puis l'abbé Pierre décide de se lancer dans la construction d'une petite maison, avec les matériaux restant des baraquements achetés aux enchères, sur un terrain qu'il vient d'acquérir à bon marché, au printemps 1950, dans la commune voisine de Neuilly-sur-Marne. Le premier logis s'appelle la Maison du pont. Elle est bâtie avec l'aide de Georges et des jeunes de l'auberge de jeunesse de dix-neuf nationalités différentes[1]. Prévue dans un premier temps pour une seule famille, la maison est agrandie au fur et à mesure pour en accueillir cinq. De 6 mètres de long prévus sur le permis de construire, la construction passe à 32 mètres. En 1974, deux familles y vivaient encore. Cette maison a été démontée en partie et installée cette année-là à Ormes, siège de la communauté Emmaüs d'Orléans, où l'on peut toujours la visiter.

À l'auberge de Neuilly-Plaisance, il faut construire une nouvelle chapelle. L'abbé Pierre a repéré des bâtiments dans une caserne à Saint-Denis, dont il a entendu parler dans le cadre de ses fonctions de secrétaire de la Commission de la défense nationale. Il souhaite l'acheter pour en récupérer les briques, les nettoyer et les gratter une à une et les utiliser pour bâtir. Afin de trouver l'argent, il se met à quêter à l'Assemblée nationale auprès de ses collègues députés. Il leur explique la situation et réussit à en convaincre plusieurs, de sorte qu'il parvient à rassembler la somme exigée. L'abbé Pierre aimait raconter qu'il y avait parmi les donateurs des hommes politiques de gauche comme de droite et que certains auraient préféré qu'on ne révélât pas leur contribution, de peur d'avoir des ennuis

1. Coutaz Lucie, *40 ans avec l'abbé Pierre*, *op. cit.*, p. 36.

avec leur parti politique… La chapelle ne ressemblait à aucune autre : des briques priaient pour tous les partis politiques de France !

La crise du logement, concrètement

Cela se sait qu'un curé accueille des personnes en errance et des familles sans logis. De plus en plus de compagnons rejoignent l'abbé Pierre. Ils accueillent toujours plus de familles à qui il faut construire d'autres logements sur d'autres terrains.

L'abbé Pierre et Lucie Coutaz découvrent concrètement la crise du logement de la France d'après guerre. « Sans fin sont les exigences qui s'imposent à ceux qui veulent porter les yeux ouverts sur la souffrance des hommes », écrit Lucie. Des gens viennent à Emmaüs les supplier de leur venir en aide. Des maires, des prêtres, des voisins leur adressent des cas terribles. On appelle l'abbé Pierre pour qu'il vienne constater dans quelles conditions survivent ces personnes. Ce qu'il voit le saisit d'effroi et le révolte. Il comprend que la société est aveugle et indifférente à la souffrance des déshérités. Il prend conscience que l'inaction à aider ceux qui souffrent de la misère est une attitude coupable, presque criminelle.

Des familles vivent sur de la paille sous une bâche en guise de toile de tente sur des terrains boueux. D'autres s'entassent dans des fonds de cour, vivent dans des taudis sales et inchauffables correctement, avec deux WC pour une soixantaine de personnes. L'air y est vicié, l'hygiène, impossible, les enfants n'ont pas d'espace pour jouer. À Montreuil, l'abbé Pierre visite un logement de 12 m^2 où cohabitent 12 adultes et deux bébés. Une maman lui raconte que la nuit elle a surpris son mari, au désespoir, qui a ouvert le gaz afin qu'ils meurent tous asphyxiés, car ils sont sur le point d'être expulsés. Dans d'autres logements, les conditions sont intenables : des couples vivent dans une seule pièce, avec des enfants, sans aucune intimité. Les gens en deviennent fous. On appelle l'abbé Pierre parce qu'une femme à bout de forces a emmené ses enfants dans l'intention de se jeter dans la Seine. Il faut intervenir. La souffrance à laquelle l'abbé Pierre et ses camarades sont confrontés est immense. Il raconte que parmi les pires situations qu'il a pu constater dans les années 1950, il a vu une famille dont le grand-père est décédé et faute de place, comme toute la famille vit dans la même pièce, les enfants ont dû dormir sur le même lit à côté du cadavre, pendant plusieurs nuits. Ou encore, un jour il se rend dans une cave où survit un ménage et remarque que le bébé a une plaie au visage. Il demande ce qui lui est arrivé et on lui répond qu'un rat a mordu l'enfant pendant son sommeil. L'abbé se lance dans un nouveau combat qu'il n'a pas choisi, mais qui s'impose à lui.

En octobre 1950, l'abbé Pierre achète un autre terrain à Neuilly-Plaisance, grâce au maire qui est compréhensif et lui permet d'acquérir ce lieu à bas prix et avec de très longues échéances pour payer. Il y installe des tentes américaines. À l'entrée du terrain, il plante un panneau où il écrit « Association de campeurs », afin de ne pas être embêté par l'administration. Peu à peu, ils construisent des chalets en bois qui sont bâtis avec un jardin autour et une clôture. Les « campeurs » obtiennent donc leur propre maisonnette en bois. L'abbé Pierre baptise la cité « Champs fleuris », qui comprend 19 logements. C'est là que la petite Annie Porte va naître, dans la première cité d'urgence de l'abbé Pierre. On reconnaît Annie sur la couverture du *Paris-Match* de février 1954. Elle est le premier bébé né à Emmaüs. Elle restera en lien avec l'abbé Pierre toute sa vie[1].

Ils sont toujours à la recherche de baraquements de la guerre qu'ils récupèrent et qu'ils démontent pour en extraire les matériaux. Un de leur voisin policier est un ancien maçon. Il s'investit sur son temps libre aux côtés des compagnons qui n'en reviennent pas d'avoir un agent des forces de l'ordre comme collègue, certains d'entre eux ont fait de la prison et se considèrent comme du « gibier de flics », selon leurs propres mots. Le policier risque d'être expulsé de chez lui et n'a pas trouvé d'autre solution. L'abbé Pierre lui permet d'utiliser les briques et les matériaux restants pour construire sa maison.

À Neuilly-Plaisance, à l'automne 1951, l'abbé Pierre fait l'acquisition d'un autre terrain, « les Coquelicots », entre la voie ferrée et l'ancienne usine à gaz. Cette cité est plutôt un camp de dépannage. Ils récupèrent ce qu'ils trouvent de véhicules hors d'usage. Ils installent des wagons, des roulottes, des bus et des camions qu'ils aménagent en logements provisoires, en y installant des appareils de chauffage, en les isolant comme ils peuvent. Ils les équipent pour y placer des familles, en attendant de leur construire un logement durable.

À Pâques 1952, l'abbé Pierre fait l'acquisition d'un terrain de deux hectares à Pontault-Combault (Seine-et-Marne), la Pépinière. Il y construit la première cité en dur, avec un permis de construire. Vingt-neuf petites maisons permettent de loger 29 familles. La cité est terminée en 1953 avec une route d'accès qu'ils ont construite eux-mêmes avec des matériaux récupérés.

En mars 1953, dans la commune de Pomponne, en Seine-et-Marne, est créée une autre cité d'urgence dite

1. Porte Annie, *Mon père de cœur. L'abbé Pierre*, *J.C. Lattès*, 2008.

la « cité des Bosquets », qui se trouve dans les bois de La Pomponette. Le terrain est peu cher. Ils le défrichent en partie. Les personnes sont au grand air et peuvent aller dans les bois, à défaut d'avoir des sanitaires ou des jardins d'enfants. Ils habitent dans des tentes américaines chauffées avec le tuyau du poêle qui dépasse et des vieux véhicules aménagés. Une trentaine de familles y vivent dans des conditions difficiles, mais qui sont meilleures que ce qu'elles ont quitté. La construction de trente-trois pavillons commence quelques semaines après l'installation du camp de fortune.

D'autres cités suivent, construites grâce au travail des amis et des compagnons, grâce à la récupération et aux dons : à Torcy (Seine-et-Marne), à L'Haÿ-les-Roses, puis à la cité « le Bouquet » à Pontault-Combault, pour ne mentionner que celles d'avant 1954. L'abbé Pierre disait : « Emmaüs était devenu la force audacieuse et réaliste qui rendait possible l'espoir de s'arracher dans les plus courts délais, parfois en quelques jours, à l'agonie collective du taudis[1]. »

Bâtisseurs, biffins, chiffonniers

En 1951, l'abbé Pierre n'est pas réélu député. Il est criblé de dettes. Il a déjà reçu tout ce qu'il a pu de dons de ses collègues, ses amis et ses connaissances. Il ne sait pas comment trouver d'autres ressources pour financer les constructions et faire vivre les compagnons. Il a déjà vendu sa propre voiture. Un chanoine de ses amis est venu le conseiller et devant l'état des finances de la communauté, il lui conseille d'arrêter les chantiers entrepris et de renvoyer les compagnons. En décembre 1951, il se résout,

1. *Message des compagnons et des amis des communautés, de l'auberge et des cités* d'Emmaüs, n° 1, avril 1953, p. 10

pendant deux jours, à mendier en secret sur les boulevards du centre de Paris, dans les boutiques, en distribuant un tract qu'il conçoit et fait imprimer par un ami. L'abbé Pierre vit une situation de grand désarroi. Ancien moine mendiant, il découvre pour la première fois la réalité de la mendicité par désespoir. Et ce n'est pas du tout la même chose. S'engouffrant dans une ruelle pour se mettre à l'écart de la foule, il s'effondre en larmes.

Quand Lucie Coutaz et les compagnons apprennent qu'il se livre à la mendicité, ils s'offusquent. Un compagnon, Auguste Legal, propose à l'abbé Pierre une solution. Il dit qu'il connaît un moyen facile et rapide de gagner de l'argent. « Je sais, Auguste, tu as fait de la prison pour vol et je ne suis pas sûr d'être intéressé par le moyen facile et rapide auquel tu penses. » Auguste lui répond qu'il ne s'agit pas cela. Quand il sortait de prison, il gagnait sa vie en ramassant ce que les gens jettent dans les poubelles et qu'il revendait à des grossistes : papier, chiffon, ferraille, verre, etc. D'ailleurs, l'abbé Pierre ne le sait pas mais il a une petite fortune au grenier. « Comment cela ? » demande l'abbé. Auguste lui explique que pendant sept ans, en tant que député, il a reçu le *Journal officiel*, publication où sont imprimés les lois et les décrets. « On pourrait le revendre aux commerçants, qui manquent de papier en ce moment, et en tirer un bon prix. C'est un papier de bonne qualité, vu que personne ne le lit. » L'abbé Pierre a souvent mentionné, en plaisantant, qu'Emmaüs a pu survivre grâce à la revente des lois de la République !

Cette activité économique que l'on nomme aujourd'hui « récupération » ne s'est pas mise en place immédiatement. Dans les premiers jours, les compagnons se lancent dans le métier de biffin qui consiste à récupérer ce que les gens jettent, dans les poubelles et dans les bennes. Avec des sacs à dos, un crochet pour extraire les objets, des poussettes hors d'usage récupérées qui servent pour le transport, ils effectuent ce dur métier et collectent ce qui peut se revendre aux grossistes. Le premier biffin a commencé l'activité le 31 décembre 1951. Mais quelques jours plus tard a lieu une altercation entre Auguste Legal et des éboueurs de Neuilly-Plaisance, devant une benne municipale. Les éboueurs l'interpellent en exigeant qu'il cesse de voler leur gagne-pain. Ils ont le monopole de la biffe que leur assure un arrêté municipal ! Auguste leur signale qu'il ne travaille pas pour lui mais pour l'abbé Pierre et les sans-logis. Sa réponse provoque l'hilarité générale. Or un des éboueurs fait partie des personnes à qui l'abbé Pierre construit un logement. Une discussion s'ensuit, qui évite sans doute d'en venir aux mains. Plus tard, l'abbé Pierre intervient et négocie. Un accord est trouvé. Ils laisseront aux éboueurs le monopole de la récupération des déchets des bennes et des poubelles, et ils se consacreront à la « chine », le métier de chiffonnier, collectage de porte à porte. Cependant, devant le peu de succès des premiers ramassages, la biffe sur les tas d'ordure est pratiquée, et pendant encore plusieurs années[1].

À cette époque, des décharges sont installées sur des terres agricoles dans les communes des alentours de Paris. Les éboueurs répandent les déchets sur des champs. On appelle cela des gadoues. Les détritus putrescibles fertilisent le sol (pratique antérieure à la généralisation du plastique). L'abbé Pierre négociait avec les agriculteurs pour qu'ils leur permettent l'accès à la décharge, afin d'extraire les matières premières : papier, carton, métaux, verre… Sur l'une d'elles, appelée Pompadour, ils travaillent même en second, c'est-à-dire que d'autres biffins sont passés avant eux et il ne reste plus que le verre cassé qu'ils récupèrent

1. *Ibid.*, p. 12

quand même. Il servira pour les routes de la cité de la Pépinière. Il existe plusieurs tas d'ordures où l'abbé Pierre et ses compagnons travaillent. Les conditions sont extrêmement pénibles, le tas d'ordure brûle d'un feu continu, il y a des odeurs âcres qui pénètrent le corps, les yeux peuvent piquer, des compagnons sont obligés de porter des lunettes de protection, la saleté s'incruste et il y a énormément de mouches. Un ferrailleur passe toutes les semaines.

Au Plessis-Trévise (Val-de-Marne) se trouvent la décharge de Bois-l'Abbé et plus au sud celle de la Ferme des Bordes. Selon le fils de l'agriculteur de cette ferme, que l'auteur de ses lignes a pu rencontrer en 2012, l'abbé Pierre a créé lui-même cette gadoue avec l'accord de son père, l'agriculteur propriétaire, M. Charles Deschamps. Les éboueurs de la ville de Paris y déversent leurs ordures. L'abbé Pierre installe un campement avec de grandes tentes américaines où vivent les compagnons, à proximité du tas. Par la suite, des baraquements en bois sont construits. Il y a même une petite chapelle aménagée dans une cabane en planches. Des religieux, les petits frères de Jésus (contemplatifs inspirés par la spiritualité de Charles de Foucault), s'y installent pour des séjours en immersion. Ils obtiennent d'y avoir le Saint-Sacrement dans l'oratoire pour leurs temps d'adoration après le travail avec les compagnons[1]. À cette époque, le père René Voillaume, leur fondateur, cherche à faire évoluer progressivement la vie contemplative de ses religieux, pour l'inscrire dans la vie ordinaire des pauvres de son temps[2]. La pâture à gadoues de la ferme des Bordes a duré jusqu'en 1957[3]. Une partie de l'argent gagné avec ce travail harassant est envoyée au Japon, où un missionnaire français, le père

1. Coutaz Lucie, *40 ans avec l'abbé Pierre*, *op. cit.*, p. 54.
2. Launay Marcel, *René Voillaume. Contemplation et action*, Cerf, 2005.
3. *Et les autres... ? Bulletin de liaison des communautés Emmaüs*, n° 4, automne 1957, p. 3-8.

Robert Vallade, travaille depuis 1950 dans une communauté de chiffonniers japonais qui ressemble aux communautés françaises[1]. Plus tard, les communautés japonaises rejoindront Emmaüs international.

Les compagnons d'Emmaüs sont des travailleurs pauvres qui donnent.

Le modèle économique des premières années d'Emmaüs repose sur la récupération sur les tas d'ordures (biffe), la récupération des matériaux de construction, la fabrique de parpaings par des compagnons, les collectes d'argent de l'abbé Pierre et les ramassages d'objets chez les particuliers. Ce dernier, le métier de chiffonnier, consiste à récupérer ce que les gens donnent, à débarrasser les garages, les caves et les greniers, trier, réparer et nettoyer ce qui a été récupéré afin de le revendre. Il s'agit d'un véritable métier, pratiqué par des gens pauvres depuis des siècles. L'abbé Pierre et les compagnons ont dû l'apprendre, ce qui a permis le développement d'Emmaüs. À Emmaüs, c'est l'argent de la récupération qui est le moteur principal de la solidarité.

Devant les premiers chèques que leur signent les grossistes qui font commerce des chiffons, des métaux, du carton, du verre, etc., ils devinent qu'ils sont sur la bonne voie. Ils s'équipent progressivement de charrettes à bras et d'un véhicule. Outre les tas d'ordures, ils effectuent des ramassages à Paris avec leur camionnette. Saturés de matériaux et de marchandises, à Neuilly-Plaisance, ils sont obligés d'acquérir un autre terrain dans la commune voisine de Neuilly-sur-Marne. Ils y construisent des hangars dans une ancienne usine à gaz qu'il nomme « la Réserve », pour y mettre le fruit des ramassages. Une deuxième communauté de compagnons s'y établi. Vient ensuite la troisième

---

1. Coutaz Lucie, *40 ans avec l'abbé Pierre*, *op. cit.*, p. 54.

communauté installée à Pontault-Combault, un peu plus loin de Paris à la campagne. Fin 1952, ils atteignent environ une centaine de compagnons.

Compagnons d'Emmaüs

Dans les premières années d'Emmaüs, on emploie davantage le mot « communautaire », ensuite on trouve plutôt le mot « chiffonnier », mais c'est « compagnon » qui va finir par s'imposer et parvenir jusqu'à nous. Parmi les communautaires-chiffonniers-compagnons, nombreux sont les anciens militaires, des anciens légionnaires. Les hommes qui sont passés par l'Assistance publique côtoient ceux qui ont eu des vies plus classiques, avec femme et enfants, qui viennent parfois de milieux aisés et que les circonstances de la vie ont précipités dans une spirale de malheurs, souvent suite à une séparation conjugale, sur fond de surconsommation d'alcool. L'alcool est souvent un problème en communautés. Il y a des bagarres. Comme on ne travaille pas le dimanche, on a tendance à boire. L'abbé Pierre appelait ironiquement ce jour « le jour du diable » car certains devenaient violents sous l'emprise de la boisson. À cette époque, l'abbé Pierre adopte sa fameuse canne qui lui permet de se protéger en cas d'attaque. Elle lui sert aussi sur les tas d'ordure pour trier les déchets. Il raconte que parfois le soir, en rentrant de réunion de Paris, il ne se sent pas rassuré de retourner chez lui à Neuilly-Plaisance. Certains compagnons sont passés par la prison, d'autres ont vécu dans la rue et se définissent comme « demi-cloches », tel Jules, de son vrai nom Joffrin Carpentier (1918-2002). Il travaillera à ses côtés pendant cinquante ans. Parmi les premiers compagnons, il y a des profils inattendus, comme un médecin qui a tout perdu et même un prêtre, l'abbé Letellier.

L'abbé André Letellier est un prêtre qui a craqué. L'abbé Pierre a raconté son histoire à Montrouge, en 1989, lors de l'enterrement de Coluche. En 1951, un homme demande à le rencontrer à l'Assemblée nationale. Ils ne se connaissent pas. L'abbé Letellier a entendu parler d'un prêtre député et il tente sa chance pour obtenir de l'aide. Sa soutane est sale, il erre dans les rues depuis plusieurs jours, il est affamé, il a perdu la tête. L'abbé Pierre s'occupe de lui et l'intègre au groupe de la quinzaine de premiers compagnons d'Emmaüs à Neuilly-Plaisance. Plus tard, après s'être soigné et avoir retrouvé ses esprits, il quitte la communauté pour reprendre sa vie ecclésiastique en devenant aumônier d'un hôpital. Avant de partir, l'abbé Letellier offre à l'abbé Pierre un ouvrage, pour le remercier, sur les apparitions de la Vierge à Banneux en Belgique. En 1933, une adolescente belge de famille ouvrière, Mariette Beco, reçoit plusieurs visites de la Vierge Marie qui lui délivre un message de paix et d'amour et lui indique une source où les pèlerins sont invités à se laver et boire afin de soulager et guérir les malades. Elle demande qu'on lui construise une chapelle. Banneux est une sorte de Lourdes, dans la Belgique francophone, au sud-est de Liège. Ce qui retient l'attention de l'abbé Pierre, c'est que la Vierge se présente de façon inhabituelle : « Je suis la Vierge des pauvres. » La Vierge des pauvres ne pouvait que retenir l'attention de l'abbé Pierre ! Pour obtenir une statue de cette Vierge, il faut écrire au sanctuaire qui les réserve à des lieux particuliers dans lesquels vivent des personnes défavorisées. L'abbé Pierre et Lucie Coutaz écrivent au sanctuaire et obtiennent une statue de la Vierge de Pauvres de Banneux, qu'ils installent sur le marbre de la cheminée de la pièce qui sert de bureau à Lucie Coutaz à Neuilly-Plaisance.

La statue se trouve aujourd'hui à Esteville en Normandie. En 1953, l'abbé Pierre consacre Emmaüs à la Vierge de Banneux[1]. Dans la chapelle de Neuilly-Plaisance, une autre statue de la Vierge est appelée par l'abbé Pierre « Notre-Dame-des-Sans-Logis ».

Lucie Coutaz joue un rôle essentiel. Elle assure le secrétariat de toutes ces activités avec minutie et professionnalisme. Heureusement qu'elle est là, l'abbé Pierre n'étant pas un fin gestionnaire. Quand il s'absente, elle est parfois seule pour faire régner la discipline. Certains compagnons l'appellent « Lulu la terreur » ou « la tour de contrôle ». L'abbé Pierre et Lucie évoluent auprès de certains compagnons qui sont des bandits et des « pirates », comme le dit affectueusement l'abbé Pierre. Les premières règles des communautés se mettent en place. On peut lire : « Si tu veux vivre en communauté, soit : sobre, propre, honnête, travailleur, pacifique. Que voudrais-tu qu'on fasse avec : des ivrognes, des malpropres, des voleurs, des paresseux, des bagarreurs ? » Les principes sont : le travail, le service (« Servir avant soi qui souffre plus que soi ») et l'accueil inconditionnel (quel que soit le passé des uns et des autres). « Ici, tu n'es pas à l'asile, on est des hommes debout. » Après avoir été toléré, l'alcool finit par être strictement interdit. Même l'abbé Pierre devient abstinent, en solidarité avec ceux qui font l'effort de devenir sobres.

Quand un « pirate » s'est mal comporté, il faut le renvoyer, en dernier recours, quand il n'est plus possible de faire autrement. Parfois, il y a des vols ou des violences, des fautes graves commises en récidive. L'abbé Pierre éloigne le fautif et le conduit en voiture aux Halles, au centre de Paris, où il peut trouver rapidement à s'embaucher.

1. Ingenbleek Nicole, « L'abbé Pierre et la Vierge des pauvres », *Bulletin du sanctuaire de Banneux*, p. 4-5.

Beaucoup d'hommes se transforment en vivant au sein de la communauté. L'exemple de l'abbé Pierre qui travaille avec les compagnons sur les tas d'ordures, dans les ramassages en ville, sur les chantiers de construction, porte le groupe et impressionne les compagnons. La communauté les bonifie. Ils ont un idéal, ils aident les familles pauvres, ils sèchent les larmes des petits enfants. Quelle émotion quand un jour un papa en s'installant dans sa nouvelle maison place un écriteau sur sa porte : « Joie de vivre » ! Le dimanche, il y a la messe qui n'est pas obligatoire. Quelques compagnons y assistent comme Jules (Joffrin Carpentier) ou Paul Desort. La plupart des compagnons sont peu religieux. En France, la déchristianisation des classes populaires urbaines est profonde et ancienne. Après la messe a lieu la réunion hebdomadaire où on parle des règles, du travail, des résultats obtenus, mais aussi du sens de tout le travail accompli.

Un jour un de ses compagnons dit à l'abbé Pierre, après avoir installé une famille dans un nouveau logement : « Père, des types comme moi, on n'est peut-être des pas-grand-chose, on a eu une mauvaise vie, mais aujourd'hui, là-bas pour la famille si heureuse, c'est quand même nous, les bons à rien, qui avons fait pour elle ce que tant de gens qui se prennent pour des bons à quelque chose n'ont jamais été fichus de faire. »

Après Georges Legay et Auguste Legal, parmi les premiers compagnons, deux personnalités sortent du lot : Jules Joffrin Carpentier (arrivé fin 1952) et Paul Desort (arrivé au printemps 1953). Ils vont jouer un rôle éminent pendant les premières décennies de l'histoire d'Emmaüs. Paul devient même assez tôt un des adjoints de l'abbé Pierre.

Dons du ciel

Au début de 1952, l'abbé Pierre s'inscrit à *Quitte ou double*, un jeu radiophonique très populaire qui est diffusé sur les ondes de Radio-Luxembourg, l'ancêtre de RTL. Il est enregistré en public sous un chapiteau de cirque itinérant, Radio circus, et l'animateur est le célèbre Zappy Max (1921-2019). Le chapiteau est installé cette fois-ci à Chantilly. Il y a environ un million d'auditeurs à chaque fois. Au préalable, l'abbé Pierre rencontre le responsable de l'émission, Louis Merlin, qui vient le voir à Neuilly-Plaisance. L'abbé Pierre ne souhaite pas tricher, même pour une bonne cause. Louis Merlin a besoin d'un candidat qui ne va pas se tromper dès les premières questions, car il souhaite organiser une soirée de gala exceptionnelle. Ils se mettent d'accord sur le thème des questions : ce sera la politique intérieure française et les instances politiques internationales, que l'abbé Pierre connaît bien. Comme il sait d'avance le sujet, ça lui laisse un peu de temps pour réviser[1]. L'abbé Pierre fait un parcours remarquable. Il répond à plusieurs questions et remporte une grosse somme d'argent (512 000 francs[2]). Il profite du micro pour expliquer aux auditeurs son engagement : les constructions de cités d'urgence, le travail des compagnons qui bâtissent et récupèrent et les besoins immenses pour être à la hauteur du drame de toutes ces femmes et ces hommes qui souffrent. Plus tard au cours de la soirée, lors du dîner de gala, une convive généreuse entreprend de compléter la somme gagnée par l'abbé Pierre de sorte qu'il atteigne un million de francs[3].

Cet argent tombe à point nommé pour redresser les

1. Merlin Louis, *C'était formidable*, Julliard, 1966, p. 255-261.
2. Équivalent d'environ 12 300 euros en 2022.
3. Équivalent d'environ 24 000 euros en 2022

finances de la communauté car la récupération ne paie pas encore suffisamment, cela ne fait que quelques mois qu'ils ont commencé. Ils achètent un nouveau camion d'occasion pour effectuer les ramassages. Comme celui-ci est un peu capricieux et a du mal à démarrer, quand les matins sont froids, l'abbé Pierre disait : « Heureusement que la rue de la communauté de Neuilly-Plaisance était en pente, sinon Emmaüs n'aurait jamais pu survivre. »

Cette émission remporte un franc succès et l'abbé Pierre devient déjà célèbre, préfigurant l'appel radiophonique de 1954 et ses suites. Les dons affluent aussitôt. Que ce soient des dons financiers qui parviennent même de l'étranger ou des dons de matériaux et de marchandises pour les chiffonniers. Progressivement des demandes d'aide pour créer des communautés semblables parviennent à l'abbé Pierre en 1952 et 1953 : « de France, d'Algérie, de Belgique, de Suisse, d'Angleterre, d'Allemagne, des Indes, de Hollande[1] ». L'abbé Pierre donne de nombreuses conférences en Belgique, en Suisse, en Angleterre et en France, dès 1952 et 1953.

La télévision (qui diffuse une seule chaîne à cette époque et ne concerne que 1 % des Français) lui consacre un reportage de cinq minutes le 16 mai 1952[2]. Plusieurs journaux écrivent des articles, tels que : *Vie catholique illustrée* (16 mars 1952), *Point de vue, images du monde* (17 avril 1952), *Elle* (1er septembre et 3 novembre 1952) et *Le Figaro* (2 décembre 1952), ainsi que la presse régionale et étrangère. Contrairement à ce qui a souvent été dit ou écrit sur ce point, la célébrité de l'abbé Pierre commence en 1952[3].

---

1. *Message des compagnons et des amis des communautés, de l'auberge et des cités d'Emmaüs*, n° 1, avril 1953, p. 15.

2. On peut facilement le retrouver sur le site internet de l'INA (Institut national de l'audiovisuel). Il s'intitule « Expérience de construction et de relogement de l'abbé Pierre ».

3. Boris Simon, « "Le quitte ou double" et la célébrité », avant-propos de *Les Chiffonniers d'Emmaüs*,Éditions du Seuil, 1954, p.14

L'écrivain et peintre Boris Simon (1913-1972) vient vivre avec les compagnons en 1952 et 1953. Il recueille les premiers témoignages et les premières aventures d'Emmaüs. Il en sort un livre terminé à Noël 1953 et publié début 1954, *Les Chiffonniers d'Emmaüs*, qui remporte un bon succès et est traduit en anglais. *Les Chiffonniers d'Emmaüs* est le premier grand récit sur l'abbé Pierre et Emmaüs. Il est mis sous presse avant l'appel du 1er février 1954 et complété par une annexe lors des éditions ultérieures. Écrit dans un style sentimental, ce livre vise plus à toucher les cœurs qu'à restituer fidèlement les faits. À la demande de l'abbé Pierre, les événements attribués aux différents compagnons ont été mélangés pour qu'on ne les reconnaisse pas précisément. Un film sort en 1955, qui en est directement inspiré : *Les Chiffonniers d'Emmaüs*, réalisé par Robert Darène, avec André Reybaz, Gaby Morlay et Pierre Mondy. Comme le livre, l'histoire s'arrête fin 1953 et ne raconte pas l'appel de l'hiver 1954 et l'insurrection de la bonté. Ce film mélodramatique ne remporte pas un grand succès de diffusion.

Dès le début de 1953, l'abbé Pierre et Lucie Coutaz tentent de structurer leur action. Ils reçoivent le renfort de nombreux prêtres : Mgr Rodhain, le créateur du Secours catholique ou le père Norbert, abbé retraité de l'abbaye Prémontré de Juaye-Mondaye dans le Calvados, et l'aide de bonnes volontés laïques. Dès 1953, une coopérative de construction est lancée à L'Haÿ-les-Roses (La Socomac, Société coopérative de maçonnerie) et une première association des amis d'Emmaüs[1] est créée en 1952[2]. L'association a pour président l'éditeur Robert Comte, avec qui l'abbé Pierre a traversé clandestinement les Pyrénées

1. *Message des compagnons et des amis des communautés, de l'auberge et des cités d'Emmaüs*, n° 1, avril 1953, p. 15.
2. Marin Gérard et Bonnet Roland, *La Grande Aventure d'Emmaüs*, Grasset, 1969, p. 231.

pendant la guerre. Elle revendique 12 000 adhérents provenant de six pays. En juin 1953, un jeune économiste de 28 ans, Henri Camus, est recruté et devient le premier salarié permanent d'Emmaüs.

Parfois des personnes apportent de l'argent à Neuilly-Plaisance, sans en préciser la provenance. Un motard anonyme est déjà venu à deux reprises à la communauté avec un paquet de billets de banque, sans plus d'explications. D'autres soutiens sont plus connus : le baron Empain, Edmond de Rothschild et l'écrivain à succès Gilbert Cesbron sont des contributeurs des débuts d'Emmaüs.

Permis de vivre

L'abbé Pierre ne respecte pas toujours les règles de bonne gestion financière. Lors de la phase de réflexion en vue de l'achat d'un terrain, ses amis lui font remarquer qu'il n'a pas les moyens de le payer. Il leur annonce que, dans ce cas, il compte acheter tout le terrain et pas seulement la petite parcelle envisagée dans un premier temps. Ses amis s'étonnent. Il leur répond : « Puisqu'on n'a pas les moyens de se le payer, autant le prendre le plus grand possible ! » L'abbé Pierre est un piètre gestionnaire. Tous ceux qui l'ont connu le disent. Il n'est pas dénué de toute capacité d'organisation, bien entendu, mais il ne sait pas être raisonnable et sa créativité explosive, ses coups de cœur et ses convictions prennent le dessus sur la prudence, la raison et la logique. Il est à l'opposé de son contemporain Mgr Rodhain, organisateur impressionnant et reconnu, fondateur du Secours catholique et de Caritas international[1].

Les premières constructions n'ont pas de sanitaires, ni d'électricité, ni d'eau courante. La taille de la première

1. Dubrulle Luc, *Mgr Rodhain et le Secours catholique*, Desclée de Brouwer, 2008.

maison prévue avec le premier permis de construire a été dépassée. L'abbé Pierre sait bien qu'il agit illégalement. Ses objectifs sont multiples (même s'il se défend d'avoir eu un véritable plan stratégique préétabli) : il s'agit de venir en aide en urgence grâce aux moyens à sa portée, conscient que ce qu'il offre améliore la vie des personnes mal logées, en attendant de faire mieux. Il se rend compte de la capacité de mobilisation qu'il impulse, avec l'écho médiatique et les soutiens de tous ordres qu'il reçoit assez vite. Il compte aussi mettre les autorités devant le fait établi et provoquer un mouvement en faveur des sans-logis. Son action revêt une dimension de dépannage, de provocation médiatique, de provocation politique et des milieux religieux, d'agitation d'idées, de révolte devant la souffrance des gens, de théologie culpabilisante pour ceux qui, vivant heureux, pèchent par indifférence… Le goût pour la provocation créatrice est une caractéristique de l'abbé Pierre. Il n'hésite pas à transgresser, sûr que la loi morale est supérieure à la loi des hommes. Les lois des États changent, les besoins élémentaires des humains non, les lois fondamentales de Dieu non plus. Quand il avait 30 ans, l'expérience de la Résistance lui a prouvé que la désobéissance est parfois une nécessité absolue.

À plusieurs reprises, il reçoit des visites de contrôle de l'administration. On le menace de procès. Les reproches des autorités sont nombreux : il n'y a pas de permis de construire ou celui-ci n'a pas été respecté, les services d'hygiène sont stupéfaits qu'il n'y ait pas d'eau courante ni de sanitaires, la protection de l'enfance s'effraie de la façon dont sont logés les enfants, etc. L'abbé Pierre sait envoyer promener les fonctionnaires en leur demandant de les loger eux-mêmes ou en proposant que les salles du ministère soient mises à disposition !

Un jour, il répond :

Si vous revenez demander à ces travailleurs un permis de construire avec leur faible salaire, je convoque la presse, la radio, le cinéma, je mets mon écharpe de député, mon étole de curé par-dessus, et puis je prends un pot de peinture, j'affiche leurs actes de naissance, et j'écris dessus « Permis de vivre ». [...] Ce n'est pas aux hommes de s'écraser devant la loi. C'est à la loi de, sans cesse, se changer pour répondre aux droits des hommes, en commençant par les plus petits[1].

On vint me menacer d'un procès. Je dis : je vous en supplie, faites-le ce procès, que je puisse aller crier la situation devant un tribunal. Nous le savons, nous le reconnaissons, nous violons l'ordre en faisant cela, nous savons que c'est un délit. Mais quel délit et quel ordre ? C'est vrai que dans notre ordre hypocrite, lorsqu'une famille pendant huit mois couche dans un pré sous une tente, dans notre ordre, tout est légal, tout est en ordre. L'homme à la sortie de l'usine rentre à quatre pattes sous la bâche. Il n'y a pas de délit. C'est certainement légalement que les petits enfants sont morts. C'est légalement qu'on les a enterrés. Si la maman devient tuberculeuse, c'est légalement qu'on l'enverra au sauna. Si le papa désespéré, comme ça arrive de temps en temps, va se jeter sous le métro, c'est légalement qu'on l'enverra à la morgue. Tout est légal. Nous pouvons dormir tranquille. Notre ordre est respecté. Alors disais-je, un ordre comme celui-là, je suis prêt, au nom de l'Évangile, à le violer jusqu'à la fin du monde s'il le faut, pour qu'il change et qu'il se corrige.

(Discours de l'abbé Pierre en 1953)[2].

---

1. Chevallier Bernard et l'abbé Pierre, *Emmaüs ou Venger l'homme*, *op. cit.*, p. 171.

2. *L'Abbé Pierre, infiniment. Éclats de voix*, coffret de quatre CD audio de témoignages et discours de l'abbé Pierre, coproduction Emmaüs international, Pierre Lunel et L'Escale, 2002.

Deux lettres de la préfecture lui parviennent au courrier un matin : une lettre des services d'urbanisme lui ordonne d'arrêter les chantiers entrepris et l'autre, des services sociaux, lui demande de venir en aide à une famille de sans-logis. Il se contente d'intervertir les deux lettres et les renvoie chacune à l'autre service, sans commentaire.

L'abbé Pierre s'efforce de trouver des solutions de constructions qui soient de meilleure qualité, au fur et à mesure, avec certes parfois quelques échecs. Très vite, il passe des carcasses de bus et des tentes, aux chalets avec jardins, et des baraquements, aux pavillons avec toutes les commodités. Il cherche à trouver des solutions administratives, architecturales et financières pour améliorer le résultat. Les immeubles HLM arriveront très vite dans l'aventure d'Emmaüs.

Fin 1953, en région parisienne, environ 100 familles sont logées dans les cités d'urgence de l'abbé Pierre, grâce au travail de presque 200 compagnons, chiffonniers et bâtisseurs, avec le soutien de milliers d'amis et d'adhérents. Depuis quelques semaines, l'abbé Pierre cherche à agir sur la politique de la France. Il ne veut pas se contenter de carcasses de voitures, de chalets en bois et de petites maisons au compte-goutte. Il souhaite que soit lancé un programme de constructions de première urgence. Il sait que l'essentiel des forces est du côté de l'État, sans qui aucune solution d'envergure n'est possible. Il veut des milliers de logements construits rapidement et pas chers, sommaires mais améliorables, pour toutes les personnes qui souffrent tant, dans la France des mal-logés et des taudis.

5

Une honte nationale et quelques héros

La France, pire que les autres

La crise du logement en France est très ancienne. Avant la Première Guerre mondiale, la question des mal-logés et des taudis anime déjà le débat public car les classes populaires vivent pour la plupart dans des logements indignes, néfastes pour la santé et surpeuplés. La France accuse un retard par rapport à ses voisins, les pays industrialisés comme la Grande-Bretagne, l'Allemagne, la Belgique ou les Pays-Bas.

Diverses politiques publiques sont mises en œuvre pour tenter d'améliorer l'habitat populaire, en se dotant d'outils certes utiles mais insuffisants. Le retard ne parvient pas à être rattrapé. Il y a la loi Strauss en 1908, la loi Ribot en 1908, la loi Bonnevay en 1912, la loi Cornudet en 1919 qui ont permis quelques avancées. La loi Loucheur en 1928 marque le début de la planification par l'État de la construction de logements. Elle en prévoit le financement de 260 000 logements en cinq ans.

En 1933, le Congrès international d'architecture moderne adopte la charte d'Athènes, emmené par l'architecte visionnaire Le Corbusier, qui fonde le Mouvement moderne. La charte propose 95 points sur la construction et la planification de villes modernes. Elle propose des solutions destinées à répondre aux nouveaux besoins, à résoudre le problème des mal-logés et elle permet d'envisager la ville moderne et ses évolutions ; la ville de l'industrie, des transports modernes, de l'urbanisation et de l'accroissement démographique.

Entre 1919 et 1939, c'est-à-dire entre les deux guerres mondiales, la France, déjà en retard, ne construit que 1 800 000 logements, alors que la Grande-Bretagne en construit 3 600 000 et l'Allemagne 4 000 000. L'insalubrité des logements entraîne un taux de mortalité anormalement haut des ouvriers français pour un pays européen développé. En 1935, Le Corbusier écrit : « Un million d'hommes vivent dans les taudis sans espoir du vieux Paris, un autre million accomplissent la vie dure des banlieues sans espoir[1]. »

Les destructions s'ajoutent aux taudis d'avant-guerre

Avant-guerre, il y a trop de logements pour les classes moyennes ou aisées, des logements grands, bien situés, de qualité et à des prix élevés. Tandis que toutes les villes de France ont des taudis, délabrés, dangereux, insalubres, sans confort, sans point d'eau, ni toilettes à l'intérieur. Il faudra attendre 1970 pour que les logements avec un point d'eau et des sanitaires soient majoritaires en France.

En 1914, il y a déjà 150 000 logements vétustes. Au fil du temps la situation se dégrade. En 1945, on dénombre entre 2,5 et 2,8 millions de logements vétustes, en plus

1. Le Corbusier, *La Ville radieuse*, L'Architecture d'aujourd'hui, 1935.

des logements endommagés par la guerre[1]. À Nancy, la ville où l'abbé Pierre est député, 51 % des logements n'ont qu'une ou deux pièces.

En 1945, la France est un pays ravagé. La Seconde Guerre mondiale a aggravé une situation déjà insupportable pour de nombreux Français. Quasiment tous les départements sont concernés par les destructions. 15 des 17 villes de plus de 50 000 habitants ont été touchées. Certaines villes sont des champs de ruines : Le Havre, Caen, Brest, Saint-Lô, Calais, Dunkerque, Boulogne-sur-Mer… 1 800 communes sont déclarées sinistrées (sur 38 000 communes), c'est-à-dire qu'elles sont détruites à plus de 75 %. 3 000 000 immeubles ont été détruits ou endommagés. 5 000 000 habitants sont concernés, soit un huitième de la population[2]. La France de 1945 offre un spectacle de désolation. Au minimum, 4 millions de logements sont à construire ou reconstruire.

La population progresse entre 1946 et 1954 de 2 millions d'habitants : phénomène démographique appelé baby-boom. L'exode rural bat son plein, le pays compte 53,3 % d'urbains en 1946 et le mouvement s'accélère pour atteindre 75 % des Français citadins en 1976. Les ruraux déménagent en ville pour y trouver des emplois industriels mieux payés et mieux valorisés. L'immigration de travail concerne surtout des Portugais et des Maghrébins. 1,5 million d'étrangers vivent et travaillent en France après guerre. Les facteurs combinés du baby-boom, de l'exode rural, de l'immigration, des taudis et des destructions provoquent une situation intenable.

---

1. Stébé Jean-Marc, *Le Logement social en France*, Puf, 2011, p. 78.
2. Voldman Danièle, *La Reconstruction des villes françaises de 1940 à 1954*, L'Harmattan, 1997.

La France des baraquements

Dès le début de la guerre, les destructions entraînent les pouvoirs publics à entreprendre la construction de différents modèles de maison provisoire. Différents types apparaissent : des baraquements avec une structure en bois, parfois démontables ou semi-démontables, remplis avec des matériaux en dur de récupération, issus de bâtiments détruits, ou avec des carreaux de plâtre, ou partiellement construits à partir d'éléments préfabriqués en usine, etc. Beaucoup d'entreprises acquièrent une certaine expérience en la matière pendant la guerre. En octobre 1944, le Service des réfugiés dénombre 17 920 baraques d'habitation terminées pour les civils. La France compte aussi des baraquements plus sommaires et moins équipées conçues pour héberger les soldats. Après-guerre de nombreux baraquements sont édifiés sur tout le territoire national[1]. En 1945, par exemple, 3 000 baraquements logent des sinistrés du Havre. Dunkerque compte près de 11 000 personnes qui vivent encore dans ce type de structure en 1955.

Des réponses publiques insuffisantes, un secteur en crise

Dans un premier temps, la politique de la France n'accorde pas la priorité au logement. Elle privilégie la politique coloniale (guerre d'Indochine et guerre d'Algérie), l'indemnisation des sinistrés de guerre et la restructuration de l'appareil de production[2]. En 1943, le Comité français de Libération nationale et, en 1944, le Gouvernement provisoire de la République française ont décidé qu'il

1. Reportage télévisuel du 23 novembre 1945 sur le site de l'INA : www.ina.fr/ina-eclaire-actu/video/afe86003341/construction-de-baraquements-dans-les-ruines.

2. Stébé Jean-Marc, *Le Logement social en France*, *op. cit.*, p. 80.

incombe à l'État de diriger la reconstruction de la France. Le premier plan Monnet (1947-1952) prévoit six priorités dans lesquelles le logement ne figure pas. On y trouve le charbon, l'électricité, le machinisme agricole, le transport, l'acier et le ciment. Le ciment sert surtout à la reconstruction des usines. Le plan est centré sur la production et l'équipement de production. Le logement n'intègre le plan qu'en cours de route[1].

Le ministère de la Reconstruction et de l'Urbanisme (MRU) est omniprésent et impose des contraintes aux entreprises qui ralentissent la pleine mise en œuvre du potentiel bâtisseur de la France. La mise en pratique de certains principes issus du Mouvement moderne ne sont pas pleinement intégrés par les architectes, les entrepreneurs, mais aussi les communes et les collectivités. Ensuite, le secteur du bâtiment tarde à se restructurer pour faire face aux nouveaux besoins de la construction massive, d'autant qu'il compte énormément de très petites entreprises avec de faibles moyens. Enfin, des entreprises qui ont travaillé pour l'occupant font l'objet de pénalité, ce qui entrave pendant un certain temps leurs possibilités d'accès aux marchés publics.

Un ministre de la reconstruction et de l'urbanisme, Eugène Claudius-Petit, parvient à se maintenir à ce poste pendant assez longtemps, malgré l'instabilité des gouvernements qui caractérise la IVe République. Il occupe ses fonctions du 11 septembre 1948 au 7 janvier 1953, mais il ne parvient pas à imposer ses vues inspirées du Mouvement moderne. Il trouve que la France s'oriente trop vers la reconstruction et pas assez vers la construction. Il est un fervent partisan des idées de Le Corbusier. Par la suite, il devient maire de Firminy (Loire) près de Saint-Étienne et

1. Voldman Danièle, *La Reconstruction des villes françaises*, *op. cit.*

il offre la possibilité à Le Corbusier et ses élèves de créer la cité de Firminy-Vert, classée aujourd'hui au patrimoine de l'Unesco. Le 21 janvier 1950, l'abbé Pierre rencontre les deux hommes à Briey dans sa circonscription de Meurthe-et-Moselle.

Quelques lueurs d'espoir ?

La France reconstruit assez vite ses centres-villes mais peine pour ses quartiers populaires. À cette époque, tous les pays développés s'orientent vers les grands ensembles, les barres d'habitations et les tours, qui sont alors la meilleure solution qui permet aux ouvriers d'avoir accès à des logements avec chauffage, électricité, ascenseurs, eau courante et salle de bains. Les grands ensembles peinent à sortir de terre malgré les innovations techniques et urbanistiques. En 1951, le plan prévoyait de produire 320 000 logements par an. En 1953, la France en est à 75 000 par an, hors reconstruction.

Les débats de l'époque au sein du gouvernement, du Parlement et des grandes villes opposent les partisans de constructions de qualité, plus durables mais plus lentes et ceux pour qui la priorité doit être accordée à des constructions rapides, mais moins durables et de moindre qualité[1].

Le plan Courant de 1953, du nom de son initiateur le ministre Pierre Courant (1897-1965), donne enfin réellement la priorité à la construction de logements à grande échelle et procure à la France les moyens de résoudre ses problèmes d'habitat. Il est adopté le 27 mars 1953 et prévoit une série de mesures destinées à favoriser les chantiers de grande taille et à encourager les procédés industrialisés, afin de produire 240 000 logements par an.

1. Ragot Gilles, « De la reconstruction aux grands ensembles », conférence à la Cité d'architecture et de paysage de Bordeaux, 6 mars 2018.

Cependant, ses effets ne se font ressentir qu'à la fin des années 1950, période où la production massive des grands ensembles va véritablement commencer.

La situation en 1954

Au recensement de 1954, 36 % des Français vivent dans des logements surpeuplés. 42 % des logements n'ont pas l'eau courante, 73 % n'ont pas de WC et 90 % des logements ne disposent ni de douche, ni de salle de bains[1]. 9 millions de Français (sur 42) vivent dans des conditions de surpeuplement critique. Le pire se constate à Paris où le surpeuplement concerne 40 % des habitants et 44 % en banlieue[2]. Dans la région parisienne, 350 000 familles sont sans logis : elles ne disposent pas de logement personnel et vivent dans des hôtels ou chez des parents[3].

L'abbé Pierre était-il tout seul ?

Au début des années 1950, l'abbé Pierre devient un messager et un acteur qui s'insère dans un combat plus général pour le logement, porté par d'autres que lui depuis plusieurs générations. Dans cette cause historique se trouvent de nombreux prêtres, urbanistes, hommes politiques, architectes, entrepreneurs, patrons, journalistes et intellectuels à l'œuvre depuis plusieurs décennies. D'autres acteurs ont construit, inventé ou mobilisé afin que les personnes les plus pauvres soient bien logées. L'abbé Pierre prend place dans ce mouvement, avec son énergie, ses talents et la façon de faire qui lui est propre.

1. Stébé Jean-Marc, *Le Logement social en France*, *op. cit.*, p. 97.
2. Voldman Danièle, *La Reconstruction des villes françaises*, *op. cit.*, p. 344.
3. Paugam Serge, *La Société française et ses pauvres*, Puf, 1993, p. 38.

Parmi ses prédécesseurs ou ses contemporains, en France (et on en trouve aussi dans d'autres pays), on peut citer un certain nombre de personnalités, prises parmi d'autres qui ne figurent pas ici mais qui le mériteraient ou que nous avons déjà citées (comme l'abbé Camille Rambaud à Lyon ou l'architecte Le Corbusier qui apparaît automatiquement à longueur de pages dès qu'on étudie ce sujet).

Hygiénisme et socialisme utopique

Jean-Baptiste Godin (1817-1888) est un industriel, un philosophe, un architecte et un urbaniste. Il construit de 1859 à 1884 le Familistère de Guise dans l'Aisne, avec son Palais social qui offre aux ouvriers, qui travaillent dans son usine de poêles à bois, et leurs familles, des conditions de logement innovantes et bénéfiques. En 1889, 1 700 personnes environ habitent au Palais social. Jean-Baptiste Godin s'inspire des idées du socialisme utopique, du philosophe Charles Fourier, l'inventeur du phalanstère, ainsi que des hygiénistes du XIXe siècle. Les théories hygiénistes affirment qu'une amélioration de l'environnement de vie des personnes entraîne une amélioration de leur santé physique et mentale, pour le bien-être de toute la société. Ils font la chasse aux taudis et la promotion de travaux urbanistiques et architecturaux dans les domaines de l'assainissement, l'aération, la circulation des personnes, la dimension des espaces de vie, la destruction des taudis, etc. Jean-Baptiste Godin souhaitait que son palais social soit reproduit partout dans le monde[1].

---

1. Draperi Jean-François, *Godin. Inventeur de l'économie sociale. Mutualiser, coopérer, s'associer*, Repas, 2008.

L'abbé Lemire

L'abbé Jules Lemire (1853-1928) est un prêtre français, maire d'Hazebrouck (1914-1928), ville de 12 000 habitants entre Lille et Calais, près de la Belgique, et député pendant trente-cinq ans (1893-1928). Il est surtout connu pour sa fondation en 1896 de la Ligue du coin de terre et du foyer qui a pour mission la mise en place des jardins ouvriers, qui sont des parcelles de terre que l'on prête à des travailleurs afin qu'ils cultivent un potager sur leur temps libre. À l'Assemblée nationale, il est l'instigateur de nombreuses lois et réformes telles que le repos dominical, la retraite vieillesse et invalidité, le congé maternité, les allocations familiales, la réglementation du temps de travail, l'interdiction du travail de nuit des enfants, la création d'un ministère du Travail… Il milite en faveur de l'abolition de la peine de mort, alors qu'il est blessé en 1893 dans l'attentat à la bombe commis par l'anarchiste Auguste Vaillant au sein de l'Assemblée nationale. Il demande sa grâce en vain ; Vaillant est guillotiné en 1894. Après la Première Guerre mondiale, il travaille à la reconstruction de sa ville détruite, il bâtit un hôpital, une maternité, et crée une société de HBM, Habitations à bon marché, ancêtre des HLM, dispositif permis par la loi Siegfried de 1894 et la loi Strauss de 1906. En difficulté avec sa hiérarchie, il est empêché de se présenter à une élection législative par son évêque, mais il se présente quand même. La sanction tombe : il est interdit de distribuer les sacrements ; interdiction levée deux ans plus tard par le pape Benoît XV. On peut actuellement visiter sa maison à Hazebrouck[1].

1. Vanhove Jean-Pascal, *L'Abbé Lemire*, Marais du livre, 2013 (ouvrage préfacé par Martin Hirsch, ancien président d'Emmaüs France).

Le Chemin-Vert à Reims

Georges Charbonneaux (1865-1933) est un industriel rémois. Il dirige une verrerie à Reims (Marne). Il construit pour ses ouvriers, en faisant appel aux talents de son époque (dont l'architecte Jacques-Marcel Auburtin), une cité-jardin, sur le modèle des *Garden-Cities* de l'urbaniste britannique Ebenezer Howard. Georges Charbonneaux se situe dans la filiation du catholicisme social, que l'on nomme « paternalisme ». Il entreprend la construction de ce quartier, appelé Chemin-Vert, entre 1920 et 1924 qui comprend 617 petites maisons avec jardins, situées à la limite de Reims, selon des plans qui tiennent compte de nombreux paramètres destinés à améliorer la vie des populations ouvrières (esthétique, équipements, agencement, circulation, église paroissiale). Sa cité-jardin essaie de maintenir certains avantages de la campagne à la ville. La cité-jardin du Chemin-Vert est classée au patrimoine de l'Unesco depuis 2015[1].

Cités ouvrières et paternalisme

En France, il existe de nombreuses cités ouvrières, de différentes sortes, plus ou moins équipées et verdoyantes, grandes ou petites, plus ou moins inspirées et innovantes, que des patrons ont construites pour leurs travailleurs. Ces patrons ont contribué au mouvement historique du patronat paternaliste, du socialisme ou du catholicisme social. Les objectifs des patrons chrétiens sont multiples, il s'agit d'améliorer les conditions de vie des ouvriers et leurs familles, de les fidéliser à l'entreprise, avec un souci de moralisation et de

1. Péan Laurence, « La cité-jardin du Chemin-Vert à Reims, un îlot d'utopie sociale », *La Croix*, 20 juillet 2018.

christianisation. Tous les patrons paternalistes ne sont pas des militants catholiques. On peut mentionner par exemple la cité ouvrière construite par Auguste Badin (1830-1917) à Barentin[1] (Seine-Maritime) avec ses 600 logements construits de 1897 à 1914, ainsi que les nombreux équipements publics de la ville dont certains existent toujours[2]. Pour d'autres concepteurs de cités, qui se situent dans la filiation du socialisme, le but est davantage de créer une société nouvelle qui abolisse les inégalités, comme Jean-Baptiste Godin.

La Maison économique et le Cottage social

Gëorgia Knap (1866-1946) est un inventeur de Troyes (Aube). Dépositaire de nombreux brevets dans plusieurs disciplines, audacieux et philanthrope, il met au point des procédés pour construire des maisons en béton à partir d'éléments préfabriqués : la Maison économique. En parallèle, il crée un système où les futurs propriétaires construisent eux-mêmes une partie de leur maison pendant leur temps libre, le Cottage social, qui est une coopérative d'auto-construction. Le système de financement et de construction qu'il invente permet la réalisation d'environ mille maisons pendant l'entre-deux-guerres. Des maisons conçues de cette manière sortent de terre à Troyes, Nevers, Orléans, Villeurbanne… Certaines existent encore à Sainte-Savine, dans la banlieue de Troyes[3].

1. Osmont Émeline, « Les établissements Badin à Barentin : quand l'usine devient patrimoine », *Études Normandes*, 2009, p. 19-34.
2. Ministère de la culture : www.pop.culture.gouv.fr/notice/merimee/IA76001337.
3. Bérisé Claude, *Gëorgia Knap. L'inventeur troyen*, Maison du Boulanger, 1995.

Rouen-taudis

Georges Lanfry (1884-1969) est un autre exemple intéressant. Patron catholique normand d'une entreprise de construction, spécialisée dans les églises et la rénovation des monuments historiques. Il milite dans un mouvement de la démocratie chrétienne, Jeune république, et s'investit dans de multiples causes. En 1925, avec des amis de son parti, il lance une vaste campagne : l'opération Rouen-taudis, qui consiste à mener des enquêtes sur l'habitat insalubre dans les quartiers populaires de la ville et à en informer la population. Lanfry donne par la suite des conférences pour sensibiliser la population et les pouvoirs publics et il adresse un dossier aux journaux régionaux qui s'en font l'écho. Ce qu'il décrit est effrayant. Un pavillon de démonstration est installé à la Foire Saint-Romain à Rouen (la deuxième plus grande fête foraine de France). La façade ressemble à un cinéma Art déco. Quand les visiteurs passent la porte d'entrée, ils découvrent un taudis reconstitué. Ils sont ensuite invités à signer un livre d'or qui recueille 28 000 signatures en une année[1]. Lanfry et ses amis fondent la Ligue contre les taudis dans l'espoir de convaincre les bonnes volontés et résoudre le problème. Ils créent un journal, rencontrent les propriétaires pour qu'ils effectuent des travaux, mais ils se heurtent à l'inertie et la dynamique du mouvement retombe peu à peu. Dans les années 1960, Georges Lanfry rejoint le combat de l'abbé Pierre et devient président des Amis d'Emmaüs de Rouen. Il préside des opérations de ramassage des compagnons d'Emmaüs dans les années 1960, dont la plus importante de l'histoire

1. Pailhès Yvon, « Les choses du passé : la lutte contre les taudis », *Paris-Normandie*, 25 et 26 mars 1985.

d'Emmaüs, le 4 avril 1964 à Rouen. La même année, il met à disposition de l'abbé Pierre la maison d'Esteville (Seine-Maritime) dont il vient d'hériter.

Henri Sellier et les cités-jardins

Henri Sellier (1883-1943)[1] est un urbaniste et un homme politique socialiste (maire, sénateur et ministre de la Santé du Front populaire). Il est un fervent promoteur des cités-jardins, conçues principalement comme des quartiers qui reproduisent l'atmosphère des villages à l'intérieur des villes. Président de l'Office départemental des habitations à bon marché (HBM) de la Seine, il crée 16 cités-jardins. La cité-jardin de Suresnes est sans doute la plus grande de la région parisienne, construite dans la ville dont Henri Sellier est maire. La plus connue est celle de la Butte-Rouge à Châtenay-Malabry (Hauts-de-Seine) construite en plusieurs phases, avant et après la guerre, qui comprend tout de même une tour de onze étages qui annoncent la construction des grands ensembles. La cité-jardin de la Butte-Rouge accomplit toujours sa vocation sociale avec ses 4 200 logements sociaux sur 70 hectares[2].

L'Office départemental de HBM de la Seine présidé par Henri Sellier construit également une des premières réalisations urbanistiques et architecturales modernes, telles qu'elles vont se multiplier à partir de la fin des années 1950, à Drancy près de Paris de 1932 à 1934. Cette cité en U comprend 1 200 logements. Ce projet de grands ensembles ne sera pas totalement finalisé tel que prévu dans les premiers plans des architectes. De plus, pendant la

---

1. Guerrand Roger-Henri et Moissinac Christine, *Henri Sellier. Urbaniste et réformateur social*, La Découverte, 2005.
2. Burlen Katherine (dir.), *La Banlieue oasis. Henri Sellier et les cités-jardins (1900-1940)*, Presses universitaires de Vincennes, 1995.

guerre, la cité est transformée par les Allemands en camp d'internement et de transit, ce qui l'associe pour toujours, hélas, aux heures sombres de notre histoire commune. La cité de Drancy est conçue par les architectes Marcel Lods (1891-1978) et Eugène Beaudouin (1898-1983), deux innovateurs en matière d'industrialisation des méthodes de construction, avec Jean Prouvé, architecte et designer qui conçoit les châssis des portes et des fenêtres.

La madone des squatteurs et les Castors

Christine Brisset (1897-1993) est une militante du logement connue pour ses occupations illégales de maisons à Angers et son implication dans le mouvement des Castors. Appelée « la fée des sans-logis » et « la madone des squatteurs », cette femme issue d'un milieu populaire bourguignon gravit l'échelle sociale en étudiant chez une institutrice sévère chez qui elle a été placée comme bonne, ce qui lui permet par la suite de travailler et d'assumer des responsabilités professionnelles dans l'industrie. Intrépide et douée, elle devient une des premières femmes pilote d'avion de tourisme de France. Son premier mari est un médecin. Elle se distingue pendant la guerre en rejoignant un réseau de Résistance. Devenue veuve, elle épouse en secondes noces un homme d'affaires d'Angers, Pierre Brisset, qui lui permet d'intégrer la société bourgeoise catholique de la ville.

Environ 10 000 logements d'Angers et sa banlieue sont endommagés par la guerre, sans compter les habitats dégradés plus anciens. Christine Brisset se spécialise dans le squattage, c'est-à-dire l'occupation illégale des maisons vides, qu'elle pratique dès 1945. Avec d'autres militants et sympathisants de syndicats et d'associations familiales, elle crée une Commission familiale et ouvrière du logement et met au point une méthode pour occuper illégalement des bâtiments, afin d'y installer des familles mal logées. On lui attribue plus de 800 squattages et l'installation de milliers de personnes entre 1945 et 1962. Sa méthode consiste à demander, dans un premier temps, la permission aux propriétaires. À défaut, elle écrit au maire et invite les autorités préfectorales à exercer leur pouvoir de réquisition, permis par l'ordonnance du 19 octobre 1945, mais qui est peu appliquée. En cas de refus, elle brise elle-même les chaînes des clôtures et pénètre par effraction dans les maisons en y installant des familles pauvres.

Lors d'une opération, elle échange des gifles avec un agent d'affaires envoyé par un propriétaire récalcitrant. Christine Brisset crée un groupe d'entraide et des collectes d'argent. Elle anime tout un réseau de complicité composé de dames de la bourgeoisie catholique, de syndicalistes, de militants socialistes, de contrôleurs de gaz et de facteurs qui lui indiquent les maisons vides.

Ses opérations sont souvent médiatisées : elle convoque les journaux et chronique elle-même ses opérations dans le *Courrier de l'Ouest* où elle est journaliste. Elle dresse l'inventaire du mobilier qu'elle protège en le plaçant sous clefs dans une pièce des maisons occupées. Elle prend soin de ne porter aucun préjudice réel au propriétaire. Sur la seule période qui va de 1947 à 1949, où elle réalise 317 squattages, seules 5 plaintes sont déposées contre elle par les propriétaires. Christine Brisset se fait accompagner et soutenir par des personnalités à qui elle fait constater les problèmes des sans-logis et à qui elle montre ses réalisations. Elle invite des évêques, des chanoines, des commissaires, des personnalités comme Raoul Follereau, des ministres, tel Eugène Claudius-Petit, ministre du

Logement et de la Reconstruction qui intervient plusieurs fois pour la soutenir et apporter des financements publics pour la reconstruction de la ville d'Angers.

Christine Brisset subit une sévère répression des autorités judiciaires. Plus d'une cinquantaine de procès lui sont intentés pendant les dix-sept ans de son activité de squattage. Elle est plusieurs fois condamnée à de lourdes amendes, à verser des dommages et intérêts et à de la prison. Son procès le plus retentissant est celui de 1950, qui la condamne à deux mois de prison ferme, peine qu'elle exige d'effectuer dans les mêmes conditions que les autres détenues. Ce jugement sanctionne l'occupation qu'elle met en place pour trois familles et vingt-et-un enfants d'une grande demeure qui sert de maison de prostitution occasionnelle, la villa de la Chesneraie à Saint-Gemmes-sur-Loire en banlieue d'Angers. Cette affaire fait la une de la presse nationale et la rend célèbre.

L'abbé Pierre lui rend visite au début de l'année 1953[1]. Une nouvelle fois, en mai 1954, il lui apporte son soutien, en compagnie du ministre Robert Buron, à l'occasion de l'emménagement d'une famille. En août 1957, le journal de l'abbé Pierre où elle écrit parfois, *Faim et soif* (n° 19), relate son combat et évalue à vingt ans, au rythme où vont les constructions, le temps qu'il faudra pour bâtir les logements dont les habitants d'Angers ont absolument besoin. L'abbé Pierre lui vient en aide financièrement et envoie des volontaires en service civil. Les militants angevins du syndicat issu du mouvement Emmaüs, la Confédération générale du logement, font partie de son comité et participent aux actions de squattage.

En mars 1950, elle rejoint le mouvement national des Castors, en créant un groupe à Angers, qui devient en

1. Brisset Christine, « La révolte des mal-logés », *Faim et soif*, n° 2, août 1954, p. 20.

juillet 1951 une coopérative d'HLM. Les Castors sont une coopérative d'auto-construction d'inspiration catholique dans lequel on trouve des prêtres-ouvriers et des militants d'action catholique. La coopérative permet à des candidats propriétaires à faibles revenus de se grouper pour acheter des terrains, de bâtir eux-mêmes en partie leur maison, d'économiser en faisant l'acquisition de matériaux négociés, de se former aux techniques du bâtiment, d'échanger des coups de main et des bons tuyaux, d'obtenir un prêt du MRU grâce à la valorisation de l'apport-travail et de créer et partager des équipements (ateliers collectifs de réparation, laverie, etc.). Au fur et à mesure que la société d'HLM les Castors d'Angers se professionnalise, elle élabore un système de financement et fait progresser son organisation afin de l'adapter aux différentes solutions techniques, financières et juridiques existantes. Des équipements sont construits pour permettre la vie des quartiers d'habitations : église, cinéma, école, résidence pour personnes âgées…

En 1953, les Castors d'Angers comptent à leur actif environ 500 logements construits ou en voie de l'être, alors que l'Office municipal d'HLM n'a bâti que 86 logements depuis la fin de la guerre. Les Castors d'Angers, dirigés par Christine Brisset, ne bâtissent pas seulement des maisons individuelles, ils réalisent aussi des immeubles. En dix ans, la société fournit, sous diverses formes, un logement neuf à environ 2 000 familles. La tour Viollet figure parmi ses réalisations, une des premiers tours de la région, construite en 1960 sur 14 étages selon des principes de Le Corbusier. Elle existe encore.

Bon nombre de constructions sont entreprises avant l'obtention du permis de construire et des maisons sont terminées alors que le financement public ou le prêt bancaire n'a pas encore été confirmé. L'administration lui met de nombreux bâtons dans les roues en imposant des normes intenables (qui parfois sont abolies quelques années plus tard). Elle s'en sort tant qu'elle obtient le soutien et l'intervention du ministre et du préfet d'Angers.

Liée au Mouvement populaire des familles, d'obédience catholique sociale, Christine Brisset apporte sa contribution à la loi de 1956, consolidant la loi sur la trêve hivernale promulguée l'année précédente.

Son dynamisme, son culot et sa combativité lui attirent de nombreuses inimitiés. Entre 1962 et 1968, elle subit un long procès pour malversations qui la discrédite et entraîne sa condamnation à un an de prison ferme, en dépit de la persistance de ses soutiens habituels (Buron et Claudius-Petit notamment). Elle n'effectue pas sa peine et est réhabilitée en 1970[1].

Économie et humanisme

D'abord officier de marine, Louis-Joseph Lebret (1897-1966) devient religieux dans l'ordre des dominicains. Après avoir vécu de près la pauvreté des marins-pêcheurs pauvres du côté de Saint-Malo en Bretagne, il fonde en 1941 Économie et humanisme, une association catholique qui mène des enquêtes sociales dans les milieux défavorisés. Ses membres intègrent des milieux populaires pour en partager l'existence et mener des études de terrain auprès des plus pauvres, démarche préférée aux statistiques. Leurs travaux scientifiques cherchent à réformer l'économie et la société dans le sens d'un humanisme chrétien. Jacques Loew est dominicain et secrétaire de l'association. Prêtre-ouvrier, il s'engage comme docker[2] au port de

1. Légé Bernard et Tanter Annick, « Squatters et castors : l'action de Christine Brisset à Angers (1946-1962) », *Les Annales de la recherche urbaine*, 1987, p. 87-96.

2. Ouvrier portuaire travaillant au chargement et au déchargement des navires.

Marseille. Il partage le travail et les conditions de logement des ouvriers du port (il s'installe dans un bidonville). Il publie une des premières enquêtes d'Économie et humanisme en 1944, *Les Dockers de Marseille*, puis en 1946 *En mission prolétarienne*[1] qui s'adresse davantage au grand public. Son travail permet de comprendre de l'intérieur les problématiques économiques et sociales des dockers et de leur famille qui vivent dans les taudis de Marseille. Au côté du père Lebret, on trouve aussi l'abbé Michel Quoist qui produit une étude sur le faubourg de Martainville, un quartier défavorisé de Rouen constitué de logements insalubres. Il publie en 1948 *La Ville et l'Homme*[2] qui obtient le prix Jansen de la Société de géographie en 1954.

Économie et humanisme étudie toutes les dimensions de la condition ouvrière, et pas seulement les problèmes du logement. Les travaux de ses membres permettent au père Lebret de mettre au point une méthode d'enquête qu'il détaille dans *Guide pratique de l'enquête sociale* en 1952. De nombreux organismes en France et dans le monde vont reprendre cette méthodologie. En France, le MRU s'en inspire pour créer sa propre méthode d'investigation sur « l'habitat défectueux[3] ». Toutes ces études permettent de mieux saisir les phénomènes d'exclusion et fournissent des outils permettant d'inventer des politiques sociales adaptées.

Économie et humanisme travaille à la question de l'aménagement des territoires, qui en est à ses débuts dans les pays occidentaux au milieu du XXe siècle. La France ne dispose pas de tous les outils conceptuels et institutionnels, contrairement à ses voisins, pour mener une politique harmonieuse dans ce domaine. Au-delà de l'Hexagone, Louis-Joseph

---

1. Loew Jacques, « En mission prolétarienne, étapes vers un apostolat intégral », *Économie et humanisme*, 1946.
2. Quoist Michel, *La Ville et l'Homme. Étude sociologique d'un secteur prolétarien*, Éditions ouvrières, 1952.
3. Paugam Serge, *La Société française et ses pauvres*, *op. cit.*, p. 38.

Lebret se montre conscient des enjeux pour un développement harmonieux de la planète. Il conçoit l'aménagement des territoires comme une tâche universelle qui permet une action de civilisation solidaire. Il faut aménager afin d'« utiliser les ressources, structurer les surfaces, abolir les sous-prolétariats, nourrir, vêtir, loger et instruire l'humanité[1] ».

Par la suite, Louis-Joseph Lebret dirige des enquêtes dans plusieurs pays d'Amérique du Sud, il enseigne au Brésil, conseille des chefs d'État, intervient comme expert en économie politique auprès des Nations unies, pour lutter contre le sous-développement dans le tiers-monde[2]. Il exerce ensuite en Afrique et en Asie avec l'Institut international de recherche et de formation, éducation et développement (Irfed) qu'il crée en 1958. Il se rapproche de l'abbé Pierre et du mouvement Emmaüs ainsi que de Josué de Castro, président de la FAO. À trois, ils fondent l'Association mondiale de lutte contre la faim (Ascofam) en mars 1957 qui obtient de nombreux soutiens de personnalités de premier plan dans le monde.

Dans les années 1960, le père Lebret exerce une influence sur le pape Paul VI qui promulgue en 1967 l'encyclique *Populorum progressio* sur la base de ses travaux[3]. L'encyclique prône le développement intégral de l'homme et le développement solidaire de l'humanité[4]. Cette encyclique exerce une grande influence sur les catholiques engagés dans les questions économiques et sociales. À cette époque, dans la foulée du concile de Vatican II (1963-1965), de très nombreux catholiques s'engagent dans le monde dans des actions humanitaires, encouragés par ces enseignements pontificaux.

---

1. Houée Paul, *Louis Joseph Lebret. Un éveilleur d'humanité*, L'Atelier, 1997, p. 97.
2. Terme employé à l'époque sans connotation négative. On parle aujourd'hui de « pays du Sud ».
3. L'encyclique le cite explicitement.
4. Toutes les encycliques sont disponibles sur le site internet du Vatican.

Jean Prouvé

De nombreux architectes méritent de figurer sur la liste des acteurs remarquables en faveur de l'amélioration du logement pour les classes populaires. Des innovateurs, ingénieurs, architectes ou urbanistes ont déjà été mentionnés dans ces pages, personnalités dont le talent s'est exporté et qui fait de la France une sorte d'avant-garde dans l'invention pour bâtir mieux au XXe siècle. Il y a là un paradoxe français de cette époque : d'une part des inventeurs qui inspirent le monde entier et d'autre part un retard par rapport à ses voisins industrialisés.

Jean Prouvé (1901-1984) fait partie de ces concepteurs devenus des maîtres reconnus. Ferronnier d'art, architecte, ingénieur et industriel, inventeur de structures de construction, rationnelles, surprenantes et au style élégant, il développe de multiples propositions à partir de tôles en acier pliées, dès 1931 dans son atelier de Nancy. L'abbé Pierre est député de Nancy de 1945 à 1951 et Jean Prouvé, provisoirement maire en 1945. Après-guerre, il construit 350 logements d'urgence pour les sinistrés de Lorraine et de Franche-Comté et reçoit la commande de 800 maisons pour des Lorrains. Lié au Mouvement moderne, Jean Prouvé effectue certaines recherches qui lui sont propres : il privilégie le métal et le bois et met au point des structures sur portiques. En 1956, il conçoit « la maison de l'abbé Pierre » selon ses propres mots, qu'il baptisera aussi « La maison des jours meilleurs »[1]. Il s'agit d'un prototype de maison élégante, peu chère, en pièces détachées, qui se monte en une seule journée à partir d'éléments préfabriqués en atelier. Cette maison est conçue pour être économique

1. Marrey Bernard, *L'Abbé Pierre et Jean Prouvé. La maison des jours meilleurs*, Linteau, 2010.

(1 500 000 anciens francs), confortable (57 m^2 et tout le confort moderne) et belle, afin de répondre à l'appel à la mobilisation générale lancé par l'abbé Pierre. Sa maison est une petite merveille d'efficacité, d'invention et de *design*[1]. Le Corbusier en disait : « la plus belle maison que je connaisse, la plus étincelante chose construite ».

Entre le 4 et le 18 février 1956, l'abbé Pierre monte une opération avec la lessive Persil pour financer la fabrication de ces maisons. Les clients achètent des paquets de lessive et la marque envoie 10,50 francs à l'abbé Pierre par paquet. Il faut 15 000 coupons découpés sur un paquet et renvoyés à Persil pour construire une Maison des jours meilleurs, grâce à l'effet de levier produit sur les prêts à la construction du gouvernement. L'abbé Pierre dresse le bilan de ce partenariat dans *Le Figaro* du 21 février 1956 : il a recueilli de quoi bâtir 187 maisons[2].

Le 20 février 1956, la maison des jours meilleurs est montée à Paris en sept heures, sur les berges de la Seine en face du pont Alexandre III, près du Grand Palais. L'abbé Pierre l'inaugure. La maison doit servir de démonstration pour sa diffusion et inciter à la fabrication de logements individuels ou collectifs suivant des procédés industriels. 25 000 curieux viennent la visiter. Elle ne sera pas homologuée par l'administration, ce qui stoppera sa production en série. Trop révolutionnaire pour son époque, les fonctionnaires de l'homologation n'acceptent pas qu'une salle d'eau puisse se trouver au centre de l'espace d'habitation, sans fenêtre sur l'extérieur. Ce refus entraîne l'arrêt définitif du projet. Seuls quelques modèles verront le jour.

---

1. On peut en découvrir un prototype original à la galerie Patrick-Seguin à Paris. De plus, plusieurs animations et vidéos sur Internet permettent de découvrir son principe d'installation, dont une où l'on voit l'abbé Pierre lors de son installation à Paris en 1956.

2. Marrey Bernard, *L'Abbé Pierre et Jean Prouvé*, *op. cit.*

Les Petits Riens

Un prêtre doit absolument figurer ici : l'abbé Édouard Froidure (1899-1971), un Belge qui organise avant guerre des activités de plein air de jour pour des enfants citadins défavorisés sur un terrain proche de Bruxelles. En 1935, il crée Les stations de plein air et se trouve déchargé de ses fonctions de vicaire de paroisse pour s'y consacrer à plein temps. En 1937, il crée Les Petits Riens, une association dans l'agglomération bruxelloise, qui offre du travail aux chômeurs en leur faisant récupérer des objets d'occasion de portes en portes dans le but de fournir de l'emploi et un toit aux plus pauvres. Une sorte d'Emmaüs avant l'heure, mais sans la vie communautaire. Il crée ensuite un centre de formation d'éducateurs et écrit des ouvrages sur ce sujet. Résistant et déporté, survivant des camps de concentration, l'abbé Froidure reprend après guerre le développement de ses fondations et forme des centaines de bénévoles et de salariés. Il joue aussi un rôle politique en diffusant de l'information sur son action et en incitant les autorités de son temps à agir pour les plus démunis. En 1952, il fait visiter des taudis à Baudouin, le roi des Belges. Son œuvre diversifiée et étendue existe toujours en Belgique. Les différentes associations qu'il a créées sont regroupées dans la Fédération Abbé-Froidure.

L'icône

On le voit, l'abbé Pierre est la face visible d'un grand mouvement collectif de solidarité avec les personnes les plus pauvres, mouvement qui existe depuis des décennies, en France et dans le monde. La présentation, que l'on peut lire ci-dessus, d'organisations et de personnalités qui inventent et luttent en faveur du logement populaire et de la solidarité avec les plus exclus n'a pas pour but d'expliquer comment le phénomène abbé Pierre a pu surgir. Il s'agit plutôt de démontrer que l'abbé Pierre est la partie immergée de l'iceberg, l'icône éclatante d'une réalité complexe et méconnue, composée de multiples acteurs de divers horizons, animés d'intuitions différentes. Tout au long de la vie de l'abbé Pierre, d'autres personnes et d'autres groupes émergent, plus ou moins connus, pour la cause de ceux qui souffrent injustement des défauts de l'organisation de nos sociétés. Car c'est de cela qu'il s'agit : refuser la souffrance inutile causée par l'ordre social injuste, se battre pour trouver des solutions afin qu'aucune personne ne voie ses droits fondamentaux bafoués, faire en sorte que tous les êtres humains puissent vivre dignement et se trouver en mesure d'épanouir leur plein potentiel. Cet équilibre, cette justice, passe concrètement par le logement, la sécurité, l'emploi, les conditions de travail, l'accès à l'éducation, la culture et la santé : tout ce qui favorise la dignité humaine.

Plus tard, en même temps que l'abbé Pierre, d'autres acteurs apparaissent : Josué de Castro, Albert Schweitzer, Joseph Wresinski, Geneviève de Gaulle-Anthonioz, Dom Helder Camara, Raoul Follereau, sœur Emmanuelle, etc., moins connus du grand public que l'abbé Pierre, pour certains d'entre eux, mais à l'œuvre également sur des combats similaires.

Histoire sociale et progrès

De nos jours, on étudie assez peu l'histoire sociale contemporaine. Le temps consacré à cette partie de l'histoire humaine se révèle très faible dans la formation initiale, dans les médias, dans les grandes œuvres culturelles, l'éducation populaire et les discours politiques. Il y a une carence à combler si l'on souhaite l'avènement d'une société plus juste. Sans citoyens conscients des enjeux collectifs, à l'école d'exemples inspirants, capables de concevoir un monde meilleur, la construction d'une société juste se trouve compromise. Notre époque a besoin de connaître cette histoire populaire. Le marxisme a monopolisé le discours sur la classe ouvrière pendant plusieurs générations et la déception causée par l'échec cuisant des expériences communistes laisse un vide. La foi dans le progrès humain et dans un avenir meilleur pour l'humanité a besoin d'un nouveau souffle. Des repères et des outils sont requis pour ce grand chantier. Quant au discours qui accorde au développement économique, s'appuyant sur le seul modèle capitaliste, la capacité par lui seul de satisfaire aux besoins des populations de la planète, on constate ses limites et à quel point il se trompe, malgré de notables avancées, en remettant toujours à plus tard la résolution des grandes injustices de notre époque : famine, chômage de masse, mal-logement, illettrisme, déni de démocratie, catastrophes écologiques…

L'enseignement de l'histoire sociale au plus grand nombre est un outil précieux pour une société consciente de la valeur de chaque personne, qui croit en un avenir collectif meilleur qui accorde une juste place à chacun.

6

Hiver 1954

Un hiver exceptionnel

Dans toute la France, l'hiver 1953-1954 s'avère particulièrement froid. Pourtant, la saison hivernale a commencé par un mois de décembre plutôt clément mais le froid surgit fin décembre et, après quelques fluctuations, devient particulièrement rigoureux fin janvier et début février. La température moyenne en France se situe en dessous de 0 °C pendant plusieurs semaines, avec des records autour du 1er février 1954 où la moyenne nationale atteint les – 10 °C. Une vague d'air glacial venu du pôle Nord balaie la France et apporte des conditions climatiques inhabituelles. Les fleuves et les canaux gèlent : les écluses et 12 000 péniches s'y trouvent bloquées. Pour la première fois depuis 1891, le port de Dunkerque est pris par les glaces. Le grand lac du Bois de Boulogne sert de patinoire. Il y a un mètre de neige à Perpignan, le toit de la gare s'écroule sous son poids. Le record national est atteint à Luxeuil, au sud des Vosges : – 25 °C sont relevés à la base aérienne, dans la nuit du 1er au 2 février 1954. *Paris-Match* titre : « Un pays polaire inconnu : la France ».

Un amendement rejeté

En décembre 1953, l'abbé Pierre prépare une proposition d'amendement avec son ami l'homme politique Léo Hamon. Celui-ci doit le déposer lors du débat au Conseil de la République[1] au sujet du budget du ministère de la Reconstruction et du Logement pour l'année 1954. Cet amendement propose que soient affectés un milliard[2] de francs de crédits pour la construction de 3 000 logements de secours (cités d'urgence) sur les 90 milliards de francs[3] prévus pour le budget annuel du logement. Il ne s'agit pas d'augmenter le budget mais de répartir autrement les fonds alloués, en tenant compte du besoin immédiat d'avoir un toit sur la tête pour une partie de la population. Léo Hamon, né Léo Goldenberg à Paris en 1908, est un conseiller de la République du département de la Seine (Paris et sa proche banlieue). Avocat et docteur en droit, ancien résistant, il s'illustre pendant la guerre en participant au commando qui détruit à Paris tout un fichier de jeunes mobilisables pour le STO et en participant aux négociations afin que Paris ne soit pas incendié par les Allemands. Comme l'abbé Pierre, Léo Hamon a gardé après guerre son pseudonyme de résistant, il est démocrate-chrétien et membre du MRP (jusqu'en 1954) [4].

Son amendement est présenté le 31 décembre 1953, mais il ne parvient pas à convaincre et il le retire. Il reçoit tout de même une écoute attentive de la part de Maurice Lemaire, polytechnicien, gaulliste et ministre de la Reconstruction et du Logement, qui promet d'étudier plus profondément

1. Le Sénat à cette époque.
2. L'équivalent d'environ 24 millions d'euros de 2022.
3. L'équivalent d'environ 2,2 milliard d'euros en 2022.
4. Dans les années 1960-1970, Léo Hamon est porte-parole du gouvernement et secrétaire d'État. Un colloque a été consacré à son œuvre multiforme, tant politique que juridique, à l'université de Bourgogne en 2011.

la question et lui manifeste son intérêt pour les projets de l'abbé Pierre[1].

Le budget est adopté au Conseil de la République dans la nuit du samedi 2 au dimanche 3 janvier 1954 et validé le lundi 4 janvier dans la soirée par l'Assemblée nationale, en seconde lecture. Rien n'est prévu pour les cités d'urgence. Le mardi 5 janvier 1954, les journaux relatent les déclarations de Maurice Lemaire qui, la veille, se montre particulièrement optimiste. Le ministre se réjouit de l'enveloppe budgétaire accordée aux logements HLM, il annonce que la reconstruction sera terminée en 1960 et déclare : « Je suis convaincu que dans trois ans il y aura à Paris et en banlieue des pancartes portant la mention "appartement à louer", et que nous verrons disparaître les taudis et les chambres surpeuplées[2]. »

Le petit Marc et le ministre

Or, dans la nuit du 3 au 4 janvier 1954, un bébé de trois mois, Marc Petit, meurt de froid dans un abri de fortune de la cité Emmaüs des Coquelicots à Neuilly-Plaisance. La température a chuté fortement pendant la nuit et le nourrisson ne l'a pas supporté. L'abbé Pierre est alerté par le papa. Sous le choc, il fait le rapprochement entre le refus des cités d'urgence et ce drame. Ne pouvant pas dormir, dans la nuit du 4 au 5 janvier, dans son bureau, devant la statue de Notre-Dame-des-Pauvres de Banneux, il écrit au ministre du Logement une première lettre dans laquelle il exprime le fond de sa pensée, longue lettre qu'il améliore et adoucit le lendemain. Après des considérations générales sur la crise du logement en France, il exprime

1. Archives nationales du monde du travail, cote 2010 18 1904, Lettre de Léo Hamon à l'abbé Pierre, datée du 3 janvier 1954.

2. Ballet André, « Dans trois ans les taudis et les chambres surpeuplées auront disparu, affirme M. Lemaire », *Le Monde*, 5 janvier 1954.

ses désaccords avec la politique en cours et les arbitrages budgétaires qui ne tiennent pas suffisamment compte des urgences. Surtout, il clame son indignation quand le ministre parle des « trois ans ». Pour l'abbé Pierre, se réjouir que tout soit réglé dans un délai présenté comme bref, alors que tant de gens souffrent et périssent au même moment, c'est insupportable ! Ce délai de trois ans lui apparaît comme le signe d'une déconnexion entre les hommes politiques et la réalité quotidienne de la détresse des plus pauvres.

Voici ses mots, extraits de la lettre datée du 6 janvier 1954 (qui est bien plus longue) :

> *Monsieur le Ministre, le petit bébé de la cité des Coquelicots à Neuilly-Plaisance, mort de froid dans la nuit du 3 au 4 janvier, pendant le discours où vous refusiez les « cités d'urgence*[1] *», c'est à 14 heures, jeudi 7 janvier qu'on va l'enterrer. Pensez à lui. Ce serait bien si vous veniez parmi nous à cette heure-là. On n'est pas des gens méchants.*
> *On ne vous recevrait pas mal, croyez-moi. On sait bien que « vous ne vouliez pas ça » en renvoyant à dans trois ans ceux qui couchent sous les ponts au sortir de l'usine. On sait bien que vous ne saviez pas. On dirait : « Après qu'il saura, il deviendra autre » ; il mettra son intelligence et son pouvoir à la recherche des moyens de rattraper ce rêve... Quand elle le veut l'administration à tant de moyens de rendre possible l'impossible. On se dirait : « Ce chagrin-là, au moins, n'aura pas été humainement stérile. »*

L'abbé Pierre promet de lui faire visiter, s'il vient, les camps d'Emmaüs et les cités d'urgence.

1. L'abbé Pierre se trompe de date, les deux événements n'ont pas lieu la même nuit.

Notre vie est dure. Cela nous rend rudes, mais pas mauvais. C'est d'un cœur droit que nous avons voulu vous dire tout ce que nous croyons vrai, juste et possible. Ne nous en veuillez pas. Nous sommes prêts, nous, à ne pas vous en vouloir.
Recevez, Monsieur le Ministre, nos franches salutations.
Signé : Abbé H.-A. Grouès-Pierre
PS : Je prie Dieu afin qu'il nous aide à n'être plus qu'un seul cœur et qu'une seule âme luttant pour la disparition de toute souffrance imméritée.

Le Figaro, journal de droite, accepte de publier l'intégralité de cette longue lettre, dans son édition du jeudi 7 janvier, jour de l'enterrement. Ce jour-là à 14 heures, Maurice Lemaire, ministre de la Reconstruction et du Logement de la République française se rend à Neuilly-Plaisance. Grand homme chauve, le chapeau à la main, l'air grave, les sourcils froncés, il suit à pied le cortège formé par les compagnons et les amis d'Emmaüs, les ouvriers, les enfants des camps et des cités d'urgence et les femmes avec leur foulard sur la tête. Le petit cercueil est porté à bout de bras par un seul employé des pompes funèbres. Le corbillard, celui prévu par la mairie pour les indigents, est tiré par deux chevaux. L'abbé Pierre, qui a éclaté en sanglots un peu plus tôt en apercevant le ministre, mène le cortège, avec ses habits sacerdotaux. Il prie le chapelet à voix haute vers le cimetière, dans le froid glacial de l'hiver 1954.

Dans la journée, Maurice Lemaire indique à la presse que l'abbé Pierre n'avait pas besoin de lui adresser sa lettre ouverte : « Vous voyez, je suis venu. Vous avez lancé un cri d'alarme. Je ne considère pas comme un refus catégorique le retrait de l'amendement, que j'ai demandé moi-même, de M. Louis Hamon sur les cités d'urgence. Nous allons étudier ce texte avec le plus grand sérieux[1]. » Pour venir à l'enterrement, Maurice Lemaire a annulé, au dernier moment, sa présence à l'inauguration de six immeubles, comprenant 80 logements neufs, à Choisy-le-Roi au sud-est de Paris. Ces appartements ont été construits par le Mouvement d'aide au logement, une initiative caritative multiconfessionnelle (indépendante de l'abbé Pierre) qui permet de transformer en logements de l'investissement non rémunéré de citoyens engagés. Ce mouvement est placé sous le patronage du Pasteur Boegner, président de la Fédération protestante de France, et du cardinal Feltin, archevêque de Paris (présents, eux, à l'inauguration)[2].

La semaine suivante, le 13 janvier 1954, Maurice Lemaire honore la deuxième partie de sa promesse et visite les camps et les logements construits par l'organisation de l'abbé Pierre. Il se rend à La Pomponette, avec le sous-préfet de Meaux, où il découvre les familles et leurs 80 enfants qui vivent dans ce camp de fortune dans la forêt. Il visite les cabanes et recueille les témoignages des habitants, découvrant avec émotion les raisons qui les ont poussés à venir là et le récit de leurs conditions de vie précédentes. Il découvre la cité en dur de la Pépinière à Pontault-Combault et ses 33 maisons, il visite la cité du Bouquet où les bâtisseurs font des parpaings pour les futurs logements, puis il découvre le chantier de Torcy. Une fois au Plessis-Trévise, où l'abbé Pierre a prévu d'installer une communauté féminine dans une grande maison appelée « la Villa de Madame Sans-Gêne », Maurice Lemaire annonce la construction de 300 logements de première nécessité pour les familles sans logis. La première tranche de ces maisons durables est prévue pour le 1er mai 1954.

1. « "Sans logis", un bébé de trois mois ne trouve pour demeure qu'une tombe », *Le Monde*, 9 janvier 1954.

2. Périer-Daville Denis, « Le cardinal Feltin a inauguré hier à Choisy-le-Roi les six premiers immeubles construits par le "Mouvement d'aide au logement" », *Le Figaro*, 8 janvier 1954.

Il s'agit d'un essai reproductible en fonction des premiers résultats ; un millier d'exemplaires sont envisagés par la suite dans d'autres communes de la région parisienne.

Le lendemain, 14 janvier 1954, à La Pomponette en Seine-et-Marne, un deuxième bébé meurt de froid dans les cités de l'abbé Pierre. Il s'appelait Marcel Bothua.

La campagne des billets de 100 francs

Mi-janvier, des journalistes de Radio-Luxembourg se présentent dans une cité d'Emmaüs où l'abbé Pierre travaille aux côtés des compagnons bâtisseurs. Le reporter souhaite l'interroger mais l'abbé Pierre, affairé et fatigué, n'est pas dans les meilleures dispositions pour cet exercice. Pour ne pas se faire renvoyer, le journaliste insiste : « Nous avons huit millions d'auditeurs. Vous pouvez toucher beaucoup de monde. Profitez-en pour diffuser votre message. » Alors l'abbé Pierre se plie à l'exercice et raconte son combat : Emmaüs, les chiffonniers, les familles, les difficultés qu'il tente de surmonter… « On me dit que vous êtes dix millions à m'écouter. Imaginez ce que l'on pourrait accomplir si chacun donnait seulement 100 francs[1] ! » Il expose son projet d'acheter une grande maison au Plessis-Trévise pour le transformer en hôtel social et bâtir trois cents maisons d'urgence à proximité.

L'émission est diffusée le samedi 16 janvier 1954 à 14 h 50 sur les ondes de la radio préférée des Français[2]. Des enveloppes contenant des billets commencent à arriver à l'auberge de Neuilly-Plaisance. Des élus du département de Seine-et-Oise, en visite dans les cités d'Emmaüs, déclarent s'associer à cette « campagne des billets de

1. L'équivalent d'environ 2,50 euros en 2022.

2. Un sondage réalisé par l'Institut national de la statistique et des études économiques (Insee) en 1952 indique que 41 % des Français préfèrent Radio-Luxembourg, puis 25 % le Programme parisien, 9 % Paris-Inter, 7 % Radio Monte-Carlo, 6 % le Programme national.

100 francs ». L'abbé Pierre s'en trouve tout étonné. Il ne s'agissait pas d'une « campagne » à proprement parler, puisqu'il n'avait rien préparé, mais plutôt d'une improvisation au micro, pris au dépourvu par un journaliste insistant. La campagne des billets de 100 francs a donc commencé à l'insu de son inventeur. Le 21 janvier 1954, Zappy Max en parle dans son émission *Quitte ou double*. Radio-Luxembourg relaie le message. Un peu partout, on parle de « la campagne des billets de 100 francs de l'abbé Pierre ». Toute la presse française, nationale et locale, s'en fait l'écho (*La Voix du Nord, L'Est républicain, La Croix de Toulouse, Le Lorrain, Le Nouveau Rhin français, La Gazette du Périgord*...) et aussi à l'étranger (Allemagne, Pays-Bas...).

Elle rapporte assez vite des sommes importantes : un million de francs[1] les quatre premiers jours. Le 20 janvier 1954, l'abbé Pierre donne une conférence de presse dans un grand restaurant des Champs-Élysées, à l'issue de laquelle des billets de 100 francs sont apportés sur un plateau. Le 22 janvier 1954, la recette de la première séance d'un film grand public avec Michel Simon, Louis de Funès et d'autres vedettes, au cinéma Normandie à Paris, est offerte à l'abbé Pierre en sa présence et sous le patronage du ministre de la Reconstruction et du Logement. D'autres recettes de premières séances de film sont données à l'abbé Pierre ; opérations menées en partenariat avec *Le Figaro*.

Le 28 janvier 1954, le Bazar de l'hôtel de ville (BHV) met en place une action caritative, en imprimant 100 000 carnets d'achat qui permettent de reverser à l'abbé Pierre un pourcentage des sommes dépensées par les clients ; ce qui est différent de la campagne des billets

1. L'équivalent d'environ 24 000 euros en 2022.

de 100 francs mais participe de la même dynamique. Cette opération est prévue pour générer 10 millions de francs[1] de don. Elle est organisée par le directeur Georges Lillaz avec l'aide de Mlle Christiane, animatrice vedette de Radio-Luxembourg et une des créatrices de l'association Paris vous aide.

Le journal *L'Aurore* indique le 29 janvier 1954 : « Les cités d'Emmaüs et toute l'œuvre de l'abbé Pierre connaissent depuis quelques jours une publicité extraordinaire. » La campagne des billets de 100 francs va durer encore plusieurs semaines.

La tournée des couche-dehors

En rentrant de Paris le soir en camionnette, de tournée de ramassages de matériel chez des particuliers, l'abbé Pierre s'aperçoit qu'il y a de plus en plus de gens allongés dans les rues. Il s'arrête et découvre des hommes serrés les uns contre les autres là où souffle un air chaud : devant les bouches de chaleur des grands magasins et au-dessus de grilles d'aération du métro. Presque tous sont des hommes. Il y a peu de femmes. Ils lui racontent qu'ils ont dû quitter l'endroit discret où ils passent la nuit d'habitude (sous un pont, dans un chartil…) ou bien leurs logements mal isolés (caves, greniers…), car le froid est trop vif et les empêche de dormir. Seuls quelques-uns ont l'air patibulaire et sentent l'alcool. Peu d'entre eux sont des chômeurs. La plupart exercent leur profession toute la journée à l'atelier ou à l'usine. Beaucoup viennent du monde rural (un sur trois vient de « province »). Ils effectuent des travaux saisonniers à la campagne à la belle saison (foins, moissons, cueillettes, vendanges…) puis s'en vont à Paris pour

1. L'équivalent d'environ 240 000 euros en 2022.

y travailler de novembre à avril, mais ils ne parviennent pas à s'y loger. D'autres sont des ouvriers Nord-Africains qui envoient tout ce qu'ils peuvent à leur famille au pays. Enfin, certains ont été expulsés de leur appartement ou l'ont quitté car il se trouve trop dégradé.

Il décide d'effectuer des tournées chaque soir après le travail avec les chiffonniers et les bâtisseurs volontaires, malgré la fatigue, afin d'aller à la rencontre des « couche-dehors », comme il les appelle, étalés sur les trottoirs de Paris. Personne n'est obligé. Le cuisinier de l'auberge d'Emmaüs de Neuilly-Plaisance confectionne des sandwichs. On prépare de la soupe et on embarque tout ce qu'on a de vêtements et de couvertures dans les véhicules. Une nuit, l'abbé Pierre donne même son propre manteau à une personne qui tremble de froid. Un pompier l'aperçoit, le lieutenant-colonel Lucien Sarniguet[1], qui sort d'un théâtre où il était de garde pour la soirée, et offre sa cape de pompier à l'abbé Pierre Voilà l'origine de la fameuse cape[2].

Lors d'une tournée des couche-dehors (que l'on appelle « maraude » de nos jours), il aperçoit une trentaine de personnes, dont quelques femmes, place du Châtelet, en plein centre de Paris, sous un tas de chiffons et de vieux sacs, de sorte qu'au premier coup d'œil il se demande si ce sont des détritus ou des êtres humains, à quelques pas des lieux de spectacles, de plaisirs et de luxe. Il voit « des grappes humaines grelottantes » du côté de la gare de Lyon et près du pont d'Austerlitz. Il n'en peut plus devant tant de souffrances injustes et de détresses évitables. Il sait qu'avec ses amis et les compagnons, ils se trouvent quasiment impuissants, qu'il s'agit là d'un phénomène qui les

1. Lors de la Libération de Paris, le 25 août 1944, Lucien Sarniguet (1899-1993) qui est alors capitaine, s'est illustré en remplaçant le drapeau nazi par le drapeau français au sommet de la tour Eiffel .

2. Après sa mort, l'abbé Pierre a donné cette cape au musée des Sapeurs-pompiers de Paris.

dépasse. Lors de certaines tournées, il emmène des amis qui peuvent ensuite témoigner et agir, tel l'homme politique Robert Buron, qui est alors maire et député du MRP, ou encore le journaliste Georges Verpraet (*Le Figaro*, *La Croix*...). Il alerte également Georges Lillaz[1], directeur général du BHV. Le lendemain d'une tournée de nuit, il est interrogé en direct à la télévision. Il y raconte sa colère et son impuissance. Il interpelle : « M. le Président du conseil municipal de Paris[2], vous avez des fourrières pour les chiens errants. Est-ce que vous ne serez pas capable d'en faire au moins autant pour les hommes qui meurent sur les trottoirs[3] ? »

Un soir, l'abbé Pierre demande à des agents de police s'ils peuvent faire quelque chose. Les policiers lui répondent qu'ils sont impuissants et n'ont pas reçu de consignes. En discutant un peu plus longtemps, l'abbé Pierre comprend que si ces personnes étaient mortes, les policiers s'occuperaient d'elles en les amenant à la morgue. Tant qu'ils sont vivants, ils n'ont pas reçu d'ordre pour intervenir.

Le premier Centre fraternel de dépannage

Vendredi 29 janvier 1954, après avoir dit la messe, l'abbé Pierre a une idée. Il se rappelle qu'une personne lui a écrit afin de lui confier un terrain au centre de la capitale, rive gauche, à l'angle de la rue Laplace et de la rue de la Montagne-Sainte-Geneviève, à côté du Panthéon et de l'École polytechnique. Ce terrain est

1. Georges Lillaz est l'un des principaux acteurs des débuts du mouvement Emmaüs et un mécène. Il assume d'importantes responsabilités aux côtés de l'abbé Pierre dans différentes organisations d'Emmaüs. Par ailleurs, il crée SOS Amitié, association d'écoutants au téléphone, avec le pasteur Jean Casalis et son épouse, en 1960 à Boulogne-Billancourt, près de Paris.

2. L'équivalent du maire de Paris.

3. Coutaz Lucie, *40 ans avec l'abbé Pierre*, *op. cit.*, p. 75.

vide. Le propriétaire, trop âgé, ne souhaite pas se lancer dans la construction d'un immeuble et préfère que son terrain soulage le malheur de ceux qui sont sans toits. L'abbé Pierre contacte un brocanteur de Montreuil, nommé Mendelovitz, qui lui a déjà vendu des grandes tentes de l'armée américaine afin d'y loger des familles en attente d'une vraie maison dans les cités d'urgence. Le soir même, le brocanteur accepte et livre la structure en toile vers 17 heures sur le terrain rue de la Montagne-Sainte-Geneviève. Il dresse la grande tente sur la terre mouchetée de neige, avec les compagnons d'Emmaüs emmenés par Paul Desort. Ils installent même une tinette et des batteries pour l'éclairage. Des bottes de foin sont livrées par un agriculteur et répandues en grande quantité sur le sol. À 21 heures, les compagnons partent faire le tour pour inviter les personnes à la rue à se mettre à l'abri. La tente se trouve vite pleine, en une heure, plus de soixante personnes dorment là, dans des conditions difficiles mais bien meilleures que dehors. L'abbé Pierre passe la nuit à leurs côtés.

Les refuges pour les sans-abri en France en 1954

En France, à cette époque, l'opinion générale a tendance à ne pas juger dignes d'intérêt les personnes sans abri que l'on croit responsables de leur situation, dont on pense qu'ils ont choisi leur sort et que l'on désigne sous le seul profil type fantasmé de « clochards ». Peu de structures leur sont réservées.

Il existe quelques accueils de nuit dans les environs de Paris au début de 1954. Ils sont en nombre insuffisants. Dans l'avant-propos des *Chiffonniers d'Emmaüs*, Boris

Simon évoque en 1953 les « asiles, refuges, hospices, institutions, où de nombreuses détresses trouvent accueil. L'Asile de Nanterre est une ville de 5 000 assistés ». La Maison départementale de Nanterre, dont il est question, se compose d'un ensemble de bâtiments qui existent depuis les années 1870. Ils permettent d'accueillir et aussi de soigner un nombre important de personnes en situation de pauvreté et en errance[1]. Les locaux sont situés à l'écart de Paris et sont prévus pour un usage plutôt médical. Début 1954, il s'agit du principal établissement de la banlieue parisienne pour la prise en charge des sans-abri.

Le Secours catholique de Mgr Jean Rodhain est très conscient des problématiques de logement des Français les plus pauvres. Cette organisation pleinement inscrite au sein de l'Église catholique lance et développe de nombreuses initiatives pour y remédier. En 1953, Mgr Jean Rodhain comprend qu'il n'existe dans Paris aucun foyer pour les sans-abri qui soit ouvert en permanence. Le foyer de la Mie de pain est fermé la moitié de l'année et celui de l'Étoile du matin est réservé aux sortants de prison. À Noël 1953, il lance un appel à souscription afin de rassembler des fonds destinés à bâtir un lieu d'accueil à Paris. Il entame le chantier de ce qu'il nomme « cités-secours », des foyers en dur, confortables et modernes, pour les sans-abri, avec un accompagnement social sur place. La cité Myriam dédiée à l'accueil des Nord Africains ouvre au mois de mars 1954 à Montreuil-sous-Bois et la cité-secours Notre-Dame voit le jour à Paris le 21 décembre 1954, avec (notamment) l'appui public de l'abbé Pierre[2].

À Lyon, des personnes sont mortes de froid dans la rue pendant l'hiver 1951-1952. Un asile municipal de nuit fonctionne dans le quartier de Perrache depuis la fin du

1. Il fonctionne toujours aujourd'hui, sous une forme en perpétuelle évolution.

2. Dubrulle Luc, *Mgr Rodhain et le Secours catholique*, *op. cit.*, p. 378-398.

XIXe siècle. Il a été remis en état et réaménagé en 1951. Une équipe de cinq personnes assure toutes les fonctions pour le faire fonctionner. En 1953, il y a 124 places. Les règles d'accueil sont restrictives : il est interdit d'y dormir plus de trois nuits d'affilée et les personnes ne peuvent y retourner avant deux mois. Ces règles s'assouplissent à partir de l'hiver 1954 et l'on prévoit des exceptions en cas de grand froid. L'Armée du Salut dispose aussi d'un lieu d'accueil dans la ville.

Le foyer catholique Notre-Dame des sans-abri ouvre le 24 décembre 1950 au 3 rue Dumoulin à Lyon. Il a été créé entre autres par Gabriel Rousset, un professeur de lettres catholique qui reçoit le soutien de l'abbé Pierre en 1954. Il fonctionne comme accueil de nuit avec l'aide de bénévoles, des conférences de saint Vincent de Paul et de la paroisse de l'université. À partir de 1952, le foyer Notre-Dame des sans-abri s'agrandit avec 140 places, puis 200 en cas d'urgence. Chaque soir ils refusent du monde. Les travailleurs Nord-Africains y sont accueillis dans la mesure où ils ne dépassent pas la moitié de l'effectif total. D'autres structures existent ailleurs pour les accueillir, mais la plupart alternent nuits à l'hôtel[1] et nuits à la rue, de sorte de ne pas dépenser tout leur salaire dans leur logement et de continuer à envoyer de l'argent à leur famille au Maghreb. Un inventaire des profils des personnes accueillies dans le foyer Notre-Dame des sans-abri a été établi et publié dans leur revue, *L'Arche*. Cette typologie sociale des années 1950 révèle une grande diversité de personnes accueillies : personnes âgées sans ressources, travailleurs immigrés, convalescents sortant d'hôpital ou de sanatorium, personnes handicapées mentales non prises en charge ou sortants d'institution psychiatrique, homme

1. En 1954, une nuit dans un hôtel bon marché coûte environ 500 francs (soir l'équivalent de 12 euros en 2022). Le salaire médian des Français s'élève à 27 500 francs (670 euros) par mois.

divorcé ou devenu alcoolique suite à une rupture conjugale et qui a quitté son foyer, détenus récemment libérés, jeunes qui ont quitté la maison quand la maman s'est remise en couple avec un autre homme, etc.[1]

Courbevoie, l'avant-garde

Dimanche 31 janvier 1954, Georges Verpraet a organisé la venue de l'abbé Pierre dans sa paroisse de Courbevoie, au nord-ouest de Paris. Il prend la parole lors du sermon[2] à chacune des six messes du jour (à 7 heures, 8 heures, 9 heures, 10 heures, 11 h 30 et 18 heures) à l'église Saint-Pierre-Saint-Paul. Les sermons de l'abbé Pierre sont impressionnants. Il en existe quelques notes et enregistrements sonores pour en témoigner. On y découvre toute sa verve d'ancien capucin, son talent oratoire convaincant et le ton juste qu'il emploie. Ce sont des sermons enflammés, émouvants, qui s'articulent autour d'une réflexion sur la nécessité de la charité. Pour l'abbé Pierre, la charité du chrétien est une nécessité absolue qui se manifeste d'abord par son sens de la justice. La charité n'est pas un surcroît de générosité, un surplus facultatif débordant d'âmes supérieures. Elle est une nécessité, une justice due aux pauvres. Dieu juge les hommes sur leur capacité à répondre aux détresses qu'ils connaissent et qu'ils peuvent résoudre. Le message de l'abbé Pierre est beaucoup plus sévère quand il s'adresse aux catholiques qu'aux incroyants. Il en appelle à la malédiction, tel un prophète de l'Ancien Testament. Cette sévérité est d'autant plus percutante que l'on sent bien qu'il se l'applique à lui-même. Il est très culpabilisant mais il sonne vrai. Il construit son propos autour

1. Brodiez-Dolino Axelle, *Combattre la pauvreté*, *op. cit.*, p. 249-253.

2. Moment de prédication au cours de la messe catholique, appelé aussi « homélie ». À ce moment de la célébration, le prêtre monte dans une chaire qui surplombe les fidèles au milieu de l'église.

d'un appel à l'action de justice-charité qui touche au cœur, concerne tout un chacun et rend presque impossible de se dérober en gardant une bonne conscience.

Il n'en est pas un seul ici qui n'ait pas dormi dans un lit, cette nuit. Et les pauvres de Jésus Christ, où sont-ils eux ? Vous qui êtes ici, vous seriez incapables d'accueillir parmi vous l'un de ces misérables. D'ailleurs ces misérables ne viendraient pas parmi vous. Ils ne s'y sentiraient pas chez eux. Vous avez fait de la Maison de Dieu, un temple où les déshérités de la vie ne sont pas chez eux. C'est tout juste s'ils oseraient, pour entendre la parole du prêtre, venir sur le parvis et s'accroupir sur les marches.
[...]
À qui la faute ? Vous ne cherchez même pas à le savoir. Mais tout à l'heure, quand vous sortirez de l'église où vous venez de prier, si vous les rencontrez dans la rue, vous vous détournerez d'eux et vous les mépriserez. Vous avez bâti un monde où la multitude ne peut aspirer au bonheur. Que dis-je au bonheur ? Elle ne peut aspirer au minimum vital, au minimum de logement... Vous oubliez la parole de Dieu. Car il est des pages de l'Évangile que nous n'aimons pas lire mot à mot. Ou si quelquefois on vous les rappelle, on le fait avec des commentaires et des images qui ne permettent pas de comprendre et qui évite d'avoir peur.
Le Christ est là muet dans le tabernacle mais il ne se taira pas pour toujours. Un jour il reprendra la parole comme autrefois. Il ne nous demandera pas le compte de nos messes, de nos oboles, de nos prières. Non, ce n'est pas sur cela que nous serons jugés. Ce jour-là, peut-être y aura-t-il plus de place au ciel pour les ivrognes et les prostituées que pour vous.

[…]
Il est bien tard. Mais enfin, il n'est pas trop tard pour essayer de sauver le monde. Je vous le répète, tant que vous ne serez qu'une caricature de l'Église, il n'aura servi à rien au Christ de fonder cette Église et de mourir pour elle[1].

Entre deux messes, le téléphone sonne à la sacristie. Un ami lui apprend qu'une dame est morte de froid boulevard Sébastopol, en plein Paris[2]. L'abbé Pierre et Georges Verpraet connaissent cette dame. Ils l'ont rencontrée lors de la tournée des couche-dehors de la nuit précédente (nuit du 30 au 31 janvier 1954). Ils ignoraient qu'elle était en train de mourir et il n'y avait plus de place dans les lieux d'accueil qu'ils connaissaient[3]. *Les Actualités*, journal documentaire diffusé dans les salles de cinéma, l'avaient même filmée. Elle serrait dans sa main son avis d'expulsion, reçu par huissier de justice, de la mansarde où elle vivait jusque-là. Quand l'abbé Pierre était rentré chez lui, cet ami avait continué sa tournée et il avait fini par accompagner cette femme infortunée jusqu'au commissariat de police où elle est décédée[4]. Elle avait 66 ans.

Dans son sermon, l'abbé Pierre raconte cet horrible drame et explique aux paroissiens le travail des communautés d'Emmaüs, la construction des cités d'urgence et la première tente de dépannage près du Panthéon. Son propos atteint sa cible. Les paroissiens ouvrent grands leur cœur et leur porte-monnaie : ils donnent 750 000 francs[5], ce qui représente une somme inhabituellement élevée pour une quête caritative dans une paroisse en partie populaire.

1. « Sermon de carême », basilique d'Argenteuil, 1954.
2. Coutaz Lucie, *40 ans avec l'abbé Pierre*, *op. cit.*, p. 79.
3. Verpraet Georges, « Au secours des sans-logis, l'insurrection du 1er février », *Fêtes et saisons*, numéro spécial, janvier-février 1955, p. 6.
4. Coutaz Lucie, *40 ans avec l'abbé Pierre*, *op. cit.*, p. 79.
5. L'équivalent d'environ 18 200 euros en 2022.

Le soir du dimanche 31 janvier, l'abbé Pierre dîne dans la salle des mariages de la mairie au milieu d'une assemblée composée de toutes les nuances de l'échiquier politique de cette époque et représentatif de la banlieue parisienne : radicaux, démocrates-chrétiens, socialistes, communistes, catholiques, protestants, francs-maçons, anticléricaux, jeunes et vieux, hommes et femmes, bourgeois et ouvriers, élus et électeurs, associations sportives et musicales, pompiers… L'abbé Pierre martèle son message. Les participants sont convaincus. Ils décident de créer immédiatement le premier Comité d'aide d'urgence aux sans-logis, piloté par Georges Verpraet, et d'ouvrir sur-le-champ un deuxième accueil de nuit dans une salle de patronage[1] de leur ville. L'abbé Pierre, épuisé, reste dormir à Courbevoie chez Georges Verpraet. Un cortège d'une dizaine de voitures accompagnées par le curé de la paroisse part à la recherche des Parisiens sans abri pour les installer au chaud à Courbevoie. Ils ramènent une vingtaine de personnes.

Un précédent : la solidarité avec les sinistrés des Pays-Bas

Le 31 janvier 1953, une catastrophe maritime frappe les Néerlandais et dans une moindre mesure les côtes belges et anglaises. Plus de 80 digues du nord des Pays-Bas cèdent sous les coups d'une tempête historique. Ce raz-de-marée se produit pendant la nuit et surprend les habitants pendant leur sommeil. Les localités de bord de mer sont surprises par la montée des eaux. Des Néerlandais se réfugient sur le toit de leur maison et doivent être évacués à l'aide d'hélicoptères (dont des hélicoptères français).

1. Activités éducatives et de loisirs pour les enfants et les adolescents.

Des centaines de milliers de personnes sont sinistrées. On compte environ 1 800 morts et disparus. 200 000 têtes de bétail périssent dans la catastrophe. De nombreux pays, d'Europe et d'Amérique, s'organisent et viennent en aide aux Pays-Bas. Une impressionnante solidarité internationale se met en place. La France mobilise ses ressources : du matériel civil et militaire est envoyé, des troupes du génie sont mises à disposition pour réparer les digues, des marchandises et des vêtements sont collectés et donnés par les citoyens, les églises et les institutions.

Un an après, on en reparle : le 16 janvier 1954, la presse française publie une lettre de remerciements solennels, adressée par la reine Juliana des Pays-Bas au président de la République Vincent Auriol et à la population française. Elle dit : « Mais quelle consolation de constater qu'avec une spontanéité sans précédent le monde entier a témoigné de sa sympathie à l'égard des sinistrés, sympathie qui s'est traduite partout par des mesures effectives, nous apportant une aide incomparable[1] ! »

Très médiatisé, cet élan de solidarité avec des sinistrés ne pouvait qu'inspirer des observateurs attentifs de l'actualité. Dans sa lettre ouverte du 6 janvier 1954 au ministre Maurice Lemaire, l'abbé Pierre mentionne le mouvement d'entraide avec les Pays-Bas dans le but d'indiquer que le drame des Français peut faire l'objet d'une mobilisation du même type : « À tous ceux-là qui vous disaient : Pour les inondés de Hollande, vous remuez pathétiquement le cœur des Français [...]. Et pour nous ? » Georges Verpraet pense de façon similaire dans son éditorial : « Car c'est une véritable calamité publique, infiniment plus tragique et plus étendue que le raz-de-marée en Hollande [...].

1. « La reine Juliana remercie la France de l'aide apportée aux sinistrés de Hollande », *Le Monde*, 16 janvier 1954.

Cette misère des non-logés et des mal-logés s'était installée par une lente infiltration, non avec la soudaineté des flots[1]... »

L'appel

Lundi 1er février 1954, les services de météorologie nationale annoncent « plusieurs coups de froid » au cours du mois de février. Le thermomètre est descendu à – 15 °C pendant la nuit à Paris. Les températures extrêmes impressionnent les journalistes qui annoncent des données records relevées dans toute l'Europe. Les Français sortent de chez eux emmitouflés, le temps qu'il fait constitue l'un des principaux sujets de conversation.

L'abbé Pierre se réveille à Courbevoie chez Georges Verpraet. Ensemble, ils réfléchissent à ce qu'ils peuvent réaliser à présent. Il faut trouver d'autres moyens, remuer ciel et terre, tant de gens souffrent et se trouvent en danger. Georges propose que l'on passe un nouvel appel à la radio. Il connaît bien Jean Teitgen, le rédacteur en chef du *Journal parlé* de Paris-Inter, radio de la RTF, organisme sous la tutelle du ministère de l'Information. Jean Teitgen (1913-2003) est le frère de Pierre-Henri Teitgen, à cette époque vice-président du Conseil, ancien ministre de l'Information qui a missionné l'abbé Pierre pour sa tournée de conférences en Afrique en 1945. Comme son frère, Jean Teitgen est un résistant multi-médaillé, militant démocrate-chrétien et élu du MRP. Il rétorque que c'est impossible, de plus, l'émission est déjà montée et cet appel n'est pas une information mais un message privé. Par ailleurs, il y a des règles à respecter dans une radio placée sous l'égide de l'État. N'importe quel

1. *Fêtes et saisons*, numéro spécial, janvier-février 1955, p. 2

citoyen, aussi respectable soit-il, ne peut pas, sur un coup de tête, diffuser un texte au cours du bulletin d'information. Georges Verpraet lui répond que peut-être à cause de son refus, demain on apprendra de nouveau qu'une personne est décédée dans la rue. Jean Teitgen hésite, lui demande un petit moment et lui promet de le rappeler. Il en parle à son directeur et parvient à le convaincre. C'est entendu ! Jean Teitgen fera lire l'appel au cours du bulletin d'information de 13 heures.

À 12 h 15, aucun mot n'est encore rédigé. L'abbé Pierre hésite. Il songe dans un premier temps à commencer son message par des remerciements dans le but de stimuler la campagne des billets de 100 francs qui est en cours. Georges Verpraet lui conseille d'écrire carrément un appel au secours, un SOS retentissant. Sur une feuille, l'abbé Pierre écrit la première partie du texte et, sur une autre feuille, au même moment, Georges Verpraet rédige les dernières phrases. Ils se répartissent les tâches : l'abbé Pierre décrit le problème et appelle à l'aide et Georges précise la partie logistique. Il faut se dépêcher. À 12 h 45, ultime limite, ils dictent tous les deux au téléphone, de Courbevoie, leur message à une sténodactylographe de Paris-Inter. « Recommandez au *speaker* d'y mettre le ton ! » réclame-t-il. À 13 heures, les auditeurs de Paris-Inter entendent :

Partie écrite par l'abbé Pierre :

Mes amis, au secours !
Une femme vient de mourir gelée, cette nuit[1] *à trois heures, sur le trottoir du boulevard Sébastopol, elle serrait sur elle le papier par lequel, avant-hier, on l'avait expulsée.*

1. Il s'agit de la nuit précédente, ce qui est un détail de faible importance.

Chaque nuit, ils sont plus de deux mille recroquevillés sous le gel, à la rue, sans toit, sans pain, plus d'un presque nu. Devant tant d'horreur, les cités d'urgence, ce n'est même plus assez urgent !
Écoutez-moi : en trois heures, deux premiers centres de dépannage viennent de se créer : l'un sous la tente, rue de la Montagne-Sainte-Geneviève et l'autre à Courbevoie. Ils regorgent déjà, il faut en ouvrir partout. Il faut que ce soir même, dans toutes les villes de France, dans chaque quartier de Paris, des pancartes s'accrochent sous une lumière dans la nuit, à la porte de lieux où il y ait couvertures, paille, soupe, et où l'on lise sous le titre « centre fraternel de dépannage », ces simples mots : « Toi qui souffres, qui que tu sois, entre, dors, mange, reprends espoir, ici on t'aime. »
La météo annonce un mois entier de gelées terribles. Tant que durera l'hiver, il faut que ces centres subsistent, devant leurs frères mourant de misère, une seule opinion doit exister entre hommes : la volonté de rendre impossible que cela dure. Je vous en supplie, aimons-nous assez tout de suite pour faire cela. Que tant de douleur nous ait rendu cette chose merveilleuse : l'âme commune de la France. Merci ! Merci !

Partie écrite par Georges Verpraet :

Chacun de nous peut venir en aide aux « sans-abri ». Il nous faut pour ce soir, et au plus tard pour demain : cinq mille couvertures, trois cents grandes tentes américaines, deux cents poêles catalytiques. Déposez-les vite à l'hôtel Rochester, 92, rue de La Boétie. Rendez-vous des volontaires[1] et des camions pour le

1. Les bénévoles.

ramassage, ce soir à 23 heures, devant la tente de la Montagne-Sainte-Geneviève.
Grâce à vous, aucun homme, aucun gosse ne couchera ce soir sur l'asphalte ou sur les quais de Paris. Merci[1] *!*

L'abbé Pierre n'a pas le temps de l'entendre à la radio. Georges Verpraet propose qu'ils n'en restent pas là et qu'ils se rendent tous les deux à Radio-Luxembourg. Ils descendent à toute vitesse et se ruent dans la voiture de l'abbé Pierre ; l'émission commence dans une demi-heure. La 4 CV de l'abbé Pierre ne veut pas démarrer. Il fait beaucoup trop froid. Ils se font pousser et partent en trombe. Le compteur de l'abbé Pierre atteint vite les cent kilomètres à l'heure. Il a toujours eu une conduite créative, sportive et à vrai dire effrayante[2]. Sa voiture est anglaise. Le volant est situé à droite, cela lui permet de discuter avec son passager, car il est malentendant de l'oreille droite. L'abbé Pierre grille tous les feux sur cinq kilomètres et se fraie un chemin dans la circulation parisienne d'un lundi midi de 1954. Rue Bayard, se trouvent les studios de Radio Luxembourg. L'abbé Pierre se gare devant la radio, à la place où est planté un panneau « Stationnement interdit ». Quelques instants plus tard, ils sont au micro et prononcent leur message à la radio, chacun lit sa partie, ne pouvant déchiffrer que sa propre écriture.

En 2022, les archivistes de RTL annoncent avoir retrouvé l'enregistrement originel de l'appel radiophonique du 1er février 1954, alors qu'on ignorait qu'il avait été enregistré.. À l'heure où ces lignes sont écrites, il est possible d'écouter librement et à volonté la partie dite par l'abbé Pierre

1. L'anecdote qui veut que l'abbé Pierre n'ait pas prévu d'indiquer de point de rendez-vous pour les donateurs en improvisant son message à la radio est amusante, mais elle est légendaire. Georges Verpraet s'est chargé de cette partie du message, en bon responsable fraîchement désigné du premier Comité d'urgence aux sans-logis.

2. De nombreux passagers en témoignent (dès les années 1940) : Garry Davis, Lucie Coutaz, des bénévoles et compagnons que l'auteur de ces lignes à eu le plaisir de rencontrer à Esteville, etc.

sur le site internet de cette radio. On l'entend s'exprimer avec une voix posée, en articulant bien chaque syllabe, sans effet rhétorique particulier.

Georges et l'abbé Pierre restent ensuite dans le studio pendant cinq minutes sans faire de bruit pour que les *speakers* annoncent les dernières informations du journal. Quand ils sortent du studio, les postes téléphoniques de Radio-Luxembourg sont tous en train de sonner.

Surgissement

Les auditeurs appellent massivement Radio-Luxembourg, ils veulent savoir où envoyer des vêtements, quel est le CCP[1] de l'abbé Pierre, est-ce qu'ils peuvent apporter telles ou telles affaires, etc. Certains proposent d'aider de diverses manières, d'accueillir des enfants chez eux, de mettre à disposition des locaux inutilisés, de filer un coup de main, etc. Les standardistes sont assaillis de questions.

Les deux hommes sont surpris du premier enthousiasme. Ils partent aussitôt au 92 rue de La Boétie, à l'hôtel Rochester, pour voir la propriétaire, Hélène Larmier. Dans la rue, ils aperçoivent des gens qui font déjà la queue devant l'hôtel. Il s'agit d'un grand hôtel de luxe, mais qui n'est pas un palace. L'abbé Pierre ne connaît pas cette femme, ils ne se sont jamais rencontrés. Il découvre les lieux. Hélène Larmier lui a écrit à Neuilly-Plaisance quelques jours plus tôt pour lui proposer dix chambres libres et accueillir des familles pour passer l'hiver. Elle loge déjà trois d'entre elles. Georges Verpraet et l'abbé Pierre ont cité le nom de cet établissement, au culot, sans en référer à l'intéressée au préalable, dans la hâte de l'improvisation de leur message pour la radio. L'hôtel

1. Le numéro du compte bancaire de l'abbé Pierre.

Rochester est le seul endroit dans Paris auxquels ils ont pensé pour recueillir des dons. Très vite une montagne de paquets apportés par des Parisiens s'entasse dans le hall. Le personnel est obligé de faire de la place et de pousser les meubles. Hélène Larmier accueille l'abbé Pierre et Georges Verpraet et leur dit : « Installez-vous ici comme chez vous ! » L'abbé Pierre n'hésite pas : il établit son quartier général dans le bureau de la directrice.

D'abord, il s'agit de trouver une solution téléphonique. Ils ne peuvent pas téléphoner et se trouvent coupés du monde. Quand ils décrochent, le standard est occupé en permanence. Vers 16 heures, ils parviennent à contacter le cabinet du ministre des PTT. Ils demandent trois lignes supplémentaires. Il n'y a pas assez de lignes disponibles, on leur refuse. L'abbé Pierre suggère qu'ils coupent les lignes des coiffeurs pour chiens du quartier et qu'on leur attribue immédiatement. « C'est plus urgent ! » Quelque temps plus tard, des installateurs téléphoniques viennent mettre en place la première ligne supplémentaire, qui sera suivie par une douzaine d'autres. Le téléphone sonne sans arrêt, jour et nuit. Le service de renseignement téléphonique SVP met gracieusement sa plateforme au service de l'aide aux sans-logis. Des étudiants de l'École polytechnique, où l'abbé Pierre a donné une conférence quelques jours plus tôt, se relaient par équipes pour répondre aux donateurs et aux candidats volontaires.

La première personne contactée avec la ligne téléphonique supplémentaire est le président du conseil municipal, Édouard Frédéric-Dupont. Ils lui demandent d'ouvrir des stations de métro afin que les personnes puissent s'y réfugier. Après en avoir conféré avec le préfet de la Seine, la police et la RATP, ils décident d'en mettre quatre à disposition (sur les cinquante demandées) qui se trouvent désaffectées.

À 23 heures, rue de la Montagne-Sainte-Geneviève, la foule se presse. Des Parisiens et des banlieusards se sont donné rendez-vous pour aider l'abbé Pierre au ramassage des personnes à la rue. De nombreux journalistes sont présents. L'abbé Pierre se positionne en hauteur, harangue la foule. Il leur explique le sens profond de ce qu'ils s'apprêtent à effectuer, en voiture ou en camionnette, en arpentant les rues de Paris, à la recherche des malheureux. Sept cent vingt-cinq personnes sont conduites à la station de métro Saint-Martin. De multiples refuges improvisés ouvrent dans la nuit. La solidarité avec les couche-dehors se met en place alors que le thermomètre se trouve très en dessous de zéro.

L'insurrection de la justice

Tous les médias relaient l'appel de l'abbé Pierre. Il fait la une des magazines, il est interviewé à la radio, aux Actualités au cinéma et à la télévision. On voit sa photo en couverture de *Paris-Match*, *Point de vue*, *Images du monde*, *Semaine du monde*... Les quotidiens consacrent, les premières semaines, quasiment un article chaque jour à son action. Par exemple, du 2 février au 10 mars 1954, le journal *Le Monde* publie au moins un article chaque jour (sauf trois) à son sujet puis, à partir du printemps, continue à relayer régulièrement ses actions. L'écho médiatique est sans précédent. L'unanimité est quasi générale. Tout le monde soutient et aime l'abbé Pierre et son action. L'écrivain François Mauriac estime dans *Bloc-notes*, son éditorial hebdomadaire que : « La baguette d'aucune fée n'a jamais, dans aucun conte, créé un tel prodige. C'est un grand moment de l'histoire cordiale de la France. »

Discours de l’abbé Pierre au cinéma Gaumont (1948).

Rencontre avec Charles Chaplin qui donne
un demi million de francs pour aider les sans-abris (1954).

Conférence devant des sans-abris, principalement des étudiants (1954).

Henri Antoine Groues, dit L'abbé Pierre, admire un « mur » de billets donnés à un grand magasin transformé en refuge pour sans-abris (1954).

Le célèbre prêtre bénit une famille britannique qui va faire le tour du monde (1954).

Dans un camp de sans-abris à Challes-les-Eaux (1954).

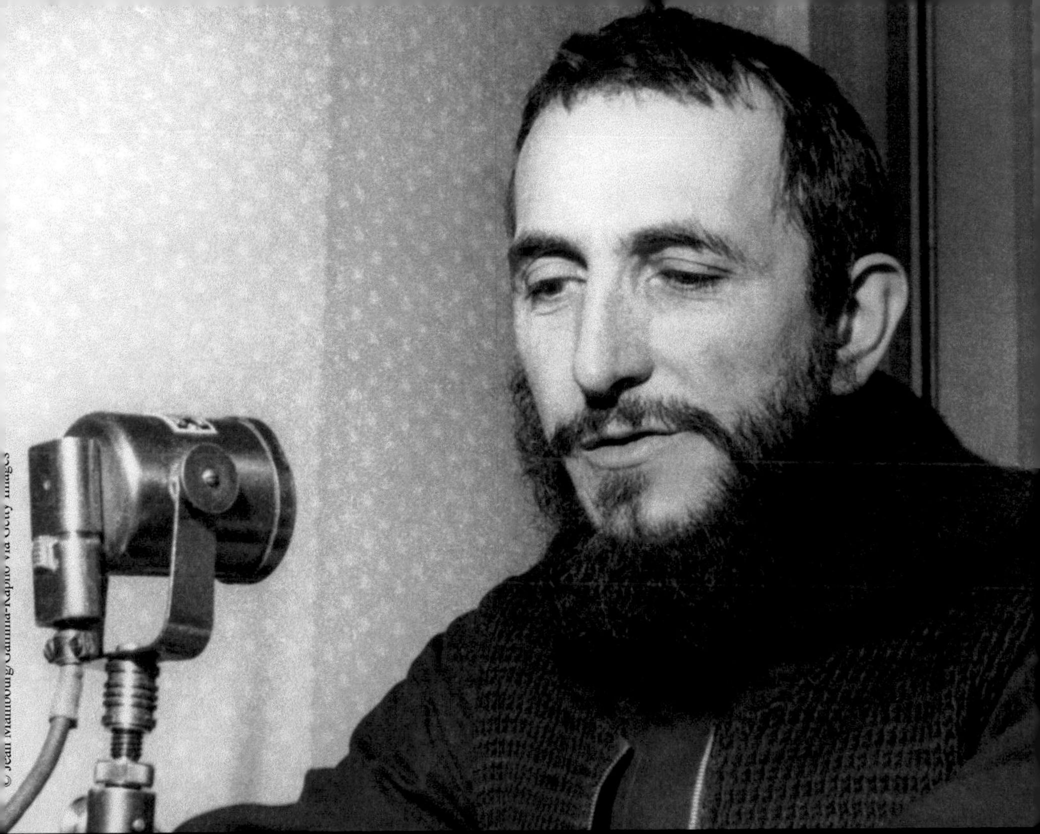

Enregistrement du célèbre appel d'aide aux sans-abris
pour l'édition d'un disque par Pathé-Marconi (1954),

Rencontre à l'ambassade indienne avec Nehru, figure
de proue de la lutte pour l'indépendance de l'Inde (1956).

Avec Jacques Chirac et Daniel Guichard pour l'opération « Noël de l'abbé Pierre » (1984).

Rencontre à Matignon avec le Premier ministre Laurent Fabius (1984).

À l'entrée du groupe Emmaüs 44 (Nantes), maillon de la communauté d' Emmaüs qui lutte contre la pauvreté et l'exclusion (1989).

L'abbé Pierre photographie le Sahara et les monts du Hoggar lors de son séjour dans la retraite du Père Foucauld en Algérie (1992).

À la halte d'Esteville, sa résidence (1992).

L'homme d'Église plongé dans la lecture de la Bible (1994).

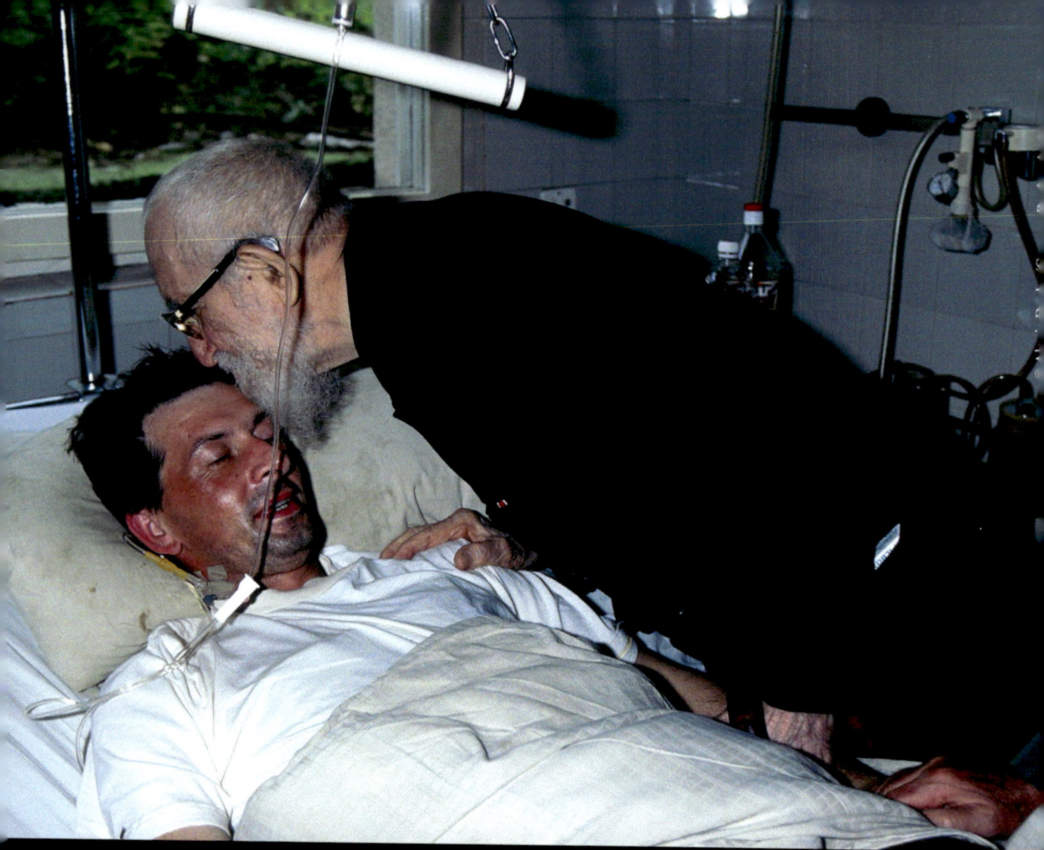

Avec Bernard Kouchner à Sarajevo pendant la guerre de Bosnie (1995).

Dans son bureau de Charenton (1994).

Aux côtés de Michael Lonsdale
dans le spectacle
« Le Bal des Exclus » (1996).

Dès les premiers jours, il est question d'une « insurrection de la bonté », expression que l'abbé Pierre conteste aussitôt en lui préférant d'autres formules, dont celles de « revanche de l'intelligence sur l'absurdité » et plus simplement « insurrection de la justice ».

Assez vite, l'ensemble de la société française se mobilise, à Paris, dans les départements et dans une certaine mesure à l'étranger.

Une frénésie collective d'entraide

Pendant plusieurs semaines, les médias présentent cinq cas par jour, des situations précises décrites sous le titre : « Le SOS quotidien du secours aux sans-logis ». Par exemple, on peut lire dans les éditions datées du 26 février 1954 : « Cas n° 54 : M. Ghersi. Deux enfants sur quatre sont à l'Assistance publique faute de logement. Les parents vivent avec deux des enfants dans une chambre d'hôtel sans eau, ni gaz, ni possibilité de chauffage. » Et au bas de l'article figure la solution : « Adresser les offres de locaux, dons en espèces ou en nature à l'hôtel Rochester, 92, rue La Boétie, Paris (8e). C.C. postal abbé Pierre, Paris 4537-20. »

La salle des congrès de la Mutualité, dans le 5e arrondissement, est aménagée pour accueillir cinq cents personnes. Les quatre stations de métro sont pleines. Très vite, environ quarante lieux d'accueil ouvrent à Paris et en banlieue. Le Secours catholique s'associe à l'action en mettant à disposition son car médicalisé. L'Institut catholique loge deux cents personnes. Les lycées ouvrent leurs salles aux sans-logis. D'autres lieux sont transformés en centres fraternels de dépannage : des gymnases, des dispensaires, des mairies, des salles de prétoire, des associations protestantes, deux églises catholiques parisiennes ouvrent leurs portes… Les postes de police parviennent finalement à libérer de la place et se transforment en lieux accueillants (ce qui fera beaucoup rire le *Canard enchaîné*). Des hommes politiques et des représentants de l'autorité publique passent visiter les Centres fraternels de dépannage. Le préfet de la Seine évalue à 3 600 le nombre de personnes accueillies à Paris et alentours.

Dans la quarantaine de Centres fraternels de dépannage un constat identique est établi : les personnes accueillies ne sont pas toutes des « clochards », loin de là et les observations concordent avec ce que nous avons détaillé plus haut dans d'autres lieux. Les responsables des centres échangent sur ces questions tous les soirs à 19 heures au cours de leur réunion quotidienne dans les salons du rez-de-chaussée de l'hôtel Rochester. Ils parlent aussi de tous les autres problèmes : la discipline, la désinfection des abris, le vidage des tinettes, la mise en place de douches, la distribution de vêtements, l'approvisionnement en nourriture… Même si les centres sont conçus au départ comme de simples refuges pour dormir, certaines personnes arrivent affamées. Cette dernière problématique trouve une solution avec l'appui du secrétaire d'État aux Affaires économiques, le docteur Bernard Lafay : 85 restaurants sociaux de Paris offrent à manger gratuitement aux hébergés. Les camions radios de l'Office public d'hygiène sociale effectuent le tour des centres. Des médecins travaillent une partie de la nuit et procèdent à des dépistages. Le taux de malades qui s'ignorent s'avère très élevé. À un tel point que le ministère de la Santé promet de rouvrir un sanatorium par manque de places dans les hôpitaux existants. Des personnes sont accueillies parfois jusqu'à 2 heures du matin.

Défi logistique

L'hôtel Rochester est en effervescence. Les lignes d'autobus sont détournées afin qu'elles ne passent plus par la rue de La Boétie qui se trouve perpétuellement embouteillée. Des agents de police montent la garde en permanence devant la porte. Quartier général de la mobilisation, il doit être régulièrement vidé car s'entreposent dans le hall de grandes quantités d'affaires apportées par des citoyens en files ininterrompues : couvertures, matelas, linge, provisions, poêles, mobilier, paquets de cigarettes, vêtements... Les donateurs sont de toutes sortes. Par exemple, la Fédération des Sociétés juives de France apporte un lot de couvertures. Des personnes âgées envoient leur budget de tabac du mois. Des malades de longue durée adressent des lettres touchantes accompagnées d'un chèque. Une petite fille de 14 ans offre ses 10 000 francs[1] d'économie accumulés pendant trois ans pour s'acheter un vélo. Des dames ont apporté leurs bijoux. Une autre a même laissé son manteau de fourrure, qui sera vendu plus tard dans une boîte de nuit des Champs-Élysées. Des prêtres ont offert des calices[2]. De pauvres gens se contentent d'envoyer quelques timbres. Les deux valises d'un client américain venu loger à l'hôtel Rochester sont renversées par mégarde sur la pile de dons ; les volontaires l'ont pris pour un donateur.

Au bout d'une semaine, ils utilisent trois étages entiers, puis l'établissement est utilisé dans sa totalité, avec l'accord d'Hélène Larmier. L'abbé Pierre a transformé la chambre 412 en bureau de commandement. Il reçoit énormément de rendez-vous et parmi eux de nombreux journalistes qui l'enregistrent et le filment. Il ne peut

1. L'équivalent d'environ 240 euros en 2022.
2. Coupe contenant le vin au cours de la messe catholique.

quasiment plus sortir, sauf pour dire sa messe quotidienne dans une chapelle de l'église du quartier Saint-Philippe-du-Roule. Un médecin lui administre de temps en temps une piqûre pour qu'il tienne le coup. Lorraine, la femme du chanteur Johnny Hess, connu pour son duo avec Charles Trenet, assure le secrétariat temporaire de l'abbé Pierre à Paris, tandis que Lucie Coutaz gère celui de Neuilly-Plaisance.

Le défi logistique s'avère titanesque. Il faut gérer le ravitaillement, le transport, le stockage et le tri, les relations avec les médias, les relations avec les hommes politiques, les télécommunications, les volontaires, les comités locaux d'urgence aux sans-logis, les questions de santé, les finances, les Centres fraternels de dépannage, les demandes d'aide, etc. Une sorte de gouvernement de la France solidaire se met en place par nécessité, avec l'abbé Pierre comme président.

Volontaires

Les volontaires débordés ne dorment que quelques heures par nuit. Des réunions prévues à 23 heures commencent à 3 heures du matin. Tout le monde « se sent comme happé par l'événement », observe Georges Verpraet qui évoque « des journées extraordinaires d'intensité et d'enthousiasme »[1].

La main-d'œuvre est composée de nombreuses personnes de tous horizons qui se sont mobilisées. Certains s'impliquent trois semaines sans rentrer chez eux. Il arrive même que des journalistes venus faire un article restent pour donner un coup de main. Des personnes demandent un congé de plusieurs jours à leur entreprise pour se mettre

1. *Fêtes et saisons*, numéro spécial, janvier-février 1955, p. 13.

à la disposition de l'abbé Pierre ou des comités locaux dans les différentes villes de France. Des commerçants et des artisans ferment leur commerce et leur atelier pour devenir volontaires. D'autres qui s'apprêtaient à partir en vacances les annulent pour s'engager aussitôt.

Pendant ce temps-là, environ quatre-vingt bâtisseurs et cent-vingt biffins et chiffonniers d'Emmaüs continuent leur modeste travail comme auparavant sur les chantiers et les tas d'ordures de Seine-et-Oise et de Seine-et-Marne. L'immense collecte en cours ne ralentit pas l'activité des débuts. Le gros des communautaires n'est pas transféré à Paris pour prêter main-forte à l'insurrection. Humblement, ils continuent de récupérer, fabriquer des parpaings et bâtir des maisons dans les cités d'urgence.

Le courrier de la solidarité

Les lettres et les chèques affluent. Il y a des lettres de dons et des lettres de demandes. Dès la première semaine, il faut mettre en place une organisation capable d'ouvrir et de traiter les 50 000 lettres reçues, à l'hôtel Rochester ou à la maison Emmaüs de Neuilly-Plaisance. La Poste est débordée. À Neuilly-Plaisance, le bureau de poste doit demander du renfort et reçoit l'aide de suppléants venus d'autres départements. Dans l'hôtel Rochester, un volontaire se charge de la tâche colossale qui consiste à répartir le courrier par catégories. Un bureau d'assistantes sociales est mis en place pour répondre au courrier social et un bureau de juristes travaille gratuitement pour répondre aux demandes juridiques, etc. L'abbé Pierre estime à 300 000 le nombre de lettres reçues en deux mois. Il est destinataire de centaines de courriers et de dessins d'enfants. De nombreuses lettres de détresse lui parviennent également.

Les gens formulent des demandes de toutes sortes et pas seulement de logements. Certaines personnes écrivent à l'abbé Pierre comme on s'adresse à un saint omnipotent dédié aux causes désespérées. Leurs messages montrent qu'ils accordent au fondateur d'Emmaüs une capacité de compréhension et de résolution des difficultés proche de l'irrationnel. Le mythe abbé Pierre a pris son plein essor.

Des besoins immenses

Georges Verpraet estime à plus de 10 000 à Paris ceux qui souffrent d'une grande pauvreté tout en ayant un toit sur la tête et qui sont venus demander de l'aide. Le nom de l'abbé Pierre a soulevé un immense espoir dans le cœur des pauvres gens. Des personnes font la queue devant l'hôtel Rochester car ils ont faim et ils ont froid. Certains matins, dès l'aube, ils sont déjà une centaine à attendre sur le trottoir de la rue La Boétie. Une partie du travail du bureau des assistantes sociales consiste à les orienter vers d'autres institutions et à les dépanner à court terme. Les demandes d'emploi sont tellement nombreuses qu'un accord est conclu avec le ministère du Travail afin d'ouvrir un bureau spécial place d'Italie. Le fichier d'offres d'emploi de l'administration est mis en commun avec celui de l'hôtel Rochester où des employeurs viennent directement déposer des annonces.

Un sous-préfet, Jacques Solier, est missionné pour faciliter les relations avec l'administration. Il assume la difficile mission de jongler entre les différents services et les responsables politiques concernés. Il obtient par ailleurs la gratuité du transport par la SNCF des colis de moins de 50 kilos destinés aux comités de secours d'urgence aux sans-logis.

Ressources et message

Des mandats et des chèques parviennent en grande quantité. Un jour, il faut endosser 1 800 chèques parvenus directement ou par courrier à l'hôtel Rochester. L'abbé Pierre obtient de la Banque nationale du commerce et de l'industrie (BNCI) de pouvoir apposer un tampon au lieu de signer les chèques. La BNCI installe même un guichet à l'intérieur de l'hôtel. Les chèques représentent des petites sommes envoyées par des gens modestes, mais aussi des sommes plus importantes, résultats de collectes effectuées par des collègues dans leur entreprise, des commerçants dans leurs quartiers, des forains, des artisans, des membres de syndicats professionnels, du personnel de ministères et d'administrations, des ouvriers dans leurs usines, des professeurs, des écoliers, etc.

Dès le 5 février 1954, l'abbé Pierre donne une conférence de presse au palais d'Orsay et dresse un premier bilan de son action : 150 millions de francs[1] et 120 tonnes de linge et de vêtements ont été récoltés en une semaine. Cela représente 10 000 couvertures, 8 000 vestes, 6 000 manteaux et 5 000 paires de chaussures, dit l'abbé Pierre. Au cours de la soirée, plusieurs délégués de banques, d'usines et de ministères lui remettent des chèques correspondant aux collectes effectuées dans les bureaux et les usines. Un enfant apporte même sa tirelire sous les applaudissements. L'abbé déplore que le gouvernement ait refusé, il y a quelques jours, un milliard de francs pour les cités d'urgence, alors qu'à présent le ministre décide de dégager les crédits pour l'édification de 12 000 logements d'urgence. Pour lui, la construction de maisons est la vraie priorité et c'est à l'État de s'en charger. Il ne cesse de répéter : « Pour relever tant de misères, il serait aussi absurde de vouloir y faire face sans le secours de

1. L'équivalent d'environ 3,6 millions d'euros.

l'État que de laisser à l'État le soin d'y faire face seul. » Les fondateurs de mouvements de lutte contre la misère, contemporains de la création d'Emmaüs, que ce soit Mgr Rodhain avec le Secours catholique ou le père Joseph Wresinski avec ATD[1] Quart-Monde, ont tous exprimé la même conviction : l'action caritative privée ne suffit pas. Elle sert à montrer l'exemple et à inciter les pouvoirs publics à résoudre les difficultés des personnes en situation d'exclusion.

Dimanche 7 février 1954, l'abbé Pierre donne un grand meeting au Gaumont-Palace, place de Clichy à Paris, au cours duquel est projeté le reportage montrant la dame qui est morte de froid boulevard Sébastopol. Il s'agit du premier grand rassemblement public, suite à l'appel radiophonique. Six mille personnes se pressent pour écouter le message de l'abbé Pierre dans le plus grand cinéma d'Europe. Il présente à la foule son premier bilan de l'insurrection qui va encore se prolonger plusieurs semaines.

Le 9 février 1954, le président du Conseil, Joseph Laniel, reçoit l'abbé Pierre à Matignon. Celui-ci tient à le rassurer car des rumeurs lui sont parvenues : il se dit dans les couloirs des ministères que certains redoutent que l'abbé Pierre ne prenne le pouvoir en France ! « Nous n'avons pas d'autres ambitions que d'être la puce qui fait circuler le sang de l'administration… Faire entendre la voix des hommes sans voix », dit l'abbé Pierre. Quelques jours plus tard, le 3 mars, l'abbé Pierre se rend à l'Élysée pour rencontrer le président de la République, René Coty.

Vedettes

De leur côté, des personnalités célèbres se montrent généreuses : la reine Élisabeth de Belgique, des hommes

1. Aide à toute détresse, devenue Agir tous pour la dignitéL

politiques comme Charles de Gaulle, Albert Sarraut (ancien gouverneur de l'Indochine et ex-président du Conseil des ministres) et Vincent Auriol (ancien président de la République), des ecclésiastiques comme le cardinal Liénart (président de l'Assemblée des cardinaux et archevêques de France), des militaires comme le général Monclar (plus haut gradé de France), des artistes tels Yves Montand, Michel Simon et Charles Trenet (qui achète 1 750 000 francs[1] un tableau représentant l'abbé Pierre par le peintre Georges Rouault), etc. Sans compter tous ceux, tout aussi célèbres, qui réussiront à garder leur don anonyme. Johnny Hess, qui a fait carrière en chantant en duo avec Charles Trenet, compose la musique de la chanson *Y'en a pour tous, quand y'en a pour un*. Le livret est vendu avec la tête de l'abbé Pierre en médaillon. La société Pathé-Marconi enregistre un message de six minutes de l'abbé Pierre et vend le disque dans la rue au profit d'Emmaüs. À la prestigieuse galerie Charpentier, se tient une vente aux enchères de tableaux offerts par de grands maîtres tels Bernard Buffet, Georges Braque, Marc Chagall, Henri Matisse, Kees Van Dongen, Jacques Villon… Le musée Grévin présente au public sa statue de cire de l'abbé Pierre. Un gala avec une soixantaine de vedettes de la chanson et du spectacle se produit le 8 février 1954 à Paris à la Gaîté-Lyrique.

L'artiste le plus connu qui participe au mouvement se manifeste un peu plus tard dans l'année : Charlie Chaplin donne 2 millions de francs[2] à l'abbé Pierre le 14 octobre 1954 lors d'une rencontre à l'hôtel Crillon à Paris. Une foule et une grande quantité de journalistes se pressent pour immortaliser l'événement qui a un écho international. La rencontre a été abondamment photographiée et filmée.

1. L'équivalent d'environ 42 500 euros en 2022.
2. L'équivalent d'environ 48 600 euros en 2022.

Les deux hommes se donnent une chaleureuse accolade et discutent ensemble pendant un moment. Ils se sont déjà rencontrés à Chicago quand l'abbé Pierre était député et militant fédéraliste mondial. La somme d'argent offerte à l'abbé Pierre correspond à une partie du Prix mondial de la paix reçu par Charlie Chaplin en 1953. Ce prix émane du Conseil mondial de la paix, d'obédience communiste (en lien avec les différents mouvements de la paix dans le monde). L'abbé Pierre sait parfaitement justifier l'acceptation de ce don : l'objectif est d'anéantir la misère par (presque) tous les moyens.

Toute la France

Dans toute la France, la mobilisation est intense. À La Rochelle, des collectes de charbon sont effectuées pour alimenter les poêles à bois des personnes qui ne peuvent plus se chauffer. Sur le même principe, à Blois et dans les environs, les scouts et le clergé organisent des collectes de porte en porte, avec un tracteur et une remorque, pour récupérer du charbon et le livrer aux nécessiteux. À Troyes, la mobilisation est intense : ouverture et équipement de quatre centres de dépannage, mise en place de repas, distribution de vêtements, de bois et de charbons, collecte de fonds et tournées auprès des personnes âgées[1]. Près de Valenciennes, des salariés d'une entreprise de matériaux de construction (Eternit à Prouvy-Thiant) s'engagent à travailler chaque jour une heure de plus pour fournir gratuitement des plaques ondulées pour la construction des cités d'urgence (elles serviront à la cité de Noisy-le-Grand). Les invalides de guerre de la communauté d'Oublaise dans

1. Humbert Jean-Louis, « Les cités d'urgence à Troyes (1954-1955), une réponse à la crise du logement », *Société académique de l'Aube, Mémoires 2012*, [Société Académique de L'aube, 2012], p. 121-122.

l'Indre proposent de construire des meubles, des portes et des encadrements de fenêtres pour les futures maisons. Dans la banlieue d'Angers, une commune met en place un scrutin solidaire et humoristique : les conseillers municipaux organisent une journée semblable à une élection, à la mairie, avec des isoloirs et une urne ; les habitants sont invités à y déposer leur enveloppe dans laquelle ils placent un chèque ou des billets de banque pour l'abbé Pierre, au lieu d'un bulletin de vote. Le second degré paie : l'élection rapporte 100 000 francs[1].

Des comités d'urgence aux sans-logis s'organisent dans la plupart des villes de France qui recensent les besoins en logements, interrogent les pouvoirs publics, informent les citoyens par l'intermédiaire des médias, organisent des collectes, mettent en coordination et soutiennent les structures d'aides déjà en place. Le travail accompli permet l'ouverture de foyers pour des familles, le début de la construction d'accueils pour les sans-abri et de multiples cités d'urgence.

Opération débarras

Dès le 9 février 1954, l'abbé Pierre lance l'« opération débarras ». Des étudiants de Polytechnique se chargent d'en assurer la coordination. Elle consiste à ratisser les quartiers de Paris pour récupérer les affaires que les gens veulent donner. Chaque matin, environ 700 volontaires se rassemblent et montent dans les camions mis à disposition avec leur chauffeur par l'armée et le BHV. Les tout nouveaux chiffonniers vident un maximum de chambres de bonnes ou de pièces inoccupées afin d'y loger des familles. Le ramassage est un grand succès.

1. L'équivalent d'environ 2 430 euros en 2022.

Des tonnes d'affaires sont ainsi récupérées : meubles, bibelots, métaux, papier, vêtements... Cependant, seules 350 chambres de bonnes sont ainsi mises à disposition ou louées, alors qu'il en existe des dizaines de milliers d'inoccupées à cette époque. Des grands ramassages se produisent dans Paris et dans les communes des alentours avec l'aide de la population. Scouts, patronages, municipalité, établissements scolaires prêtent main-forte, créant des encombrements dans les rues avant que les camions ne passent récupérer les affaires descendues des immeubles.

Orsay, gare de l'espoir

L'hôtel Rochester ne suffit pas pour stocker tous les dons. Dès le premier jour, Georges Verpraet cherche un lieu beaucoup plus vaste et demande qu'on mette à disposition la gare d'Orsay. Située en plein centre de Paris, au bord de la Seine, elle a servi au rapatriement des prisonniers de guerre en 1945. Peu de trains y circulent encore, quelques camions y stationnent. Elle dispose de vastes espaces vides. Cette gare est devenue depuis le musée d'Orsay. L'abbé Pierre négocie avec le ministère des Transports. Après quatre jours, il finit par obtenir gain de cause. Dans une partie du grand hall où sont positionnés aujourd'hui les grands chefs-d'œuvre de l'art français du XIXe siècle, on peine à se figurer les quantités industrielles de matériels qui ont été entreposées en 1954 par les volontaires des opérations débarras et les parisiens venus en aide aux sans-logis. Une banderole verte marquée « Gare de l'espoir – Paris vous aide » est accrochée au-dessus d'une entrée.

Jean Deroubaix est un industriel de Lille. Il a quitté sa ville et sa famille pour se rendre en vacances aux sports d'hiver dans les Alpes. Passant par Paris, il se rend au meeting de l'abbé Pierre et en ressort convaincu. Il annule son séjour au ski pour se mettre au service de l'insurrection de la justice. En plus de ses compétences professionnelles, il est capitaine de réserve dans le train des équipages (logistique militaire). L'abbé Pierre lui confie la direction de la gare. Il y vit sur place en permanence avec une équipe de volontaires et quelques compagnons venus en renfort, formant une communauté de style quasiment militaire. On le nomme « Capitaine Jean ». Plus tard, il créera la première communauté d'Emmaüs en dehors de la région parisienne, à Wambrechies au nord de Lille, et apportera son soutien à l'abbé Pierre dans la structuration du mouvement Emmaüs.

Une partie des dons sert à équiper directement les personnes pauvres et une autre partie est vendue. Dans la gare d'Orsay des commissaires-priseurs mettent aux enchères des lots entiers qui ont été triés : chapeaux, bicyclettes, postes de radio, parapluies, statues religieuses, baignoires… L'État lui-même renonce à ses droits d'adjudication.

Devant l'afflux des dons, la gare d'Orsay ne suffit pas. Il faut utiliser d'autres lieux qui sont généreusement mis à disposition : le hall 58 du Parc des expositions de la porte de Versailles, une usine désaffectée de l'île de Bougival, des emplacements provisoires à la gare de la Chapelle, au quai de Javel, à la porte Maillot, à Arcueil, à Enghien, à Issy-les-Moulineaux (ministère de l'Air)… Sur ces sites, des milliers de tonnes de marchandises et de matériaux transitent en quelques semaines. Il faudra des mois pour trier tous les dons.

Le consul de France à Los Angeles annonce au secrétaire d'État aux Affaires étrangères, Maurice Schumann, qu'une opération débarras est en cours en Californie. Des Américains effectuent un ramassage sur le modèle de ce qui se pratique en France. Un cargo se charge même d'assurer le transport gratuit des affaires collectées jusqu'au Havre[1].

La guerre à la misère

Les tournées de conférences s'enchaînent à Paris puis dans d'autres villes de France, comme à Angers (15 000 personnes), à Lyon (3 000 personnes), à Lille (6 000 personnes), à Grenoble (6 000 personnes), à Laon (6 000 personnes), à Genève (10 000 personnes) et dans des lieux plus petits, églises, bourses du travail, salles des fêtes, théâtres, dans de nombreuses localités de France puis à l'étranger. L'abbé Pierre répète son discours : « Chaque personne doit se considérer comme mobilisé au service de la campagne nationale du logement. » Il appelle à un service civil volontaire pour mener « la guerre à la misère ». Des centaines de jeunes sont invités à s'engager. Ils sont nombreux à retourner les fiches d'inscription distribuées à la sortie des conférences. Des jeunes étrangers s'inscrivent également pour participer à la mobilisation. Devant la difficulté à encadrer ce mouvement, ils sont pour la plupart orientés vers d'autres associations et institutions, en dehors d'Emmaüs. Le message de l'abbé Pierre dépasse les frontières politiques, confessionnelles, sociales et nationales. Le rayonnement de sa mobilisation atteint une grande partie de la société.

Les collectes au cours des conférences sont effectuées avec de grandes bassines, des poubelles ou des couvertures tendues qui circulent au milieu du public. Parfois les gens y déposent leurs bijoux, regrettant de n'avoir pas assez pris d'espèces. L'argent est ensuite distribué aux comités locaux

1. *Fêtes et saisons*, numéro spécial, janvier-février 1955, p. 18.

d'urgence aux sans-logis ou aux associations déjà investies sur le terrain aux côtés des mal-logés. Dans de nombreuses villes de France apparaissent peu à peu des cités d'urgence, quartiers composés de petites maisons fabriquées rapidement et à moindre coût. Elles sont à l'initiative des comités d'aide aux sans-logis, formels ou informels, dans lesquels on trouve des élus de la commune, des notaires, des journalistes, des patrons d'entreprises, des prêtres, des syndicalistes, etc. Prévues pour ne pas durer, certaines ont abrité plusieurs générations d'habitants, dans des conditions parfois difficiles. Il en existe encore aujourd'hui (à Angers, à Troyes…). D'ailleurs, on trouve de temps en temps dans la presse régionale des articles indiquant la destruction de « la dernière cité de l'abbé Pierre ».

Des cités d'urgence aux logements de première nécessité

Le 4 février 1954, le gouvernement et le Parlement accordent un budget de 10 milliards de francs pour un programme de construction de 12 000 logements de première nécessité, moitié en région parisienne et moitié dans le reste de la France. Ce budget correspond à dix fois la somme demandée par Léo Hamon en décembre 1953. L'idée a fait son chemin… Des dispositifs réglementaires sont adoptés et un concours d'architectes est lancé.

Le terme retenu par les pouvoirs publics est « logement de première nécessité » et pas « cités d'urgence ». De nombreux débats agitent les hommes politiques et les acteurs du logement social à ce propos, tels que les membres de la Commission de la reconstruction de l'Assemblée nationale ou le président du conseil d'administration de l'office des HLM de la Seine. Des craintes s'expriment à l'Assemblée et dans les journaux que soient construits des logements trop vite et mal conçus, qui deviennent de mauvais logements à peine inaugurés, regroupant des populations défavorisées dans des endroits sous-équipés et mal aménagés. Les plus critiques redoutent que les fonds publics servent à bâtir des « taudis neufs », des « baraques de Buchenwald » et que les quartiers deviennent de « nouvelles zones » à peine terminés.

Maurice Lemaire le dit bien : « Ces logements de première nécessité seront des logements comme les autres où on pourra abriter dans des conditions honnêtes la famille française. Ce ne seront ni des baraques, ni des abris provisoires[1]. » Il précise que ces habitations ont vocation à accueillir deux types de personnes : des jeunes ménages avant qu'ils ne puissent mieux gagner leur vie et s'installer dans des logements de meilleure qualité et des retraités des classes populaires qui n'ont plus besoin de résider dans la maison familiale devenue trop grande et trop chère une fois les enfants partis.

D'ailleurs, on observe une évolution dans les termes employés par l'abbé Pierre lui-même qui montre qu'il prend assez vite conscience des problèmes qui peuvent naître de la construction de logements de transition : les habitants risquent d'y demeurer longtemps et le provisoire se transformer en quasi définitif. L'abbé Pierre précise en mars 1954 : « Ces logements ne sont pas des taudis neufs, ce sont de véritables belles villas conformes à la définition que nous avons donnée du logement d'urgence, c'est-à-dire un logement pas provisoire, du définitif, mais sommaire et perfectible[2]. » Les cités d'urgence portent dans leur dénomination même les problèmes qu'elles peuvent engendrer. Dans la construction, l'urgence à bâtir rentre en contradiction avec la qualité minimum nécessaire à une habitation.

1. Journal télévisé de la RTF du 22 février 1954.
2. Reportage audio de Clara Candiani, 12 mars 1954.

La cité de la Joie

Le 8 février 1954, le chantier de la cité de la Joie démarre au Plessis-Trévise. L'abbé Pierre n'attend pas d'avoir reçu l'argent public du Crédit foncier (avance habituelle de 80 % du coût des travaux) pour ordonner le démarrage des constructions. Cinquante et un logements sont bâtis avec l'argent de la collecte en un temps très court. Ce sont des petits pavillons mitoyens avec jardin, construits en épi. Le système de construction permet de réaliser des économies en n'utilisant qu'un seul réseau de canalisations pour tout un bloc de maisons. Ces maisons sont inaugurées en présence de Maurice Lemaire le 30 avril 1954. La construction de la cité est prévue en deux temps. La dernière tranche est mise en service le 15 novembre 1954, avec 250 logements en totalité. L'abbé Pierre est alors malade. Il quitte tout de même son hôpital. Le jour de l'inauguration, en présence de Robert Buron, il est obligé de rester dans la voiture, d'où il prononce tout de même un discours. Il tient à faire savoir qu'Emmaüs a financé 100 % du chantier. « Nous allons recevoir la semaine prochaine du Crédit foncier un remboursement de 94 millions. Si nous avions attendu l'aide de l'État pour commencer, au lieu d'inaugurer ces logements aujourd'hui, nous aurions posé la première pierre la semaine prochaine[1]. »

À cette date, 250 autres logements se trouvent en construction sur trois sites de la région parisienne, chantiers pilotés par la société anonyme HLM Emmaüs[2] créée le 19 février 1954, dont les statuts ont été déposés le 25 janvier 1954, soit avant l'appel du 1er février.

1. *Fêtes et saisons*, numéro spécial, janvier-février 1955, p. 31.
2. Aujourd'hui Emmaüs habitat.

En février 1955, l'abbé Pierre revendique 3 650 logements construits et lancés, certains déjà en service et d'autres prévus pour la fin de l'année.

Camps de transit

Le 17 février 1954, porte d'Orléans à Paris, le Secours catholique installe un Centre fraternel de dépannage appelé « Cité-secours » sous 18 tentes chauffées par rayons infrarouges pouvant accueillir 200 personnes à la fois. Il fonctionne pendant neuf mois et accueille 4 142 hommes et 858 femmes pour 70 000 nuitées. Par ailleurs, l'organisation de Mgr Rodhain soutient financièrement des centres d'accueil plus petits liés aux paroisses.

Au fur et à mesure que le mois de février avance et que le thermomètre remonte, il faut rendre à leur usage habituel les lieux qui n'ont été que provisoirement ouverts aux sans-logis. La salle de la Mutualité doit reprendre ses meetings politiques, les gymnases leurs activités sportives, etc. L'abbé Pierre fait pression auprès de l'Assistance publique pour qu'elle prête des terrains afin d'installer tous les malheureux qui sont évalués à 2 500 personnes et sont susceptibles de se retrouver de nouveau à la rue avec le dégel. Devant l'insuccès des démarches entreprises, le Secours d'urgence aux sans-logis se lance dans l'occupation illégale d'un terrain porte de Vanves. Ils installent sur une plaine un camp de dix grandes toiles de tente prêtées par Électricité de France (EDF). Six cent quarante personnes sont accueillies sous la responsabilité de Fernand, un couche-dehors lui aussi, jusqu'à l'été quand EDF récupère ses tentes pour ses camps de vacances pour enfants.

D'autres camps provisoires s'installent aux abords de Paris, à la porte de Briançon, de Saint-Ouen et dans la ville, à la mairie du 17e arrondissement, à Bolivar… L'abbé Pierre cherche d'autres solutions pour ne pas abandonner toutes les personnes qui n'auront pas de solution quand les camps devront être démontés. Pour cela, il achète un grand terrain à Noisy-le-Grand, à 10 kilomètres à l'est de Paris, 77 rue Jules Ferry, au lieu-dit Château-de-France.

Épinglez-le vous-même

Dans le grand magasin Printemps à Paris, une exposition est présentée au public du 19 février au 6 mars 1954. Celle-ci s'étend sur deux grandes salles qui permettent de découvrir l'histoire et le travail d'Emmaüs, les cités d'urgence et les communautés de chiffonniers, à l'aide de textes, de slogans, de photos, de dioramas et d'une maquette de grande taille présentant le chantier en cours du Plessis-Trévise, la cité de la Joie. L'inauguration se déroule en présence des architectes Pierre Dufau et François Spoerry qui ont apporté leur contribution au projet immobilier en inventant deux modèles de maison. Le message de l'abbé Pierre y est mis en valeur dans une scénographie très élaborée. À l'entrée, une maquette de 28 m^2 représente une maisonnette quasiment grandeur nature. Un écriteau indiquant « Épinglez-le vous-même » invite les clients à fixer leur billet de 100 francs au profit des cités d'urgence de l'abbé Pierre. La maison se couvre de centaine de billets.

De multiples actions destinées à toucher le grand public voient le jour. Un cirque théâtre part en tournée pour présenter des spectacles théâtraux inspirés d'œuvres littéraires en relation avec Emmaüs et l'abbé Pierre. Ce projet ne remporte pas le succès attendu et doit s'interrompre au bout de deux mois, fin mai 1954. En revanche, l'exposition itinérante « Muséobus », qui circule dans toute la France du 28 avril au 2 octobre 1954, est un succès. Un grand camion aménagé, que l'on peut visiter comme un musée, permet de découvrir les combats de l'abbé Pierre. Sur le flanc, on peut lire : « Les Français veulent des maisons. Exposition : d'Emmaüs aux cités d'urgence ». Il visite 45 villes et permet d'informer tout en récoltant des fonds. Trois cent cinquante mille Français découvrent cette exposition.

L'abbé journaliste

La revue *Faim et soif* sort son premier numéro le 18 juin 1954, tiré à 100 000 exemplaires. Le premier éditorial est signé par l'abbé Pierre, son créateur : « Il faut, croyons-nous, dire plus fort que jamais, beaucoup de détresses qui ne se disent pas. » Il précise le sens du titre : « Toutes les faims et toutes les soifs : celle de justice et celle de pain, celle de paix et celle d'amour. » Son but est clair : « Elle n'a d'autre ambition que d'être la voix des hommes sans voix, de ceux que la douleur réduit au silence, la voix qui montre ce qui est, ce qui se peut, ce qu'il faut faire, ce qui doit se dire… »

D'une grande qualité de textes et d'illustrations (elle comprend de magnifiques photos, surtout de 1954 à 1959), cette publication est bimestrielle. Le problème du logement y est central. On y trouve des articles destinés au grand public sur les grandes préoccupations humanistes de la France et du monde : la faim, l'éducation, le logement (surtout), la santé, l'éducation, la prison, la solitude, l'alcoolisme, la jeunesse, la vie outre-mer, l'objection de conscience, la condition ouvrière, le racisme, les institutions psychiatriques, la démographie… Et aussi : les enfants des rues à Naples, les banlieues de Santiago du Chili, les bâtisseurs au Nigeria, les bibliothèques en

Égypte… La revue dénonce des problèmes qui touchent tous les humains et raconte les initiatives porteuses d'espoir qui méritent d'être connues et imitées. Une place importante est accordée à la vie d'Emmaüs et au message de l'abbé Pierre mais sans occuper la majorité des pages. De grands noms y signent des articles : académiciens, prix Nobel, ministres, écrivains, journalistes, économistes, responsables d'institutions internationales…

Faim et soif est une revue qui propose six fois par an, au grand public, un certain regard sur le monde posé par l'abbé Pierre, par les personnes qui partagent ses combats et aussi par l'expérience du mouvement Emmaüs. Elle est encore aujourd'hui une ressource pour s'informer sur les questions d'histoire sociale et de sociologie du XXe siècle qui traite de façon simple et pertinente de sujets toujours d'actualité.

Le journaliste Roger Faure-Dauphin (1923-2018), reporter à *Franc-Tireur*, occupe les fonctions de directeur de la revue pendant quinze ans. Homme de gauche et syndicaliste, c'est lui qui en fait un magazine d'une telle qualité. La revue fonctionne sous cette forme jusqu'en 1969, avec 65 000 abonnés au meilleur moment, puis elle perd des lecteurs et doit cesser pour des raisons financières (alors qu'elle compte encore 30 000 abonnés). On note que sa fin coïncide avec l'éloignement des questions liées au logement dans les activités de l'abbé Pierre, d'une part, et la fin de la construction des grands ensembles en France, d'autre part.

La revue est relancée sous une forme simplifiée et plus restreinte sous le titre de *Faims et soifs des hommes* en 1969, jusqu'à sa fin en 1989. L'abbé Pierre y écrit alors la plupart des articles. Elle traite alors davantage de l'actualité des groupes Emmaüs.

L'activité journalistique, ou plutôt éditoriale, de l'abbé Pierre est une composante importante de son engagement, activité qu'il a commencée pendant la guerre. Avec *Faim et soif*, il partage avec les lecteurs ses réflexions sur la plupart des sujets qui touchent à l'injustice et au développement humain, pendant trente-cinq ans (1954-1989). Ses écrits expriment la dynamique d'un esprit humaniste et universel qui cherche en permanence à attirer l'attention et à mobiliser pour faire progresser l'humanité.

Premiers bilans et truelles

En janvier 1955, Georges Verpraet, devenu secrétaire général de l'Union nationale d'aide aux sans-logis, indique que « les experts du ministère des Finances estiment à plus d'un milliard [de francs][1] le total des dons en espèces et en nature versés à la suite de l'appel du 1er février à tous les organismes s'intéressant aux sans-abri, indépendamment du Secours d'urgence aux sans-logis[2]. ». Georges Verpraet et Lucie Coutaz indiquent 500 millions de francs[3] récoltés en cinq semaines à partir du 1er février. Dans les archives de l'abbé Pierre, personne n'a pu retrouver d'inventaire complet des recettes en nature ou en espèces reçus en 1954. Les montants réels sont gigantesques, pour un mouvement déclenché par des personnes privées.

Cette capacité à délier les bourses n'a pas échappé au ministre des Finances, Edgar Faure. Pour trouver les fonds destinés au programme de construction des 12 000 logements de première nécessité, le gouvernement lance un emprunt non rémunéré qu'il demande à l'abbé Pierre de promouvoir. Il s'agit de lever 5 milliards[4] de francs dans un premier temps, puis 10 milliards en tout si le premier plafond est dépassé. Le concept est simple : les

1. L'équivalent d'environ 24 millions d'euros en 2022.
2. *Fêtes et saisons*, numéro spécial, janvier-février 1955, p. 23.
3. L'équivalent d'environ 12 millions d'euros en 2022.
4. L'équivalent d'environ 12é millions d'euros en 2022.

souscripteurs prêtent leur argent à l'État sans intérêt (au taux de 0 %), quelques épargnants sont tirés au sort et reçoivent un cadeau, mais les chanceux et les récompenses sont moins nombreux qu'à la loterie. Il s'agit donc d'un placement destiné à des épargnants dévoués, comme il en existe déjà par ailleurs. Un prestigieux comité de patronage rassemble les plus hautes autorités religieuses et civiles pour lancer ce que la presse appelle « l'emprunt des cités d'urgence » : le président de la République, René Coty, les présidents des Assemblées, l'archevêque de Paris, le pasteur Boegner, le grand rabbin de France, des présidents de syndicats patronaux…

Les chiffonniers d'Emmaüs se cotisent pour acheter le premier bon (5 000 francs[1]) et Maurice Lemaire donne deux mois de son indemnité ministérielle, soit 100 000 francs[2] pour montrer l'exemple. Les banques renoncent à leur commission. La presse, la radio, le cinéma, la RATP et les fédérations professionnelles de publicité accordent gratuitement leur appui et diffusent abondamment le message. La campagne publicitaire est à la hauteur du défi. 10 000 affiches vertes, couleur de l'espoir, sont apposées dans les rues indiquant : « Et maintenant à vos truelles ! »

---

1. L'équivalent d'environ 122 euros en 2022
2. L'équivalent d'environ 2 430 euros en 2022

7

Après l'Appel, réussites et croissances

D'autres appels

L'abbé Pierre considérait ce que l'on désigne par « l'insurrection de la bonté » comme un « mystère sociologique ». Il est vrai qu'il n'existe pas d'explications faciles, totalisantes et parfaites pour comprendre le phénomène qui revêt un caractère exceptionnel, inédit et qui ne s'est jamais reproduit depuis. Un mystère reste un mystère. On doit tout simplement se contenter de quelques points de repère.

D'autres appels ressemblants ont déjà été prononcés par l'abbé Pierre, sans produire de tels résultats. Certaines actions médiatiques du fondateur d'Emmaüs ont connu un bon succès, comme l'appel lancé en 1952 lors de l'émission *Quitte ou double* ou la campagne des billets de 100 francs lancée en janvier 1954. En revanche, d'autres ont échoué. Par exemple, en février 1954 l'abbé Pierre a tenté de populariser un petit disque blanc qu'il proposait que l'on porte à la boutonnière pour indiquer sa participation au mouvement. Par-dessus ce disque, les personnes étaient invitées à placer un autre insigne d'appartenance à leur convenance (un symbole religieux, politique, syndical, corporatiste ou d'une autre association, etc.) indiquant qu'elles participaient à l'insurrection de la bonté en tant que protestant, socialiste, notaire, pompier, sportif, etc. Lancé devant des milliers de personnes acquises à la cause lors du grand meeting du Gaumont-Palace, ce symbole mobilisateur et fédérateur, qui ne coûtait rien, n'a rencontré que l'indifférence. Cela peut paraître anecdotique, mais il s'agit bien d'une manifestation des limites de la capacité d'influence de l'abbé Pierre sur les foules. D'autres échecs ultérieurs, parfois cuisants et inexpliqués, rappelleront ces limites à l'abbé Pierre au cours de sa vie.

Parmi les divers appels ressemblants à celui de l'abbé Pierre, on remarque celui lancé le 18 octobre 1951 par l'Assemblée des cardinaux et archevêques de France, qui exerce alors une influence sur la société bien supérieure à celle d'aujourd'hui : « Avez-vous eu souci des mal-logés ? Vous êtes-vous demandé si vous pouviez faire quelque chose pour eux ? Avez-vous tenté de leur venir en aide, soit en mettant à leur disposition les locaux que vous pouviez libérer, soit en contribuant à l'assainissement et à l'aménagement des logements existants[1] ? » Cet appel des plus hautes autorités catholiques n'a pas été sans effet, sans toutefois provoquer le vertige de 1954.

Si on regarde du côté du Secours catholique, on s'aperçoit que son fondateur, Mgr Jean Rodhain a déjà lancé plusieurs appels et campagnes proches de celles de l'abbé Pierre, mélangeant crédibilité de l'action, appel à la compassion et astuce médiatique. Ses campagnes sont beaucoup plus réfléchies et préparées. Quelques-unes ont provoqué de belles réussites. Par exemple, en décembre 1953 et pour l'année 1954, il y a la campagne des tirelires qui consistent

1. Dubrulle Luc, *Mgr Rodhain et le Secours catholique*, *op. cit.*, p. 380-381.

à se procurer une tirelire en carton représentant une cheminée dans laquelle on dépose pièce après pièce des aumônes destinées à la construction de logements. En avril 1952, avec le concours du comédien Bourvil, commence l'opération « pinceau » qui consiste à mobiliser les bonnes volontés pour rénover des habitats dégradés et collecter des fonds pour construire des logements. Devant la presse et sous l'œil des caméras des *Actualités*, Bourvil peint son nom sur une camionnette du Secours catholique stationnée place du Tertre à Paris, afin de donner l'exemple et inviter les Français à la générosité. Le Secours catholique participe à la caravane du Tour de France cycliste à partir de 1950, ce qui surprend le public habitué à voir défiler des caravanes à buts beaucoup plus lucratifs. En 1947-1948, en plein baby-boom, la campagne des berceaux du Secours catholique invite les Français à fabriquer ou offrir des berceaux faits maison, des biberons, des layettes, des bavoirs, du lait et de l'argent pour les ménages pauvres. On peut mentionner aussi les grandes campagnes pour l'aide aux prisonniers de guerre de 1946. Mgr Rodhain en tirait un bilan perspicace dès les commencements de l'aventure du Secours catholique : « L'expérience de l'aide aux prisonniers de guerre m'a fait découvrir ce que j'ignorais : combien le public français est capable de donner avec une générosité incroyable, dès l'instant où il touche du doigt que l'argent qu'il donne est utilisé de façon efficace[1]. » Huit ans plus tard, l'abbé Pierre confirme la justesse de cette observation.

Enfin, on a déjà mentionné l'appel à souscription du Comité d'aide au logement et l'appel à dons pour la cité-secours Notre-Dame, en 1953-1954. Ces campagnes, sur la même thématique, ont obtenu quelques résultats mais n'ont pas soulevé l'enthousiasme des foules.

---

1. Extrait d'archives, Salomé Franck (réalisateur), *Jean Rodhain et le Secours catholique*, documentaire, Production Kto et Secours catholique, janvier 2014, 52 min.

Prêtres-ouvriers

La France de cette époque se passionne pour les prêtres-ouvriers. De nombreux articles sont consacrés à ces prêtres d'un nouveau genre qui s'engage dans le milieu ouvrier, avec l'accord d'un évêque ou d'un supérieur de congrégation. Leur engagement s'inscrit dans le contexte des préoccupations de l'Église catholique pour les classes populaires urbaines déchristianisées, qui cherche des solutions pour les ramener dans les paroisses et améliorer leurs conditions de vie. En 1945, est tentée l'expérience d'une centaine de prêtres qui se font embaucher dans les usines ou les ports en qualité de travailleurs manuels. Les prêtres-ouvriers sont des salariés employés dans des entreprises. Ils habitent dans les quartiers populaires et tentent de partager en tout point la condition ouvrière. En 1952, la parution du roman de Gilbert Cesbron, *Les saints vont en enfer* (dans lequel les intéressés étaient loin de se reconnaître) a permis de populariser cette expérience suscitant tantôt la réprobation, tantôt l'admiration. La figure des nouveaux « saints » en bleu de travail exalte l'imagination du public. Au début de 1954, le couperet tombe, le pape Pie XII contrarie l'expérience en imposant de fortes restrictions. Les prêtres doivent se concentrer sur des tâches plus religieuses et s'éloigner de l'influence du communisme (les prêtres-ouvriers français militent tous, sauf un, à la CGT, syndicat proche du parti communiste)[1]. La presse consacre de nombreux articles à ce sujet qui fait débat. Certains Français y voient une injustice, d'autres un scandale qu'il faut stopper, des prêtres-ouvriers se soumettent, d'autres protestent ou désobéissent, des

1. Viet-Depaule Nathalie, « Les prêtres-ouvriers, des militants de la CGT (1948-1962) », dans *La CGT dans les années 1950*, Presses universitaires de Rennes, 2005, http://books.openedition.org/pur/18915.

sanctions tombent : un vrai feuilleton. L'abbé Pierre arrive à point nommé dans ce contexte. Il n'est pas lui-même exactement un prêtre-ouvrier et n'est pas engagé dans des mouvements politiques et syndicaux contestables par l'opinion catholique de l'époque. Il représente la figure acceptable correspondant au charisme des prêtres-ouvriers et, par son appel, il permet à l'homme du commun d'apporter sa contribution à cette aventure.

Le Christ dans la banlieue

Un prêtre jésuite, le père Pierre Lhande (1877-1957), a connu avant-guerre un succès de librairie important en publiant trois livres sur la banlieue parisienne : *Le Christ dans la banlieue* (1927), *Le Dieu qui bouge* (1930) et *La Croix sur les fortifs*[1] (1931). Il s'agit d'articles écrits sur la proche banlieue publiés dans la revue des jésuites *Études* et rassemblés dans ses livres, sous forme de reportages missionnaires. Le premier article sur le sujet s'intitule « Le Bon Dieu chez les chiffonniers » (1925). Ses observations de terrain se mêlent à des récits de fiction qui servent à illustrer et incarner les phénomènes religieux, sociaux et culturels. La banlieue s'y trouve décrite avec ses taudis, ses habitants aux prises avec leurs difficultés, leur misère, leurs petits métiers, l'influence du communisme, la déchristianisation profonde (moins de 1 % des hommes de ces quartiers se rendent à la messe), le peu d'églises et d'équipements paroissiaux des villes-champignons et la tâche ardue et héroïque des prêtres qui s'y dévouent, à la fois évangélisateurs et bâtisseurs. La banlieue se trouve dépeinte comme une nouvelle terre de mission, « une nouvelle Chine », contrée éloignée culturellement et spirituellement, pourtant aux portes de la capitale.

1. « Fortifs » : fortifications qui ceinturaient Paris, détruites pour la plupart à partir de 1918.

Les livres du père Lhande inspirent le film *Notre-Dame de la Mouise* de Robert Péguy, sorti en 1941 et qui remporte un bon succès. Il met en scène un prêtre de banlieue, l'abbé Vincent, qui s'installe parmi une population déshéritée vivant dans des cabanes dans « la zone ». Les habitants l'accueillent à coups de pierre et de moqueries. Ils sont dépeints sous l'influence d'un cafetier communiste qui les abreuve d'alcool et de propagande. Ce film n'est pas pour autant manichéen. Il se montre bienveillant envers les habitants (et les communistes) présentés comme de braves personnes égarées. Il héroïse à l'extrême le nouveau curé, qui construit son église de ses propres mains, réussit à s'intégrer, prêche l'amour, apporte de l'espérance aux laissés-pour-compte et parvient peu à peu à convertir certains habitants.

Il n'y a pas pour le moment de traces indiquant que l'abbé Pierre ait lu ces livres ou vu ce film, ni qu'il les ait mentionnés ; là n'est pas la question. Ces productions culturelles, ces récits à grand succès, participent d'un imaginaire collectif d'une France encore majoritairement chrétienne, qui considère la banlieue comme une terre de mission à enchanter et convertir, peuplée d'individus farouches et récalcitrants, certes, mais qui ne demandent qu'à être aimés et compris ; espace vierge et mystérieux où de nouveaux prêtres d'excellence sont invités à exercer un apostolat d'un genre nouveau, fait d'humilité et de vérité, d'exemplarité évangélique et de travaux de maçonnerie. Comment ne pas déceler la même dynamique de représentations collectives en faveur de celui que les médias de 1954 nommaient « le curé des chiffonniers », missionnaire bâtisseur dans la banlieue ouvrière de Paris ?

Ensuite, un film sort en 1947 et remporte un immense succès populaire : *Monsieur Vincent*, du réalisateur Maurice Cloche. Il raconte l'histoire de saint Vincent de

Paul, prêtre français du XVIIe siècle, héros de la charité et fondateur de congrégations dévouées aux pauvres. Plus de sept millions de spectateurs voient ce film, considéré par beaucoup, encore aujourd'hui, comme un chef-d'œuvre qui remporte le Grand prix du cinéma français, l'Oscar du meilleur film étranger et de nombreuses autres distinctions nationales et internationales. Pierre Fresnay, un des meilleurs acteurs de son temps, joue le rôle-titre. La référence à saint Vincent de Paul est fréquente dans la presse des années 1950 au sujet de l'abbé Pierre, quelques années après la sortie du film qui a permis de revitaliser la mémoire de ce saint et de nourrir l'imaginaire collectif.

On trouve aussi des références à François d'Assise, celui que ses contemporains appelaient « l'autre Christ », saint extrêmement populaire dont on imagine l'apparence[1] : maigre, le visage maladif brillant d'une lueur surnaturelle, le regard plein d'amour, animé d'une sainte folie, d'une sagesse perturbante qui n'est pas tout à fait de ce monde… On affirme que l'abbé Pierre lui ressemble physiquement, tel le père Yves Boissière de l'abbaye de Juaye-Mondaye, en 1956 : « un visage aux lignes fines et nobles à la François d'Assise ». Il arrive de constater que des journalistes parlent de l'abbé Pierre comme un fou (*La Vie catholique*, *Les Actualités…*), en employant ce terme avec une tendresse particulière qui renvoie une fois de plus au saint d'Assise qui prêche aux oiseaux, embrasse les lépreux, parcourt les chemins de l'apostolat sans se soucier de la mesure, ni du qu'en-dira-t-on et dont la passion d'amour s'exprime dans une sainte folie.

1. Il n'existe aucun portrait d'époque de ce saint mais des descriptions de ses compagnons.

Le culte de l'abbé Pierre

Toutes ses représentations constituent des repères qui permettent de positionner l'image de l'abbé Pierre dans une série de représentations collectives partagées : à la fois prêtre-ouvrier, missionnaire de la zone, saint Vincent de Paul, saint François d'Assise, autre Christ, l'abbé Pierre correspond à des archétypes puissants et répandus qui agissent dans les esprits pour soulever l'enthousiasme des foules, croyantes ou non.

Son allure physique y contribue. L'abbé Pierre est un homme dont on peut dire qu'il se déguise : béret, canne, cape, gros souliers, barbe et cheveux ras… Son apparence physique le distingue des autres personnes au premier coup d'œil. Elle témoigne d'une certaine excentricité, d'un effort de distinction physique, d'une tentative d'affirmer son identité individuelle ; impression renforcée par le fait qu'il se fait appeler par des noms qu'il a lui-même choisis : « H.-A. Grouès-Pierre » et « l'abbé Pierre ».

À partir de 1954, il devient une star internationale de la bonté. Il a 41 ans et il lui reste encore cinquante-trois ans à vivre avec cette auréole sur la tête. À cette époque, en France et dans les régions voisines francophones du moins, tout le monde le connaît et le reconnaît dans la rue, à la radio, dans les journaux, à la télévision, sur les affiches… Impossible pour l'abbé Pierre de circuler quelque part sans être immédiatement identifié et recevoir des témoignages débordants d'admiration. Chacun de ses déplacements fait l'objet d'une attention médiatique, politique, citoyenne, ecclésiastique… La présence de l'abbé Pierre suffit à donner de l'ampleur à la moindre manifestation, aux déclarations publiques et à lever des fonds.

Les uns et les autres le couvrent de louange, le canonisent vivant. Tout un peuple de pauvres gens s'empresse de crier vers lui ses malheurs, sûrs d'obtenir une écoute et une solution. Si les pouvoirs publics sont défaillants, on considère que l'abbé Pierre, lui au moins, trouvera une solution. On accroche son portrait aux murs. De nombreuses femmes lui adressent des œillades. « Rien n'est exquis comme une œillade qui passe par-dessus le bon Dieu », écrit Victor Hugo dans *Les Misérables*. Ses proches, dans les années 1950, affirment à mots couverts qu'il est l'objet de sollicitations féminines…

L'abbé Pierre avoue qu'un peu de reconnaissance fait plaisir mais que la grande célébrité est « la pire vacherie que l'on peut souhaiter à son pire ennemi ».

Un prophète

L'abbé Pierre indique qu'il se considère un peu comme un prophète de l'Ancien Testament, c'est-à-dire celui qui vient porter aux puissants un message. Cette affirmation peut surprendre mais il y a dans cette revendication une sorte d'exactitude. Le prophète de l'Ancien Testament est celui qui reçoit de Dieu une parole de vérité qu'il va porter aux puissants d'Israël, prenant le revers des convenances, afin de leur révéler leurs fautes et les punitions qui les attendent s'ils ne changent pas d'attitude. Le prophète est un ami de Dieu, il est proche de lui par la conformité de sa vie avec ses commandements les plus simples et les plus essentiels qui conditionnent toute alliance avec lui. Cette amitié et cette proximité lui permettent d'entendre les vérités fondamentales de son époque, tandis que la société, elle, s'empêche de les connaître. Le prophète, par son mode de vie non conventionnel qui va de pair avec une proximité de Dieu, est celui qui peut recueillir le message qui est au cœur de la problématique de l'époque qu'il traverse.

Le message de prophète de l'abbé Pierre est le suivant : se désintéresser de la souffrance des plus pauvres est un crime contre le genre humain, contre la conscience humaine avec toutes ses valeurs. L'inaction à sauver ceux qui vivent des situations horribles sur cette terre est une faute abjecte dont les auteurs devront rendre compte devant Dieu mais aussi devant la colère des foules, au jour de la révolte qui ne peut pas manquer de venir si la situation perdure. « La misère juge le monde », martèle-t-il. Le châtiment immanent qui guette les privilégiés est la folie révolutionnaire, la colère incontrôlée des populations opprimées. En faisant la grimace, un jour une jeune femme dit à l'auteur de ces lignes : « L'abbé Pierre, c'est culpabilisant. » En effet, l'abbé Pierre ne s'est pas contenté de révéler les situations où les hommes vivent de façon indigne, à cause de l'absence de logement, de logement indécent, de la faim, du manque de soin, du chômage, de l'extrême pauvreté ou du désespoir, il a tenté de montrer du doigt les responsabilités, les causes qui sont cachées dans la masse et tapies en chacun d'entre nous, les fautes des plus privilégiés : l'égoïsme, la résignation et l'indifférence. Adopter une politique qui donne la priorité aux besoins des plus pauvres est, pour lui, la source de la paix et de la justice. Sinon, en résultent la révolte, la guerre et l'avilissement de la conscience de ceux qui ont le pouvoir. Pour l'abbé Pierre, une société qui assure sa propre survie et qui peut se considérer comme authentiquement noble est une société qui privilégie les plus fragiles. « Servir premier le plus souffrant » est la phrase forte qu'il a répétée toute sa vie. Il disait que les dirigeants avaient tendance à être plus préoccupés par la qualité du rideau de scène de l'opéra, quand celui-ci était trop usé, et l'était moins sur la dégradation des lieux de vie des plus pauvres, sur l'absence de perspectives et la misère, parce qu'ils se rendent moins souvent chez ceux-ci.

Un saint Nicolas moderne

Le mythe multiséculaire auquel on peut rattacher l'abbé Pierre pour mieux comprendre à quels ressorts symboliques profonds il se rattache dans notre imaginaire collectif est la légende de saint Nicolas. Pourtant, aucun observateur de cette époque ne fait le rapprochement, à notre connaissance.

Ce saint que l'on fête le 6 décembre (ou le 19 dans les pays orthodoxes) est extrêmement populaire dans de nombreux pays depuis des siècles. On le représente avec une barbe blanche, habillé en évêque, parfois monté sur un cheval et accompagné d'un personnage noir ou vêtu de noir. Le jour de sa fête, il récompense les enfants qui ont été sages. Il est l'ancêtre du Père Noël. Saint Nicolas est un homme qui a vraiment existé, né au IIIe siècle, à Patara dans l'Empire romain d'Orient (devenu la Turquie huit siècles plus tard). À l'âge adulte, il devient évêque de la ville de Myre, située dans la région de Lycie, sur la côte sud-ouest de la Turquie actuelle. Saint Nicolas est célébré aujourd'hui dans de nombreuses régions d'Europe : en Lorraine, Alsace, Belgique, Pays-Bas, Allemagne, Suisse, Pologne, République tchèque, Ukraine, Russie… Il est appelé « Choudotvorets » en ukrainien, c'est-à-dire « celui qui fait des miracles ». Nicolas de Myre est un saint empathique et secourable. Il est empathique car il ressent les malheurs qui atteignent les autres et il est efficace pour leur trouver une solution. Sa légende est pleine d'épisodes extraordinaires où le saint évêque vient en aide aux personnes en péril ou abandonnées à un destin cruel : marins en train de faire naufrage, habitants qui souffrent de la famine, jeunes hommes tués et mis au saloir par un boucher (la légende la plus connue), innocents condamnés à mort, enfant sauvé de la noyade ou de l'esclavage, jeunes femmes sauvées de la prostitution, etc. Son rôle est celui d'un protecteur auquel on a recours dans les situations désespérées. Les innombrables miracles qui lui sont attribués, de son vivant et après sa mort, en font un saint particulièrement populaire. Ses reliques ont été apportées en Italie par les chevaliers de retour de croisade, suite à la prise de Myre par les Turcs musulmans au XIe siècle, et placées dans la cathédrale de Bari (sur la côte sud-est de la péninsule italienne). De plus, une phalange du saint, volée à Bari, se trouve en France, depuis le XIIe siècle, dans la basilique de Saint-Nicolas-de-Port près de Nancy, qui faisait d'ailleurs partie de la circonscription électorale du député abbé Pierre. En 2016, pour la première fois depuis neuf cent trente ans, un fragment des reliques de saint Nicolas a été prêté par l'évêché de Bari en dehors de l'Italie. La Russie orthodoxe a accueilli cette relique à Moscou et à Saint-Pétersbourg. Ce fut un événement national ! Pendant plusieurs semaines, des millions de fidèles ont fait la queue durant des heures pour se recueillir quelques instants devant les restes du saint. La procession qui accompagnait le transfert des reliques comprenait des centaines de moines et de prêtres.

Saint Nicolas est l'archétype du personnage empathique et secourable, comme l'abbé Pierre, sorte de saint Nicolas moderne. En tout cas, on peut voir dans la figure du saint mondialement célèbre un ensemble d'analogies qui permettent d'appréhender les ressorts inconscients à l'œuvre dans l'immense admiration du public. L'abbé Pierre joue le rôle de la personne pure et irréprochable à laquelle on peut s'adresser dans les pires situations, qui va immédiatement entrer en empathie avec la personne venue lui présenter son problème et à laquelle il va s'efforcer de trouver une solution immédiate. En témoignent tous les innombrables gens qui sont venus le voir chez lui tout au long de sa vie pour lui demander des aides d'absolument toutes sortes.

Encore aujourd'hui, le mythe agit pleinement. Quand un problème survient qui touche un groupe Emmaüs, quelque chose qui fait scandale et que l'on reproche à un groupe local, les gens disent : « Si l'abbé Pierre était en vie, cela n'aurait pas lieu, il doit se retourner dans sa tombe. » Jamais ne vient à l'esprit des journalistes ou des commentateurs la question de savoir si le problème du moment qui perturbe l'opinion n'existait pas déjà du temps de l'abbé Pierre, voire même s'il n'était pas encore plus grave et plus fréquent, et s'il ne résulte pas directement de ce que l'abbé Pierre a créé !

Arrêt sur image, années 1950

Le mythe de l'abbé Pierre a fait l'objet d'un bref travail d'analyse par un intellectuel célèbre, surtout en son temps, Roland Barthes (1915-1980). Selon Barthes, le mythe est un « système de communication », c'est un « message », un « mode de signification ». Dans son livre *Mythologies* paru en 1957 aux éditions du Seuil, il passe en revue un certain nombre de signifiants culturels forts qui ont marqué l'actualité d'alors, sur différents sujets : consommation, culture, figures populaires, alimentation, faits divers, sport, langage, etc. Écrit entre 1954 et 1956, ce livre aborde différents aspects de la France, un peu comme un ethnologue étudie une société éloignée. Parmi les personnalités qui sont décortiquées apparaît l'abbé Pierre, ou plutôt « l'iconographie de l'abbé Pierre », entre le « visage de Greta Garbo » et le « cerveau d'Albert Einstein ». Roland Barthes décrit les détails de l'apparence de l'abbé Pierre : « le regard bon, la coupe franciscaine, la barbe missionnaire, la canadienne de prêtres-ouvriers, la canne du pèlerin ». Ce texte au ton narquois questionne le grand nombre de signes distinctifs de l'apparence physique de l'abbé Pierre et interroge la fascination qu'il exerce auprès du public. Roland Barthes dit : « J'en viens à me demander si la belle et touchante iconographie de l'abbé Pierre n'est pas l'alibi dont une partie de la nation s'autorise, une fois de plus, pour substituer impunément les signes de la charité à la réalité de la justice. » Une vision sceptique qui emprunte probablement à la vision marxiste de la justice sociale à laquelle Roland Barthes souscrit. Les communistes des années 1950 préfèrent, c'est entendu, la révolution permettant l'avènement une fois pour toutes d'une société sans classes, aux actions de terrain et d'urgence, bien que pétries d'idées et d'idéaux, animées d'une vision de la justice, d'un prêtre ancien député de la démocratie chrétienne.

Un seul appel ?

Le grand mouvement de solidarité suscité par l'abbé Pierre en 1954 n'est pas le fruit d'un unique appel à la radio. Il résulte d'une série d'actions publiques et médiatiques menées par l'abbé Pierre pendant au moins deux années, de 1952 à 1954. Durant cette période, on remarque le chevauchement de quatre campagnes distinctes et complémentaires : la campagne pour la construction de logements par Emmaüs (*Quitte ou double* en 1952 et la campagne des billets de 100 francs démarrée en janvier 1954), la campagne pour inciter l'État à financer la construction de cités d'urgence (décembre 1953-année 1954), l'appel à mettre en place des centres fraternels de dépannage pendant l'hiver 1954 (appel radiophonique répercuté quotidiennement à partir du 1er février) et les appels ultérieurs en queue de comète (opération débarras, appel au volontariat, opération Persil, etc.).

L'appel radiophonique du 1er février, en lui-même, quand on l'isole du reste, n'est pas un appel à résoudre la crise du logement, il n'invite pas à bâtir. Il mentionne les cités d'urgence mais précise que « ce n'est même plus assez urgent ». L'abbé Pierre et Georges Verpraet réclament trois choses : des accueils de nuit (les centres fraternels de dépannage), des équipements (couvertures, chauffages, etc.) et des volontaires pour les « ramassages » des sans-abri.

L'action caritative qui est au cœur de cet appel du 1er février recoupe ce que l'on nomme de nos jours « l'urgence sociale », c'est-à-dire les dispositifs et actions qui permettent de venir en aide aux personnes démunies à l'extrême car obligées de survivre dehors, y compris quand il gèle. L'urgence sociale désigne un ensemble de situations dans lesquels des personnes fragilisées par la pauvreté matérielle ou psychique se trouvent en état de grande vulnérabilité, de souffrance et de danger au regard des critères de dignité et de confort minimum d'une société donnée, incluant le péril mortel, ainsi que l'ensemble des réponses apportées à ces problèmes. Le 1er février 1954, il est question d'urgence sociale ; ce qui émeut la majorité de la population, capable d'autant plus d'empathie qu'elle-même souffre d'un froid violent.

Les héritiers directs de cet appel se retrouvent dans les centres d'hébergement d'urgence et les maraudes (équipes sociales mobiles) qui fonctionnent aujourd'hui partout en France et dans la plupart des pays du monde marqués par le drame des sans-abri. Ces structures, bien que nécessaires, vitales, existent en nombre insuffisant puisqu'au moins une personne sur deux qui demande un hébergement d'urgence en France, à l'heure actuelle, ne se voit proposer aucune solution immédiate. Les héritiers directs de l'appel du 1er février, actifs dans les différents groupes Emmaüs de France quelle que soit la nature exacte de leur activité, continuent de loger, d'héberger et d'accompagner chaque année des milliers de personnes dépourvues de domicile personnel.

L'ensemble des actions de la société française en 1954 ne se limite pas au contenu du seul message du 1er février et des centres de dépannage. La société se mobilise sur l'ensemble des causes de l'abbé Pierre (chevauchement des campagnes), la principale consistant à bâtir des maisons pour les personnes les plus pauvres. On le remarque en observant l'ensemble des réponses qui sont apportées par la générosité des citoyens dès le mois de février. Outre les maraudes et les accueils de nuit, ils se mobilisent pour la construction des maisons, ils donnent et prêtent de l'argent, se débarrassent des objets qui les encombrent afin qu'ils soient vendus, créent un peu partout des comités d'aide aux sans-logis, vendent *Faim et soif* à la criée, s'engagent comme volontaire de longue durée chez Emmaüs ou une association proche et agissent en faveur du logement des défavorisés comme ils le peuvent. Les pouvoirs publics mettent également en place des solutions en amont et en aval de la chaîne du phénomène des sans-logis et des mal-logés : limitation des expulsions, incitation à la construction, défiscalisation des dons, réquisitions, construction de cités d'urgence, etc.

Une influence durable sur les politiques publiques

Des dispositifs réglementaires et administratifs, assez techniques comme tout ce qui a trait aux politiques en faveur du logement social, sont promulgués à la suite de l'appel de l'abbé Pierre, tels que la création de la Société centrale immobilière destinée à favoriser la dynamique de construction massive de logements abordables, etc.

La loi sur les réquisitions du 15 juillet 1954 élargit les possibilités de saisie par l'autorité préfectorale de locaux inoccupés pour les mettre à disposition des mal-logés ; elle est peu utilisée.

La loi du 14 août 1954 met en place un dispositif fiscal pour les dons, afin d'encourager le mécénat en faveur des « œuvres charitables et philanthropiques ». Depuis cette loi, les donateurs peuvent déduire de leurs impôts une partie de leurs dons. La loi du 14 août 1954 est également venue établir une définition partielle de la notion d'organismes « d'intérêt général » considérés comme des œuvres sans but lucratif « à caractère philanthropique, éducatif, scientifique, social ou familial ». Ces définitions servent encore à tout le secteur associatif en France.

En plein février 1954, le député communiste Marcel Cachin invite le gouvernement à donner les instructions nécessaires pour qu'aucune expulsion n'ait lieu pendant les mois d'hiver. Il reprend le flambeau d'un combat partagé par de nombreuses personnes soucieuses d'empêcher les tragédies hivernales mises en lumière par l'abbé Pierre. Ces préoccupations aboutissent à des dispositifs durables avec la loi du 3 décembre 1956 qui interdit les expulsions pendant la période du 1er décembre au 15 mars, ce que l'on nomme « la trêve hivernale ».

La mobilisation provoquée par l'abbé Pierre a permis d'attirer l'attention sur un drame qui a tendance à être tu. L'éveil des consciences permet d'agir sur les dirigeants d'une manière ou d'une autre. Encore aujourd'hui, chaque année, un rapport sur le mal-logement est présenté au public par la Fondation Abbé Pierre pour le logement des défavorisés qui sert de référence pour les politiques publiques de la France.

Organiser le chaos fécond

Pendant la mobilisation de l'hiver 1954, la plupart des dons financiers parviennent directement sur le compte personnel de l'abbé Pierre. Le CCP 45 37 20 est affiché dans la plupart des lieux. Dans un premier temps, l'abbé Pierre déclare à la presse être entouré d'un conseil d'administration composé de Jean Bouchy, industriel au Raincy dans la région parisienne, de Lucie Coutaz et « de l'intendant général Mercier du Secours catholique[1] ». Cette allégation contrarie Mgr Jean Rodhain qui adresse à l'abbé Pierre une lettre de recadrage, le 28 février 1954 : « Vos propos [...] m'obligent aujourd'hui à vous demander formellement de ne plus jamais mettre en cause – au sujet de votre administration – ni M. Mercier ni le Secours catholique. Vous n'en avez pas le droit. C'est contraire à la vérité. Pour l'instant personne n'ose vous contredire dans l'euphorie de votre réussite. Mais cette vérité, c'est mon devoir de vous la préciser[2]. »

De plus, Mgr Alexandre Renard, évêque du diocèse de Versailles où se trouve Neuilly-Plaisance, exprime ses inquiétudes dans une lettre du 4 mars 1954 à l'abbé Pierre. Il est préoccupé d'apprendre que l'action d'Emmaüs n'est pas encore légalement constituée, ni totalement instituée quant à son fonctionnement en tant qu'association, malgré les projets de régularisation dont il a discuté le mois précédent avec Jean Bouchy.

L'immense mouvement de solidarité des Français, inattendu par son ampleur, a terriblement compliqué la logistique. Ensuite, des rumeurs et des calomnies se répandent

1. Le *Monde* du 6 février 1954.

2. Lettre de Mgr Rodhain à l'abbé Pierre du 26 février 1954, citée par Dubrulle Luc, *Mgr Rodhain et le Secours catholique*, *op. cit.*, p. 384.

inévitablement lorsque survient un tel succès. Enfin, la gestion de l'abbé Pierre présente un aspect particulier.

Dès 1950, l'abbé Pierre a créé une association Emmaüs Occaj (Organisation chrétienne des camps et auberges de jeunesse) qui sert à gérer l'auberge de Neuilly-Plaisance, en toute conformité. En 1953, une association des amis d'Emmaüs revendique plusieurs milliers d'adhérents de différents pays, avec Robert Comte pour président (le journaliste qui a fui en Espagne avec l'abbé Pierre pendant la guerre). De plus, des sociétés coopératives d'accession à la propriété et une société civile immobilière permettent depuis quelques années la gestion des terrains et des chantiers de construction dans les cités d'urgence autour de Paris. Le 6 juillet 1953, l'abbé Pierre a déposé à la Préfecture de Pontoise les statuts d'une association Emmaüs dont les domaines de compétence englobent les activités communautaires et de promotion du logement. Or le dossier a été perdu par les services de la préfecture de Pontoise. Les documents qui en attestent se trouvent dans les archives de l'abbé Pierre.

Avant l'appel radiophonique, la HLM Emmaüs est créée. Le dossier est déposé dans le feu de l'action, le 25 janvier 1954, et accepté par les autorités en un temps record le 19 février suivant.

Quant aux liens précis avec le Secours catholique, le mystère reste entier. Le nom de M. Mercier figure bien dans les documents administratifs d'Emmaüs en 1953 et en 1954, sans que l'on connaisse précisément le rôle de cet homme. Les relations entre Mgr Rodhain et l'abbé Pierre sont compliquées depuis plusieurs années. En 1949, ils ont tous les deux échangé des propos crispés par courriers quand l'abbé Pierre était encore député de Nancy. Mgr Rodhain lui reprochait de calomnier l'antenne locale du Secours catholique, ce dont l'abbé Pierre se défend.

Les deux missives constituent des chefs-d'œuvre de piques épistolaires ecclésiastiques, mélangeant amertume et onctuosité cléricale. Plus tard en 1952, quand la communauté Emmaüs de Neuilly-Plaisance peine à satisfaire ses besoins alimentaires, Mgr Rodhain envoie son délégué pour la région parisienne avec des provisions. À partir de 1953, à la demande du cardinal Maurice Feltin (1883-1975), l'archevêque de Paris, Mgr Rodhain apporte son concours à l'organisation et la gestion d'Emmaüs, mais il jette l'éponge le 26 janvier 1954[1].

L'association Emmaüs

Pourtant l'abbé Pierre s'efforce de rassembler autour de lui des personnes de haut niveau qui constituent progressivement le conseil d'administration de la nouvelle association Emmaüs, dans l'écrasante effervescence de février-mars. Ses statuts sont finalement déposés en préfecture le 12 mars 1954 (inscrits au *Journal officiel* le 17 mars). Cette association est conçue pour chapeauter la plupart des activités du mouvement Emmaüs, comme le projet d'association perdu à la préfecture de Pontoise l'année précédente. Les membres sont des journalistes (Robert Barrat et Georges Verpraet), des juristes (avocats et notaire), des patrons (Jean Bouchy, Georges Lillaz du BHV), des financiers (dont Jacques Lazard de la banque du même nom), un économiste (Guy Houist), un haut fonctionnaire, un officier à la retraite, etc. De novembre 1954 à juin 1956, Georges Lillaz met à disposition un ingénieur, pour mettre en place un service comptable et faciliter la gestion.

1. Brodiez-Dolino Axelle, *Emmaüs et l'abbé Pierre*, *op. cit.*, p. 93.

Un écho mondial

Depuis le début des années 1950, l'abbé Pierre constate l'écho international de ses actions lors de ses tournées de conférences à l'étranger. L'activité de conférencier est une composante essentielle du rayonnement des idées de l'abbé Pierre et d'Emmaüs. Du 25 avril au 25 mai 1955, il part en bateau pour un voyage en Amérique du Nord, six ans après son premier voyage aux USA. Il parcourt les États-Unis et le Canada, rencontre des personnalités politiques, des membres de l'ONU, des militants, des volontaires qui souhaitent créer des groupes Emmaüs, des ecclésiastiques, des étudiants et s'adresse à des assemblées diverses. Il visite les taudis de New York en compagnie de Dorothy Day (1897-1980), fondatrice du Mouvement catholique ouvrier, militante de la non-violence et des droits des plus pauvres, qui est en quelque sorte son équivalent aux États-Unis. Il rencontre à Washington le président Dwight D. Eisenhower à qui il remet la traduction anglaise du livre de Boris Simon *Les Chiffonniers d'Emmaüs*.

Pour préparer son voyage aux États-Unis, l'abbé Pierre a rédigé deux textes qu'il intitule « L'appel de San Francisco ». Il souhaite adresser un message au monde qui soit en mesure d'obtenir le même retentissement que celui du 1er février 1954, à l'échelle de la planète. Le lieu et la date ne doivent rien au hasard. Dix ans plus tôt la conférence de San Francisco a donné naissance à la charte des Nations unies, le 26 juin 1945, texte qui marque la création d'une organisation internationale, l'ONU, qui en définit les buts et les principes de fonctionnement.

Le message de l'abbé Pierre est un appel au volontariat international de la jeunesse, idée qu'il poursuivra une grande partie de sa vie. Voici un extrait de son appel de San Francisco : « Le temps est venu de lancer un appel précis à la jeunesse universelle pour une croisade immense, qui sans doute voudra plus d'un martyr, et qui sûrement immédiatement exige une multitude de combattants ordinaires, volontaires gratuits, pour un temps suffisant. Croisade, non contre un peuple adverse, contre aucune personne déclarée ennemie, mais contre la faim des affamés, la nudité des sans-toit, l'ignorance des sans-école, le désarroi des sans-emploi, la désolation de tous les abandonnés sans soins, en tous lieux de l'univers[1]. »

Son message déroute les Américains : pour l'abbé Pierre, l'argent que l'on donne est utile, certes, mais il peut corrompre. « Votre argent, ce n'est pas ce dont le monde a besoin. » L'humanité a besoin de personnes engagées auprès des plus fragiles, pour agir à leurs côtés, avec elles, pour leur permettre de donner leur plein potentiel au service de tous, et aussi pour que les volontaires deviennent conscients des souffrances causées par le désordre social et en témoignent. L'argent corrompt et rend impuissant, comme le révèlent les nations riches, puissances matérielles qui n'arrivent pas à supprimer la misère sur leur propre sol et qui, parfois, provoquent de graves iniquités dans le monde. À Emmaüs, il manque de nombreux cadres, des responsables engagés pour six mois, un an ou toute la vie, afin de travailler auprès des compagnons. « Nous ne sommes que huit hommes vraiment capables d'encadrer les compagnons[2] », déplore-t-il fin 1954 à des journalistes. Pour l'abbé Pierre, ce volontariat international est la meilleure solution aux problèmes de l'humanité. « La misère juge le monde », c'est le titre du grand ouvrage qu'il souhaite écrire.

Lors d'un meeting à la salle Pleyel à Paris, le 16 juin 1955, il relate son voyage aux États-Unis et répète son

1. Rousseau Jean, *Abbé Pierre. La force des infiniment petits*, Le Cherche-Midi, 2019, p. 189-197.
2. Marin Gérard et Bonnet Roland, *La Grande Aventure d'Emmaüs*, *op. cit.*, p. 262.

message adressé aux Américains et au monde. L'abbé Pierre prononce le même appel vibrant à la jeunesse de France. Il nomme les volontaires « moines de la misère », considérant les communautés comme des sortes de nouveaux monastères exerçant une fonction prophétique, d'interpellation.

« Ceux qui détiennent une puissance se trouvent fatalement très vite privés de la connaissance réelle, de la connaissance tragique de ceux qui sont dans le besoin. Même s'ils sont très bons ils ont, eux, une connaissance statistique, scientifique, absolument parfaite de toutes sortes de détresses dans leur peuple ou à travers l'univers, mais ils ne peuvent pas avoir ce qu'il faudrait appeler la connaissance sanglante, la connaissance qu'un ministre de la Reconstruction aurait du drame du manque de logement si c'était sa fille qui, cette nuit, devait dormir à quinze personnes dans une chambre[1]. »

Devant les autorités canadiennes, il interpelle le clergé, trop opulent selon lui : « Le blasphème vrai est l'indifférence de nos cœurs de prétendus chrétiens devant la profanation de l'image de Dieu qui s'accomplit dans un milliard d'êtres humains à travers la terre[2]. » Il choque en disant que le communisme n'est que la tentative de mettre en pratique une partie de l'Évangile que les chrétiens ont abandonnée : « Le monde est déchiré d'une manière terrifiante pour nos petits, pour demain. Mais ne croyez-vous pas qu'on peut dire en toute vérité que le déchirement de ce monde provient tout simplement de ce qu'une moitié du monde à essayer de le recréer en ramassant la moitié de l'Évangile que nous avions jeté dans la poubelle[3]. »

1. *L'abbé Pierre vous parle*, *op. cit.*, p. 167-168.
2. *Ibid.*, p. 185.
3. *Ibid.*, p. 187.

Ce voyage suscite la création d'une communauté Emmaüs au Canada dès 1955.

Suite à l'appel du 1er février, après le Canada (1955), des communautés Emmaüs voient le jour en Belgique (1956-1957), puis en Suisse (1957). Au Japon (1950), en Argentine (1952) et en Uruguay (1954), des communautés de chiffonniers créées par des prêtres se reconnaissent progressivement du mouvement de l'abbé Pierre.

L'Iramm

Dès 1954, l'abbé Pierre renforce ses moyens pour l'action internationale. En octobre 1954, l'Institut de recherche et d'action contre la misère mondiale (Iramm) se constitue dans le but de développer une activité de recherche et d'expertise inspirée d'Économie et humanisme et de développer des actions de formation et de conseil à l'international. Ses statuts sont déposés en septembre 1955 à son retour d'Amérique du Nord. Pour l'abbé Pierre, il s'agit de diffuser l'intuition d'Emmaüs à l'ensemble de la planète (dans le prolongement de ses combats avec les fédéralistes mondiaux, qu'il continue de suivre tout au long de sa vie).

L'Iramm naît dans le contexte de l'apparition du tiers-monde sur le devant de la scène internationale. En 1952, l'économiste français Alfred Sauvy utilise pour la première fois cette notion. Du 18 au 25 avril 1955, la conférence de Bandung en Indonésie est la première rencontre internationale afro-asiatique. Elle réunit 29 nations du tiers-monde, la plupart récemment décolonisée, représentant moitié de la population mondiale mais seulement 8 % de ses richesses. Le président indien Nehru en est à l'initiative. Elle est présidée par le président indonésien Soekarno. Le texte adopté au terme de la conférence prône le rejet du racisme et du colonialisme, la coopération économique mondiale contre le sous-développement, le refus des ingérences, l'affirmation du droit des peuples à disposer d'eux-mêmes, la paix dans le monde et l'interdiction des armes atomiques.

Faim et soif consacre de nombreuses pages à la question de la faim dans le monde et accorde une place importante aux thématiques du tiers-monde.

En 1955, le prince héritier (futur Hassan II) vient visiter les cités d'Emmaüs au Plessis-Trévise. En 1955 et 1956, l'abbé Pierre et l'Iramm partent en mission au Maroc. L'Iramm se voit confier une mission du roi, Mohammed V, afin d'étudier les bidonvilles qui se développent en périphérie des grandes villes marocaines. L'Iramm effectue des enquêtes, puis préconise et lance des actions de formation d'animateurs pour aider au développement économique et social des campagnes afin d'éviter l'exode rural. Des chantiers de volontaires démarrent par la suite dans d'autres pays africains : Tunisie, Sénégal et Togo.

En septembre 1956, il prend la parole devant 800 000 personnes à Cologne, en Allemagne. En 1957, il intervient aux Pays-Bas à l'occasion d'un congrès du mouvement fédéraliste et au Portugal devant deux mille catholiques réunis en congrès.

En 1956, année où il est pourtant fort malade, il crée l'Association mondiale de lutte contre la faim (Ascofam) avec le médecin et homme politique brésilien Josué de Castro (1908-1973), président de l'agence de la FAO de 1951 à 1955, et avec Joseph Lebret, d'Économie et humanisme. Les statuts de l'Ascofam sont déposés en 1957. L'objectif est de fournir des outils d'information, de mobilisation et d'enquête et de susciter des expériences locales de développement susceptibles d'être reproduites partout dans le monde. Avec Josué de Castro et Économie et humanisme, l'abbé Pierre s'associe en espérant mettre en synergies Emmaüs avec les capacités de recherches et de formation de l'organisation de Joseph Lebret et les possibilités d'action internationale de Josué de Castro. Concrètement, il s'agit de documenter, d'informer et d'agir pour mettre en place des actions de développement dans les pays du tiers-monde. L'abbé Pierre en est le président. John Boyd Orr fait partie du comité de direction avec d'autres personnalités, tel Guo Moruo (1892-1978), écrivain et homme politique chinois et Raymond Scheyven (1911-1987), homme politique belge et ancien président du conseil économique et social des Nations unies. Elle se finance grâce à une Fondation mondiale contre la faim (Fomofa)[1] créée en 1959, avec un siège à Québec au Canada, suite à un don de 50 millions de francs[2]. De nombreux voyages de l'abbé Pierre dans le monde ont pour objet de développer l'Ascofam.

32 rue des Bourdonnais

Afin d'y installer les services de la nouvelle structure, un immeuble est acheté au 32 rue des Bourdonnais, rue perpendiculaire à la rue de Rivoli, dans le 1er arrondissement, alors quartier pauvre de Paris. Au sous-sol, on installe en janvier 1955 les dortoirs des hommes (80 places) et celui des femmes (22 places) et une cantine sert des repas pour une centaine de personnes. L'immeuble sert de siège avec la mise en place des secrétariats généraux qui chapeautent les principales activités : communautés (Jean Bouchy), journal (Georges Verpraet), secours d'urgence (Robert Barrat et Me Chaumié) et constructions (Dominique Denis)[3]. Chaque activité a ses locaux : bureau de

1. *L'abbé Pierre parle aux Canadiens*, De l'Homme, 1959, p. 139.
2. L'équivalent d'environ 919 000 d'euros en 2022.
3. Brodiez-Dolino Axelle, *Emmaüs et l'abbé Pierre*, *op. cit.*, p. 61.

l'abbé Pierre, secrétariat général, Iramm, HLM Emmaüs, Accession à la propriété bâtie, Union nationale d'aide aux sans-logis, journal *Faim et soif*, Service juridique avec une trentaine d'avocats bénévoles, assistantes sociales, secours d'urgence (accueil de jour), salle de conférences transformable en dortoir les jours de grande affluence.

Secours aux sans-logis

En avril 1954, une autre association loi de 1901 regroupe les comités de secours aux sans-logis de la région parisienne puis son homologue au niveau national le 13 novembre 1954 : l'Union nationale d'aide aux sans-logis (Unasl). Des comités locaux se sont établis un peu partout en France. Au bout d'une année, le bilan est impressionnant et montre la capacité de l'abbé Pierre à mettre en mouvement les bonnes volontés de la société : il existe 144 comités, 26 centres d'accueil et 5 000 familles sont relogées. Le 19 décembre 1954, 500 personnes d'une trentaine d'associations s'habillent en homme-sandwich et en femme-sandwich, portant des slogans pour la construction de logements : « Donnons-leur un toit aujourd'hui. » Ils défilent dans le centre de Paris en partant de la place de l'Hôtel de ville. Dès décembre 1954, l'Unasl décide de transposer l'action de secours sur le plan politique, prenant acte que sans l'État et les collectivités il est impossible de résoudre la crise du logement. L'Unasl se transforme en syndicat et fait pression sur les pouvoirs publics. Elle proclame le droit au logement, trente-cinq ans avant qu'il ne soit adopté par la loi Besson de 1990. L'Unasl devient la Confédération générale du logement en décembre 1956, nom qu'elle porte encore aujourd'hui.

Actions coups de poing

Le militantisme du logement s'oriente vers des opérations chocs : les squattages. Paul Desort, pilote des opérations d'occupations illégales de locaux vides de 1954 à 1956, suivant l'exemple de Christine Brisset à Angers, en s'appuyant comme elle sur l'ordonnance inappliquée de réquisition de 1945. Les squattages consistent à repérer des bâtiments inoccupés de longue date et à y installer des familles sans-logis. Ils sont voulus et encouragés par l'abbé Pierre qui y voit l'occasion d'un partage de la charge de la crise du logement avec les riches propriétaires. En effet, selon lui, seuls les pauvres souffrent vraiment de l'absence de logements en France, ils sont les seuls à en subir les désagréments qui sont pourtant de la responsabilité nationale. Le squattage de propriétés privées inoccupées permet de répartir la problématique sur d'autres catégories de la population qui, de surcroît, ont davantage l'écoute des pouvoirs politiques. Au petit matin, un groupe d'une trentaine de personnes avec femmes et enfants, suffisamment nombreux pour ne pas se faire expulser facilement, s'installe dans un bâtiment, en ayant pris soin de causer le moins de dégradations possibles. Moins d'une dizaine de squats sont mis en œuvre dans Paris et aux alentours, pour héberger quelques centaines de personnes. Fin septembre 1955, un tribunal condamne à l'évacuation immédiate quatre squats parisiens. De nombreuses réticences s'élèvent dans l'opinion, ainsi que dans l'association Emmaüs. Les squattages donnent une impression d'extrémisme et l'atteinte à la propriété privée n'est pas acceptable pour le plus grand nombre. On s'en inquiète de loin : le consul de France à San Francisco, Michel de Ladoucette, écrit le 7 septembre 1955 à l'abbé

Pierre pour lui faire part de la réprobation exprimée par des expatriés et des citoyens américains à ce sujet.

Au mois d'août 1955, l'accueil du 32 rue des Bourdonnais est débordé par l'afflux de personnes qui se retrouvent à la rue car les foyers d'hébergement de Paris ont l'habitude de fermer leurs portes lors des congés estivaux. Du 30 juillet au 21 octobre 1955, l'abbé Pierre obtient du préfet de police de Paris, André Dubois, l'autorisation d'installer un village de tentes sur les quais de la Seine à proximité du pont Sully. Soixante-dix-sept familles, dont 139 enfants, y vivent quelques mois en attendant qu'une meilleure solution leur soit proposée. Une action semblable est menée au pont de Tolbiac pour les hommes seuls. L'abbé Pierre y fait installer un panneau : « Dans toute société il y a des forts, des faibles et des lâches. Aux forts, nous disons : "Viens nous aider à secourir les faibles." Aux faibles, nous disons : "Reprends espoir, ensemble on y arrivera." Quant aux lâches, il faut qu'ils sachent qu'ils nous trouveront toujours aussi sévères pour les écarter que prompts à les accueillir, aussitôt qu'ils se montreront décidés à se conduire en hommes, courageux[1]. »

Ces villages de tentes en plein Paris attirent l'attention des médias, ils montrent aux Français que le drame des sans-logis est loin d'être résolu et mettent les autorités devant leurs responsabilités. L'automne venu, la préfecture de la Seine prend en charge la répartition des occupants de ces deux villages provisoires, inquiets qu'ils ne soient amenés à perdurer. Les femmes et les hommes seuls sont répartis entre les différents centres privés déjà existants, ainsi que dans un nouveau centre public de 80 places dans le 13e arrondissement de Paris. Les familles sont relogées dans des locaux réquisitionnés en banlieue et dans cent

1. Coutaz Lucie, *40 ans avec l'abbé Pierre*, *op. cit.*, p. 100.

quarante maisons préfabriquées en bois bakélisé achetées par le Commissariat au logement pour la région parisienne et installées à Villeneuve-la-Garenne.

L'opération du viaduc d'Auteuil à Paris s'apparente aux squats et se fait remarquer par son caractère audacieux. L'abbé Pierre est convaincu que les deux grandes arcades du viaduc d'Auteuil peuvent être transformées en habitation, comme c'est le cas à d'autres endroits de Paris où des espaces similaires sont devenues des magasins. Discrètement, un ami prend les mesures puis fabrique dans son atelier des panneaux comprenant portes et fenêtres. Dans la nuit du 25 au 26 janvier 1956, l'opération s'apparente à un commando de maquisards. Des voitures se sont garées dans l'après-midi pour garder la place le long du trottoir. La nuit venue, des camions se positionnent à la place des voitures et des compagnons déchargent tout le matériel : les outils, les panneaux en isorel d'où sortent un conduit de cheminée, les huisseries, le mobilier, le linge de maison, les ustensiles de cuisine... En quelques heures, ils aménagent deux logements sous le viaduc d'Auteuil. La dernière voiture amène les deux familles et leurs douze enfants qui s'installent aussitôt pour passer leur première nuit dans leur maison. Le lendemain la police fait démonter l'installation et il faut reloger les familles ailleurs. Cette opération a davantage une portée militante plutôt qu'elle n'ambitionne de fournir un abri définitif à ces familles. De sa clinique où il se remet d'une opération du palais, l'abbé Pierre donne une conférence de presse : « Il y a trois mois j'avais défini Emmaüs en disant : “Nous ne sommes ni un mouvement confessionnel, ni un mouvement politique, nous sommes une force d'éveil de la conscience publique.” [...] On nous ment, car si on le désirait en haut lieu, on pourrait très bien résoudre le problème du logement social[1]. »

---

1. Marin Gérard et Bonnet Roland, *La Grande Aventure d'Emmaüs*, *op. cit.*, p. 284-285.

Activités communautaires

Les communautés des débuts dans la région parisienne (1950-1954) sont composées de deux types de communautaires : les fraternitaires et les compagnons. Des personnes chrétiennes, consacrées ou non (les fraternitaires) s'engagent aux côtés des personnes pauvres et marginalisées (les compagnons), vivant et travaillant tous ensemble ; ce modèle évolue très vite vers une majorité (quasi-exclusivité parfois) de personnes marginalisées au milieu desquels vit un prêtre servant d'éducateur que l'on appelle « l'animateur ». Emmaüs naît bien en milieu catholique mais il se veut statutairement non confessionnel (dès les statuts de 1953). Il n'est pas question d'évangéliser les pauvres, ni d'exercer ce qui pourrait ressembler à un chantage religieux. En revanche, pour les volontaires chrétiens il s'agit de se sanctifier au contact des populations défavorisées. Les chrétiens qui s'engagent dans les communautés d'Emmaüs exercent une fonction de levain discret en poursuivant un but humaniste et politique de façon tacite. De toute façon l'activité communautaire est intense et laisse peu de temps à la vie religieuse et à la formation théologique. Encore aujourd'hui, quand on entre dans une communauté, on se trouve happé dans un tourbillon d'activités concrètes d'une grande diversité.

On remarque qu'à cette période, les communautés exercent deux types d'activités distinctes, la principale étant consacrée à bâtir et la seconde à récupérer. Les premières années, ceux qui récupèrent pratiquent essentiellement l'activité de biffins sur les tas d'ordures ; le métier de chiffonnier, c'est-à-dire la récupération chez l'habitant, ne devient prépondérant qu'à partir de 1954. Les autres communautaires s'appliquent à fabriquer des parpaings et à bâtir des logements. La fabrique principale est déménagée à Noisy-le-Grand, à côté du camp de transit. Assez vite, des jalousies apparaissent entre les chiffonniers et les fabricants de parpaings, les uns exerçant une activité plus sale et plus ingrate que les autres.

Il est important de souligner que dès le début de l'aventure d'Emmaüs, le modèle économique s'appuie beaucoup sur la générosité privée (les dons d'argent), ce qui tendra à s'amenuiser par la suite avec l'autofinancement généré par l'activité de récupération et le développement du principe qui consiste à vivre exclusivement du fruit de son travail.

La mobilisation de 1954 suscite la création de nombreuses communautés en France. La première communauté féminine Sainte-Marie voit le jour au Plessis-Trévise (Val-de-Marne) sous la direction de l'amiral Suzanne Renard que l'abbé Pierre a rencontré pendant la guerre à Casablanca. Une communauté masculine naît à Bougival (Yvelines) en 1954 près de Versailles et Jean Deroubaix (le « capitaine Jean » de la gare d'Orsay) en fonde une autre la même année à Wambrechies au nord de Lille. D'autres communautés françaises éclosent en différents lieux, dès 1955 à Saint-André près de Nice et à Cernay près de Mulhouse, en 1956 à Brest, Marseille Pointe-Rouge, etc. À Noël 1956, l'abbé Pierre répertorie 19 communautés en France[1].

Multiples activités

La mobilisation de janvier et février 1954 met en lumière cinq autres types d'activités qui ne sont pas spécialement exercées au sein des communautés : la mobilisation militante pour le logement des plus pauvres (avec les comités

1. Archives nationales du monde du travail, cote 2000 50 959, *Et les autres ?*, n° 1, Noël 1956, p. 6-7.

d'aide aux sans-logis), l'action sociale qui consiste à conseiller et orienter les personnes pour qu'elles fassent valoir leurs droits et obtiennent de l'aide (cf. les assistantes sociales de l'hôtel Rochester, puis de la rue des Bourdonnais), l'information et l'éducation du public (avec notamment les conférences de l'abbé Pierre, la revue *Faim et soif* et le *Muséobus*) et l'ingénierie de développement (avec l'Iramm). Quant à l'hébergement d'urgence, il se pratique dans les communautés où des sans-abri peuvent loger quelques jours, ainsi qu'à Paris dans l'accueil de nuit de la rue des Bourdonnais.

Ainsi pour résumer, on peut identifier neuf domaines d'activité du mouvement Emmaüs à la fin de 1954 : fabrique de parpaings, construction de logement, biffin sur le tas, chiffonnier, hébergement d'urgence, assistance sociale, information du public, militantisme du logement et ingénierie de développement.

Si on veut entrer encore davantage dans la complexité, on peut mettre en lumière le projet de créer des « communautés de réadaptation ». L'abbé Pierre souhaite lancer une communauté destinée aux prêtres en rupture, tel l'abbé André Letellier, un des premiers compagnons dont on a parlé. Ce projet n'a pas abouti. L'inspiration lui vient de l'abbé Jean Duvallet, prêtre à Conflans-Sainte-Honorine depuis 1948, qui a créé une communauté de vie accueillant des adolescents dans une atmosphère familiale. Les jeunes sont accompagnés vers le travail manuel (dont la fabrique de parpaings) et la formation professionnelle afin qu'ils deviennent des travailleurs qualifiés. En 1952, cette communauté prend officiellement le nom de cité de l'espérance et s'inscrit dans le mouvement initié par l'abbé Pierre. L'abbé Duvalet est un proche. L'abbé Pierre pensera en faire son successeur pendant la tourmente des années 1957-1958. Des communautés pour les adolescents et les jeunes handicapés mentaux seront créées ou soutenues en France dans les années 1950 et 1960. Elles s'éloignent d'Emmaüs par la suite

Décentralisations

Très vite ces différentes structures s'émancipent et deviennent autonomes. Le mouvement Emmaüs devient décentralisé, ce qu'il est toujours aujourd'hui, conformément aux souhaits de l'abbé Pierre. De plus, l'association Emmaüs encourage la séparation des activités et des responsabilités car elle hérite (ainsi que la HLM Emmaüs) d'une situation compliquée due au caractère soudain et gigantesque de la générosité publique. On déplore quelques détournements de fonds, la situation financière est floue et de nombreux investissements tous azimuts, dans l'achat de terrains et les constructions de logements, ont paradoxalement entraîné une situation déficitaire, malgré le milliard de francs de dons.

Dans la poitrine de l'abbé Pierre bat un cœur plus gros que le porte-monnaie, une générosité qui défie les normes comptables, pour le meilleur et pour le pire. Il ne se reconnaît lui-même « guère administrateur et pas du tout homme d'affaires[1] ». Sa capacité à structurer les activités et les organisations existe pourtant bel et bien. On trouve dans les documents de l'abbé Pierre, tout au long de sa vie, quantité de projets de statuts, de textes de principes, de règlements intérieurs, de projets d'organisations tous assez élaborés mais souvent assez vite abandonnés. Il y a chez lui une volonté de manager qui côtoie un esprit prophétique, une intelligence ordonnée qui se trouve contredite par une inventivité à tendance chaotique et extravagante.

1. Chevallier Bernard et l'abbé Pierre, *Emmaüs ou Venger l'homme*, *op. cit.*, p. 188.

L'abbé Pierre est un homme extrêmement intelligent et aussi un créatif qui a le goût de l'aventure et des projets audacieux. Il voit grand et différemment des autres. De plus, tout le monde le signale : « Il n'en fait qu'à sa tête[1]. » Le vœu qu'il a sans doute le plus de mal à respecter est le vœu d'obéissance (contrairement à ce qu'il avoue dans ses vieux jours) et son tempérament têtu est une évidence pour tous ceux qui ont travaillé avec lui. D'ailleurs, il ne rend pas vraiment de comptes réguliers à un quelconque supérieur hiérarchique. L'évêque de Grenoble dont il relève de 1939 à 2007 n'exerce quasiment aucun contrôle sur son action depuis qu'il a quitté l'Isère en 1943. En 1954 et en 1955, il fournit des documents détaillants et justifiants son action à Mgr Renard, l'évêque de Versailles, qui lui avait écrit, on l'a vu, ses inquiétudes pendant la mobilisation de février-mars 1954.

Ce qui nous est arrivé

L'abbé Pierre n'a eu de cesse de dire qu'Emmaüs n'est pas ce qu'il a fait, mais ce qui lui est arrivé. Dans cette affirmation, on comprend d'abord une vision théologique de ce qu'on appelle le hasard ou le destin et que les chrétiens nomment la Providence, qui est la manière dont Dieu guide le monde. L'abbé Pierre comparaît la vie à un voilier. L'Esprit Saint souffle ; l'Esprit Saint qui est Dieu dans le christianisme, une des trois personnes de la Trinité. Il appartient à l'homme de tendre plus ou moins la voile du bateau pour avancer dans la direction du vent, « quitte à s'écorcher les mains », précise-t-il. Mais cette affirmation sur « ce qui nous est arrivé » exprime aussi une autre réalité : l'abbé Pierre s'éparpillait. Il ne disait

1. Le Ru Hervé, *De l'amour au management. Emmaüs en héritage*, Editions ouvrières, 1986.

pas non aux occasions et aux propositions, quitte à s'écorcher les mains et à provoquer des situations compliquées. De Lucie Coutaz, il dira : « Tout ce qui s'est produit à Emmaüs s'est fait sans son consentement mais avec son concours. » Lucie était lucide sur les extravagances et le goût du risque de l'abbé Pierre mais elle est subjuguée par son charisme et ses réalisations. Elle ne pouvait pas faire autrement que de l'accompagner.

De 1949 à 1954, l'abbé Pierre a directement fondé un ensemble d'initiatives généreuses, un peu brouillonnes, pas toujours viables et parfois problématiques, qui portent en elles une énergie puissante, avec un bilan quantitatif et qualitatif incontestable et capable d'entraîner de nombreuses bonnes volontés à sa suite. À partir d'octobre 1954, l'abbé Pierre vit des épisodes de maladie longs et pénibles, entrecoupés de voyages à l'étranger qui l'éloignent de la gestion d'Emmaüs. Le mouvement qu'il a créé se développe et s'adapte, en partie en son absence.

8

Après l'Appel, déceptions et regain

L'emprunt pour les cités d'urgence

Force est de constater que l'État ne partage que de façon incomplète les points de vue de l'abbé Pierre sur les cités d'urgence. Le vote de la loi sur les logements économiques de première nécessité ne s'accompagne pas aussitôt de l'affectation des crédits correspondants. Comme nous l'avons vu, il faut que l'abbé Pierre lui-même apporte son concours à la promotion de ce plan d'épargne non rémunérée.

L'emprunt dit des « cités d'urgence » s'avère en partie un échec. En mars 1954, le thermomètre est remonté et la dynamique de la solidarité du mois précédent fléchit. La Banque de France met du temps à acheter des bons de souscription, après avoir été relancée, et en trop petite quantité, ne donnant pas l'exemple aux autres banques, ce qui est grandement préjudiciable à l'ensemble du projet. Ensuite, le président du Conseil lui-même omet de promouvoir cet emprunt dans ses discours sur le logement lors d'inaugurations de nouvelles habitations. De plus, d'autres plans d'épargne plus intéressants pour les épargnants (rémunérés donc) et lancés au même moment rentrent directement en concurrence avec celui-ci : EDF (qui rapporte 26 milliards de francs d'épargne), Crédit agricole et PTT. Le manque de volonté et le peu de foi accordée à ce projet d'épargne pour les cités d'urgence, de la part de certains décideurs, mettent en colère l'abbé Pierre qui rapidement invite les citoyens à cesser d'y apporter leur concours : « Cessez de multiplier vos sacrifices pour cet emprunt où l'on se joue de vous. Vos dons, de nouveau, ou vos prêts, remettez-les directement aux organismes privés qui bâtissent. » L'emprunt est clos prématurément, le 16 avril 1954, quelques semaines après son lancement, le 8 mars. Il ne rapporte que 2,2 milliards de francs[1], soit moins de la moitié, sur les 5 milliards espérés.

Dans un premier temps, la déception de l'abbé Pierre est importante car la mobilisation des pouvoirs publics en faveur des cités d'urgence constitue le point d'insistance majeur de sa mobilisation depuis 1953. Selon lui, les cités d'urgence représentent la seule alternative digne à une situation qu'il juge inhumaine, consistant à attendre que la crise du logement soit totalement et parfaitement résolue au niveau national pour que toutes les personnes sans logement ou très mal logées obtiennent enfin un logement décent. L'abbé Pierre met en avant l'urgence absolue liée à la souffrance des victimes de la crise du logement. Selon lui, l'ensemble de la société doit s'organiser sans délai pour remédier à leur situation.

Finalement, l'argent manquant pour parvenir à l'objectif ultime des 10 milliards est sorti des caisses du ministère des Finances. L'État finit donc par augmenter de plus de 10 % le budget annuel consacré au logement social en 1954 et tient bien ses promesses sur ce point. L'abbé Pierre réussit à faire débourser à l'État plus de dix fois les sommes escomptées.

---

1. L'équivalent de 53,5 millions d'euros en 2022.

La politique des logements économiques de première nécessité

L'engagement de Maurice Lemaire dès la fin de janvier 1954 permet de faire avancer les cités d'urgence (logements économiques de première nécessité, LEPN). Le ministre de la Reconstruction et du Logement se trouve stimulé par Léo Hamon et d'autres parlementaires qui interviennent en séance et l'interpellent de nouveau à partir de mars 1954, outre une partie de l'opinion publique et l'abbé Pierre. Ainsi, son ministère supervise-t-il la construction de 12 000 LEPN, dans le but qu'ils soient fonctionnels pour la fin de 1954, avant le prochain hiver. Des instructions sont données aux préfets en ce sens dès le 13 février 1954 afin de trouver des terrains et d'assurer le concours des offices d'HLM[1] et des municipalités. Le processus est enclenché avec les concours d'architectes et la mobilisation de la rallonge financière du ministère des Finances pour la mise en œuvre effective des constructions. Elles sont bâties par des organismes d'HLM et financées par des crédits à quarante-cinq ans. Les maisons doivent durer cinquante ans au minimum, elles disposent de deux pièces de 38 m^2. Elles ne comprennent ni chauffage central, ni eau chaude, ni enduit extérieur, ni revêtement sur les sols ou les murs intérieurs, etc.

La pression exercée sur le coût de revient est telle que des problèmes apparaissent rapidement. L'architecte François Spoerry, concepteur de la maison en épi de la cité de la Joie au Plessis-Trévise, publie une lettre ouverte au ministre du Logement dans le *Journal du bâtiment*, dès l'été 1954, dans laquelle il dénonce la politique gouvernementale qui consiste à vouloir construire à des coûts trop

1. Habitation à loyer modéré.

bas qui rend l'échec inévitable. Son appel est relayé dans la presse généraliste[1]. Déjà le 6 avril 1954, dans le *Journal du bâtiment*, il avertit l'abbé Pierre sous la forme d'une lettre ouverte, respectueuse et bienveillante, mais qui ne mâche pas ses mots :

> *On vous a dit qu'il était possible de faire pour 500 000 francs[2] un logement simple mais confortable. Ce n'est pas vrai, car aucun des pays mieux équipés que nous n'y a réussi. On vous a dit que ces maisons seraient durables et que leurs frais d'entretien seraient minimes. Ce n'est pas vrai, car on ne peut pas pour ce prix enduire convenablement les murs, et il n'y aura même pas de gouttière. On vous a dit que ces cités seraient d'un aspect agréable. Ce n'est pas vrai[3].*

Sauf exceptions, les LEPN sont livrés très en retard, après l'hiver 1955, et encore plus tard pour certains. Ils mettent en général un an au lieu de six mois à sortir de terre. La majorité d'entre eux se transforment à brève échéance en taudis, partout en France. Pour la plupart, les habitants y souffrent du froid, de l'humidité et des multiples défauts d'une maison construite sommairement et à la hâte[4]. Pour les rendre vivables, il faut que des études de malfaçon soient effectuées et surtout que des travaux supplémentaires et coûteux soient entrepris par les habitants, les municipalités, les entreprises, les offices HLM ou leurs financeurs. Aux problèmes de conception s'ajoutent souvent des difficultés d'intégration urbaine : éloignement des centres-villes, absence de routes, abords

1. « Un architecte met en cause les procédés actuels de construction des cités d'urgence », *Le Monde*, 9 juillet 1954.
2. Équivalent à 12 000 euros en 2022.
3. « Un architecte met en cause les procédés actuels de construction des cités d'urgence », art. cit.
4. Legoullon Gwenaëlle, *La Politique des cités d'urgence, 1954-1958*, mémoire de maîtrise, Université Paris-1, Centre d'histoire sociale des mondes contemporains, 2000.

boueux, éloignement des équipements et des services, absence d'emplois à proximité, effet de ghetto, etc. Cette situation va durer pendant de nombreuses années dans certains quartiers. Le bilan des LEPN s'avère dramatique dans la plupart des cas. En 1956 à Tours, un bébé meurt d'une bronchite capillaire dans un LEPN. Le médecin qui constate le décès précise qu'il résulte du froid et de l'humidité du logement[1].

Paul Grunebaum-Ballin, président du conseil d'administration de l'office des HLM de la Seine, se montre très critique à leur sujet. Il raconte l'anecdote suivante en décembre 1955 : « Nous avions dans nos groupes d'HLM des locataires qui se faisaient tirer l'oreille pour acquitter leur loyer : une simple menace d'expulsion avec perspective de relogement dans les cités d'urgence a fait rentrer en quelques semaines tous les loyers en retard[2]. »

Le ministre de la Reconstruction et du Logement Roger Duchet (1904-1981) abandonne la construction de nouveaux LEPN à son arrivée au ministère en février 1955 (certaines cités LEPN, très en retard, sont toujours en chantier en 1957). À Emmaüs, personne ne s'en fâche, le ministre écrit même un article assez banal dans le n° 6 de *Faim et soif* d'avril 1955.

On trouve heureusement quelques contre-exemples comme les LEPN de Pierre Vago à Arles dans lesquels des personnes habitent toujours aujourd'hui, même si les maisonnettes avec jardinet sont sommaires et minuscules. La seule modification apportée aux habitations d'origine est la pose de plaques ondulées rendues nécessaires par un défaut d'étanchéité des toitures originales. Le ministère de la Culture leur a attribué le label « patrimoine du

---

1. Croizé Jean-Claude, *Politique et configuration du logement en France (1900-1980)*, Sciences de l'homme et societe, Université de Nanterre-Paris-10, 2009, p. 100-114.

2. « Le président des HLM de la Seine expose les raisons de son hostilité à l'égard des cités d'urgence », *Le Monde*, 1er décembre 1955

xxe siècle », le 3 juillet 2012. À Troyes, deux cités d'urgence semblent n'avoir pas posé de difficultés majeures : la cité des Vassaules et la cité du Grand Véon qui sont toujours habitées. Les habitants y entretiennent la mémoire de l'abbé Pierre[1].

Dans l'histoire sociale de la France, la politique des LEPN se situe entre la Reconstruction et la Construction. Ces logements d'urgence occupent une place intermédiaire mal assurée entre les baraquements d'après guerre et les logements populaires durables construits en masse. Les principales raisons de leur échec sont la pression excessive exercée sur les coûts de construction et la précipitation. Il faut reconnaître qu'il s'agissait d'une mauvaise idée : la France n'avait pas la capacité de la mettre en œuvre convenablement, ce qui a retardé, par ailleurs, l'application de solutions efficaces, en gaspillant des fonds qui auraient été mieux utilisés autrement.

La véritable solution à la problématique de la reconstruction de la France et des taudis arrive tardivement : ce sont les grands ensembles. Le journaliste Gilbert Mathieu publie dans *Le Monde* en avril 1958, soit quatre longues années après l'appel de l'abbé Pierre, une série de sept articles retentissants intitulés « Logement, notre honte » où il décrit le phénomène sous toutes ses coutures, montrant aussi qu'il s'agit d'une spécificité bien française. La solution provient, à partir de la fin des années 1950, de l'accélération de la construction des grands ensembles, permise par toute une série de mesures politiques et de certaines innovations technologiques (béton armé, technique du chemin de grue...). Les grands ensembles surgissent partout en France : quartiers à la périphérie des villes, tracés à l'équerre et constitués de tours et de barres

1. Humbert Jean-Louis, « Les cités d'urgence à Troyes », art. cit., p. 117-128.

d'habitation. À l'origine, ces grands ensembles présentent une série d'avantages qui améliorent considérablement la vie des catégories populaires.

La cité de la Joie ?

La cité de la Joie au Plessis-Trévise est la première réalisation d'une cité d'urgence LEPN par l'abbé Pierre et Emmaüs, concrétisation de ce qu'il prône depuis des mois. Elle n'est pas la seule cité d'Emmaüs en cours mais elle doit servir de modèle et d'aiguillon pour toute la politique française en la matière. On l'a vu, elle commence très tôt après l'Appel. Parmi les premiers habitants, Huguette et François Petit, les parents du petit Marc qui est mort de froid début janvier, sont les premiers à avoir la joie de pénétrer dans leur maison.

Il y a des maisons en épi et d'autres maisons appelées « *Les toits* » qui sont un autre type de LEPN peints en jaune avec un toit en pente. En totalité, ces 300 logements représentent 1 200 habitants supplémentaires au minimum qui s'installent très vite, en provenance des camps provisoires de Paris et ses abords et de La Pomponette. Or la ville du Plessis-Trévise est une paisible bourgade de moins de 1 300 habitants. Voir sa population doubler aussi vite provoque toute une série de problèmes. Le maire du Plessis-Trévise, Pierre Boyer, se montre lucide le jour même de l'inauguration de la deuxième tranche, le 15 novembre 1954, quand il mentionne devant les autorités présentes, les difficultés qui s'apprêtent à survenir à très brève échéance : « Nous constatons que dans un temps très court nous ne pourrons plus assurer l'indispensable de la vie collective. » Il mentionne les problèmes imminents : pas de classes d'école en nombre suffisant, pas de transport en commun, routes défoncées par les camions (la cité a jailli en quelques mois), le contrôle sanitaire pose déjà problème dans les cinquante premières maisons inaugurées six mois plus tôt, les hôpitaux de rattachement n'ont pas assez de place, les distributions d'eau, de gaz et d'électricité sont insuffisants, le ramassage des ordures n'est pas au point, les réseaux d'égout sont à finaliser… « Volontairement, j'en passe, car ceci deviendrait un rapport par trop désagréable », dit-il devant les autorités et l'abbé Pierre. Il ne joue pas le rôle du « râleur de service » ; il se montre effectivement lucide : la cité de la Joie est une catastrophe architecturale et urbanistique. La rentrée de 1954 entraîne des décisions rapides pour scolariser d'urgence les enfants en installant des classes d'école partout où l'on peut, y compris dans la salle des fêtes et la mairie, mais des enfants ne sont pas scolarisés.

En avril 1955, l'abbé Pierre, le conseiller général et le maire se rendent auprès du président René Coty pour qu'il intervienne et sauve la situation à la cité de la Joie en activant tous les ministères concernés afin d'assurer la mise en place des services nécessaires aux habitants. Malgré quelques efforts, aucune structure sociale et culturelle digne de ce nom n'existe encore à la cité de la Joie à la fin des années 1960. Les personnes qui y vivent évoluent dans un quartier ghetto : certains enfants sont analphabètes, les habitants subissent défiance et discrimination et développent un sentiment d'appartenance au quartier qui les marginalise. La violence s'y installe. Le nouveau maire fraîchement élu est accueilli avec des jets de pierre quand il s'y rend pour la première fois en voiture et des crachats quand il la visite à pied[1].

1. Bourdin Téva (réalisation), *Et l'abbé créa la cite de la Joie*, production Jaris TV, documentaire, 52 min, 2014 (on peut découvrir ce film en ligne sur certaines plateformes de diffusion).

Sur le plan architectural, la cité subit les mêmes avanies que les autres LEPN de France. Quelques mois plus tard, les routes s'affaissent, les murs des maisons se couvrent de moisissures, l'isolation thermique des parois externes n'est pas conforme, les services du ministère n'ont pas bien joué leur rôle, des plaques de fibrociment sont posées déjà fissurées, les cheminées fuient, les maisons prennent l'eau, etc.[1] Dans ces conditions les impayés de loyer se multiplient ce qui rend les possibilités financières de l'HLM Emmaüs encore plus compliquées pour être en capacité de résoudre les problèmes.

Des habitants des camps de transit de type bidonvilles de la région parisienne refusent d'être relogés dans cette cité. Lorsqu'on leur propose, ils la désignent comme « les cités dépotoirs du Plessis-Trévise...[2] ». Au départ, elle est imaginée par l'abbé Pierre pour recevoir les familles des camps de transit comme La Pomponette, mais aussi les familles du camp de transit de Noisy-le-Grand. Or ce mécanisme ne fonctionne pas.

Même si les habitants vivaient auparavant dans des tentes ou des carcasses de camion, la cité de la Joie est un échec, un lieu de souffrance. La revue *Faim et soif* n° 9 de novembre 1955 la décrit avec lucidité dans un article intitulé « Deuxième hiver à Plessis-Trévise » où il est dit : « Les familles n'en peuvent déjà plus » et : « C'est encore une fois le siège de l'eau et du froid qui recommence et dans ces conditions on ne vit pas une vie de famille ; c'est un refuge que l'on habite, ce n'est pas une maison. » Les familles dont il est question ont pu y survivre quelques années malgré les immenses difficultés rencontrées dans ces logements humides et inchauffables.

1. Brodiez-Dolino Axelle, *Emmaüs et l'abbé Pierre*, *op. cit.*, p. 66.
2. Gay-Dupuy Antonin, *Voyage au bout de Noisy. Étude sociale et urbaine du camp de l'abbé Pierre. Noisy-le-Grand 1954-1971*, Histoire, 2017, p. 183.

Pour l'HLM Emmaüs, la gestion d'une cité comme celle-ci représente un défi colossal et ingrat.

Les réparations nécessaires représentent un gouffre financier. Si elles se faisaient, ce serait au détriment des équipements (écoles, jardins d'enfants, salle des fêtes...). Le provisoire dure. Les maisons, surtout Les épis, sont frappées d'un décret d'insalubrité en 1972, elles sont rasées en 1973 et font place à des immeubles d'habitation collective. La deuxième cité de la Joie voit le jour dans de bien meilleures conditions, qui n'ont plus rien à voir avec la première mouture. La deuxième cité dure vingt-neuf ans, jusqu'en 2002-2004 date à laquelle une nouvelle cité est bâtie comprenant essentiellement des éléments d'habitation neufs et quelques réhabilitations.

Le 20 février 1999, l'abbé Pierre en visite au Plessis-Trévise avouait avec le recul des années : « Je vais faire la critique de ce que je faisais : j'ai pris conscience après coup et maintenant je travaille autant que j'ai de force pour réparer [...]. Dans la réalité où je me trouvais, neuf sur dix des familles mal logées, désespérées, étaient des jeunes ménages. Je ne pensais qu'à les loger avec leurs enfants. Je n'ai pas eu la vue que doit avoir un urbaniste. » Les habitants n'en veulent pas à l'abbé Pierre, bien sûr. Une rue porte son nom. Il est même venu inaugurer les lieux en 2004, cinquante ans après.

Noisy-le-Grand

Faute de moyens humains et financiers, l'abbé Pierre est contraint de fermer la dizaine de centres fraternels de dépannage qu'il a lui-même ouverts et dont il aurait souhaité maintenir le fonctionnement tant que des solutions acceptables n'ont pas été proposées aux personnes accueillies. Il faut, à partir de mai 1954, trouver d'autres solutions pour plus de 2 000 personnes. Pour cela, l'abbé Pierre fait l'acquisition d'un terrain de treize hectares situé sur le territoire de la commune de Noisy-le-Grand dans l'est parisien. Ancien champ d'épandage, terre agricole mélangée à des détritus, en partie marécageuse, située à l'écart de la ville, l'abbé Pierre y installe des grandes tentes pour y reloger les familles provenant des autres campements qui doivent être démontés. Le lieu-dit s'appelle Château-de-France ; ironie du hasard toponymique.

Avec notamment l'argent de Charlie Chaplin et les plaques de fibrociment offertes par les ouvriers de l'entreprise Eternit, dont on a parlé précédemment, l'abbé Pierre fait construire plus de 200 petites maisons surnommées « igloos ». Il s'agit de baraquements ressemblant à des demi-bidons, de 5 mètres de large sur 8 de long. Un mur de parpaings en bouche l'avant et un autre l'arrière, avec des petites fenêtres et une seule porte. La moitié avant de l'igloo sert de salle à manger et la moitié arrière est partagée en deux chambres, une pour les parents et une pour les enfants. Les compagnons d'Emmaüs construisent ces habitats précaires avec les parpaings qu'ils fabriquent eux-mêmes sur place dans une petite usine que l'abbé Pierre a créée. Ces habitations sont donc des sortes de tentes en dur et ne sont pas destinées à persister. Elles n'ont ni eau, ni électricité, ni sanitaires et le sol est en terre. Certains locataires qui arrivent avec leurs meubles sont obligés d'en casser un afin d'en récupérer les planches pour poser leurs autres meubles sur quelque chose de dur et d'à peu près isolé. Les tôles sont insuffisamment étanches et présentent de mauvaises qualités d'isolation. Comme il n'y a pas de voirie, les habitants pataugent dans la boue y compris chez eux quand il pleut beaucoup. Des fontaines ont été installées à l'extérieur, mais dès les premiers gels elles sont cassées et seules deux ou trois fonctionnent pour une population qui atteint 247 familles[1], soit plus de 1 100 personnes, dont une majorité d'enfants. Le camp est équipé de quelques tinettes (entre cinq et dix), WC sans fosses septiques, ni tout-à-l'égout, qui doivent être vidés régulièrement par les compagnons d'Emmaüs. L'intention de départ consiste à aménager progressivement la cité en y installant un confort minimum mais la situation dégénère rapidement.

L'abbé Pierre essuie de nombreuses critiques dès les débuts du camp. Le maire de Noisy-le-Grand écrit au préfet une lettre reproduite le 4 décembre 1954 dans le journal local, *La Renaissance de Seine-et-Oise.* Il y dénonce les conditions de vie : la chaleur accablante l'été, les lits trempés par la pluie, l'humidité quasi permanente, l'impossibilité de se chauffer suffisamment, l'absence d'équipements, l'état de misère des populations… Il s'étonne que l'abbé Pierre, « qui a reçu tant d'argent », n'en consacre pas davantage à l'amélioration de ses lieux de secours, quitte à investir un peu moins dans les constructions pérennes. Il vitupère : « Ces misères ne peuvent servir seulement que pour apitoyer l'opinion publique... »

L'abbé Pierre trouve que ces critiques sont injustes dans la mesure où, selon lui, ce qu'on lui reproche est de rendre visible la misère produite par la société et qui se trouvait auparavant cachée et répartie dans les taudis de Paris et les chambres de bonne, sous les toits mal isolés des immeubles. En réponse, il fait placer à l'entrée du camp un immense panneau où l'on peut lire ce texte : « Ce hameau de détresse est à l'honneur de ceux qui par leur travail ou leurs dons ont permis de l'établir et à la honte d'une société qui n'est pas capable de loger dignement ses

1. Le projet initial prévoyait 500 igloos…

travailleurs », signé « Abbé Pierre ». Pour être équitable avec le maire de la commune, il fait rajouter en 1955 une phrase : « Ceux qui l'habitent tiennent à dire merci à la commune qui les a accueillis et protestent contre l'injustice qui laisse reposer sur cette seule commune des charges qui incombent en réalité à l'agglomération parisienne tout entière. »

D'une part, l'abbé Pierre cherche à provoquer la mobilisation générale (et à l'échelle de la planète). D'autre part, l'abbé Pierre « fait du quantitatif » de façon brouillonne, alors que d'autres personnes, d'un caractère différent, préfèrent accueillir moins de personnes mais de meilleure manière. C'est le cas de la cité-secours Notre-Dame du Secours catholique, que nous avons mentionné plus haut, qui est un modèle de confort et de service pour les sans-abri mais n'accueille que quelques dizaines de personnes.

Les observateurs avertis considèrent qu'une partie des méthodes de l'abbé Pierre sont farfelues. On le lit dans le rapport de l'Union nationale interfédérale des œuvres et organismes privés sanitaires et sociaux (Uniopss) consécutif à la réunion qu'ils ont eue avec l'abbé Pierre le 30 mars 1954. Les représentants remarquent : « La générosité des intentions mais la parfaite incohérence des projets. » Le camp de Noisy-le-Grand illustre de la façon la plus dramatique qui soit les limites des capacités d'organisation de l'abbé Pierre et de son mouvement.

Dès la fin 1954, la direction du camp laisse à désirer : les responsables qui s'y succèdent n'ont pas l'envergure pour résoudre une situation particulièrement complexe. La connaissance des populations qui y vivent n'est pas aussi fine dans les années 1950 que par la suite. La société HLM Emmaüs connaît des difficultés financières à cause du grand nombre de chantiers d'HLM entrepris et du problème des LEPN qu'il faut réparer à grands frais à peine bâtis. De plus, les relations entre les familles sur place et les compagnons d'Emmaüs qui logent à l'écart mais y interviennent régulièrement (ce sont des hommes célibataires, au travail du matin au soir, qui ne restent pas) constituent une sorte de choc des cultures. Des problématiques de couples qui tournent mal sont à déplorer, ainsi que des épisodes sordides : des viols commis par des compagnons[1]. L'animosité entre les uns et les autres devient de plus en plus forte.

Les habitants du camp de Noisy-le-Grand n'ont pas un profil homogène. Une grande variété de personnes y cohabite. Une simplification abusive consisterait à rabâcher des stéréotypes qui empêchent de comprendre la complexité du phénomène. Plus de 20 % sont passés par l'Assistance publique[2]. La majorité du camp est constituée de familles françaises dont certaines accumulent les problèmes : chômage, illettrisme, marginalités... À la différence des autres bidonvilles de la région parisienne où les personnes travaillent (les Espagnols à La Plaine-Saint-Denis, les Algériens à Nanterre, les Portugais à Champigny-sur-Marne), les hommes du camp de Noisy sont pour la plupart au chômage ou n'ont pas d'emploi permanent. Leurs ressources étant minimes, leur accompagnement et l'entretien du camp s'en trouvent particulièrement compliqués. En outre, les mauvais payeurs des autres cités d'urgence y sont envoyés par la société d'HLM Emmaüs (avec l'accord de l'abbé Pierre) quand il faut bien se résigner à les expulser et afin qu'ils ne se retrouvent pas à la rue. Souvent les familles expulsées des cités d'Emmaüs qui se retrouvent au camp de Noisy proviennent déjà de ce camp. Le camp de Noisy-le-Grand accueille donc les plus

1. Gay-Dupuy Antonin, *Voyage au bout de Noisy*, *op. cit.*, p. 36.

2. Labbens Jean, « La condition sous-prolétarienne. L'héritage du passé », *Cahiers science et service*, 1965.

inadaptées des populations accueillies et accompagnées par Emmaüs. Celles-ci se trouvent à un endroit dépourvu de commerce, d'emploi, de service à deux kilomètres à la ronde, sans route, situé à l'écart d'une commune populaire peu encline à intégrer ceux qu'elle considère comme des étrangers et dont elle a peur. L'épicier le plus proche comprend que les habitants du camp effraient sa clientèle habituelle. Il décide donc de remettre en service une vieille roulotte et d'installer une échoppe annexe dans le camp puis d'y construire une épicerie dédiée spécifiquement aux habitants du camp. La majorité des enfants ne va pas à l'école. Le facteur dépose le courrier à l'entrée mais n'apporte pas les lettres directement aux igloos. Le seul taxiphone est endommagé à plusieurs reprises. Il en résulte que les services des télécommunications n'acceptent d'en remettre un en service que s'il se trouve fixé dans un abri placé sous surveillance.

Ces familles ont fait l'objet de nombreuses études approfondies à partir de 1956, quand un prêtre s'y installe : Joseph Wresinski (1917-1988), dit « le père Joseph ». Lui-même d'origine très modeste, il comprend presque en arrivant, que les familles qui habitent le camp ont toutes les chances d'y demeurer pendant des années. La cité de transit ne permet pas la rotation envisagée au départ. D'autant plus que la cité de la Joie du Plessis-Trévise, prévue pour cela, est un échec.

Le camp de Noisy ne sera détruit qu'en 1971, dix-sept années après sa création, alors qu'il se trouve frappé d'un décret d'insalubrité dès 1959. Lieu de misère mais aussi lieu d'espoir, il est connu dans le monde entier grâce à Joseph Wresinski et sa création de l'association d'ATD Quart-Monde.

Joseph Wresinski se différencie des autres prêtres arrivés au camp car, d'abord, il y reste. Puis il s'applique à le transformer peu à peu, à améliorer la connaissance des problèmes et des capacités de ses habitants et à permettre la mise au point de méthodes d'action sociale mieux adaptées. Il crée l'association ATD Quart-Monde en 1961, aboutissement de cinq ans de travail. Les premières années, il œuvre aux côtés de l'abbé Pierre et dans le giron d'Emmaüs, puis s'en éloigne à cause des difficultés qui s'accumulent, de l'incapacité d'Emmaüs à y mener une politique cohérente et des désaccords profonds quant aux méthodes à employer. Au départ indulgent avec l'abbé Pierre, il en vient à lui adresser les plus vifs reproches, y compris devant des journalistes.

Le camp, « un des bidonvilles les plus pérennes des Trente Glorieuses[1] », se trouve au centre d'une guerre larvée entre des visions qui s'affrontent : mairie (communiste) et HLM Emmaüs qui veulent fermer le camp à partir de 1959 et le détruire au plus vite (l'association Emmaüs se retire en 1960) et ATD Quart-Monde qui souhaite resocialiser les familles sur place ; les familles, quant à elles, craignent que leurs enfants soient placés à l'Assistance publique et de se retrouver en foyers ou dans les cités d'urgence problématiques de la région parisienne.

ATD Quart-Monde et le camp de Noisy font l'objet de nombreuses publications qui sont des récits de personnes qui s'y dévouent, quelques témoignages de personnes qui y vivent et des analyses sociologiques : *La Condition sous-prolétarienne* et *Le Quart-Monde* de Jean Labbens, *L'Espoir gronde* et *Un peuple se lève* de Francine de La Gorce. Elles permettent de changer le regard sur ces populations et d'apporter des connaissances sur un phénomène à la fois méconnu et objet de préjugés

1. Gay-Dupuy Antonin, *Voyage au bout de Noisy*, *op. cit.*, p. 25.

néfastes. Le camp de Noisy-le-Grand sert de lieu d'étude et d'expérimentation. De ce drame émergent des savoirs indispensables pour la lutte contre ces formes spécifiques d'exclusion sociale qui ne peuvent pas trouver de solution grâce à la seule bonne volonté et l'intuition. Ce camp fournit une leçon qui n'est pas toujours écoutée : dans de nombreuses situations, venir en aide aux plus démunis relève d'une ingénierie sans laquelle la bonne volonté et la générosité se trouvent impuissantes et peuvent même produire des résultats préjudiciables aux personnes que l'on souhaite aider.

Au départ, des scouts, des prêtres, des compagnons ou des bénévoles divers mènent des actions caritatives ponctuelles qui ne permettent pas de résoudre tous les problèmes : distribution alimentaire et de vêtements, parrainage d'enfants, électrification partielle (douze igloos), isolation des seuls igloos où vivent des nouveau-nés, dératisation incomplète, etc. Emmaüs ne parvient pas à mener une politique à la hauteur. Joseph Wresinski prend une orientation totalement différente et adopte peu à peu une vision d'ensemble qui procède d'une compréhension plus subtile des problématiques. Il cherche à mettre en place des outils de valorisation des personnes et de resocialisation des familles : suppression des distributions gratuites jugées humiliantes, création d'un vestiaire payant, création d'un jardin d'enfants, catéchisme, création d'une chapelle-igloo avec des vitraux conçus par un artiste de talent (Jean Bazaine), bibliothèque, création d'un foyer féminin (laverie, cours de couture, institut de beauté, puériculture), activités culturelles, travail visant à favoriser l'expression des familles, de leurs besoins et leurs idées, association de personnalités conscientisées à cette entreprise, telle Geneviève de Gaulle-Anthonioz qui devient présidente de la branche française du mouvement de 1964 à 1998. Le tout dans une ambiance marquée par des épisodes de violence, des incendies criminels des équipements à peine construits, des drames (mort de deux enfants lors de l'incendie d'un igloo le 30 novembre 1960), de création d'un réseau de proxénétisme, etc.

La solution émerge à partir de 1966 avec la nomination d'un nouveau sous-préfet énergique, efficace et lucide, Paul Feuilloley (1916-2014), qui parvient à mettre en place des réunions de coordination régulières avec toutes les parties prenantes autour de la table, pendant le temps nécessaire, de sorte de trouver progressivement des solutions acceptables pour tous. Son travail opiniâtre en concertation avec l'école, la poste, la police, les services sociaux, la mairie, la HLM Emmaüs propriétaire du terrain, les représentants des familles, ATD Quart-Monde, etc., aboutit à l'éradication du camp en 1971. Cette action montre le travail qui peut être accompli par des représentants de la puissance publique compétents et déterminés.

L'histoire du camp de Noisy-le-Grand permet de rentrer dans les détails de la complexité de l'action auprès des populations défavorisées auxquelles l'abbé Pierre se confronte toute sa vie. Il montre notamment qu'il existe deux profils de personnes qui ne présentent pas les mêmes caractéristiques : les compagnons célibataires qui vivent dans les communautés et les familles avec leurs enfants, même si elles connaissent des situations ressemblantes quant à la pauvreté et la marginalisation. Ensuite, l'échec de ce camp de transit et le travail d'ATD Quart-Monde permettent de mieux appréhender la lutte contre la grande exclusion, de s'enrichir d'expériences utiles pour d'autres circonstances, de progresser pour les droits humains. Elles révèlent aussi que les créations de l'abbé Pierre suscitent la naissance d'autres façons de faire, d'autres innovations, même si elles apparaissent dans un premier temps en contradiction, qui se trouvent également porteuses d'espérance pour la cause des plus défavorisés.

Les autres cités

Il est très important de souligner qu'on possède beaucoup d'informations sur les projets de construction de l'abbé Pierre qui n'ont pas bien fonctionné. *A contrario* certaines cités passent presque inaperçues. Ces quartiers créés au même moment ont laissé peu de traces dans les mémoires, les discours et les études, pour la bonne et simple raison qu'ils n'ont pas posés de problèmes importants. Les quartiers bâtis par Emmaüs sont de trois sortes : des cités en accession à la propriété (maisons), d'autres sont des cités locatives (immeubles HLM dits « Logéco ») et enfin des cités de logements économiques de première nécessité. Ces quartiers se trouvent dans la banlieue ouvrière de Paris, à Pontault-Combault, Torcy, Aulnay-sous-Bois, Verrières-le-Buisson, Charenton, etc.

Dès la fin des années 1950, même si l'abbé Pierre n'est plus pleinement aux commandes de toutes les structures qu'il a créées ou inspirées, le mouvement Emmaüs loge et héberge des milliers de personnes pauvres dans des appartements ou des maisons. Sur ce point, l'abbé Pierre présente donc un bilan impressionnant, au moins quantitativement. De nombreuses personnes lui en sont encore aujourd'hui reconnaissantes. L'auteur de ses lignes a plusieurs fois été interpellé par le récit émouvant de personnes venues lui raconter spontanément leur histoire familiale, leur parcours de vie qui a commencé par une enfance dans les cités d'urgence.

« Il ne faut pas attendre d'être parfait pour mener quelque chose de bien », affirmait-il.

Un fondateur malade

Pour comprendre tous les problèmes décrits ici et une grande partie de la vie de l'abbé Pierre, il est nécessaire de saisir à quel point il a été souvent malade. On a déjà mentionné ses problèmes de santé pour expliquer sa capacité empathique. La maladie permet aussi d'expliquer les échecs de sa vie. Ses périodes d'invalidité ont provoqué des carences dans le suivi des initiatives, une irrégularité préjudiciable à l'accompagnement des chantiers, des dossiers, de toute la dynamique qu'il a suscitée. Beaucoup se sont sentis abandonnés par l'abbé Pierre car il n'était plus valide au moment où ils avaient besoin de lui. Par exemple, lors de l'inauguration des igloos de Noisy-le-Grand, il faut enregistrer le discours de l'abbé Pierre dans sa chambre d'hôpital et le diffuser sur site à l'aide d'un dispositif de sonorisation.

À la fin de 1954, il se trouve longuement hospitalisé ; commence une période de trois ans où il est souvent opéré, malade et convalescent. D'octobre 1954 à août 1958 il passe 22 mois en clinique où il subit six interventions chirurgicales. En 1955, on lui enlève toutes ses dents (à 43 ans). En 1956, le père Yves Bossière écrit : « L'abbé Pierre a aujourd'hui un peu plus de 40 ans, mais il est marqué par la maladie qui le cloue sur un lit d'hôpital depuis des mois. C'est un homme épuisé, vieilli prématurément, mais dans le regard duquel brille une flamme d'amour et d'intelligence. » Dans les années qui suivent, il vit une douloureuse traversée du désert au cours de laquelle il disparaît de la circulation pour de longues périodes d'hospitalisation et de convalescence qui l'éloignent d'Emmaüs et de la France. Un médecin lui annonce même qu'il ne pourra plus jamais travailler ! Il reprend vie à partir de 1958 en entamant de nouvelles tournées de conférences à l'étranger et des visites de ce qui deviendra peu à peu les groupes Emmaüs du monde ; élan souvent entravé par de nouvelles hospitalisations.

De nombreux auteurs évoquent des troubles de nature psychiatrique chez l'abbé Pierre, malgré le peu de documents à ce sujet et la grande difficulté dans laquelle se trouve celui qui cherche à psychanalyser l'âme d'un défunt. En 2022, un nouveau livre est sorti, décrivant la « psychologie compliquée » de l'abbé Pierre en s'appuyant sur un rapport d'un graphologue de 1946. On y parle d'un homme « cyclothymique ». La « graphologie » et la « cyclothymie », on le sait, sont des notions unanimement invalidées scientifiquement. La graphologie, qui prétend décrire la psychologie d'une personne, est une pseudoscience. À partir de fin 1957, l'abbé Pierre est traité par cures de sommeil (méthode fréquente à cette époque et qui se pratique toujours) dans la clinique du docteur Charles Durand à Prangins en Suisse. Il est soigné pour ce qui correspond à une crise de surmenage, que l'on peut attribuer aux difficultés de sa charge et aux multiples opérations qu'il subit à cette époque. Cette hospitalisation est le seul épisode connu de soins de nature psychothérapeutique de toute la vie de l'abbé Pierre. Pour le moment, il n'existe aucune preuve qui atteste de troubles psychiatriques récurrents chez lui.

Laurent Desmard a accompagné l'abbé Pierre dans les dernières années de sa vie. Il le décrit passant par des phases d'enthousiasme et d'abattement très marquées.

Il raconte qu'il se lançait dans des combats plus ou moins raisonnables, malgré les appels à la prudence de son entourage, puis, confronté à des difficultés, s'en attristait fortement jusqu'à en tomber malade[1]. On irait trop vite en faisant de l'abbé Pierre un bipolaire. Les symptômes de cette maladie ne se limitent pas à des variations de l'humeur. Cette attitude correspond plutôt à des nuances émotionnelles d'une personne extrême et passionnée qui s'est mis en tête depuis plusieurs décennies de vaincre les principales injustices de l'humanité. Est-ce véritablement psychopathologique ?

L'abbé Pierre souffre physiquement, il éprouve des douleurs réelles à l'estomac, aux poumons, à la gorge, il est opéré pour des pathologies corporelles attestées par les médecins. Un cliché très répandu consiste à considérer les personnes qui tombent souvent malades comme des hypocondriaques, qui s'inventent des maladies ou bien qui somatisent, que l'on soupçonne d'avoir des douleurs physiques qui résultent d'une psychologie dérangée. L'abbé Pierre est un homme sensible qui ne cache pas ses faiblesses et sa fragilité, mais il semble inexact d'en faire un déséquilibré ou un malade psychiatrique caractérisé.

On le remarque également quand il se met en colère, dans les nombreux enregistrements audio et vidéo : sa passion et son émotion débordantes s'accompagnent d'un discours structuré, le langage qu'il emploie alors est élaboré, presque littéraire. Ses discours impeccables et percutants se situent à l'opposé de la perte de contrôle qui caractérise les désordres psychologiques. Durant sa vie, l'abbé Pierre apparaît sensible, émotif, un peu caractériel, entêté et colérique ; mais fou, non.

1. Dupont Philippe et Kurts Ivo, *Ressourcement et combats. L'abbé à Esteville*, documentaire, 52 min, production ACAPE, 2018.

La dépendance au fondateur

Le mouvement Emmaüs vit dans une étroite dépendance avec l'abbé Pierre qui revêt plusieurs dimensions. D'abord, il y a une dépendance affective et philosophique. L'abbé Pierre prône une spiritualité de l'action qui lui est propre et qu'il appelle « la mystique d'Emmaüs ». Elle consiste en une radicalité du don de soi, rendue indispensable par la nécessité de la justice afin d'abolir la souffrance inutile de tous les hommes sur terre. Ce don de soi conduit à vivre aux côtés des plus exclus et à créer avec eux des actions de solidarité concrète, en même temps que de l'interpellation publique d'essence prophétique, à partir d'activités matérielles de récupération et de recyclage. On crée de la valeur matérielle et immatérielle avec des objets rejetés par la société et le concours indispensable de personnes elles-mêmes rejetées.

Pour assurer la persistance de cette mystique qui s'inspire et laïcise la radicalité biblique (et celle du Christ lui-même), il semble nécessaire de stimuler en permanence les membres du mouvement Emmaüs afin qu'ils ne perdent pas cet état d'esprit originel. Ce souci apparaît en permanence dans les discours de l'abbé Pierre et de ceux qui le suivent. Sans la présence de l'abbé Pierre, ses membres craignent en permanence de dénaturer leur action et de s'embourgeoiser. L'abbé Pierre lui-même le martèle : il faut se prémunir de ce qu'il appelle la « vaticanisation », c'est-à-dire une institutionnalisation à outrance censée édulcorer l'énergie originelle, comme le Vatican qui aurait dénaturé le message authentique du Christ en devenant une grande machine bureaucratique, un lieu de confort et un espace de pouvoir. L'abbé Pierre disait que toutes les communautés doivent avoir un carreau cassé afin d'entendre la plainte de ceux qui sont dehors et d'être en mesure de toujours accueillir les nouveaux qui arrivent. Casser un carreau est un geste d'inauguration pratiquée quasi systématiquement dans les groupes Emmaüs qui mettent en service de nouveaux locaux pendant des décennies. Il se pratique encore aujourd'hui.

Ensuite, les personnes qui s'engagent chez Emmaüs, surtout dans les communautés de chiffonniers mais pas seulement, sont souvent des personnes zélées et animées par un grand souci éthique, par un idéal, qui ont été enthousiasmées par son message et le répètent, le réinterprètent, avec plus ou moins de finesse parfois. Leur motivation peut les conduire au sacrifice de toute une vie, les cas sont nombreux, elle suscite un phénomène qui revêt certaines caractéristiques un peu sectaires, où les uns et les autres se donnent sans précaution, se mettent en danger, s'évaluent et se jugent, les plus motivés jugeant avec sévérité ceux qui semblent l'être moins, les plus prudents traitant de fous et d'illuminés ceux qui privilégient le don de soi à la rigueur d'organisation. La course à la radicalité et à la fidélité au fondateur peut se révéler récurrente et étouffante, au moins pendant les premières décennies et il en reste encore quelques traces. De nombreuses divisions ne peuvent qu'apparaître dans un tel contexte, et c'est bien ce qui se produit dans l'histoire d'Emmaüs, surtout du vivant de l'abbé Pierre. Les communautés d'Emmaüs se sont multipliées à partir de 1954 dans toute la France et ailleurs. Leur histoire est faite de nombreuses divisions, de scissions et de désaccords. Il a existé de nombreuses fédérations différentes et sous certains angles antagonistes, pendant des années, avant que toutes fusionnent dans la branche communautaire d'Emmaüs France dans les années 2000.

Ensuite, la dépendance à l'abbé Pierre est une dépendance d'image. Le grand public idéalise le fondateur. Sa présence ou sa référence donne de l'ampleur aux actions d'Emmaüs. Les dirigeants politiques et de la société civile prêtent une oreille particulièrement attentive à l'abbé Pierre à un niveau que les dirigeants d'Emmaüs n'ont jamais pu obtenir par leurs seules forces. L'abbé Pierre est un amplificateur de message, un amplificateur économique et un amplificateur financier. Avec lui, on va beaucoup plus loin et plus haut que sans lui.

Enfin, l'abbé Pierre continue de recevoir des dons à son nom, à une époque, la seconde moitié des années 1950, où des personnes de bonne volonté et de talent s'efforcent d'organiser ce qu'il a créé, initiatives que l'on peut juger parfois chaotiques où de nombreuses détresses se trouvent coincées. Ces administrateurs qualifiés, que l'abbé Pierre a lui-même mis en fonction, doivent se débrouiller avec des grands problèmes, alors que l'abbé Pierre est absent car il se trouve malade ou en déplacement à l'étranger. Or les administrateurs de l'association Emmaüs et de la HLM Emmaüs et tous les autres, ont besoin de la pleine coopération de l'abbé Pierre pour résoudre les difficultés qu'il a involontairement suscitées ; or celle-ci laisse à désirer. Ils ont aussi besoin d'argent car la crise organisationnelle va de pair avec une crise financière mais l'abbé Pierre continue d'user à sa guise des dons qui lui parviennent directement, en prenant des initiatives considérées parfois comme extravagantes.

Tentatives de structuration

Très tôt, l'abbé Pierre imagine une première fédération de communautés, appelée Union centrale, et commence par en écrire les principes, mais sans parvenir à faire aboutir son projet aussi vite qu'il le souhaite.

Une première réunion intercommunautaire, mise en place par l'abbé Pierre, a lieu à Limoges, en mai 1956 dans le but de créer une union de communautés. Dans le prolongement de celle-ci, courant de l'année 1957, une réunion appelée « Congrès central » rassemble 60 personnes provenant de 24 communautés sur les 27 recensées dans le monde, de France, Belgique et Suisse (les Canadiens ne sont pas présents). Ils représentent environ 700 communautaires. Le but de cette réunion est d'aboutir à une fédération de communautés qui structure, clarifie, redonne confiance et prévienne des difficultés déjà observées. À cette époque, l'abbé Pierre et son entourage sont déjà intervenus pour fermer des communautés dysfonctionnelles à Évreux, Hazebrouck, Rennes et Toulouse[1].

Dix jours avant sa longue hospitalisation et sa « traversée du désert », l'abbé Pierre tente de structurer son action au niveau mondial en créant la première version d'Emmaüs international le 27 novembre 1957 à Lausanne en Suisse. L'assemblée constitutive est composée de quatre personnes : Georges Lillaz représente Emmaüs en France, Raymond Saillet représente Emmaüs en Suisse et Jean-François Sthioul représente l'Iramm en Suisse. Les statuts sont établis par maître Max Habicht, avocat de droit international à Genève et militant fédéraliste. Ils précisent : « L'Emmaüs international a pour objet de réaliser la coordination et l'entr'aide[2] des diverses activités et des actions de l'abbé Pierre. [...] En vue de réaliser son objet, l'Emmaüs international cherchera à développer une collaboration efficace avec les Nations unies et ses institutions

1. Archives nationales du monde du travail, cote 2010 50 959, *Et les autres... ?*, bulletin de liaison des communautés Emmaüs, n° 4, automne 1957, p. 3.

2. Dans le texte.

spécialisées, ainsi qu'avec d'autres organisations privées ou publiques[1]. » Une fois l'abbé Pierre malade, cette association tombe dans l'oubli. Elle ne laisse aucune trace dans la mémoire collective du mouvement Emmaüs.

La longue traversée du désert de l'abbé Pierre va se prolonger et entraîner des prises d'autonomie de certaines composantes du mouvement Emmaüs, dans un but de structuration et pour tenter de dépersonnaliser l'œuvre de l'abbé Pierre.

Divergences

Deux logiques se heurtent au sein d'Emmaüs. De façon schématique, on peut dire que la logique de la HLM et de l'association Emmaüs (et certaines communautés) représente un courant plutôt gestionnaire animé par des personnes qualifiées et rationnelles, et la logique de la majorité des communautés privilégie l'audace et l'aventure pour « servir premier le plus souffrant » par tous les moyens, grâce à des personnes issues de la marginalité.

Il est important de préciser qu'il existe des nuances pour bien dessiner le contour de ces deux camps divergents. Les communautés ne sont pas toutes gérées de la même manière, l'autonomie locale étant la norme. Par ailleurs, Paul Desort, qui représente l'esprit d'aventure et d'audace, avec ses opérations de squattage, est également un logisticien hors pair, comme il va le démontrer avec éclat pendant presque vingt ans, en dirigeant la communauté itinérante et les camps de jeunes.

Les communautés sont souvent pilotées par des personnalités inhabituelles, cabossées par la vie, généreuses, mais au passé trouble et au comportement parfois suspect.

---

1. Archives nationales du monde du travail, cote 2000 50 1102.

Les communautés peuvent générer des recettes importantes avec l'argent gagné par les collectes de marchandises. Il n'est pas rare que des communautaires partent avec la caisse, sans que cela entraîne la mort de la communauté. L'abbé Pierre l'indique en 1957 : « Il y avait eu des relâchements par endroits, des dettes issues de gaspillages et de mauvaises gestions. On ne parlait que de déficits, fraudes, détournements. Personne n'échappait aux suspicions. Des potins de ce genre, médisances et calomnies se retrouvent dans beaucoup de communautés, même hors d'Emmaüs[1]. »

Les capacités financières des communautés permettent de mener à bien des actions de générosité externe et offrent la liberté de vivre l'aventure d'Emmaüs et de venir en aide à l'extérieur, sans avoir besoin d'adopter une organisation trop codifiée.

A contrario, la rigueur d'organisation et l'équilibre financier sont absolument nécessaires à la HLM et à l'association Emmaüs qui cherchent à se renforcer pour survivre. La HLM Emmaüs doit rendre des comptes à l'État dont elle dépend pour le financement des constructions et les normes du bâtiment, sans parler de ses relations avec les mairies et les différents services publiques. Pour subvenir à ses besoins, l'association Emmaüs a besoin des ressources issues des cotisations de ses membres (surtout les communautés) et des dons des particuliers et des mécènes (qui parviennent le plus souvent directement à l'abbé Pierre). Sans une gestion rigoureuse, l'ensemble devient ingérable et menace de péricliter.

Il est certain que l'enjeu financier a causé beaucoup de dégâts dans les relations. Dans un compte rendu de conseil d'administration de l'association Emmaüs du 23 juillet

1. Archives nationales du monde du travail, cote 2010 50 959, *Et les autres... ?*, Bulletin de liaison des communautés Emmaüs, N° 4, automne 1957, p. 4.

1954, on lit que l'abbé Pierre « est obligé de conserver une large part [des dons] pour certaines détresses dont le dépannage ne peut entrer dans l'activité d'Emmaüs, car il s'agit de cas vraiment particuliers et nécessitant une discrétion qui ne permet pas de les présenter au conseil[1] ». Difficile de gérer la maison avec de tels principes.

De plus, l'abbé Pierre a tendance à « placer » des personnes dans le but de les dépanner ou pour faire plaisir à quelqu'un qu'il connaît. Ainsi, pendant des décennies, des volontaires (puis des salariés) ont occupé des fonctions au sein du mouvement Emmaüs parce que l'abbé Pierre les aimait bien et leur faisait confiance, sans qu'une vraie réflexion sur les besoins du poste ne soit menée. L'abbé Pierre reconnaît lui-même ses limites :

> *Il y avait certainement cette tendance de ma part à faire confiance, disons, presque au premier venu, quand même en flairant. Mais dès que j'avais senti qu'un type avait acquis en lui les valeurs essentielles, que d'ailleurs il acquérait simplement en me voyant faire mes folies, je lui faisais confiance et il m'accompagnait dans mes folies. [...] Ce n'est pas vrai que je refusais l'institutionnalisation. Ce qui est vrai, c'est que je n'étais pas doué pour cela. Même si je faisais quelque chose en disant « désormais, ce sera comme ceci ou comme ça », une heure après ou le lendemain, parce qu'il y avait une circonstance imprévue, je faisais autrement[2].*

Ensuite, des rumeurs circulent sur l'abbé Pierre au sujet de sa vie privée affective, à une époque où ni l'Église, ni la société ne sont libérales sur ses questions. Des bruits courent sur ses relations avec des femmes, alors qu'un prêtre est censé

1. Brodiez-Dolino Axelle, *Emmaüs et l'abbé Pierre*, *op. cit.*, p. 98.
2. Hervé Le Ru, « L'abbé Pierre à cœur ouvert », art. cit., p. 8.

respecter le célibat (et la chasteté selon son état, comme tout chrétien). Aucune preuve formelle n'a pu être établie sur ce point, mais il paraît que la vie privée de l'abbé Pierre pose un certain nombre d'inquiétudes et que ces inquiétudes expliquent les conflits qui surviennent en 1957-1958.

Enfin, l'abbé Pierre étant très malade, les personnes qui gèrent son œuvre considèrent qu'il ne peut plus continuer ainsi et doit remettre entre les mains du conseil d'administration de l'association Emmaüs certains pouvoirs qu'il a exercés seul. Cette passation ne va pas sans heurts et déchirements. Emmaüs vit un moment particulièrement troublé. Fin décembre 1957, l'abbé Pierre entame une cure de sommeil de six mois, où il n'est éveillé que quelques heures par jour. Du 28 janvier au 3 février 1958, il est même placé en totale hibernation. De nombreuses volontés l'entourent de précautions : Lucie Coutaz, l'abbé Leurent, du diocèse de Lille, qui a commencé par suivre la communauté de Wambrechies, le père Monnier, jésuite, l'abbé suisse Maurice Zundel qui le confesse et le soutient spirituellement et le docteur Durand qui s'immisce dans les affaires d'Emmaüs.

L'abbé Pierre remet officiellement ses pouvoirs entre les mains de Jean Buchy, vice-président de l'association Emmaüs, en février (lors du conseil) et en mars (lors de l'assemblée) de 1958. L'association Emmaüs prépare la transition, en suivant les prescriptions du docteur Durand, de ne pas déranger l'abbé Pierre. À cette époque, personne ne sait s'il pourra reprendre une quelconque activité un jour. L'abbé Pierre n'est plus destinataire des comptes rendus des réunions des instances du mouvement Emmaüs.

Quelques communautés se regroupent pour créer, le 21 juin 1958 (7 août 1958 pour la déclaration en préfecture), l'Union centrale des associations communautaires Emmaüs (Ucace), vite abrégée en UCC, première fédération de communautés légalement constituée. Son siège social se situe au 32 rue des Bourdonnais et Jean Bouchy en assure la présidence, cumulant celle de l'association Emmaüs et celle de l'UCC, jusqu'au mois d'octobre 1958 où cette responsabilité échoit à Jean Deroubaix, réputé pour sa rigueur. Ainsi, le courant dit « gestionnaire » est rejoint par un certain nombre de communautés qui préfèrent se structurer de cette façon plutôt que sous la houlette de l'abbé Pierre. Cette nouvelle fédération effectue des choix contraires à certaines idées de l'abbé Pierre comme le salariat, elle souhaite professionnaliser le fonctionnement communautaire et insiste davantage sur l'accompagnement et le bien-être des compagnons, plus que sur la solidarité externe à la communauté.

Mais à la fin de l'été 1958, l'abbé Pierre reprend des forces et considère qu'on tente de l'écarter de son propre mouvement. Il reconstitue son secrétariat en Suisse et surtout reprend les droits sur son compte bancaire. L'association Emmaüs craint que l'argent ne parvienne plus. Des négociations sont menées et l'abbé assure qu'il va verser des fonds régulièrement, promesse qu'il ne tient qu'en partie. L'association assume toutes les obligations et manque d'argent. Sa situation est critique, les administrateurs perdent confiance dans l'abbé Pierre, une vive rancune s'installe durablement.

Le récit mémoriel exprimé par l'abbé Pierre dans certains documents d'entretiens biographiques tend à jeter l'opprobre sur les membres de l'association Emmaüs, en premier lieu sur Jean Bouchy, alors que des recherches plus approfondies montrent que la sévérité du jugement de l'abbé Pierre est plus que contestable, au regard des difficultés importantes auxquelles Jean Bouchy et ses amis se trouvent confrontés. Jean Bouchy est mort d'une crise cardiaque en 1961[1].

1. Brodiez-Dolino Axelle, *Emmaüs et l'abbé Pierre*, *op. cit.*, p. 97-107.

La communauté itinérante de Normandie

L'abbé Esnault est un prêtre d'Alençon. En 1956, il découvre un nourrisson abandonné dans son église paroissiale. Il trouve une solution pour placer ce bébé, mais dans les jours qui suivent, il se retrouve avec quatre nouveau-nés sur les bras. Il lance alors un appel à l'abbé Pierre.

Celui-ci envoie Paul Desort, qui choisit de quitter la région parisienne où ses squattages l'ont rendu impopulaires, et part revivre l'aventure des débuts d'Emmaüs en Normandie. L'idée de départ consiste à refuser de « s'installer dans des communautés perfectionnées où rien ne manquerait jamais[1] ». La communauté itinérante est un projet marqué dès l'origine par une certaine radicalité.

Au début, ils sont douze : six compagnons de la communauté de Rennes, qui vient de fermer, et six compagnons de la région parisienne. Ils commencent par une simple charrette à bras, de l'expérience et une formidable motivation.

La principale caractéristique de la communauté de Paul, que l'on ne tarde pas à nommer « Paul de Normandie », est de n'avoir pas de lieu fixe. Les compagnons s'installent pour quelques mois dans des locaux prêtés : bâtiments agricoles, usine désaffectée… La vie communautaire s'y organise comme on peut, avec les moyens du bord. Les communautaires mènent une vie austère, suivant à la lettre certains préceptes de l'abbé Pierre que l'on trouve dans les premiers coutumiers. L'alcool y est banni et le rythme de travail, intense.

Paul Desort est un homme charismatique, intelligent, doué (il joue du piano) et cultivé. Il se présente comme un banquier de famille aisée, profondément religieux, qui

1. Archives nationales du monde du travail, cote 2000 050 500, « À l'occasion d'un anniversaire celui de la communauté itinérante d'Emmaüs », 1966.

a choisi de se mettre au service des plus pauvres. On le reconnaît aux côtés de l'abbé Pierre sur les photos des premières années d'Emmaüs, avec son bleu de travail et sa raie sur le côté. Excellent orateur, il peut remplacer l'abbé Pierre, à sa façon, pour des réunions d'information où il enflamme son auditoire. Il sait parfaitement restituer le discours et les idées de l'abbé Pierre dont il connaît toutes les nuances et raconte l'histoire des débuts d'Emmaüs d'autant mieux qu'il y a lui-même participé.

Au départ, Paul commence par définir un territoire sur lequel la communauté itinérante va travailler, autour de ses bâtiments d'implantation provisoire. Il rencontre ensuite les personnalités importantes du secteur dans le but de disposer de relais locaux, d'organiser des réunions d'information et d'effectuer les opérations de ramassage avec l'aide de la population elle-même. Les prêtres, les maires, les scouts, les ouvriers, les agriculteurs, les pompiers, les organismes caritatifs, etc., toute la société locale qui veut bien se prêter au jeu est mise à contribution.

Des personnes relais sont désignées pour activer l'opération de ramassage dans leur quartier ou leur village. Elles se constituent en comité local qui gère les finances de l'opération. Les habitants sont informés du jour de passage des véhicules, par différents moyens dont des prospectus. Ils disposent devant chez eux ce qu'ils donnent aux compagnons d'Emmaüs. Le char gement est transporté par les tracteurs des agriculteurs et parfois les camions des entreprises locales, jusqu'au lieu d'implantation de la communauté.

En amont, Paul Desort et les compagnons ont négocié avec les grossistes pour revendre en gros, ce qui sera trié, en qualité de matière première : papier, carton, textile, verre et métaux. Les premières années, les marchandises qui se réemploient sont rares. Elles sont vendues lors de ventes exceptionnelles ou adjugées lors de ventes aux enchères avec un commissaire-priseur. Au bout des quinze premiers jours, la première opération menée au Mêle-sur-Sarthe près d'Alençon s'avère largement bénéficiaire : 150 000 francs[1] sont distribués pour venir en aide aux orphelins.

L'expérience plaît. Les notables côtoient les compagnons. Des gens qui ne se fréquentent pas d'habitude travaillent ensemble pour une cause juste et touchante. Le communautaire, jadis un marginal, se présente au citoyen ordinaire des campagnes normandes comme un homme besogneux qui refuse la mendicité et préfère le travail de chiffonnier. Non seulement, il travaille, mais en plus pour les enfants malheureux ! L'argumentaire qui invite à participer aux opérations de la communauté est particulièrement convaincant. Des maires font appel à la communauté itinérante pour réitérer l'expérience dans leurs communes. La communauté itinérante se déplace de canton en canton, de village en village, dans les départements normands et en Mayenne, « tel un monastère ambulant dont les membres ne quêteraient que des ordures pour devenir sauveur des autres[2] ». Son succès exponentiel va durer dix-huit ans.

La guerre internationale contre la misère

Une fois rétabli, à la fin de l'été 1958, et à la surprise générale, l'abbé repart développer son action à l'étranger, prolongeant ce qu'il a entamé en Amérique du Nord à partir de 1955, dans la foulée de son engagement mondialiste et des missions de l'Iramm. Ses voyages poursuivent quatre objectifs principaux : appel à la mobilisation de

1. Équivalent à 3 500 euros en 2022.

2. Archives nationales du monde du travail, cote 2000 050 500, « À l'occasion d'un anniversaire celui de la communauté itinérante d'Emmaüs », 1966.

l'humanité contre la misère, appel au volontariat international, création et soutien de communautés Emmaüs à l'étranger et développement de son association mondiale contre la faim et la misère (Ascofam). Les numéros de *Faim et soif* relatent ses actions internationales. Entre deux voyages à l'étranger, il rend visite aux communautés Emmaüs de France et en profite pour donner des conférences dans leur région.

En 1958, il intervient en Autriche et en Belgique.

Sur la route de l'Inde, à l'aller et au retour, il se rend au Liban, fin 1958 et début 1959, où son message suscite la création d'une petite communauté multiconfessionnelle appelée L'Oasis de l'espérance, qui fabrique et vend des cartouches de combustible fabriquées par les compagnons avec des matériaux récupérés (huile usagée et sciure de bois). Ce groupe Emmaüs reçoit le renfort des volontaires du Mouvement social de l'évêque libanais Mgr Grégoire Hadad, grand ami de l'abbé Pierre. Il est reçu par les plus hautes autorités du pays, dont le président de la République.

En Inde, il rencontre Indira Gandhi (1917-1984) et Nehru (1889-1964) en entretien privé, qui enregistre un message à destination de tous les compagnons et amis de l'abbé Pierre. Il marche plusieurs jours avec Vinoba Bhave (1895-1982), un militant itinérant de la réforme agraire, lui aussi disciple de Gandhi. Vinoba est un religieux hindouiste qui parcourt l'Inde depuis quelques années avec ses disciples. Dans les localités, il dispense son enseignement et encourage les propriétaires à donner des terres pour les redistribuer aux pauvres et à créer des coopératives agricoles. Des notaires l'accompagnent et enregistrent les donations des propriétaires. La presse indienne remarque des similitudes entre les deux hommes et appelle l'abbé Pierre « *French Vinoba* ».

En 1959, il part diffuser son message en Suède où il prône le volontariat international des jeunes auprès d'étudiants suédois marqués par une épidémie de suicide qui frappe la jeunesse. En décembre, il est à Oslo en Norvège où il défend la généralisation des statuts légaux d'objecteurs de conscience. Il réclame une « armée internationale de lutte contre la misère ».

En juillet et en août 1959, il se rend en Amérique du Sud, répondant à l'appel d'un prêtre, le jésuite José Balista, dont le groupe est actif dans cinq bidonvilles en Argentine et a déjà pris le nom d'Emmaüs depuis 1955. L'abbé Pierre visite des villages, des quartiers pauvres et des communautés de volontaires en Bolivie, au Pérou, en Équateur, en Colombie et au Venezuela. Il rencontre des prêtres qui, comme lui, essaient d'agir pour permettre aux plus pauvres de s'organiser afin de gagner leur vie et de défendre leurs droits fondamentaux (logement, santé, nourriture, éducation, etc.).

En novembre 1959, il participe devant des autorités helvétiques à une conférence en Suisse avec Josué de Castro (1908-1973), médecin, nutritionniste, diplomate et homme politique brésilien.

En 1960, il retourne à Beyrouth. Puis il se rend au Gabon auprès du docteur Albert Schweitzer (1875-1965), médecin et prix Nobel de la paix, qui a créé un hôpital expérimental à la campagne pour que les personnes du milieu rural puissent avoir accès aux soins sans se rendre dans la ville située loin de chez elles, géographiquement et culturellement. Il diffuse son message en Allemagne, puis de nouveau en Suisse et en Suède.

On remarque que l'Iramm se débaptise et change de siège en 1957. Le nouvel Institut de recherche sur les méthodes de développement (Iram) s'installe à Genève et prend son autonomie. Au début des années 1960, Emmaüs ne fait plus référence qu'à la branche française de l'Ascofam, dans les engagements internationaux de l'abbé Pierre.

Le combat contre la faim dans le monde peut sembler réducteur aujourd'hui où l'on considère l'extrême pauvreté dans sa globalité, conscient que l'alimentation n'est pas l'unique problème dramatique à résoudre pour les populations touchées. À cette époque, la thématique de la faim se trouve mise en avant dans le contexte des nouvelles enquêtes publiques et privées qui paraissent sur ce sujet et parce que la famine dans les pays défavorisés s'élève à un niveau bien plus tragique qu'aujourd'hui. Enfin, on remarque que les acteurs de la lutte contre la faim, dès cette époque, parlent de « toutes les faims ». Ils intègrent dans leurs combats les autres problématiques (on le voit avec le docteur Schweitzer et son hôpital). Ils parlent alors de faim de santé, faim d'éducation, faim d'un logement digne, faim d'un développement économique harmonisé, etc.

9

Années 1960-1970, développements et aventures

Célébrité estompée

En 1961, un sondage de l'Ifop établit que l'abbé Pierre est connu par 98 % des personnes interrogées en France. Cependant, dès 1957, il tombe dans un oubli médiatique relatif que l'on a du mal à se figurer aujourd'hui, surtout pour les personnes qui se souviennent de ses passages télévisuels des années 1980-2000, époque où la continuité de sa présence médiatique depuis 1954 n'est jamais interrogée. En réalité, l'éclipse médiatique de l'abbé Pierre dure plus de vingt-cinq ans, de 1957 à 1983. Durant toutes ces années, les médias ne font pas appel à lui lorsqu'il s'agit de réagir à des sujets d'actualité en lien avec la pauvreté. Il n'occupe pas de place sur le devant de la scène. L'abbé n'est pas totalement absent des médias, on le retrouve de temps en temps dans la presse spécialisée ou catholique. Il vit relativement discrètement, au même titre qu'un autre militant de la lutte pour les droits humains sur la terre.

Dans les années 1960 et 1970, la plupart des interviews des grands médias commencent par des phrases comme : « Alors M. l'abbé, on n'a plus de nouvelles », « Que devenez-vous ? »... En 1962, une émission de quinze minutes de la série *Cinq colonnes à la une* consacrée à l'abbé Pierre s'intitule « Après sept ans de silence ». En 1974, un article d'une page daté du 25 avril, dans le journal *La Croix* indique : « Vingt ans après, que reste-t-il d'Emmaüs ? Beaucoup, car ce n'est pas parce qu'on en a forcément moins parlé que le mouvement s'est mis en veilleuse depuis vingt ans. Au contraire. »

Frère des pauvres et provocateur de paix

Dans les passages télévisuels de cette époque, il adopte une attitude qu'il va conserver plus ou moins jusqu'à la fin de ses jours. L'abbé Pierre apparaît à la fois fatigué et inspiré. Il se recueille à l'intérieur de lui-même en fermant et plissant fortement les yeux, exprimant un mélange de douleur, de prière profonde et de tendresse. Ses mains se tordent l'une sur l'autre. Il semble écouter son interlocuteur du fond de sa spiritualité contemplative, intégrant ce qu'on lui dit avec une bienveillance sacrée, puis il s'exprime, lentement, charitablement, avec sagesse. Ensuite, son discours s'anime progressivement, son expression devient exaltée, le propos murmuré devient harangue, la passion de convaincre se dit en de longues phrases, comportant des digressions audacieuses, mais qui finissent par se conclure correctement et avec brio, donnant à son discours un souffle puissant. On y retrouve le mélange de prédicateur capucin et de tribun politique de ses sermons et ses *meetings*.

L'abbé Pierre demeure un homme de prière. Pendant la partie la plus trépidante de sa vie, il est dispensé du bréviaire, c'est-à-dire de la lecture du livre de prières, composé principalement de psaumes, qui s'impose à chaque prêtre. Cependant, pendant les longues périodes de convalescence, il en reprend la méditation. L'abbé Pierre dit aussi la messe tous les jours, précédée de l'adoration eucharistique devant l'hostie consacrée (considérée comme le corps de Jésus dans la foi catholique) qu'il place, quand il se trouve chez lui, sur une simple lampe de poche surmontée d'un fil de fer qu'il a bricolé. Parfois, dans son appartement, situé très en hauteur, dans son immeuble à Charenton, d'où il domine tout Paris et la vallée de la Seine, il célèbre la messe, la « messe sur le monde ». Comme l'exprime Teilhard de Chardin : « Parce que, à défaut d'un zèle spirituel et de la sublime pureté de vos Saints, vous m'avez donné, mon Dieu, une sympathie irrésistible pour tout ce qui se meut dans la matière obscure, [...] je monterai en pensée sur les hauts lieux, chargé des espérances et des misères ; et là, [...] sur tout ce qui dans la Chair humaine, s'apprête à naître ou à périr sous le soleil qui monte, j'appellerai le Feu[1] », impression que l'abbé Pierre devait partager. Il prie aussi le chapelet et pratique l'oraison, prière méditative silencieuse. Comme le raconte Luis Tenderini, un de ses amis membre d'Emmaüs au Brésil, l'abbé prie où et quand il peut : « Avec l'abbé Pierre, j'ai appris à faire l'oraison quelles que soient les circonstances, dans le bus, au quotidien, en sachant me couper de l'environnement[2]. »

En privé et à la faveur de moments de repos forcé, l'abbé Pierre prend l'habitude de remplir des feuillets, de rédiger des petits papiers où il note ses souvenirs, ses

1. Teilhard de Chardin Pierre, *Hymne de l'univers*, Seuil, 1961.
2. Lefèvre Denis, *Les Combats de l'abbé Pierre*, Cherche-Midi, 2011, p. 399.

rêves, ses impressions, ses souhaits et ses résolutions. Il colle des photos personnelles avec une légende dans des cahiers ou aux murs de sa chambre. Il a gardé ce côté élève d'établissement catholique, où on conserve sa mémoire personnelle, on prend du temps pour réfléchir à soi, à sa vie et son destin, où on pratique l'introspection, l'examen de conscience, entre le questionnaire de Marcel Proust et les exercices spirituels de saint Ignace de Loyola. Pour cette raison, on retrouve des documents qui sont des *curriculum vitae* manuscrits où l'abbé Pierre fait le point sur les dates importantes de son parcours, mentionne ses fonctions et ses titres, où il rédige des sortes de définitions de ce qu'il pense de lui-même, où il tâtonne pour trouver la formule juste. Ainsi dans un CV de 1967 il se définit en une formule bien choisie : « frère des pauvres, provocateur de paix ».

L'abbé Pierre et les communautés

En 1962, dans l'émission citée plus haut, l'abbé Pierre avoue : « En vérité, les plus grandes extensions, les plus grands développements, il faudrait du temps pour les décrire, se sont faits pendant la période où je n'étais plus bon à rien, où je ne tenais plus debout. » Il ne s'agit pas d'humilité ecclésiastique mais de la simple reconnaissance de la réalité. Le mouvement Emmaüs se développe en grande partie sans l'abbé Pierre, suite à la décentralisation à la fois voulue et subie des années 1950, décentralisation qui continue ensuite. L'abbé Pierre ne dirige pas, ne préside pas, il se déclare « animateur », c'est-à-dire qu'il intervient régulièrement pour apporter son aura, son point de vue sur les principes et le fonctionnement, sa revue *Faim et soif*, son énergie, son réseau, son soutien financier et tout ce qui peut appuyer la cause d'Emmaüs et des personnes exclues. Il parvient aussi à lever des financements auprès de communautés bénéficiaires afin de permettre la construction de centres pour les handicapés, de lancer la création d'une communauté, d'aider une association à l'intérieur ou non du mouvement Emmaüs, etc.

Il passe une grande partie de sa vie dans les communautés Emmaüs de France et du monde. Son cœur bat au rythme de ces groupes d'hommes et de femmes dont il a inventé l'essentiel des principes de fonctionnement et l'idéal et qui se dévouent à « servir en premier les plus souffrants » dans de nombreux endroits répartis sur la planète. Il les considère comme « la racine vivante d'Emmaüs », le modèle qui met le plus en pratique les valeurs de « la mystique d'Emmaüs ». Une grande partie de sa vie se passe en communautés. Il assiste à des inaugurations, au besoin en cassant un carreau, participe aux réunions des fédérations de communautés, apporte son aide aux groupes en crise, intervient pour mettre en route un nouveau lieu, apporte son soutien à un responsable dont il est proche, facilite les relations avec un élu ou une administration, mobilise des personnes sur une action collective, rencontre des donateurs, etc.

Les compagnes et compagnons éprouvent de la fierté à chaque visite de l'abbé Pierre, même s'il passe en coup de vent, entre deux voyages à l'étranger ou entre deux congrès. Il leur répète ses sempiternelles anecdotes sur les débuts d'Emmaüs, il leur raconte ses entretiens avec les grands de ce monde : dirigeants en Inde, roi du Maroc, président de la République… Et les compagnons en ressortent heureux de suivre un homme aussi audacieux, juste et combatif, au plus haut niveau[1].

1. Marin Gérard et Bonnet Roland, *La Grande Aventure d'Emmaüs*, *op. cit.*, p. 253.

Socialisme utopique et communautés Emmaüs

Les communautés d'Emmaüs sont bien plus que de simples foyers pour personnes en marge adossés à une activité de brocante. Elles poursuivent un idéal : montrer à la société tout entière qu'il est possible de vivre autrement. Elle ressemble en cela aux nombreuses communautés qui ont éclos ici et là dans la mouvance du socialisme utopique. L'abbé Pierre ne s'en réclamait pas, mais il est intéressant de remarquer les similitudes. Le socialisme utopique est un courant philosophique et politique qui est apparu au XIXe siècle. Il consiste à créer des communautés de travail et de vie, basées sur la fraternité, le progrès technique et humain, l'activité économique, la vertu et la juste répartition des ressources entre tous. Son objectif est de montrer l'exemple à la société pour finalement la changer dans son ensemble. Le socialisme utopique n'attend pas l'émergence d'une société juste et fraternelle de l'action politique, d'une révolution ou des réformes de l'État, contrairement au modèle marxiste ou issu de celui-ci. La transformation de la société doit émerger de la réussite d'expériences locales, de plus ou moins grande taille, qui permettent à tous de vivre en satisfaisant pleinement ses besoins et en réalisant ses potentialités. En bref, le socialisme utopique, consiste à créer des expériences communautaires destinées à inspirer puis transformer la société.

Ces expériences se distinguent des communautés spécifiquement chrétiennes qui pratiquent une forme de communisme hérité directement de la Bible, en particulier du livre des Actes des Apôtres où la propriété partagée est décrite comme étant la règle. De nombreuses communautés chrétiennes ont existé depuis deux mille ans et existent toujours qui sont des modèles pour toute aventure de communauté de vie et de travail, que ce soient les monastères et les couvents chez les catholiques et les orthodoxes ou les nombreuses communautés protestantes (quakers, huttérites, mennonites, etc.).

Les communautés de l'abbé Pierre s'apparentent davantage au socialisme utopique qu'aux communautés chrétiennes traditionnelles car la dimension religieuse est moindre (et dans certains cas inexistante), les communautés sont ouvertes à tous et elles ne visent pas à maintenir les membres à l'écart de la société afin de les préserver du monde extérieur (sauf en ce qui concerne la consommation d'alcool). Le socialisme utopique, lui, cherche à démarrer une expérience qui est censée changer le monde. L'adjectif « utopique » accolé à « socialisme » n'est pas revendiqué par ses créateurs, bien au contraire. Il a été attribué de façon plutôt péjorative par ses contradicteurs, marxistes et autres. Les personnalités les plus connues de ce courant sont Robert Owen (1771-1858), Charles Fourier (1772-1837), Étienne Cabet (1788-1856) et Jean-Baptiste Godin (1817-1888). Robert Owen est un industriel philanthrope anglais qui diffusa ses idées socialistes utopiques auprès des populations ouvrières et lança d'éphémères projets de communautés aux États-Unis et en Angleterre. Charles Fourier est le principal fondateur de ce mouvement, l'inventeur du phalanstère (contraction de phalange et de monastère) qui est le concept phare : communauté de vie pour des familles de travailleurs liée à des activités agricoles, lieu d'expérimentations sociales pour le bonheur de tous ses membres, en dehors de toute pratique religieuse. Le phalanstère doit servir de modèle architectural, économique, social, éducatif, récréatif, culturel, etc. généralisé et adapté à l'ensemble de la société. Le phalanstère est une expérience harmonieuse qui doit se répandre à toute la terre.

De nombreuses communautés issues de ce courant ont vu le jour dans le monde. En France, la colonie sociétaire de Condé-sur-Vesgre, près de Rambouillet, est un exemple issu des enseignements de Charles Fourier qui a duré quelques années (1832-1836). Elle existe encore aujourd'hui sous une forme modifiée. Aux États-Unis, plus de vingt communautés de type phalanstère fouriériste voient le jour entre 1840 et 1860. La plupart ne durent que quelques années. Les plus connues sont celles inspirées ou fondées par Étienne Cabet, appelées « Icarie » comme celle installée au Texas puis en Illinois (États-Unis) avec une partie de la fortune de Jean-Baptiste Godin ; certaines survivront quelque temps à leur inspirateur. Au Canada, on trouve également des tentatives, tel le phalanstère du docteur Adalbert Tanche à Sylvan Lake en Alberta (1906-1908)[1]. Beaucoup n'ont pas rencontré le succès souhaité et ont périclité après quelques années à cause de problèmes économiques (surtout), de dissensions ou d'épidémies. D'autres expériences plus ou moins fidèles aux préconisations de Fourier ont réussi et duré plus longtemps. Elles constituent des modèles encore visités et étudiés. Le familistère de Guise, dans le nord du département de l'Aisne (Hauts-de-France) en est un des meilleurs exemples. Comme vu précédemment, son fondateur, Jean-Baptiste Godin (1817-1888)[2], a bâti au XIXe siècle une cité idéale pour ses ouvriers qui a permis à des milliers de travailleurs et leur famille de vivre dignement, de profiter de logements confortables appelés « palais social », d'une éducation performante, d'activités culturelles et sportives, de multiples services

1. Coates Colin, « Une utopie française en Alberta : le phalanstère du docteur Adalbert Tanche à Sylvan Lake, 1906-1908 », *Études canadiennes / Canadian Studies*, 1er juin 2020.

2. On peut visiter le familistère de Guise dont il reste de nombreux bâtiments et qui accueillent chaque année des milliers de visiteurs. Biographie du fondateur sur le site internet de ce lieu de mémoire : www.familistere.com/fr/decouvrir/monsieur-godin-fondateur-du-familistere/une-biographie.

et commerces organisés en coopératives et d'emplois correctement rémunérés. Le familistère a duré cent dix ans (1858-1968). Il continue d'inspirer aujourd'hui des initiatives d'économie solidaire.

Patrimoine culturel immatériel

Les communautés d'Emmaüs sont des communautés de travail et de vie singulières dans l'histoire. Il faudrait étudier attentivement leur potentiel à figurer au classement au patrimoine culturel immatériel de l'humanité auprès de l'Unesco, au fur et à mesure du temps qui passe. L'Unesco précise que ce patrimoine immatériel comprend « les traditions ou les expressions vivantes héritées de nos ancêtres et transmises à nos descendants, comme les traditions orales, les arts du spectacle, les pratiques sociales, rituels et événements festifs, les connaissances et pratiques concernant la nature et l'univers ou les connaissances et le savoir-faire nécessaires à l'artisanat traditionnel[1] ». Les communautés d'Emmaüs correspondent à certains de ces critères en ce qui concerne les pratiques sociales : vie communautaire, profil des personnes accueillies, culture propre de tradition orale et solidarités externes à la communauté. D'autant que la Convention de 2003 de l'Unesco privilégie « les pratiques sociales distinctives qui sont particulièrement liées à une communauté et contribuent à renforcer un sentiment d'identité et de continuité avec le passé ». Par ailleurs, les savoir-faire (l'activité de récupération) pratiqués dans les communautés et hérités des chiffonniers traditionnels correspondent aussi, pour partie, aux critères de l'Unesco. Enfin, les communautés

1. Site de l'Unesco : https://ich.unesco.org/fr/qu-est-ce-que-le-patrimoine-culturel-immateriel-00003.

d'Emmaüs auront bientôt soixante-quinze ans et peuvent être considérées comme des héritages qui se transmettent en interne depuis plusieurs générations[1].

Compagnes et compagnons

Les communautés se démarquent des autres formes de vie communautaire par le profil de ses membres qui sont les compagnes et les compagnons d'Emmaüs. Ceux-ci sont pour la plupart des personnes en marge de la société, avec des profils forts différents : personnes expulsées de leur logement, personnes en errance, anciens prisonniers, malades de l'alcool et de la drogue, anciens pensionnaires d'hôpital psychiatrique, déboutés du droit d'asile, femmes victimes de violences conjugales ou de réseaux, personnalités inadaptées à la vie du citoyen ordinaire, etc. Tous les compagnons n'ont pas la même origine. Il y a une pluralité d'histoires et de parcours qui empêchent de dresser un portrait type sans déformer la réalité. Les personnes les plus exclues et les moins reconnues comme « normales » par la majorité des citoyens, voilà principalement qui sont les compagnons d'Emmaüs, du moins quand ils se présentent à la porte des communautés. Les maisons de l'abbé Pierre offrent ce qu'il faut, autant que faire se peut, pour leur transformation, leur résilience. L'objectif poursuivi est que les compagnes et les compagnons ne se trouvent plus dans les situations décrites au début de ce paragraphe. Emmaüs signifie « reprendre espoir ». Par ce mode de vie singulier, il se produit chez beaucoup d'entre eux une sorte de miracle : les femmes et les hommes reprennent espoir, vont mieux, se remettent debout grâce au travail, la

1. https://ich.unesco.org/fr/pratiques-sociales-rituels-et-00055.

vie en commun et l'esprit de service, ils se reconstruisent, trouvent une sécurité, une stabilité et un sens à leur vie.

Le cœur de l'activité est la récupération et la revente d'objets donnés. Certains accueillent les dons que les citoyens apportent directement à la communauté. D'autres trient les dons, d'autres s'occupent spécifiquement de mettre des cartons dans des presses, d'autres trient le linge, certains sont en charge de la cuisine, comme cuisinier, au service ou à la plonge, d'autres s'occupent du ménage, d'autres assurent des fonctions de chauffeurs de camionnette (quand il s'agit d'aller chercher les dons chez les donateurs) aidés de *rippers* (les manutentionnaires des déménagements) qui est une des plus nobles fonctions chez les chiffonniers d'Emmaüs, certains gèrent un petit atelier de réparation et de vérification de l'électroménager et autres appareils électriques et électroniques, d'autres s'occupent de toute la chaîne de valorisation d'un objet de la réception à la vente, en passant par le tri, l'achalandage et la mise en rayon ; c'est souvent le cas du compagnon bouquiniste, qui est un peu « l'intello » de la communauté. Dans les années 1960-1970, la place de la récupération de matière première est plus importante que dans les décennies ultérieures, même si le réemploi (le « bric-à-brac ») domine.

La grande majorité des compagnons est constituée d'hommes. La très grande exclusion s'avère principalement masculine. On remarque par ailleurs que la grande majorité des personnes sans domicile personnel et des personnes incarcérées sont des hommes. Au début d'Emmaüs, il y a eu quelques communautés de femmes. Il était impossible de renvoyer les femmes qui se présentaient chez Emmaüs, sous prétexte de la non-mixité des structures. L'abbé Pierre s'est donc efforcé de créer une première communauté féminine au Plessis-Trévise dans le Val-de-Marne fin 1954, suivie d'autres, comme celle de Nantes-les-Couëts, en Loire-Atlantique, puis celle qui se trouve à Le Blanc, dans l'Indre en 1979. Toutefois, suivant en cela le mouvement général de la société, de plus en plus mixte, les communautés d'Emmaüs masculines se sont progressivement ouvertes aux femmes à partir du début des années 1980. D'autant plus qu'à partir des années 1990 de plus en plus de familles avec enfants, déboutées du droit d'asile pour la plupart, sont accueillies dans les communautés d'Emmaüs.

Les compagnons sont envisagés comme des travailleurs qui donnent. La finalité de la communauté d'Emmaüs se situe à l'extérieur d'elle-même. L'abbé Pierre l'exprime ainsi : « L'essentiel, que l'on vide les greniers ou qu'on fasse autre chose, c'est de gagner sa vie et qu'on donne le surplus aux autres qui en ont besoin[1]. » Depuis les années 1950, les communautés rayonnent à l'extérieur et parfois très loin, par leurs dons.

Solide trépied

Les compagnes et les compagnons d'Emmaüs ont à leurs côtés des bénévoles et des salariés (surtout à partir des années 1970). On nomme cela le « trépied », une invention de l'abbé Pierre, qui signifie que les choses se font en s'appuyant sur ces trois types de personnes, tous indispensables les uns aux autres. Dans les premiers temps, le trépied est composé des compagnons, des amis (les bénévoles) et de l'animateur (le prêtre qui exerce une activité d'éducateur). Le trépied évolue par la suite vers le trio compagnons, amis et salariés au fur et à mesure des transformations des communautés et de leur sécularisation.

1. L'abbé Pierre nous déclare : « Notre pauvreté c'est de trouver insupportable d'être heureux comme les autres », *La Croix*, 25 avril 1974.

Dans les premières décennies, les communautés accueillent des volontaires, bénévoles de longue durée (parfois plusieurs années) souvent sans statut officiel.« Suédois, Danois, Norvégiens, Finlandais, Hollandais, Belges, Suisses, Français, Canadiens, on ne compte plus les garçons et les filles qui, pour un an ou deux, parfois bien plus, ont tout quitté, famille, amours, argent, confort, voire études et travail, ont renoncé à une vie facile afin de se consacrer à cette tâche : lutter contre la misère et la souffrance des hommes[1]. » Les volontaires vivent dans les communautés en France puis partent parfois dans des endroits lointains. La communauté française est alors considérée par l'abbé Pierre comme un « noviciat » pour ces « moines de la misère », un temps de formation et de ressourcement afin d'exercer de plus grandes responsabilités par la suite. « Les uns sont en mission [...] à travers le tiers-monde [...] à Kobé, à Séoul, à Lima, à Rio [...]. Les autres, lâchés seuls dans la nature, isolés quelquefois dans des régions hostiles, au bout de la terre[2]. »

Il n'existe pas de salariés au sein des premières communautés d'Emmaüs. Dès le début, la question de l'encadrement pose d'importants problèmes et provoque des déficiences. Le modèle économique ne permet pas de salarier les personnes engagées et l'objectif consiste à gagner de l'argent pour le donner ! Ensuite, le modèle des congrégations religieuses (ou les membres travaillent et vivent ensemble, mais ne touchent pas de rémunération) reste en filigrane dans la vie d'Emmaüs. De plus, il est important de noter ici que la professionnalisation des associations et la généralisation du salariat associatif sont un phénomène assez récent. Au fil du temps, dans les communautés, le salariat se met en place afin d'assurer certaines fonctions spécifiques et de façon professionnelle.

---

1. Marin Gérard et Bonnet Roland, *La Grande Aventure d'Emmaüs*, *op. cit.*, p. 319.
2. *Ibid.*

Les compagnons évoluent donc avec des volontaires puis des salariés qui assurent la direction de l'ensemble, le travail social et parfois quelques fonctions techniques indispensables. En général, le directeur est appelé « responsable », pour souligner la primauté de la fraternité sur la hiérarchie et afin d'insister sur ses devoirs plutôt que ses prérogatives. Dans les premières décennies, les responsables pouvaient être des compagnons d'Emmaüs expérimentés qui assumaient au fil du temps de nouvelles fonctions d'encadrement. D'autres communautés, au contraire, se sont professionnalisées en faisant appel à des personnes diplômées ou forts de leur expérience venant d'autres horizons. Puis, le responsable salarié a supplanté le compagnon qui monte en grade, et ce dernier profil est devenu plus rare.

Les bénévoles peuvent être très nombreux. Outre les fonctions qu'ils assument dans la gestion de la communauté, au sein du bureau et du conseil d'administration de l'association dont ils assument la responsabilité juridique, ils effectuent de nombreuses tâches dans les activités de récupération et de revente. On les appelle « amis » d'Emmaüs. Les amis se spécialisent, avec parfois le concours des compagnes et compagnons : appareils électriques, timbres et monnaies, vêtements, jouets, bijoux… Une part non négligeable de l'activité des communautés est assurée par des bénévoles qui peuvent dépasser la centaine dans les communautés des grandes villes.

La communauté itinérante

Depuis 1956, la communauté itinérante emmenée par Paul Desort et Jules Joffrin Carpentier sillonne la Mayenne et les cinq départements normands pendant deux décennies. Ils restent entre six semaines et trois mois au même endroit, puis repartent reproduire leurs opérations ailleurs, après avoir distribué presque tout leur gain en solidarités locales, nationales et internationales. Des structures pérennes (si possible) se constituent à la suite de leur passage, faisant de la communauté itinérante la plus grande créatrice de groupes Emmaüs : communautés de compagnons ou comités d'amis (bénévoles récupérateurs seuls). D'autant plus qu'à la fin des années 1960, Paul Desort et ses compagnons (jusqu'à deux cents personnes) essaiment en dehors des limites normandes. Ils créent de nombreux groupes Emmaüs : Orléans, Bordeaux, Lyon, Tours, Dijon, Reims, Clermont-Ferrand, Moulins, Dunkerque, etc. et ensuite à l'étranger : Pays-Bas, Danemark et Italie.

Rouen 1964

Le 5 avril 1964, l'année des dix ans de l'Appel de l'abbé Pierre, la communauté itinérante monte une opération audacieuse. Sur un vaste territoire en Seine-Maritime, correspondant à plus de la moitié du département, un ramassage de métaux est mis sur pied avec le soutien de Georges Lanfry. La communauté itinérante organise le plus grand ramassage de toute l'histoire. Elle noue de multiples partenariats dans 136 communes et s'assure le concours d'une grande partie de la société civile, de l'Église et des collectivités, des paroisses, des associations, des syndicats, des écoles, des scouts, de l'armée, des administrations, des entreprises, des agriculteurs, des groupes de musique et des personnalités politiques. Le jour J, 3 600 véhicules mis à disposition et conduits par les habitants eux-mêmes, surtout des agriculteurs, mais aussi des entreprises, se rendent en cortège à Rouen et déversent leur « ferraille de la solidarité » récupérée principalement dans les fermes, sur un immense terrain prêté pour l'occasion, près du port fluvial. Environ 20 000 tonnes de métaux sont récupérées ce jour-là. Deux cent cinquante véhicules sont détachés pour traverser la ville de Rouen en cortège. Ils défilent au milieu de la foule des Rouennais et devant une scène installée le long de l'hôtel de ville et les autorités ecclésiastiques et politiques, Lucie Coutaz et l'abbé Pierre.

Esteville

Cette même année, Georges Lanfry met à disposition de l'abbé Pierre la maison d'Esteville, dans cette petite commune rurale du Pays de Caux, trente kilomètres au nord de Rouen. L'abbé Pierre y installe une communauté de compagnons qui effectuent des travaux de réparation et d'agrandissement, mais ne pratiquent pas de ramassage. L'abbé installe une bibliothèque d'un millier de volumes destiné à des militants qui viennent se former, ses archives personnelles, ainsi que le secrétariat international de liaison des groupes Emmaüs, ancêtre d'Emmaüs international. Cette maison fonctionne de cette façon jusqu'en 1973 où une maison de retraite pour compagnons d'Emmaüs change une partie de sa configuration. Lucie Coutaz aime énormément les lieux. Elle y passe beaucoup de temps pour y travailler au calme, vient tous les week-ends quand c'est possible[1] afin d'effectuer toutes les lourdes tâches du secrétariat de l'abbé Pierre, en complément de celui de Charenton. En 1966, le premier compagnon, Georges Legay, décède à Liancourt dans l'Oise. Son corps est inhumé dans le cimetière d'Esteville. Il est le premier compagnon enterré là. Au fil du temps, plus de quatre-vingt-dix compagnons reposent dans les deux cimetières

1. Coutaz Lucie, *40 ans avec l'abbé Pierre*, *op. cit.*, p. 7.

de la commune. Assez tôt, l'abbé Pierre exprime sa volonté d'être inhumé à cet endroit, sous le bras d'un grand Christ en fonte récupéré et allongé sur le sol, humblement.

Les camps de jeunes

En 1963, Paul développe des camps de jeunes qui rassemblent progressivement des personnes du monde entier. Ils effectuent des ramassages et vivent comme des compagnons pendant plusieurs semaines, voire toutes les vacances. Les camps de jeunes permettent la mise en responsabilité des nouvelles générations, qui travaillent en autonomie auprès des particuliers et avec leur aide. Les camps de jeunes sont également une école de vie et de militantisme, qui forme des jeunes citoyens éclairés (et de nombreux futurs responsables de communautés). Ils permettent une sensibilisation des participants en profondeur. Chaque année, l'abbé vient dire une messe et prononce un discours. La dimension politique d'Emmaüs est rappelée, les camps ne sont pas des œuvres charitables : « Mais au contraire une affirmation de justice et une restitution légitime de biens à ceux qui en ont été dépossédés[1]. » Certains participants viennent de pays éloignés : Japon, Danemark, Finlande, Italie, au gré des conférences de l'abbé Pierre. Le camp de jeunes correspond en grande partie à son rêve de lever en masse des jeunes portant le feu d'Emmaüs sur toute la terre. Au premier camp, ils ne sont que vingt jeunes au Havre, puis ils croissent de façon exponentielle : 750 dans le Val-de-Loire en 1966 et 3 800 dans la Vallée du Rhône en 1970, etc. Les camps de jeunes pratiquent les ramassages sur de vastes territoires. Un grand savoir-faire logistique se met en place assez rapidement

1. *Faim et soif des hommes*, 1974.

avec l'équipe des compagnons. L'abstinence d'alcool est la règle commune, pour les compagnons toute l'année, et pour les jeunes qui s'y engagent pour la durée des camps. Ceux-ci sont préparés grâce à des jeunes volontaires expérimentés, appelés « Jeunes maillons », qui travaillent pendant au moins six mois à plein temps à Emmaüs en amont du camp estival. Ces camps se transposent ensuite à l'étranger, avec 4 000 jeunes pendant l'été 1967 en Italie et 5 500 l'été 1969 au Danemark. Certains camps génèrent jusqu'à 2,4 millions de francs[1] en un seul été[2].

Les ramassages des itinérantes et les camps estivaux permettent de redistribuer une part énorme de recettes, car il n'y a pas de frais de structure, ni salariés, et les compagnons et les jeunes vivent de façon frugale. La communauté itinérante permet à l'abbé Pierre d'avoir à disposition des fonds importants pour répondre financièrement et directement à des besoins sans avoir besoin de se justifier. La capacité logistique de la communauté itinérante et les communautés installées suite à son passage génèrent énormément de ressources. L'aide extérieure est orientée vers toutes les formes de vulnérabilité : associations d'accueil d'orphelins, foyers de personnes handicapées physiques et mentales, maisons de personnes âgées, centres de cure de désintoxication… L'aide internationale prend aussi une part importante.

Janus

En réalité, Paul Desort, disciple de l'abbé Pierre, habile développeur d'Emmaüs, compagnon charismatique des premières heures et chef d'orchestre de cette aventure

1. Équivalent à 2,8 millions d'euros en 2022.
2. Brodiez-Dolino Axelle, *Emmaüs et l'abbé Pierre*, *op. cit.*, p. 148-151.

impressionnante, mène une double vie. Dans le contexte d'Emmaüs, il porte un bleu de travail et se veut gardien fidèle des valeurs les plus nobles, mais en dehors il mène grand train : smokings, casino, hôtel de luxe, grands restaurants, mas en Provence aménagé et meublé en secret aux frais d'Emmaüs, voiture de luxe, cadeaux chics à ses maîtresses… Il présente un double visage : une partie de Paul est un chrétien sincèrement engagé et dévoué pour les plus pauvres ; une partie de Paul est un escroc qui aime mener la grande vie. Avant d'arriver à Neuilly-Plaisance en 1953, il a déjà effectué des séjours en prison, été condamné plusieurs fois pour escroqueries. En 1975, il disparaît de la circulation un moment avec une jeune femme, suscitant une grande déception parmi les gens qui le portaient très haut en estime. Progressivement démasqué par des responsables d'Emmaüs, provoquant la déception de l'abbé Pierre qui découvre le pot aux roses, Paul est mis à l'écart et quitte le mouvement, en ayant toujours le soutien moral de l'abbé Pierre et sans perdre son amitié. Il poursuit sa carrière d'escroc ailleurs, ce qui lui vaut deux autres peines de prison. Il monte notamment une spectaculaire arnaque de type pyramide de Ponzi, en faisant fonctionner une fausse banque, dans la région de Chartres, dans les années 1980[1].

Les camps de jeunes lui survivent un moment puis ils déclinent et disparaissent. La communauté itinérante cesse peu à peu son activité également.

SOS familles Emmaüs

En 1967, l'épouse du préfet de Rouen, Anne-Marie Poinsignon, invente le principe du SOS familles Emmaüs, avec le soutien de l'abbé Pierre à qui elle présente le projet à

1. Leray Gérard, *Monsieur Paul. L'escroc qui aimait les pauvres*, Ella, 2016.

Esteville, en compagnie de Lucie Coutaz. Le principe est le suivant : il s'agit de recevoir des familles qui présentent des impayés ou des crédits impayables et de les aider à sortir de leurs difficultés financières par des conseils de bonne gestion budgétaire et des prêts sans intérêt à rembourser. Anne-Marie Poinsignon essaie de faire de la prévention, de l'éducation, en plus de l'aide directe sous la forme de microcrédit social, en travaillant en collaboration avec les assistantes sociales du secteur et les différents organismes (juges des tutelles, HLM, fournisseurs d'énergie, etc.). Le point d'insistance pédagogique consiste à encourager les familles aidées à rembourser afin qu'elles se sentent à leur tour dans une situation où elles apportent leur contribution pour aider d'autres familles. Ce principe plaît beaucoup à l'abbé Pierre ; il s'agit d'une autre façon de décliner le « viens m'aider à aider » des origines. Jusqu'en 1975, il n'existe qu'un seul SOS familles Emmaüs, à Rouen, date à partir de laquelle d'autres se créent en France, encouragés par l'abbé Pierre.

Action internationale

Dans les années 1960, à l'époque où les pays colonisés deviennent indépendants, les pays du Nord commencent à prendre conscience de leurs responsabilités dans les inégalités de la planète. C'est l'époque de la lutte contre la faim et de l'aide au développement. Un comité se rassemble autour du secrétaire général de l'action catholique, Mgr Ménager (1912-1998), influencé lui aussi par le père Lebret, qui donne naissance en 1961 au Comité catholique contre la faim, ancêtre du bien connu CCFD, Comité catholique contre la faim et pour le développement. Les années 1960-1970 sont des années où le tiers-monde est une préoccupation importante pour certains milieux catholiques qui préfigurent ce qu'on nomme « altermondialisme » à partir des années 1980.

L'Ascofam s'intègre dans la campagne mondiale contre la faim de la FAO de 1960 à 1965. En 1961, paraît aux Éditions ouvrières (les éditons d'Économie et humanisme) *Le Livre noir de la faim* de Josué de Castro, ancien président de la FAO, qui fait le tour de la question, de façon accessible au public, et propose des solutions innovantes pour le développement économique des pays du sud. L'abbé Pierre consacre beaucoup de temps à ce combat et donne de nombreuses conférences en France et dans le monde, pendant toutes ces années, dans le contexte de l'indépendance des pays colonisés. Il effectue plusieurs voyages à l'étranger par an.

Beaucoup de personnalités de premier plan animent le comité directeur de l'Ascofam, outre l'abbé Pierre, Josué de Castro et le père Lebret : Oswaldo Aranha (1894-1960, ex-président des Nations unies), John Boyd Orr, Mamadou Dia (1910-2009, président du Conseil du Sénégal), Max Habicht (avocat, cofondateur du premier Emmaüs international), Paul Martin (1903-1992, homme politique canadien), Raymond Scheyven (1911-1987, homme politique belge), Albert Schweitzer (1875-1965, prix Nobel de la paix 1952), Vijayendra Rao (1908-1991, économiste et homme politique indien), etc. L'activité de l'Ascofam ne dure que quelques années.

Outrc, ccs priscs dc parolc contrc la faim dans lc mondc et les problèmes de logement dans les pays du Sud, l'abbé Pierre participe activement à de nombreux congrès et conférences fédéralistes ou pacifistes, comme en Inde en 1962 (Convention contre les armes nucléaires de New Delhi). Il est souvent aux côtés de Josué de Castro, Alfred Kastler et Jean Rostand.

Le 3 mars 1966, il fait partie des signataires de l'Appel des treize citoyens du monde, parmi lesquels John Boyd

Orr et plusieurs prix Nobel. Ils déclarent : « En l'absence d'institutions mondiales capables d'assurer la satisfaction des besoins fondamentaux communs à tous, la personne humaine est bafouée [...]. Les progrès de la science et de la technique rendent pourtant possible l'organisation d'une communauté mondiale où régneraient la paix et l'abondance, où les libertés fondamentales seraient garanties aux individus, aux peuples, aux nations. Les treize autorités morales et intellectuelles appellent à s'enregistrer comme citoyen du monde et, sous réserve d'être assez nombreux, à organiser une élection mondiale afin d'élaborer la loi du monde pacifique et civilisé. »

Naufrage

En juillet 1963, l'abbé Pierre visite les groupes Emmaüs sud-américains et donne des conférences. Le 10 juillet, comme la météo prévoit des perturbations, il renonce à se rendre de Montevideo à Buenos Aires en avion. Il monte à bord d'un bateau qui traverse l'estuaire du Rio de la Plata, séparant les deux capitales de l'Uruguay et de l'Argentine. Pendant la traversée, en pleine nuit avec un épais brouillard, un grand choc se fait entendre, vers trois heures, à l'avant du bateau. Les passagers sortent sur le pont, quand un incendie se déclare en provenance de la salle des machines. Le *Ciudad de Asunción* fait naufrage. Il donne l'absolution à des personnes affolées qui prient à haute voix. Comme le bateau s'enfonce dans le fleuve, l'abbé Pierre se jette par-dessus bord, tout le monde n'ayant pas pu accéder aux embarcations de secours. Il se retrouve avec les rescapés, dans la nuit éclairée par la lumière de l'incendie, qui surnagent avec leurs gilets de sauvetage dans l'eau plutôt froide (c'est l'hiver en juillet dans l'hémisphère sud). Ils parviennent à se rassembler par petits groupes, transis, accrochés aux objets flottants entraînés par le courant du fleuve. Après plusieurs heures dans l'eau, épuisé, l'abbé Pierre perd connaissance, vers six heures trente du matin. Il reste évanoui plusieurs heures dans l'eau avant d'être repêché par des patrouilleurs argentins qui interviennent sur le lieu du drame. Les sauveteurs le placent dans la cale avec les noyés, pensant qu'il est mort, quand ils s'aperçoivent qu'il respire. Les marins le frictionnent, le réchauffent et s'efforcent de le réanimer avec peine. Enfin, l'abbé Pierre reprend connaissance vers 11 heures. Grelotant, il met cinq ou six heures à reprendre ses esprits et pouvoir se déplacer. Le soir, il découvre les parents éplorés de la mort de leurs enfants qui le reconnaissent et viennent sangloter dans ses bras. Sur les 424 passagers, 53 personnes sont décédées.

L'abbé Pierre perd alors tout son carnet d'adresses abandonné sur le bateau, constitué au fil des années, qui comprenait plus de mille pages[1]. Aux journalistes qui se précipitent pour lui demander son témoignage, il ne manque pas de faire remarquer que tous les jours, ce sont des milliers de personnes pauvres qui périssent de façon absurde. Il serait juste de mettre autant d'empressement à se préoccuper d'un naufrage que de toutes les détresses des pauvres de la terre. Il leur dit : « Tous les jours et toutes les nuits, combien de centaines et de milliers de papas et de mamans sont dans un désastre équivalent au nôtre et pour lesquels personne ne s'émeut et ne se mobilise comme vous le faites pour nous qui avons été frappés une fois et une journée par un grand malheur[2]. »

---

1. Archives nationales du monde du travail, témoignage audio de l'abbé Pierre, NUM_EI_20000502773.
2. *Ibid.*

Le manifeste universel

Le naufrage de l'abbé Pierre provoque un choc, pour lui, comme pour les gens d'Emmaüs dispersés à travers le monde. Il est temps d'organiser la mise en réseau de tous les groupes du monde qui se reconnaissent dans le mouvement Emmaüs. L'abbé Pierre voyage de plus belle à leur rencontre entre 1963 et 1969 afin de les mobiliser et de créer la fédération Emmaüs international. Le 10 mai 1967, il adresse une lettre indiquant qu'un volontaire français, l'ingénieur Jean Hossenlopp, se trouve chargé de préparer l'élaboration d'un texte précisant les grands principes et valeurs fondamentales du mouvement fondé par l'abbé Pierre, ainsi qu'un annuaire mondial et des coutumiers (sorte de règlements intérieurs des communautés). La maison d'Esteville est mise à disposition comme centre de rencontres internationales et siège du secrétariat[1].

Les 24 et 25 mai 1969, la première assemblée mondiale se tient dans le palais du Parlement fédéral suisse, à Berne. Elle rassemble soixante-dix groupes de vingt nations provenant de quatre continents. Ensemble, ils adoptent le Manifeste universel du mouvement Emmaüs, texte fondateur rédigé pour l'essentiel par l'abbé Pierre, retravaillé et adopté par l'assemblée.

Préambule
Notre nom, EMMAÜS, est celui d'une localité de Palestine où des désespérés retrouvèrent l'espérance. Ce nom évoque pour tous, croyants ou non-croyants, notre commune conviction que seul l'amour peut nous lier et nous faire avancer ensemble.
Le mouvement Emmaüs est né en novembre 1949 par la rencontre :

1. Archives nationales du monde du travail, cote 2000 050 139.

– d'hommes ayant pris conscience de leurs situations privilégiées et de leurs responsabilités sociales devant l'injustice,
– et d'hommes qui ne possédaient plus de raison de vivre.
Les uns et les autres décidant d'unir leur volonté et leurs actes pour s'entraider et secourir ceux qui souffrent, dans la conviction que c'est en devenant sauveur des autres que l'on se sauve soi-même.
Pour ce faire, se sont constituées des communautés qui travaillent pour vivre et donner.
En outre, des groupes d'amis et de volontaires luttent sur les plans civique et privé.

Manifeste
1) Notre loi est celle de laquelle dépend, pour l'humanité entière, toute vie digne d'être vécue, toute vraie paix et joie de chaque personne et de chaque société.
« Servir avant soi qui est moins heureux que soi ».
« Servir premier le plus souffrant ».
2) Notre certitude est que le respect de cette loi doit animer toute recherche de justice et donc de paix entre les hommes.
3) Notre but est d'agir pour que chaque homme, chaque société, chaque nation puisse vivre, s'affirmer et s'accomplir dans l'échange et le partage, ainsi que dans une égale dignité.
4) Notre méthode consiste à créer, soutenir, animer des milieux dans lesquels tous, se sentant libres et respectés, puissent répondre à leurs propres besoins et s'entraider.
5) Notre premier moyen, partout où cela est possible, est le travail de récupération qui permet de redonner

valeur à tout objet et de multiplier les possibilités d'action d'urgence au secours des plus souffrants.
6) Tous autres moyens réalisant l'éveil des consciences et le défi doivent aussi être employés pour servir et faire servir premier les plus souffrants, dans un partage de leurs peines et de leurs luttes, privées et civiques, jusqu'à la destruction des causes de chaque misère.
7) Notre liberté : EMMAÜS n'est subordonné, dans l'accomplissement de sa tâche, à aucun autre idéal que celui exprimé dans le présent Manifeste, et à aucune autre autorité que celle constituée en son sein selon ses propres règles d'organisation. Il agit en conformité avec la Déclaration des droits de l'homme, adoptée par les Nations unies et les lois justes de chaque société, de chaque nation, sans distinction politique, raciale, linguistique, spirituelle ou autre.
Rien d'autre ne peut être requis de quiconque désire participer à notre action que l'acceptation du contenu du présent Manifeste.
8) Nos membres : Le présent Manifeste constitue le fondement simple et précis du Mouvement EMMAÜS. Il doit être adopté et appliqué par chaque groupe désirant en être membre actif.

Création d'Emmaüs international

Deux ans plus tard, du 2 au 4 juillet 1971, la deuxième assemblée générale crée Emmaüs international à Montréal au Canada. Le président est suisse, Marcel Farine (1924-2008), président d'Emmaüs Suisse et président fondateur de la Fédération internationale des associations contre la lèpre. Le vice-président est argentin, José Balista, sociologue, prêtre jésuite et fondateur d'Emmaüs en Argentine.

Le secrétaire général est le canadien Gaëtan Raymond, avocat et membre d'Emmaüs Montréal. Le secrétariat international d'Emmaüs est installé à Montréal (en 1976, il déménage en France, à Charenton dans le Val-de-Marne).

Emmaüs dans le monde

En 1971, le mouvement Emmaüs est présent sur quatre continents, dans 24 pays, constitué essentiellement de communautés de récupérateurs. En Asie : Corée du Sud, Inde, Indonésie, Japon, Liban. En Afrique : une communauté d'enfants et d'adolescents handicapés au Rwanda. En Amérique : Argentine, Brésil, Canada, Chili, États-Unis, Pérou et Uruguay. En Europe : Allemagne, Belgique, Danemark, Espagne, Finlande, France, Italie, Norvège, Pays-Bas, Suède, Suisse. Parfois, des communautés démarrent mais ne persistent pas, ou bien s'éloignent d'Emmaüs. Ainsi observe-t-on dans les archives, des embryons de projets qui voient le jour, dans les années 1960-1970, à la suite de visites de l'abbé Pierre en Australie, au Cambodge, en Grèce, aux Philippines, au Sri Lanka, au Vietnam… Les communautés d'Emmaüs reposent sur un équilibre somme toute précaire et, en fonction de la personnalité de ses membres, les choses évoluent dans un sens ou dans un autre. Les actions s'effectuent avec beaucoup de générosité et souvent peu de moyens.

Presque tous les groupes apparaissent dans un contexte chrétien. Ils sont nombreux à être fondés et dirigés directement par des prêtres, y compris en Asie, dans des pays dont la religion majoritaire n'est pas chrétienne. À l'étranger comme en France, Emmaüs est pourtant bien un mouvement statutairement aconfessionnel, né en milieu catholique et progressivement sécularisé.

Bangladesh

En 1971, l'abbé lance un mouvement international important dans le contexte de la guerre d'indépendance du Bangladesh. Celle-ci éclate suite à la déclaration unilatérale d'indépendance du Bangladesh, le 27 mars 1971. Rappelons le contexte : après l'indépendance de l'Inde britannique, l'Inde et le Pakistan se séparent en 1947. Le Pakistan est un État musulman composé de deux territoires distincts, séparés de 1 700 kilomètres par le territoire indien : Pakistan occidental (l'actuel Pakistan) et Pakistan oriental (actuel Bangladesh). Après la déclaration d'indépendance, une guerre civile éclate entre Pakistanais et Bangladais, provoquant le départ de 10 millions de personnes en Inde, le viol de 200 000 femmes et la mort d'un million de Bangladais. Après plusieurs longs mois de cette guerre sanglante, où sont commis des actes s'apparentant à un génocide, en décembre 1971, les troupes pakistanaises sont défaites par la guérilla bangladaise et l'armée indienne. L'abbé Pierre se trouve en Inde lors de l'entrée en guerre de l'Inde. Il visite les camps de réfugiés à l'appel d'un homme politique indien (Jayaprakash Narayan). Il participe à la conférence internationale sur le Bangladesh, à New Delhi, du 18 au 20 septembre 1971. Suite à une rencontre avec Indira Gandhi, Première ministre de l'Inde, il lance l'idée de créer des comités de jumelage et de coopération entre les communes françaises et les camps de réfugiés en Inde. Il écrit aux 38 000 maires de France, le 27 octobre 1971, ce qui suscite la mise en place de plusieurs dizaines de comités communaux. Des villes suivent le projet : Angers, Béziers, Brive-la-Gaillarde, Sablé, Is-sur-Tille… L'Union des comités de jumelage coopération (Ucojuco) anime le réseau. Des jumelages se nouent aussi en Italie, Pays-Bas et Suède. Les comités européens agissent dans une logique de développement en finançant des semences, des outils, des équipements de santé et d'éducation[1], dans les camps indiens, puis dans les villages bangladais, une fois les réfugiés rentrés chez eux. L'Ucojuco existe toujours sous le nom de Peuples solidaires.

Centre de Savar

Dans ce contexte, l'abbé Pierre, Emmaüs international et Oxfam (Oxford Committee for Famine Relief, fondée en 1965 en Angleterre) financent un centre de santé modèle au Bangladesh dont l'objet est de soigner les pauvres de régions rurales reculées : le centre de Savar. Fondé par le médecin Zafrullah Chowdhury (1941-2023), à qui l'abbé Pierre a fait découvrir en 1972 les communautés Emmaüs en France et les situations de grande pauvreté dans la capitale, le centre de Savar propose des soins destinés au plus grand nombre dans son pays très inégalitaire. Zafrullah Chowhurry développe une fabrique de médicaments génériques, forme des intervenants paramédicaux (six cents paramedics), agit pour réglementer l'industrie pharmaceutique, organise une mutuelle santé, mène des actions pour l'autonomie des femmes et l'éducation à la santé, etc. Se heurtant à des intérêts privés, il réchappe à une tentative d'assassinat. Le centre de Savar est soutenu par un comité français qui réunit des dons réguliers à son intention.

Commerce équitable

La stratégie d'aide au développement, destinée à rompre avec l'assistanat, suscite des initiatives qui encouragent l'agriculture et l'artisanat du Bangladesh et la vente en Europe des productions dans de bonnes conditions pour les producteurs, grâce à un réseau de boutiques où les produits passent par

1. *Faims et soifs des hommes*, septembre-octobre 1972, p. 28-29.

des circuits de distribution éthique. Le commerce équitable apparaît et se développe dans les pays occidentaux. Artisans du monde lance sa première boutique en 1974 à Paris grâce à un don des communautés d'Emmaüs qui couvre la moitié des fonds nécessaires. Deux cannes de l'abbé Pierre placées sur le mur de l'arrière-boutique marquent cette origine. De nombreux liens existent encore aujourd'hui entre les communautés Emmaüs et les boutiques Artisans du monde, comme la mise à disposition d'un espace de vente éphémère dans les magasins des communautés.

Dieu est acte

Pendant les deux décennies des années 1960-1970, l'abbé Pierre mène et soutient de nombreuses actions innovantes en France et dans le monde, qui devancent et accompagnent les efforts humanistes de son temps. Sa relative discrétion médiatique ne l'empêche pas « d'aimer et d'agir ». Pour lui, cette dernière dimension est cruciale. Il raconte qu'un jour un homme de grande taille, très anticlérical, l'empoigne par les épaules et lui dit : « L'abbé, je ne sais pas si le bon Dieu existe, mais ce que je sais, c'est que, s'il existe, c'est ce que vous faites. » Et l'abbé de s'émerveiller de cette sagesse inattendue : « C'est prodigieux ! […] Dieu, l'Éternel, n'est ni une idée, ni un système : ou il n'est pas, ou il est ACTE. […]. Je blasphème parce que les gens ont du mal, mais si vous vous donnez du mal pour que les gens aient moins de mal, cela, c'est Dieu. Théologiquement c'est formidable[1]. »

---

1. Abbé Pierre, *Le Scandale de la faim interpelle l'église*, Apostolat des éditions, 1968, p. 118-119.

10

1980-1995, mouvements et médias

Retraites

Au début des années 1980, l'abbé Pierre sent ses forces décliner. Il apprend qu'il souffre de la maladie de Parkinson. La disparition de Lucie Coutaz en 1982 l'affecte beaucoup. La cofondatrice d'Emmaüs est inhumée dans le cimetière d'Esteville, alors que l'abbé Pierre a presque 70 ans. Il cesse de diriger, en 1984, la revue d'Emmaüs en France, *Faim et soif*, dont il s'occupe depuis trente ans. À partir de 1983, il habite un mois sur deux dans l'hôtellerie de l'abbaye bénédictine de Fontenelle, située dans la commune de Saint-Wandrille-Rançon, en Seine-Maritime. Le chant grégorien de la communauté monastique le porte, il en écoute beaucoup, même en voiture ou avec un baladeur. L'abbé Pierre se sent dans son élément, voisin des moines, dans sa petite chambre où il passe la majeure partie de son temps, au milieu de ses livres, ses cassettes et ses dossiers. Pendant les premières années, il réside en alternance dans son appartement de Charenton où son nouveau secrétaire travaille à plein temps. L'abbé Jacques Perotti est un prêtre revenu à la vie sacerdotale après une longue interruption, militant engagé pour le droit des homosexuels et leur reconnaissance par l'Église catholique. Après plus de dix ans de service, son militantisme trop médiatisé dérange en interne et Jacques Perotti quitte le mouvement Emmaüs.

L'abbé Pierre s'installe à plein temps à Esteville, en 1991, parmi les compagnons de la maison de retraite d'Emmaüs, structure dont il est président qui accueille et met au travail les aînés des communautés de France depuis 1973.

Le retour

Jean-Marie Viennet est un prêtre qui deviendra secrétaire général d'Emmaüs international. En 1981, quand on lui annonce qu'il va rencontrer l'abbé, il s'exclame : « L'abbé Pierre, j'croyais qu'il était mort [1] ! » Le retour médiatique de l'abbé Pierre est sur le point de survenir.

Dans les années 1980-1990, l'impact des deux chocs pétroliers de 1973 et 1979 sur l'économie mondiale et les classes populaires devient de plus en plus dramatique. Le chômage bat des records (2,6 millions de chômeurs en 1990). Les logements construits à bas coûts pendant les Trente Glorieuses (les fameux grands ensembles) se dégradent, quand ils n'ont pas déjà été démolis puis reconstruits sur un modèle proche, et ils conviennent de moins en moins aux nouvelles problématiques urbaines (9 % des Français sont mal logés, à cette époque, selon l'abbé Pierre) : chômage de longue durée et chômage des jeunes, délinquance, trafics et consommation de drogue, insécurité… La société parle de nouveau de misère et d'exclusion sociale. Le film *La Crise* de Coline Serreau sort en 1992 et raconte les fractures matérielles et morales

1. Conversation de Jean-Marie Viennet avec l'auteur, en 2015.

de la société française. Les temps sont durs et les questionnements nombreux. La France se montre réceptive au retour d'une figure comme celle de l'abbé Pierre et son discours de mobilisation radicale. Avec d'autres personnalités françaises, comme sœur Emmanuelle, qu'il connaît bien depuis longtemps et qu'il a soutenue sur le terrain au Caire, il représente une voix de sagesse et d'altruisme dans une société qui se ressent elle-même en perte de repères. Sa parole énergique et volontariste résonne comme un espoir pour tous les Français qui souffrent.

Nouveaux pauvres, nouveaux combats

En 1984, Emmaüs célèbre le trentième anniversaire de l'appel de 1954 et organise des initiatives telles que le « Noël de l'abbé Pierre », opération réussie de sensibilisation du public et de collecte de dons.

En 1984, l'abbé Pierre participe à la création des premières banques alimentaires, avec l'Armée du Salut, le Secours catholique, le Centre d'action sociale protestant et l'association L'Entraide Corot. Une religieuse, sœur Cécile Bigo, se trouve à l'origine de l'idée, le 13 mars 1984, dans un article du quotidien catholique *La Croix*. Il existe déjà des banques alimentaires en Amérique du Nord. Il s'agit de créer une structure nationale similaire qui récupère gratuitement des denrées alimentaires en surplus, de sorte de les distribuer aux personnes en précarité, par l'intermédiaire d'associations de solidarité de terrain. Les banques alimentaires sont subventionnées par le Fonds européen d'aide aux plus démunis et l'État. Les produits alimentaires proviennent de quatre sources : la grande distribution, qui donne des produits frais proches de la date limite de consommation, l'industrie agroalimentaire, qui donne des produits avec des défauts d'étiquetage ou d'emballage, les agriculteurs, qui donnent certains surplus de récolte, les particuliers, sollicités deux fois par an lors des collectes à l'entrée des supermarchés. De nos jours, en France, deux millions deux cent mille personnes bénéficient de la banque alimentaire, qui n'est qu'une façon de restituer aux classes populaires une partie du fruit de leur travail que les aléas du fonctionnement du marché auraient envoyé à la poubelle si ce mécanisme de redistribution n'était pas mis en place.

Tout le plat dans leur assiette

L'abbé donne une conférence « devant une salle muette de respect et d'émotion[1] » au Palais des congrès de Paris à la porte Maillot, le 23 novembre 1984, intitulée « Ouvrons les yeux, c'est la guerre ! ». À cette occasion, il prononce le discours « Ceux qui ont pris tout le plat dans leur assiette, laissant les assiettes des autres vides », extrait abondamment diffusé sur Internet et repris en 2015 par le rappeur français Nekfeu dans sa chanson *Nique les clones, Pt. II.* Le propos est virulent et interpelle. En voici la transcription, extraite de ce discours de deux heures trente, dans lequel l'abbé Pierre dit comprendre la violence révolutionnaire, dans le contexte de l'Amérique latine :

Un jour dans un petit pays d'Amérique latine on m'a posé une question terrible. C'était à la télévision en direct, on ne pouvait rien corriger et je savais que tout le monde écoutait. Ce journaliste, sans m'avoir averti, m'a posé cette question terrible. Il m'a dit : « Mon père, quand il vous arrive de rencontrer des guérilleros,

1. Castaing Michel, « La dernière croisade de l'abbé Pierre », *Le Monde*, 26 novembre 1984.

des maquisards, les armes à la main, car il est impossible que jamais vous n'en rencontriez, que leur dites-vous ? » C'était une question terrible. Après un instant, un instant de silence, j'ai dit : « Bien sûr, il m'arrive que tel d'entre eux veuille me voir. Ils cherchent à me rencontrer, je les écoute et après les avoir entendus je suis muet, je ne sais quoi leur dire. De quel droit, moi, moi qui ne manque de rien, moi qui ne suis pas un père désespéré de découvrir que sa fille aînée va se prostituer la nuit dans les quartiers des riches, pour donner aux enfants ce que son travail mal payé ne peut pas leur donner, moi qui ne suis pas quelqu'un qui entend, quand il va s'endormir, des petits-enfants murmurant, murmurant exactement les mêmes mots que les enfants de chez nous, quand ils ont crié leur joie de vivre, les enfants de chez nous quand ils ont bien joué rentrent en courant à la maison et ils crient : "Maman, j'ai faim !" Quel bonheur de vivre parce qu'il y a ce qu'il faut dans le placard ! Ce sont ces mêmes mots, littéralement les mêmes mots, les plus atroces, les plus tragiques pour un père : "Papa, j'ai faim !" De quel droit leur dirais-je encore indéfiniment et toujours : "Patience, patience, patience". Je ne peux rien leur dire, mais après les avoir entendus, les connaissant bien, je sais qu'ils vont crier à tous ceux qui les poursuivent, les juges, les comptables, ceux qui ont pris tout le plat dans leur assiette, laissant les assiettes des autres vides et qui disent avec une bonne figure, une bonne conscience : "Nous, nous qui avons tout, on est pour la paix." Je sais que je dois leur crier à cela : "Les premiers violents, les provocateurs de toutes violences, c'est vous ! Et quand le soir, dans vos belles maisons, vous allez embrasser vos petits-enfants, avec votre bonne conscience, au regard de Dieu, vous avez probablement plus de sang sur vos mains d'inconscients que n'en aura jamais le désespéré, qui a pris les armes pour essayer de se sortir de son désespoir[1].” »

Urgences sociales

À l'automne 1984, le Premier ministre Laurent Fabius reçoit l'abbé Pierre dans le cadre du second plan pauvreté-précarité. L'État se mobilise : des subventions importantes sont affectées pour les associations de solidarité. Ces mesures permettent le développement de la distribution alimentaire et la création de centres d'hébergement. Émergent de nombreux dispositifs d'aides aux sans-abri et aux personnes précaires. L'année d'après, le combat continue avec la création de la Commission de lutte contre la pauvreté et l'exclusion, animée par l'Uniopss, Union nationale interfédérale des œuvres et organismes privés non lucratifs sanitaires et sociaux. En février 1985, le Conseil économique et social confie la préparation d'un rapport et d'un avis sur « la grande pauvreté et la précarité économique et sociale » au père Joseph Wresinski d'ATD Quart-Monde. Ce rapport et ses propositions auront un large écho.

L'association Emmaüs, au 32 rue des Bourdonnais à Paris, existe toujours. Elle ne gère plus que trois lieux : l'accueil d'urgence des Bourdonnais, un centre social lié aux HLM Emmaüs du Plessis-Trévise et le foyer Prost au Pré-Saint-Gervais, qui traverse une crise profonde. Le mouvement Emmaüs en France vit alors une situation un peu compliquée puisque la structure qui se nomme « association Emmaüs » est confondue avec le mouvement Emmaüs en général et en particulier avec la fédération

1. Archives nationales du monde du travail, cote 2010 018 1179.

Emmaüs France, créée en 1985, qui regroupe tous les groupes français.

L'association Emmaüs prend le train en marche des politiques publiques de financement des structures d'aides aux sans-abri et se développe rapidement en ouvrant des dizaines de centres d'hébergement en Île-de-France. L'association Emmaüs (finalement rebaptisée Emmaüs solidarité en 2011), devient la structure du mouvement, fondée par l'abbé Pierre, spécialisée dans l'urgence sociale et un géant dans ce domaine. Elle ne suit pas la totalité des principes en vigueur dans les communautés d'Emmaüs comme le travail de récupération, l'autonomie économique et le service extérieur (la solidarité externe au groupe), mais elle reprend des actions qui caractérisent la mobilisation de l'hiver 1954, comme les accueils d'urgence (centres fraternels de dépannage) et les maraudes (tournée des couche-dehors). Emmaüs solidarité coïncide ainsi parfaitement avec certains des combats de l'abbé Pierre. En 2022, l'association accueille près de six mille personnes dans quatre-vingt-cinq centres, dispose de quatre équipes de maraude et de seize accueils de jour et haltes de nuit, le tout en Île-de-France. Après Emmaüs solidarité, d'autres structures du mouvement Emmaüs se sont investies dans le domaine de l'urgence sociale et gèrent elles aussi des lieux d'accueil subventionnés pour des personnes dépourvues de domicile personnel, sans contrepartie de travail, avec un accompagnement social sur place assuré par des professionnels diplômés.

Les structures d'urgence sociale se dévouent à une activité particulièrement difficile, pour trois raisons principales. D'abord, les personnes sans domicile souffrent d'une perte d'estime d'elles-mêmes et d'appétit de vivre qui sont causes et effets de leur problématique. La grande exclusion provoque un découragement qui est préjudiciable à la sortie de la situation. Le désespoir entraîne de la pauvreté qui entraîne du désespoir, etc. Ces personnes se retrouvent prisonnières d'une dynamique de cercle vicieux dont il est rare de réussir à sortir totalement. On peut accompagner ces personnes pour qu'elles améliorent leur situation mais rarement les ramener dans ce que les citoyens ordinaires entendent par « insertion », c'est-à-dire : logement autonome, vie conjugale/familiale et travail salarié à temps complet. Deuxièmement, les citoyens et les hommes politiques ont tendance à se désintéresser de ces populations qui ne représentent aucune force électorale ou de mobilisation. Il n'existe pas de manifestation de sans-abri, de syndicats pour les sans-abri, etc. Enfin, l'accompagnement de personnes dépourvues de domicile personnel est coûteux, comme sont coûteuses les prises en charge des autres formes de dépendance : enfance, étudiants, malades hospitalisés et personnes âgées, sauf que dans ce cas les citoyens ont tendance à moraliser le phénomène. On ne reproche pas aux enfants ou aux convalescents de ne pas être travailleurs et rentables, mais on a tendance à reprocher aux sans-abri d'être paresseux, alcooliques et à plaquer sur eux des grilles de valeurs morales inappropriées.

Loger les plus modestes

La société HLM Emmaüs poursuit les combats de l'abbé Pierre pour le logement des personnes les plus pauvres, en agglomération parisienne, en s'adaptant aux nouvelles contraintes d'un secteur en permanente évolution et ses différentes politiques publiques. Elle se spécialise dans le logement des personnes les plus précaires. En 2000, elle loge deux fois plus de locataires au chômage ou précaires que la moyenne des sociétés HLM d'Île-de-France. 31 % sont étrangers, contre 20 % en moyenne régionale[1]. Elle cherche en permanence l'équilibre entre les contraintes d'entreprise et l'action sociale placée au cœur de sa vocation et de son histoire. L'HLM Emmaüs s'appuie sur une équipe de 217 salariés en 1994, puis 245 en 2005. Différentes structures du mouvement Emmaüs siègent à son conseil d'administration et des membres d'Emmaüs habitat siègent dans les conseils des autres structures comme Emmaüs France et la fondation Abbé Pierre. Cette dernière devient son actionnaire principal suite à la loi Borloo de 2003 (programme national de rénovation urbaine). La société HLM Emmaüs devient Emmaüs habitat la même année. Bailleur de taille moyenne pour la région parisienne, elle gère aujourd'hui plus de 13 000 logements, à 79 % de classe énergétique A et B, où vivent plus de 50 000 personnes.

Insertion par l'activité économique

Les années 1990 voient l'émergence et le développement de plusieurs structures à but d'emploi, sous la forme le plus souvent de Société coopérative (Scoop). Les personnes sont salariées souvent en emplois aidés, c'est-à-dire subventionnés, dans des chantiers ou des entreprises spécifiques, qui mettent les personnes au travail. Les chantiers et entreprises du mouvement Emmaüs travaillent surtout à partir d'activité de récupération (textile, matériel informatique…). La plus connue est le Relais (fondée en 1984) qui emploie des centaines de salariés dans une région du nord de la France marquée par une forte désindustrialisation, puis aussi dans ses filiales

1. Brodiez-Dolino Axelle, *Emmaüs et l'abbé Pierre*, *op. cit.*, p. 250.

en France et à l'étranger. Les travailleurs, en contrat tripartite avec l'État, bénéficient d'un accompagnement social professionnel et ne vivent pas sur place. Ils ne sont pas dépourvus de domiciles personnels, comme c'est le cas pour les personnes accueillies dans les communautés. Ces organismes sont en partie subventionnés mais assurent aussi une part de leur autofinancement grâce à leur activité propre.

Certaines structures du mouvement Emmaüs exercent une activité mixte, social et insertion, en proposant des hébergements et des logements d'urgence ainsi qu'un chantier d'insertion, lieu de travail destiné aux personnes éloignées de l'emploi classique. Emmaüs alternatives, créée en 1991, correspond à ce modèle. Cette association est une émanation d'Emmaüs France. L'abbé Pierre ne l'a pas créée directement (comme la plupart des groupes du mouvement Emmaüs) mais il en est l'inspirateur. L'insertion par le travail est une valeur forte, au cœur de l'intuition du fondateur.

Croissances

Les communautés Emmaüs en France connaissent une croissance importante, surtout dans les années 1980 où elles triplent en dix ans. Elles passent de 33 en 1978 à 75 en 1983 et 91 en 1989[1]. Il en existe 123 en France en 2023.

Les comités d'amis se développent de leur côté, se transformant parfois en entreprises d'insertion, sous statut associatif. Autrefois composés uniquement de bénévoles, ils embauchent leurs premiers salariés en insertion à partir des années 1980. Souvent soutenus par les collectivités locales, ils disposent parfois de locaux spacieux pour

1. Brodiez-Dolino Axelle, *Emmaüs et l'abbé Pierre*, *op. cit.*, p. 271.

effectuer les tâches de récupération, réparation et revente par des équipes de bénévoles dévoués. Il en existe 43 aujourd'hui qui reversent une grande partie de leurs recettes en solidarités locales et pour le financement des actions portées par Emmaüs France et Emmaüs international.

Les SOS familles Emmaüs continuent d'accompagner les familles (et les particuliers à partir de 1996) pour sortir de la spirale de l'endettement et faire face aux aléas de la vie. Toujours attachés à une communauté ou un comité d'amis locaux, ils ne cessent de croître : 27 en 1993, 49 en 2008, il en existe 62 aujourd'hui. L'abbé Pierre les soutient en les faisant connaître aux dirigeants politiques (dont François Fabius en 1984) et encourage leur création.

Dans le monde, des centaines de groupes Emmaüs existent. Certains travaillent dans l'artisanat ou l'agriculture, plus que la récupération, en fonction des possibilités économiques des territoires. Un programme d'envoi de conteneurs par des groupes de pays riches permet de fournir du travail et de l'équipement à des groupes de pays pauvres. Une solidarité internationale multiforme permet de faire fonctionner cet ensemble. Les nombreux voyages de l'abbé Pierre, qu'il continue d'effectuer plusieurs fois par an, en dépit de sa maladie et de son grand âge, contribuent à faire vivre, à relier et à dynamiser le mouvement Emmaüs dans le monde, avec l'appui du secrétariat de la fédération Emmaüs international, auquel tous les groupes quels qu'ils soient se doivent d'adhérer. En 1988, 29 pays ont des groupes, petits ou grands structurés en réseau national ou isolés. Outre les pays cités au chapitre précédent, on trouve désormais Emmaüs en Bolivie, au Cameroun, au Burkina et au Portugal.

Intervenantes sociales en communautés

Au fur et à mesure, des intervenants sociaux diplômés sont recrutés afin d'effectuer l'accompagnement social spécifique. Les travailleurs sociaux sont très souvent des femmes. Elles sont la seule assistante sociale de la communauté, devenues de plus en plus en plus indispensables, au fur et à mesure du développement des dispositifs sociaux et de la complexité qui en résulte. Au fil des décennies, presque toutes les communautés d'Emmaüs possèdent leur intervenante sociale. Celle-ci est un bras droit indispensable à l'équipe de responsables. Elle occupe une fonction de soutien, de conseil et parfois un rôle presque maternel qui n'empêche pas une posture professionnelle. Elles accompagnent les unes et les autres dans leurs démarches administratives, leurs soins médicaux et autres besoins, comme le ferait une assistante sociale de secteur, en tenant compte de la spécificité du monde communautaire et du mouvement Emmaüs. Les assistantes sociales changent souvent de profession, elles ont des expériences diversifiées au cours de leur carrière et apportent un regard extérieur, particulièrement qualifié, sur la vie des communautés.

La fondation Abbé Pierre pour le logement des défavorisés

Parmi les organisations du mouvement Emmaüs qui effectuent un travail formidable auprès des plus démunis figure la fondation Abbé Pierre pour le logement des défavorisés. Son bilan depuis presque quarante ans est extraordinaire sur bien des plans. De nombreuses détresses ont trouvé une solution grâce à cette fondation, en France et dans le monde. De plus, elle remplit une série de missions de recherche et action qui produisent un effet de levier sur la puissance publique. Son influence sur l'État et les dirigeants économiques démultiplie son action en faveur des personnes les plus vulnérables de la société, les sans-logements et les mal-logés.

La fondation Abbé Pierre, par son nom même, prête à confusion. Le grand public a tendance à croire qu'elle recoupe ou chapeaute l'ensemble des activités des héritiers de l'abbé Pierre et le mouvement Emmaüs dans son entier, alors qu'elle n'est qu'un des quelque 400 groupes Emmaüs du monde (ce qui est déjà bien). Elle n'a pas de prééminence de droit, ni d'autorité particulière sur les autres et son domaine d'activité se concentre sur le logement (et activités apparentées). D'ailleurs, elle ne dispose que d'une seule voix dans les assemblées démocratiques internes au mouvement Emmaüs, telle que l'assemblée mondiale d'Emmaüs international. Le public confond dès les origines : une enquête de 1999 montre que 66 % de ses donateurs ne font pas la différence entre la fondation et Emmaüs[1].

Les membres de la fondation Abbé Pierre s'y perdent un peu eux-mêmes. Le fait de porter le nom de l'abbé Pierre peut leur laisser croire à une plus grande proximité avec lui, une plus grande fidélité à son héritage, par rapport aux autres groupes du mouvement, ce qui est sans fondement historique.

Comme d'autres types de groupes Emmaüs, la fondation Abbé Pierre n'a pas été créée directement par l'abbé Pierre. Il n'en a pas eu l'idée lui-même et il ne l'a pas constituée, ni développée. L'abbé Pierre en est l'inspirateur indirect, le soutien, un de ses membres et un compagnon

1. Brodiez-Dolino Axelle, *Emmaüs et l'abbé Pierre*, *op. cit.*, p. 269.

de route actif. Il en a signé les documents fondateurs. De plus, la création de la fondation Abbé Pierre est un engagement tardif. L'abbé Pierre s'est retiré à Saint-Wandrille depuis quatre ans, il est âgé de 75 ans lorsque se crée l'Association pour la création de la fondation Abbé Pierre (l'Afap), dont les statuts sont officiellement déposés en janvier 1988, qui devient fondation reconnue d'utilité publique en février 1992, l'année de ses 80 ans.

En effet, l'origine de l'idée d'instituer une Fondation Abbé Pierre date de l'automne 1987. Dans le Gard, à Pont-Saint-Esprit, des Rencontres humanitaires internationales sont organisées du 9 au 11 octobre, à l'occasion de l'Année internationale du logement des sans-abri de l'ONU. Placées sous le patronage de l'abbé Pierre, ces journées réunissent des élus, des responsables d'associations et des représentants de l'État, concernés par le problème du logement des personnes démunies. André Chaudières y joue un rôle de premier plan. Animateur de ces rencontres avec Claude Néry, respectivement président et directeur de la HLM Emmaüs habitat, il lance le projet de créer une fondation portant le nom de l'abbé Pierre et surprend l'auditoire et l'intéressé lui-même en le proposant, sous les applaudissements[1]. Son objectif vise à agir davantage sur le logement des plus pauvres et à permettre de récupérer les dons d'argent et les legs que l'abbé Pierre continue de recevoir en son nom propre (même après son décès).

Cette idée ne va pas sans difficultés. En effet, l'abbé Pierre vient d'imposer aux groupes du monde entier, dont la France, de ne pas porter son nom dans leur raison sociale. De façon très solennelle, dans la *Lettre d'information d'Emmaüs international* n° 50 de septembre 1985, page 27, il a publié un courrier manuscrit sur son papier à

1. Desmard Laurent et Étienne Raymond, *L'Abbé Pierre fondateur et rebelle*, Desclée de Brouwer, 2012, p. 135-136.

en-tête, datée du mercredi 11 septembre 1985 et adressée à Jean Wilken, président d'Emmaüs international. Voici le document (qui respecte le soulignement d'origine) :

> *Par les développements que prend Emmaüs, pas seulement en France, mais en tant de pays de tous les continents, et compte tenu des limites d'activité que m'imposent l'âge et la santé, il me paraît de plus en plus nécessaire, et urgent, d'exiger (éventuellement en recourant à tout moyen de droit), qu'aucun organisme ne puisse se dire « de l'abbé Pierre » autrement qu'en tant que « Membre d'Emmaüs international fondé par l'abbé Pierre ». Ce qui, évidemment, obligerait un groupe se séparant, de lui-même, ou par décision (conforme aux statuts d'Emmaüs international), de cette association de retirer toute appellation se référant à mon nom.*
> *Veux-tu faire connaître à tout le Mouvement ce que je t'écris là, et que chaque groupe d'Emmaüs international veille autour de lui à ce que ma décision soit respectée.*

L'abbé Pierre demande que les groupes qui portent son nom se débaptisent. Ainsi deux organisations au Danemark se plient à cette règle. Ces deux groupes danois, l'un et l'autre membres fondateurs d'Emmaüs international en juillet 1971, changent leur dénomination sociale. Le premier s'appelle Abbé Pierre's Klunsere (Chiffonniers de l'abbé Pierre) et devient U-Landsklunserne (Chiffonniers du tiers-monde, car ses bénéfices financent des actions dans le tiers-monde). Le second s'appelle à l'origine Abbé Pierre's Børnehjaelp (l'aide de l'abbé Pierre aux enfants) et prend le nom d'Aktion Børnehjaelp (Action aide aux enfants).

Claude Néry reconnaît que, dans un premier temps, l'abbé Pierre s'est laissé forcer la main pour la création de la fondation Abbé Pierre, et puis qu'il a fini par accepter le projet une fois celui-ci commencé[1]. L'abbé devient le premier président de la fondation qui porte son nom et Claude Chaudières le vice-président. Cette création provoque d'importants remous au sein du mouvement Emmaüs. En effet, la fondation Abbé Pierre effectue des campagnes de communication très visibles en parallèle de l'action des autres groupes Emmaüs et d'Emmaüs France créée en 1985. Sa parole et ses opérations médiatiques échappent à la délibération démocratique des autres groupes Emmaüs, principalement des communautés. Par ailleurs, par sa nature juridique de fondation, elle n'a pas un fonctionnement comme les associations car ses membres sont cooptés ou représentent des organismes publics, ils ne sont pas élus par une assemblée démocratique. Enfin, l'appel à la générosité du public est à cette époque honni par les groupes Emmaüs, en accord avec les enseignements répétés par l'abbé Pierre pendant des décennies, la philosophie du mouvement consistant à « vivre dignement de son travail » sans pratiquer la mendicité. Raymond Étienne, président d'Emmaüs France de 1985 à 1996, racontait qu'il découvre dans le journal *Le Monde* qu'on l'a désigné membre du conseil d'administration de l'Afap[2]. Les choses s'improvisent et avancent pas à pas. Christian Ballet est le premier responsable salarié de la fondation. Il parcourt la France à la rencontre des groupes Emmaüs pour leur expliquer l'action de la fondation et reconnaît : « J'ai mieux mesuré la légitimité du mouvement Emmaüs dans son rejet initial de cette fondation, car il est vrai que le mouvement Emmaüs était beaucoup plus ancien que

1. Brodiez-Dolino Axelle, *Emmaüs et l'abbé Pierre*, *op. cit.*, p. 255.
2. Desmard Laurent et Étienne Raymond, *L'Abbé Pierre fondateur et rebelle*, *op. cit.*, p. 136.

la fondation Abbé Pierre. Sa légitimité, en référence au combat de l'abbé Pierre, à l'histoire, aux missions, était infiniment plus grande. Quand la fondation a été créée, c'était vraiment quelque chose d'explosif pour le mouvement Emmaüs[1]. » En effet, sa présence dans les réunions de régions d'Emmaüs France le confronte à la plus grande hostilité des groupes locaux, dans un premier temps.

La fondation Abbé Pierre se développe vite et son succès la place parmi les groupes Emmaüs les plus efficaces et reconnus. Ses atouts principaux sont son intégration dans les réseaux de pouvoir en France, son modèle économique et la qualité de son travail. Au sein du mouvement Emmaüs, au fur et à mesure, les réticences du début s'estompent et la « FAP », comme on l'appelle, est maintenant pleinement et affectivement membre du « mouvement Emmaüs international fondé par l'abbé Pierre ».

Ce géant de la solidarité a pu se développer grâce aux collectes systématiques de dons et des legs auprès du public en s'appuyant sur le nom de l'abbé Pierre qui suscite sans cesse et encore aujourd'hui la générosité du public. La fondation réussit à lever des fonds dans des proportions importantes. À la mort de l'abbé Pierre, elle permettait de lever 4,5 millions d'euros de dons en une année avec presque 500 000 donateurs. En 2022, la fondation a collecté près de 60 millions d'euros de dons par an.

La fondation Abbé Pierre puise son inspiration et sa légitimité, de façon évidente, dans les premiers combats de l'abbé Pierre des années 1950 : bâtir pour les plus pauvres, collecter des fonds, interpeller dans les médias et agir sur les pouvoirs publics. Dès le début d'Emmaüs, les communautés d'Emmaüs travaillent à construire des maisons. La majeure partie de l'énergie d'Emmaüs des débuts est

1. Entretien du 31 août 2011, cité dans Desmard Laurent et Étienne Raymond, *L'Abbé Pierre fondateur et rebelle*, *op. cit.*, p. 142.

tendue vers l'activité de bâtisseurs. La fondation reprend le flambeau de ce combat originel. Ensuite, l'abbé effectue très tôt de multiples collectes de fonds auprès des donateurs privés comme on l'a décrit dans les chapitres précédents : jeu radiophonique, campagne des billets de 100 francs, appel à l'emprunt des cités d'urgence, campagne Persil, etc. Le recours intensif aux médias caractérise bien l'abbé, dynamique reprise par les campagnes médiatiques de la fondation. L'action envers les pouvoirs politiques est une constante. Encore député quand il crée Emmaüs, l'abbé Pierre n'a eu de cesse d'essayer d'agir et de provoquer les dirigeants pour qu'ils adoptent des politiques à la hauteur des problèmes de la France et de l'humanité.

Engagements médiatisés

En 1985, l'abbé Pierre soutient Coluche dans son combat caritatif des Restaurants du cœur. L'année suivante, le comique offre à Emmaüs l'argent non dépensé de cette opération, prévue initialement pour n'avoir lieu qu'une seule fois, soit 1,5 million de francs[1]. Peu de temps après leur rencontre, Coluche décède dans un accident de moto. L'abbé Pierre célébrera ses obsèques et deviendra un soutien de sa famille.

Dans les années 1990, l'abbé Pierre prend des positions audacieuses sur la question des sans-papiers et des sans-logis. Il milite avec le mouvement Droit au logement (DAL), animé par Jean-Baptiste Eyraud, et ses opérations de squattage médiatisé qui relancent une pratique controversée des débuts d'Emmaüs. En 1990, il soutient le squattage parisien de la place de la Réunion, en 1991, celui du quai de la gare où il jeûne plusieurs jours avec

1. Équivalent à 442 000 euros en 2022.

les sans-papiers déboutés du droit d'asile. Il fait partie ensuite du comité de suivi désigné par le ministère pour s'assurer que toutes les personnes soient convenablement relogées. En mai 1992, il soutient à nouveau la mobilisation de Droit au logement dans un bâtiment de l'esplanade de Vincennes à Paris. Opération similaire en 1993, lors du squattage de l'avenue René-Coty, où il est immédiatement reçu par le Premier ministre Édouard Balladur, quand il déclare son intention de s'y installer avec les familles. En décembre 1994 enfin, l'abbé Pierre arrive d'Esteville en hélicoptère pour soutenir le squattage du grand immeuble parisien du 7 de la rue du Dragon et il est de nouveau reçu par le Premier ministre. L'abbé Pierre s'investit dans toutes ces actions malgré sa santé fragile.

Les squattages de droit au logement font débat au sein du mouvement Emmaüs, pour d'autres raisons que celles de 1954-1956. L'abbé Pierre offre une visibilité et une crédibilité au DAL, mouvement de type syndical proche de l'extrême gauche, alors que les autres structures du mouvement Emmaüs mènent elles aussi des actions d'interpellation des pouvoirs publics, sur d'autres registres. De plus, toutes les précautions ne semblent pas prises pour les pauvres gens : « Quand les squatteurs s'installent dans la précarité, ce sont les personnes hébergées qui sont mises en danger, pas les leaders, ni les personnalités[1] », souligne Laurent Desmard. Une fois les médias partis, il échoit au mouvement Emmaüs en France d'assumer la tâche longue et ingrate de trouver des solutions de relogement dignes et pérennes aux familles mises en avant pendant l'opération médiatique.

En 1992, le gouvernement le promeut à une nouvelle dignité dans l'ordre de la Légion d'honneur, sans le

1. Desmard Laurent et Étienne Raymond, *L'Abbé Pierre fondateur et rebelle*, *op. cit.*, p. 180.

prévenir, le voici élevé grand officier (l'avant-dernier rang). L'abbé Pierre proteste auprès du Premier ministre Pierre Bérégovoy. Il dit refuser toute distinction tant que le drame des personnes mal logées ne se trouve pas énergiquement résolu. Il est reçu à Matignon aussitôt et formule deux exigences : que le manque de logements soit déclaré catastrophe nationale, avec toutes les conséquences administratives que cela comporte, et que soit institué un Haut Comité pour le logement des personnes défavorisées, comité chargé de suivre les politiques du logement et de formuler toutes les propositions utiles à ce sujet. Le DAL vient d'être reconnu par la loi du 31 mai 1990, dite loi Besson, du nom du ministre concerné, qui établit que « garantir le droit au logement constitue un devoir de solidarité pour l'ensemble de la nation », mais ce droit n'est pas respecté. La première demande est refusée à cause de son incompatibilité avec la décentralisation mais la seconde est validée : le Haut Comité pour le logement des personnes défavorisées se trouve constitué par le président François Mitterrand en décembre 1992. Des réquisitions d'immeubles sont ordonnées par l'État dans la foulée afin d'abriter des personnes en difficulté et, chaque année, l'abbé Pierre est reçu par le président de la République pour la remise du rapport annuel du Haut comité, dont l'abbé suit les travaux, avec toute la vigilance possible, appuyé par l'expertise de la fondation qui porte son nom.

Finalement, content d'avoir fait pression au plus haut niveau pour permettre le progrès de la cause des plus faibles, l'abbé Pierre consent à porter à nouveau ses distinctions. Il accepte en 2001 l'insigne de grand officier remis par le président Jacques Chirac. En 2005, il est promu à la dignité de Grand-Croix, la plus haute distinction française.

Altermondialiste

L'abbé Pierre se révèle un militant actif sur le terrain de l'altermondialisme. L'altermondialisme est un mouvement international de lutte contre la mondialisation néolibérale et en faveur d'une alternative économique, sociale, écologique et démocratique qui prenne en compte les plus démunis d'abord et en urgence. En 1987, il prend position avec Jean Ziegler, sociologue et économiste suisse, pour l'abolition de la dette extérieure des pays du tiers-monde, cause soutenue également par la commission pontificale Justice et paix. Il cosigne une lettre ouverte au FMI, demandant l'annulation de cette dette. Il cosigne la lettre ouverte aux chefs d'État réunis au sommet du G7 (sept pays démocratiques les plus riches de la planète) en 1989 à Paris. L'abbé Pierre est un des experts internationaux lors du TOES, The Other Economic Summit, contre-sommet des sept pays les plus pauvres. Il intervient avec Emmaüs international au contre-sommet des Petits de la Terre, parallèle au G7 de Naples en 1994.

Il participe à de multiples causes telles que le soutien, avec Emmaüs international, en 1990, au renouveau démocratique au Bénin, pays qui tourne la page de l'idéologie marxiste-léniniste. Il s'engage contre la guerre du golfe en 1991. Il rencontre le Dalaï-Lama lors des Journées interreligieuses pour la paix de 1992. Il se rend dans Sarajevo assiégé et bombardée en 1995, avec Bernard Kouchner et appelle à une intervention militaire de l'Otan pour faire cesser le génocide des populations désignées comme musulmanes.

Il se voit décerner le prix Balzan pour l'humanité, la paix et la fraternité entre les peuples, un prix international prestigieux, en novembre 1991.

Comme le remarque le journaliste Michel Castaing dans *Le Monde*, en 1994 : « Depuis quarante-cinq ans et plus particulièrement depuis une décennie, l'abbé Pierre dérange les bonnes et les mauvaises consciences et culmine au zénith de la popularité, précisément parce qu'il a toujours été sur le terrain. On ne compte plus ses actes de solidarité, dans la rue, aux côtés des plus défavorisés, ses grèves de la faim, ses réunions publiques, ses conférences de presse, ses coups de colère à la télévision[1]. »

Idolâtrie

La vénération dont l'abbé Pierre fait l'objet, tout le temps et par tout le monde, atteint des proportions inimaginables dans les vingt-trois dernières années de son existence, mis à part le faux pas de 1996 dont nous parlerons au chapitre suivant. Pour l'intéressé, il s'agit de se prémunir de l'ivresse de la popularité alors qu'autour de sa personne, les gens s'extasient et chantent ses louanges, sans subtilité ni précautions. Pourtant l'abbé Pierre vit pauvrement : logement, nourriture, habits, son train de vie est monacal, en parfaite cohérence avec ses prescriptions.

Le 21 décembre 1986, lorsqu'il pénètre sur le plateau de l'émission *À la folie pas du tout*, une inscription annonce : « Abbé Pierre : le saint homme[2]. » En 1989, *Pèlerin magazine* publie un hors-série, *L'Abbé Pierre. Un prophète pour notre temps*. À la page cinq, un éditorial de François Mitterrand (président en exercice) donne le ton : « Notre pays est honoré de compter parmi ses citoyens un homme comme l'abbé Pierre dont la personnalité rayonne au-delà de nos frontières et dont l'exigeante bonté force l'admiration. » La double page 52 et 53 reproduit une photo en gros plan de son visage accompagné de la phrase

1. Castaing Michel, « L'effet abbé Pierre », *Le Monde*, 21 décembre 1994.
2. Falcone Philippe, *L'Abbé Pierre. La construction d'une légende*, Golias, 2004, p. 240-241.

suivante en lettres blanches : « Le visage de l'abbé Pierre fait penser à une autre icône du Christ en croix, un visage de "serviteur souffrant", visage bouleversant qui, en même temps, représente toutes les souffrances du monde entier [...]. Il y a dans le visage de l'abbé Pierre, les yeux surtout, une vigueur extrême de résurrection. » Rien de moins. Ce magazine de 92 pages d'hagiographie fait penser à un encensoir qu'un enfant de chœur zélé aurait trop rempli d'encens. La masse de publications et d'émissions du même type est impressionnante.

D'innombrables interviews, de nombreux livres issus d'entretiens commencent par la question : « Êtes-vous un saint ? », « Vous rendez-vous compte à quel point vous êtes héroïque ? » Le simple fait de lui demander de raconter sans cesse les différentes phases de sa vie ou de décrire les résultats obtenus ou les réussites qu'il inspire suffit à le mettre dans une situation où il doit se défendre d'être extraordinaire et qu'on le canonise vivant. Une des problématiques concrètes de sa vie est de se demander comment faire et que dire pour rester modeste, malgré son éclatante réussite mondiale sur le plan matériel, honorifique, moral, historique... On ne compte plus toutes les distinctions en France et dans le monde qui l'honorent des titres les plus prestigieux.

En 1989, un film sort en salles, qui remporte un bon succès populaire et relance le mythe abbé Pierre pour les anciennes et nouvelles générations : *Hiver 54* de Denis Amar avec Lambert Wilson dans le rôle de l'abbé Pierre, Claudia Cardinale, Bernie Bonvoisin... La notoriété et l'affection pour l'abbé Pierre s'envolent cette année-là.

Au journaliste Bernard Chevallier qui lui demande : « De tous les hommes, à travers tous les continents, que vos fonctions vous ont fait rencontrer, qui vous a le plus impressionné ? », l'abbé Pierre rétorque : « Laissez-moi vous faire un aveu : après tant de personnes éminentes rencontrées, cela me conduit à la conviction que les “grands hommes”, ça n’existe pas. [...] Aucun n’est sans faille. Toute identification, à un homme, des idéaux, des valeurs, pour lesquels on veut vivre, est une folle imprudence et tôt ou tard laissera meurtri. Et “idolâtrer” qui que ce soit, c’est à lui aussi, au bout du compte, faire grand mal »[1].

Arrêts sur images, 1994

En 1994, le journaliste Daniel Schneidermann tente de se livrer au même genre d’exercice que Roland Barthes en 1954, dans un livre publié aux éditions Fayard : *Arrêts sur images*. Son propos repose sur le même principe que celui de Barthes. Il en est une sorte d’écho, plus d’une génération plus tard. L’article qui nous intéresse, étalé sur neuf pages, s’intitule « La colère de l’abbé Pierre ». L’abbé Pierre se trouve entre les chapitres sur Juliette Binoche et Coluche. À cette époque, l’abbé a fait son grand retour médiatique depuis déjà neuf ans.

Schneidermann mentionne : « Il a fallu attendre le socialisme[2] pour revoir le visage de l’abbé Pierre sur les murs de nos villes » (fait-il dire malicieusement à la droite). Il insiste à montrer à ses lecteurs que c’est à la droite que revient le mérite d’avoir remis l’abbé Pierre sous les projecteurs, avec l’intention de prouver à la gauche, l’air de rien, son échec à juguler la pauvreté en France et ainsi préparer les prochaines campagnes électorales de la droite. Jacques Chirac, maire de Paris, vise l’élection présidentielle qui s’approche. Il a tellement mis en avant l’abbé Pierre que le *Canard enchaîné* publie en décembre 1994,

1. Chevallier Bernard et l’abbé Pierre, *Emmaüs ou Venger l’homme*, *op. cit.*, p. 144.
2. Le Parti socialiste arrive au pouvoir en France avec l’élection de son premier secrétaire François Mitterrand à la présidence de la République en 1981, jusqu’en 1995.

parmi d'autres, un dessin de Delambre qui fait dire à l'abbé Pierre : « Avec Emmaüs, je faisais de la récupération d'objet… Aujourd'hui, je fais l'objet de récupération. » On sait bien qu'il est indépendant depuis des décennies, ce qui constitue une de ses forces. D'ailleurs, il avoue à Lucie Coutaz qu'il a voté blanc en 1981, sorte de geste de respect pour la neutralité politique d'Emmaüs.

L'intention de Daniel Schneidermann est d'analyser un moment de télévision de 1993, au cours d'une soirée électorale où la droite remporte les élections législatives et où l'abbé Pierre apparaît en duplex dans sa chambre d'Esteville, vêtu d'un modeste chandail. Il voulait parler de sa sainte colère télévisuelle, forte mais sans acrimonie, où personne n'avait osé l'interrompre : « En quelques secondes, la voix enfle comme un torrent en crue, et la colère comme un torrent déborde, une sainte colère. » Un peu plus loin, il remarque : « Si puissante est la colère de l'abbé Pierre qu'elle vient nous bouleverser au fond de nos salons. » Et il finit par se demander : « Que fait l'abbé Pierre, si ce n'est nous exhorter à aimer des pauvres immatériels, fantasmés, idéaux ? Des pauvres qui n'existent pas ? »[1].

Comme Roland Barthes, Daniel Schneidermann termine son article sur une interrogation dubitative, que l'on pourrait résumer ainsi : compte tenu de l'égoïsme des êtres humains, comment le citoyen ordinaire reçoit-il le message de l'abbé Pierre dans son âme superficielle, tranquillement assis chez lui ? Pour Roland Barthes, l'abbé Pierre est l'alibi de l'absence d'une authentique justice sociale. Pour Daniel Schneidermann, il masque l'incapacité à accepter la présence physique des plus pauvres, en empruntant les traits acceptables de celui qui incarne les pauvres sans en être vraiment.

1. Schneidermann Daniel, *Arrêts sur images*, Fayard, 1994, p. 107-114.

Ces deux analyses d'intellectuels qui, reconnaissons-le, prennent les choses par le petit bout de la lorgnette, amènent à quelques réflexions complémentaires. Il arrive fréquemment à l'auteur de ces lignes d'écouter des citoyens de différents horizons exprimer ce qu'ils pensent et ressentent au sujet de l'abbé Pierre. L'appropriation de l'abbé Pierre par le citoyen français est étonnante. Hormis les jeunes, qui le découvrent, tout le monde a l'impression de le connaître, tout le monde se sent en familiarité avec lui. La visite du lieu de mémoire d'Esteville ou une conférence sur sa vie produit toujours de l'étonnement sur les visiteurs et les auditeurs car il existe un écart important entre son image et la réalité biographique de l'abbé Pierre, beaucoup plus dense et plus riche. Les gens confondent souvent « en avoir beaucoup entendu parler » et « connaître ».

Chez certains, le niveau de conscience le plus simpliste repose sur leur seule expérience de téléspectateur dans les années 1990-2000. Une fois, un homme, de type parisien de catégories sociales supérieures, lui a avoué que, pour lui, ce qui est le plus important dans le message de l'abbé Pierre, la raison pour laquelle il convient, selon lui, de le faire connaître et de l'enseigner aux plus jeunes, est qu'en décrivant les injustices et la souffrance des malheureux, l'abbé Pierre lui permet, à lui et à ses enfants, de relativiser leurs propres soucis ! Cette vision particulièrement restreinte demeure anecdotique, bien sûr.

L'écart est important entre la lecture distraite d'un magazine en 1954 ou l'écoute inattentive d'une interview télé en 1994 et l'engagement efficace et sincère pour un monde meilleur. Il ne faut pas perdre de vue que le progrès social et humain est un long processus historique, complexe et semé d'embûches. Force est de constater que par ailleurs, l'abbé Pierre provoque concrètement, chez beaucoup, un encouragement à se dépasser, une invitation à la fraternité concrète et à la générosité, quelle que soit la forme qu'elle prend. Enfin, pour certains, l'exemple et le message de l'abbé Pierre provoquent un effet qui est tout sauf superficiel. Son message et son exemple constituent des jalons décisifs qui marquent certaines consciences personnelles et certains parcours de vie, dans un sens bénéfique. Ils inspirent et encouragent des personnes à se dévouer pour d'autres, s'améliorer elles-mêmes et apporter une contribution au progrès de l'humanité. Les exemples sont extrêmement nombreux, partout dans le monde, car il existe beaucoup de petits « abbé Pierre »

Difficile désert

À Esteville, dans les années 1990, alors qu'il est octogénaire, il peine à garder libre la journée du jeudi qu'il appelle « le désert », conservant ainsi le vocabulaire et des habitudes spécifiquement monastiques. Tous les jours, des gens se pressent pour lui demander de l'aide. Il y a des requêtes sérieuses : participer à une émission télévisée politique, conseiller un ministre en exercice, répondre aux journalistes, échanger avec des responsables d'Emmaüs sur une question en lien avec l'évolution du mouvement, intervenir auprès du président de la République pour faire avancer un dossier sur une question en lien avec le logement des plus pauvres, etc. Mais aussi des demandes farfelues voire louches. Laurent Desmard accompagne l'abbé Pierre les dernières années. Il relate de nombreuses anecdotes sur ce registre : des combattants qui souhaitent que leur lointaine action insurrectionnelle obtienne le soutien de l'abbé Pierre, les moudjahidines du peuple iranien (quelque temps classés sur une liste internationale de groupes terroristes) en lutte contre le gouvernement de la République islamique d'Iran, une personne qui veut que son droit de propriété soit reconnu sur une île située aux antipodes, une maman inquiète que sa fille vive en concubinage et qu'il faut marier sur-le-champ, un gradé de l'armée qui souhaite monter en grade, une dame endettée qui demande un « prêt » d'argent, une autre courtement vêtue qui vient déclarer tout son amour, une sophrologue accompagnatrice de fin de vie persuadée qu'elle doit tenir la main de l'abbé Pierre au moment de son trépas, etc.

L'abbé Pierre apprécie de voir du monde, de ne pas se trouver enfermé dans une tour d'ivoire, mais il est évident qu'il a besoin d'être protégé du monde extérieur, des récupérations, voire des escroqueries matérielles et intellectuelles, ce qui ne manque pas de survenir. L'année 1996 en est un exemple flagrant.

11

1996-2007, surprises et adieux

L'affaire Garaudy : trois mois d'enfer

En 1995, l'intellectuel et militant Roger Garaudy (1913-2012) sort un livre intitulé *Les Mythes fondateurs de la politique israélienne* dans une maison d'édition habituée des publications remettant en cause le génocide des Juifs pendant la Seconde Guerre mondiale, La Vieille Taupe. Cet ouvrage passe en revue une série d'arguments destinés à critiquer les récits qui fondent l'État d'Israël et permettent de justifier son existence, ainsi que les différentes facettes de sa politique. Ce livre remet en cause le nombre de personnes juives tuées pendant la Seconde Guerre mondiale, la valeur des témoignages et des textes de preuves et la façon dont sont morts les Juifs lors du génocide.

Ce livre n'est pas un livre d'histoire mais un essai politique. « L'ouvrage de Roger Garaudy n'a aucune prétention historique. Empli comme il est de confusion, il se discrédite par son manquement total aux règles élémentaires de l'historien[1] », affirme Valérie Igounet, historienne

1. Igounet Valérie, *Histoire du négationnisme en France*, Seuil, 2000.

du révisionnisme. Il ne fournit pas de nouveaux arguments de type historique destinés à contredire ce que tous les historiens savent et enseignent, c'est-à-dire que les nazis ont lancé dès 1941 une entreprise d'extermination des Juifs et qu'environ 6 millions de ceux-ci ont été tués en un peu moins de quatre années. Ce livre utilise et reprend des soupçons sur la véracité historique du génocide des Juifs, mentionne des citations d'autres auteurs négationnistes, afin de discréditer la politique israélienne et le bien-fondé de l'existence de l'État d'Israël.

À 82 ans, Roger Garaudy emprunte une voie inattendue et pénible aux côtés d'inquiétants compagnons de route.

En 1996, dans le monde, les négationnistes et les révisionnistes font parler d'eux depuis environ vingt ans, dans des milieux plutôt confidentiels. On nomme « négationnistes » ceux qui nient le génocide des Juifs et l'usage de chambres à gaz homicides et « révisionnistes » ceux qui contestent, prennent à contre-pied, l'immense travail accompli par les historiens sur ces questions. Au milieu des années 1970, le Français Robert Faurisson (1929-2018), est le premier universitaire à faire sortir les thèses négationnistes des souterrains de l'extrême droite et de la marginalité politique pour leur donner un vernis de crédibilité scientifique. Il n'est pas historien mais spécialiste de poésie, déjà controversé dans le milieu littéraire pour sa méthode hypercritique des textes.

Dès cette époque, pourtant, des travaux historiques de premier plan ont révélé l'ampleur des massacres perpétrés contre les Juifs et la monstruosité de leur mise en œuvre. Les exemples sont nombreux. Par exemple, Léon Poliakov publie la première étude d'envergure sur le sujet, *Bréviaire de la haine*[1] en 1951. Il anime le Centre

1. Poliakov Léon, *Bréviaire de la haine. Le IIIe Reich et les Juifs*, Presses Pocket, 1993.

de documentation juive contemporaine, dont il crée le fonds documentaire voué à recueillir les preuves et témoignages de la Shoah. Le Britannique Gerald Reitlinger écrit trois livres d'histoire sur le nazisme dont *The Final Solution* qui date de 1953. L'ouvrage indispensable de Raul Hilberg, *L'Extermination des Juifs d'Europe* paraît aux États-Unis en 1961 (traduit en 1988 en langue française)[1]. Il constitue une référence indispensable pour qui veut comprendre cette période de l'histoire, encore à l'heure actuelle. On pourrait en mentionner d'autres, car à la fin des années 1970, il existe plus d'une trentaine de livres sur le génocide des Juifs qui ont été publiés en langue française par des historiens et des intellectuels sérieux, sans oublier les autres ouvrages publiés par la suite pour compléter ces travaux fondateurs que tout observateur consciencieux pouvait se procurer en 1996. On n'oubliera pas non plus les grands procès télévisés de criminels nazis, tel celui d'Adolf Eichmann à Jérusalem en 1961, de Klaus Barbie en France en 1987 ou le documentaire *Shoah* (dix heures de témoignages) sorti en 1985, réalisé par Claude Lanzmann.

Aucuns de ces précieux documents ne sont mentionnés dans les lettres, déclarations et communiqués de l'abbé Pierre. Interrogé à ce propos par le tout nouveau président d'Emmaüs France, l'abbé Pierre avoue qu'il ignore l'existence des livres de Raoul Hilberg et de Léon Poliakov[2]. L'abbé Pierre ne s'intéressait pas sérieusement à l'histoire du génocide des Juifs. En 1996, il n'avait jamais lu de livre d'historiens consacré à ce sujet.

Rappelons que Roger Garaudy est un ancien homme politique communiste, député stalinien, auteur d'environ un livre par an pendant plusieurs décennies. Il se fait

1. Hilberg Raul, *La Destruction des Juifs d'Europe*, Gallimard (Folio), 1991.
2. Entretien de l'auteur avec Jean Rousseau en 2011.

exclure du PCF en 1970 pour ses sympathies envers les communistes tchèques du Printemps de Prague en rupture avec ceux de Moscou et ses idées innovantes en contradiction avec la ligne dure de son parti. Son cheminement intellectuel le rapproche des luttes du tiers-monde, du christianisme puis de l'islam. Il se convertit en 1983 à cette religion et se lance dans un combat intellectuel en faveur du monde musulman et des pays du sud, et au passage, contre Israël.

Cependant, beaucoup de livres antérieurs écrits par Garaudy, sur d'autres sujets, peuvent être lus avec profit. On ne peut pas jeter l'opprobre sur l'ensemble du parcours intellectuel de cet homme complexe et atypique. Pendant des années, Roger Garaudy est une référence intellectuelle dans les milieux humanitaires et pour les militants altermondialistes. L'évêque des pauvres du Brésil, Don Hélder Câmara (1909-1999), archevêque d'Olinda et Recife, et grand ami de l'abbé Pierre, dit le plus grand bien de son livre *L'Appel aux vivants*, dans les colonnes du *Monde* le 4 juillet 1979 : « Roger Garaudy fait bien plus que secouer nos consciences et ébranler nos vies : il nous aide à déclencher les mutations dont le monde a besoin. » Garaudy défend la cause des pays pauvres, dénonce l'impérialisme américain, les ravages du capitalisme, réfléchit aux problèmes écologiques, dénonce la croissance industrielle, critique l'ethnocentrisme européen, prône le dialogue des cultures et des civilisations, développe une vision humaniste, etc. Il est un homme de gauche avec une vision universelle, que l'on invite dans les réunions du mouvement Emmaüs, comme dans celles d'autres associations qui travaillent sur le même terrain.

En 1993, Roger Garaudy publie *Avons-nous besoin de Dieu ?*, essai dont l'abbé Pierre rédige la préface. Un ancien communiste qui réfléchit au bien-être des plus déshérités de la terre et qui chemine dans la foi et la spiritualité, ne peut qu'obtenir un surcroît de sympathie de la part de l'abbé Pierre.

Le scandale débute par une lettre de soutien que l'abbé Pierre adresse le 15 avril 1996 à Garaudy après avoir reçu le livre[1]. Il lui parle de sa faiblesse, à 83 ans, se dit « à bout de forces », se plaint de son état de santé qui l'empêche de travailler comme il aurait besoin à des « tâches pressantes », il lui assure son amitié et son estime et fait référence à leurs débats « inoubliables » et « fructueux » quand ils étaient tous deux jeunes députés. L'abbé Pierre évoque leurs précédentes discussions au sujet d'Israël, « sur cet écrasant drame millénaire » : « Tu sais ma pensée mûrie depuis beaucoup d'années... »[2], affirme-t-il. Pourtant l'abbé Pierre lui avoue ne pas avoir lu le livre mais l'avoir seulement parcouru. « Il m'est impossible de parler avec tous les soins que réclament non seulement son sujet fondamental mais aussi l'étonnante et éclatante érudition, scrupuleuse, sur laquelle chaque propos se fonde comme j'ai pu le constater en le parcourant[3]. » « Il faut tout faire, et je m'y emploie, pour que bientôt des historiens vrais, de la même passion du vrai qui est la tienne, s'attachent à en débattre avec toi. ». Ensuite, l'abbé Pierre exprime des généralités inquiétantes sur les Juifs dont la foi « admirable » serait « depuis tant de siècle repliée sur elle-même ». Propos absurdes pour toute personne qui connaît un tant soit peu les Juifs et leur histoire. Einstein était-il replié sur lui-même ? Ranger tout un peuple, aussi complexe et divers que les Juifs dans le même tiroir,s'avère déjà problématique. Plus loin, l'abbé Pierre continue : « Je reste particulièrement sensible, à tout ce qui, en les concernant

1. Parmi d'autres publications, on retrouve l'intégralité de cette lettre dans le petit livre : Viennet Jean-Marie, *Une parcelle de vérité*, Espace et Documents, s.d, p. 98-107.

2. *Ibid.*, p. 66.

3. *Ibid.*, p. 100.

[les Juifs], fait se répercuter tant de douleur chez eux, et de partout alentour et comme sans fin. » Il ne mentionne ni les Juifs pacifistes, ni la gauche israélienne, ni les Juifs antisionistes, etc.

Enfin, l'abbé Pierre raconte sa découverte avec horreur du Livre de Josué, dans la Bible, où sont relatés des massacres abominables, dans le contexte de la prise de possession de la Terre promise par Dieu aux Israélites. Selon l'abbé Pierre, à cause de ces crimes de masses perpétrés par Josué et son peuple, qu'il n'hésite pas à nommer « Shoah[1] », les Juifs d'aujourd'hui auraient perdu toute légitimité sur les territoires du Proche-Orient. C'est son hypothèse principale qu'il répétera ensuite à plusieurs reprises, même en pleine tourmente médiatique : il affirme que les Juifs ont probablement perdu leur droit à leur terre, suite aux massacres perpétrés pour l'envahir, il y a 3 300 ans ! Voici sa métaphore : « A crié en moi : "Si je te promets ma voiture, et si toi, dans la nuit, tu viens tuer le gardien, forcer tes portes et t'emparer de la voiture promise, que peut-il rester de la 'Promesse'"[2] ? »

Les hypothèses développées par l'abbé Pierre, à partir du Livre de Josué, sont des plus surprenantes. La lecture attentive de ce livre de la Bible, le sixième, permet de constater que ces massacres attribués aux Israélites pour la possession de la Terre promise ne sont pas condamnés par Dieu. À aucun endroit de ce livre sanglant, le Dieu d'Israël ne blâme son peuple pour les tueries de masse qui y sont relatées. Pourtant, au chapitre 7, la malédiction divine collective s'abat sur les Israélites, remplacée par la condamnation individuelle d'un dénommé Akân qui avait dérobé des biens d'une ville conquise sur lesquels Dieu avait prononcé l'anathème (ces biens étaient maudits et

1. *Ibid.*, p. 103.
2. *Ibid.*

il était interdit de s'en emparer). Dieu condamne pour le non-respect de l'anathème mais pas pour la violence de la conquête. Il n'est mentionné nulle part que Josué aurait transgressé un commandement divin dans sa façon de faire la guerre, bien au contraire. On ne peut donc déduire du Livre de Josué que les Juifs d'aujourd'hui, ni les Israélites d'hier, auraient perdu leur « droit divin » à la Terre promise à cause de leurs crimes. D'ailleurs, au chapitre 13, verset 1, il est mentionné : « Quand Josué fut vieux, avancé en âge, le Seigneur lui dit : Tu es vieux, tu es avancé en âge, et le pays dont il faut encore prendre possession est très grand. » Il lui reste donc encore des terres à conquérir et c'est Dieu qui lui annonce ! Les versets suivants décrivent même les territoires concernés.

Ensuite et avant tout, la Bible ne constitue pas le fondement du mouvement sioniste historique. Les Israéliens n'ont pas créé leur État en 1948 dans le but de se conformer à un texte religieux, datant de plusieurs siècles avant notre ère.

Garaudy parle lui aussi du « mythe de Josué » dans son livre[1]. L'abbé Pierre avait sans doute dû y constater des proximités avec sa propre théorie. Pourtant Garaudy n'aborde pas la question de la même manière que l'abbé Pierre. Il laisse entendre qu'un juif extrémiste, qui lit aveuglément le récit des crimes de masse des Israélites au moment de la prise de possession de la Terre promise, pouvait être incité à réserver le même sort aux Palestiniens. Ce chapitre est d'ailleurs brutalement judéophobe, comme une grande partie du livre. Mais leurs deux approches sont dissemblables.

La grille d'explication que l'on a tenté de plaquer sur cette affaire prête à discussion. Le prétendu antijudaïsme

1. Garaudy Roger, *Les Mythes fondateurs de la politique israélienne*, Samiszdat, 1996, p. 49-62.

traditionnel de l'abbé Pierre a été évoqué par beaucoup d'observateurs et de proches, comme Bernard Kouchner, mais ce n'est pas là qu'il faut chercher. L'abbé Pierre ne s'est jamais fait l'écho des enseignements passés de l'Église en la matière, qui accusait les Juifs d'être responsables de la mort du Christ. Il mentionne et dénonce même les affirmations anti-judaïques des anciens temps de l'Église dans la lettre à Garaudy et les communiqués qu'il publie ensuite, à l'heure où il s'empêtre dans d'autres considérations douteuses. Rien n'indique que l'abbé Pierre avait des restes d'une éducation antérieure au concile de Vatican II. D'autant plus qu'il n'a jamais été très savant sur ces sujets.

Le problème se situe ailleurs : le drame de l'abbé Pierre procède en grande partie d'une réflexion sensible et affolée sur le sort des Palestiniens. Une partie des militants proches des pays pauvres, du tiers-monde, des oubliés de la prospérité et de la paix (et le peuple palestinien est de ceux-là) a pu être tenté de remettre en cause les recherches historiques authentiques sur le génocide des Juifs. S'en prendre à Israël en minimisant le génocide des Juifs et en jetant le soupçon sur les historiens est un procédé efficace, une facilité. D'autant que ces questions sont compliquées.

Michel Winock écrivait en 1981 un article sur cette question qu'on relira avec profit[1]. Il fait le point sur l'antisionisme de gauche. Quelques personnalités engagées à gauche, sans ambiguïtés dans cet engagement, ont pu pousser un peu loin leurs propos et changer de regard sur les Juifs et Israël à partir du moment où l'État hébreu s'est engagé dans des guerres que certains vont qualifier de « colonialistes » en prenant possession de terres palestiniennes. Michel Winock le dit ainsi : « Une nouvelle gauche, surtout intellectuelle, définie par ses positions anticolonialistes, découvre l'État juif

1. Winock Michel, « La gauche et les Juifs », *L'Histoire*, mai 1981, n° 34.

avec d'autres yeux. Il n'est plus la terre d'asile promise aux victimes des persécutions et aux rescapés des camps mais un allié du colonialisme[1]. » Cela commence en 1956 quand l'armée israélienne prête main-forte aux forces françaises et britanniques dans la guerre du canal de Suez, à l'issue de la nationalisation de celui-ci par le colonel Nasser, chef de l'État égyptien. Les guerres suivantes menées par Israël (1967, 1973, etc.), l'extension territoriale progressive et les colonisations des territoires palestiniens, les massacres et répressions, renforcent ce changement de regard et certains militants anticolonialistes ont pu passer d'une critique politique (ce qu'ils reprochent à la politique israélienne) à des considérations sur les Juifs en général, en tant que peuple. Le glissement de l'antisionisme à l'antisémitisme est rarissime et se situe à la marge. Comme le dit Winock, « de l'antisionisme à l'antisémitisme, il n'y a pas de pente fatale », mais on remarquera l'apparition d'un antisionisme virulent dans la gauche de la seconde moitié du XXe siècle dont les valeurs antiracistes pourtant ne sont plus à démontrer. On se méfiera des arguments de certains intellectuels de droite ou d'extrême droite trop heureux de jeter le soupçon sur la gauche en mélangeant antisionisme affirmé et antisémitisme, afin d'essayer de ne pas assumer seule l'histoire sulfureuse de la tradition politique antisémite[2].

Il existe un mot qui permet de mieux nommer l'erreur de l'abbé Pierre : « dubitationnisme », ou crise de doute sur l'historiographie (la façon dont on écrit l'histoire) du génocide des Juifs. Ce néologisme est utilisé par le philosophe Pierre-André Taguieff[3], spécialiste de ces questions, à partir du mot doute, qui vient du latin *dubitare*. Il s'en sert pour désigner ceux qui remettent en cause les travaux

1. *Ibid.*
2. Gaucher Roland et Randa Philippe, *Les « Antisémites » de gauche*, L'Ancre, 1998.
3. Taguieff Pierre-André, « L'abbé Pierre et Roger Garaudy. Négationnisme, antijudaïsme, antisionisme », *Esprit*, n° 224, août-septembre 1996.

des historiens, par des questions et des soupçons, sans toutefois nier leurs conclusions. Le dubitationnisme peut s'emparer de gens soucieux de vérité et de justice[1] ; ce qui ne l'excuse pas. Il est un piège où tombent ceux qui ne cherchent pas assez sérieusement à connaître l'histoire, mais tentent de puiser hâtivement des arguments pour étayer leurs colères et leurs passions politiques. L'abbé Pierre a connu une crise de doute qui a duré trois mois, qui l'a déconsidéré aux yeux de beaucoup, lui qui avait sauvé de nombreux Juifs pendant la guerre, qui avait sans relâche dénoncé toutes les discriminations, signataire en 1962 d'un appel du Mouvement contre le racisme et pour l'amitié entre les peuples (MRAP), membre d'honneur depuis trente ans de la Ligue internationale contre le racisme et l'antisémitisme (Licra).

Pourtant, la première lettre de l'abbé Pierre à Garaudy, puis les divers communiqués ultérieurs qu'il a envoyés aux médias essaient d'être clairs. L'abbé Pierre rejette nommément l'antijudaïsme, l'antisémitisme, le révisionnisme et le négationnisme. D'autant plus, qu'il faudra attendre fin mai 1996, lors d'une retraite dans le monastère italien de Praglia en Italie, pour qu'il prenne le temps de lire *Les Mythes fondateurs de la politique israélienne* en entier, ce qui, d'ailleurs, n'était pas la solution. Il aurait mieux valu qu'on l'incite à lire les livres d'historiens sérieux sur le sujet.

Rappelons qu'à cette époque, Israël occupe les préoccupations de beaucoup de monde. La Première Intifada, soulèvement de la population palestinienne contre l'occupation israélienne, vient de se terminer, elle a eu lieu de 1987 à 1993. Elle est marquée par la révolte d'une population dotée de faibles moyens. On l'appelle aussi « la

1. On peut mentionner Jean-Gabriel Cohn-Bendit qui a exprimé des doutes à ce sujet, avant de changer d'avis et d'exprimer des regrets.

guerre des pierres » car des jeunes Palestiniens, parfois des adolescents, utilisent des frondes pour lancer des pierres contre l'armée israélienne, un peu comme David contre Goliath dans la tradition biblique et coranique. Les forces israéliennes la répriment avec violence. La dissymétrie entre la violence des uns et des autres a marqué les esprits. La situation de ce peuple palestinien sans État est une préoccupation et un choc pour les défenseurs de la paix et la justice. Comment ne pas en être bouleversé quand on est l'abbé Pierre et qu'on a pour devise : « Servir premier le plus souffrant » ?

Le 13 septembre 1993, les accords d'Oslo ont été signés entre Israël et l'Organisation de libération de la Palestine (OLP), soulevant un immense espoir dans le monde. La photo est célèbre : on y voit le président américain Bill Clinton les bras ouverts invitant les leaders Yitzhak Rabin et Yasser Arafat à se serrer la main. Ce moment historique et émouvant a laissé peu à peu la place à une grande déception. Les accords ne seront pas appliqués dans leur intégralité, même s'ils permettent la création de l'Autorité palestinienne et la reconnaissance d'Israël par l'OLP. Très tôt, ils sont torpillés par le nationalisme, le racisme et l'intransigeance des extrémistes. L'abbé Pierre ne pouvait pas ignorer le massacre d'Hébron du 25 février 1994, acte terroriste d'un colon nationaliste contre des Palestiniens (29 morts et 125 blessés) et toutes les autres actualités tragiques qui ensanglantaient la région mois après mois, année après année.

Le Premier ministre israélien, Yitzhak Rabin, est assassiné le 4 novembre 1995 à la fin d'une manifestation pour la paix, en soutien aux accords d'Oslo, sur la place des Rois-d'Israël à Tel-Aviv. L'assassin est un ultranationaliste israélien, qui adhère aux théories du sionisme religieux. Le sionisme religieux est une idéologie qui prône une lecture littérale de la Bible et encourage une politique de conquête maximale des territoires du Proche-Orient, dans le but de créer un grand Israël supposé voulu par Dieu. Ces militants considèrent des passages de la Bible comme les pages d'un cadastre.

L'année précédente l'abbé Pierre avait pris position en faveur d'une intervention militaire française en Bosnie, incité par Bernard Kouchner avec qui il avait écrit un livre d'entretiens en 1993[1], passant même quarante-huit heures avec lui dans Sarajevo bombardé, en juillet 1995. Bien qu'octogénaire, sa générosité et son sens de l'engagement étaient intacts, sa rapidité à passer d'un sujet à l'autre aussi. Il a sauté de la Bosnie à la Palestine en quelques mois, espérant entraîner avec lui les bonnes volontés dans ce combat. Avec Kouchner, ils se rendent ensuite à Jérusalem et Gaza, la même année. L'affaire Garaudy survient donc un an après sa visite en Palestine et Israël.

La tempête médiatique qui s'est abattue sur lui est abondante et féroce. Les articles les plus virulents ont été publiés dans la presse. Beaucoup de papiers sur ce sujet contiennent des erreurs et des contresens, rédigés dans l'aveuglement de la colère, situation fréquente en période de lynchage verbal. Les gens de plume ont lourdement haï celui que l'on avait si profondément aimé.

Ce fut la panique dans le mouvement Emmaüs, un grand choc pour les responsables, comme pour les membres de base. Les uns et les autres se sont désolidarisés publiquement de ses sulfureuses déclarations, avec la plus grande énergie, ont tout fait pour le protéger des mauvaises influences et des médias et se sont efforcés de le convaincre de changer d'avis. Mais le sujet est complexe et l'abbé Pierre est particulièrement têtu.

1. Abbé Pierre et Kouchner Bernard, *Dieu et les hommes*, Robert Laffont, 1993.

De plus, l'abbé Pierre a été très bavard dans les médias. Il a donné de nombreuses *interviews*, y compris à la presse étrangère, et s'est fourvoyé dans des discours ambigus et choquants. Par exemple, l'abbé dit aux journalistes de France 2 qui viennent l'interroger à Esteville, à propos des crimes de masse nazis : « Il n'est pas surprenant que l'on ait été porté à exagérer, sans que ce soit par malhonnêteté, mais dans la passion[1]. » D'autant plus que la presse révèle des antériorités, comme ici dans le journal *Libération* :

> *L'abbé Pierre avait déjà, en 1993, tenu des propos identiques contre les Juifs et contre Israël. C'était au cours des entretiens avec Bernard Kouchner et Michel-Antoine Burnier, pour le livre qu'ils feront ensemble, Dieu et les hommes, paru en 1993 chez Laffont. Et l'abbé Pierre s'adressait aux Juifs et leur disait : « Foutez-nous la paix avec la Terre promise ! » Sous le prétexte que Josué, il y a trois mille ans, aurait massacré les Philistins, les Amalécites et les habitants de Jéricho, il accusait les Juifs de génocide et mettait en cause l'existence de l'État d'Israël[2].*
>
> *À cette même journaliste, il affirme :*
>
> *J'arrive de Belgique. Dès que je suis sorti de voiture à l'aéroport de Bruxelles, des gens sont venus vers moi. Il y a longtemps que je n'avais pas vu autant de personnes venir me dire : « Merci, parce que vous avez eu le courage de mettre en cause un tabou. » Pour le Français moyen, qui, lui-même ou son père, n'a été ni collaborateur ni résistant, comme la grande masse du peuple français, je suis convaincu qu'il y a une espèce*

---

1. Reportage du journal télévisé de France 2, INA, 20 avril 1996, https://youtu.be/vI_mgu3Z3c0.
2. Levy-Willard Anette, « La polémique sur les déclarations du père d'Emmaüs continue », *Libération*, 29 avril 1996.

de « ouf ! » : le tabou est levé ! On ne se laissera plus traiter d'antijuif ou d'antisémite si on dit qu'un Juif chante faux[1].

Dans cette histoire, on peut reprocher à l'abbé Pierre des maladresses coupables, homme en mauvaise santé et âgé, aveuglé par sa propre méconnaissance et ses passions politiques mal éclairées, mais aussi sous influence. En 1996, l'abbé Pierre vit à Esteville dans une communauté de vieux compagnons d'Emmaüs dirigée par un couple de responsables qui vivent sur place avec toute leur famille depuis 1981. Ils ont lu le livre de Garaudy et soutiennent son argumentation. Ce ne sont pas des révisionnistes convaincus et avertis, ce ne sont pas des extrémistes de droite. Ils n'ont pas lu les principaux auteurs négationnistes, tel Robert Faurisson[2]. Mais ils ont des tendances à une certaine rigidité et s'enthousiasment pour la cause palestinienne. L'abbé Pierre les aime beaucoup, il en admire le dévouement communautaire et il se sent comme un grand-père au milieu de leurs cinq enfants[3]. Ils continueront de soutenir Garaudy et les positions sulfureuses de l'abbé Pierre bien des années après les faits, sur le mode « dubitationniste ».

Paradoxalement, un des points faibles de l'abbé Pierre est sa fidélité en amitié, parfois avec des personnes interlopes. On lui a connu de nombreux précédents tels Paul Desort ou Jean-Christophe d'Escaut, l'homme qui affirmait être son fils et pour lequel il s'est prêté à un test de paternité (négatif). Toute sa vie, de l'aveu même de ses proches[4], l'abbé pierre aimait les « canards boiteux[5] » de ce monde.

---

1. *Ibid.*.
2. Entretien de l'ancien responsable avec l'auteur, novembre 2011.
3. Décotte Alex, *L'Abbé Pierre à Esteville 1998*, 14 janvier 2008, documentaire disponible à l'adresse : https://youtu.be/e8l2lJIk0dM.
4. Entretiens de l'auteur avec Laurent Desmard, 2011 et 2018.
5. Ce sont les mots mêmes employés affectueusement par Laurent Desmard.

Il croyait y voir des quêteurs d'absolus, des personnes blessées cherchant la lumière, le visage même du Christ dans les égarés du bord de route. Ensuite, une fois le forfait de l'ami accompli et révélé, l'abbé Pierre ne retirait pas son amitié, au contraire pourrait-on dire. Paul Desort, a continué à recevoir aide et soutien de l'abbé Pierre, des années après son éviction d'Emmaüs, jusqu'à sa mort. Une des missions des secrétaires de l'abbé Pierre, que ce soit Lucie Coutaz, Laurent Desmard ou d'autres, consistaient à vérifier que l'abbé Pierre ne se fasse pas abuser par certains de ses amis, qu'ils soient récents ou de longue date.

L'abbé Pierre a le goût du risque, de la provocation, de l'aventure, mais sa santé défaillante le prive des moyens utiles pour se montrer à la hauteur de ses aspirations audacieuses (dans cette histoire, il a manqué de capacités d'études). Il a souffert de cet écart toute sa vie. Dans l'affaire Garaudy, l'abbé Pierre s'est senti porté par un nouveau combat à mener, mais sa faible capacité de travail à cette époque l'a empêché d'étudier complètement le livre en question et de se former un minimum sur les travaux des vrais historiens du génocide des Juifs, ce qui lui aurait permis de réaliser l'ampleur de l'erreur et du subterfuge. Garaudy avait du reste établi une stratégie pour s'attirer des soutiens lors de la publication de son livre, comme ont pu en témoigner d'autres de ses amis qui se sont soigneusement tenus à l'écart.

Par la suite, il a travaillé un peu plus sérieusement. On trouve dans sa bibliothèque un livre de 1998, écrit par Ilan Greilsammer, professeur de sciences politiques israélien, au sujet de ce qu'on appelle « les nouveaux historiens israéliens », courant d'historiens non pas révisionnistes, mais qui appartiennent à la génération post-sioniste et réfléchissent à l'histoire d'Israël de façon innovante, redessinant les contours d'une réflexion identitaire israélienne plus à gauche et moins défensive. Ce livre d'Ilan Greilsammer a été attentivement étudié par l'abbé Pierre, en témoignent les nombreuses marques, agrafes, marque-pages et soulignements du début à la fin de l'ouvrage. L'abbé Pierre y a-t-il trouvé les réponses à toutes ses questions ?

En bref, voici la liste des reproches que l'on peut appliquer à l'abbé Pierre durant ces mois infernaux de 1996 : crise de doute et soupçons sur l'historiographie du génocide des Juifs, appels publics à la révision de travaux historiques pourtant incontestables, remarques théologiques abusives visant à délégitimer Israël sur la base de textes de la Bible et fidélité aveugle à Roger Garaudy. En revanche, il est faux de dire que l'abbé Pierre a été lui-même négationniste, révisionniste, antisémite, judéophobe ou antijudaïque. Ces adjectifs sont inappropriés.

Le révisionnisme de la Shoah est un complotisme, comme le démontre l'historienne Valérie Igounet[1]. Le révisionnisme du génocide des Juifs est une attitude intellectuelle qui accuse les historiens, les juges des tribunaux des armées alliées d'après guerre, les journalistes, les sionistes, les Israéliens, etc. de conspirer dans le but d'inventer ou d'exagérer des faits historiques pour légitimer et renforcer l'État d'Israël, au détriment des Palestiniens, voire du reste du monde.

Pour aller plus loin, il est important de positionner cet épisode dans le contexte de la résurgence du complotisme dans la société, à des endroits où on ne l'attend pas, c'est-à-dire hors des milieux d'extrême droite, leur berceau habituel. À partir de 2001, les thèses complotistes reprennent de la vigueur et se répandent dans la population ou bien sont soutenues par des personnalités connues préalablement pour leur engagement à gauche (Maurice G. Dantec, Alain Soral,

1. Igounet Valérie, *Histoire du négationnisme en France*, *op. cit.*

Dieudonné, Thierry Meyssan…). Le complotisme attire l'attention sur des événements de notre histoire du temps présent : les attentats du 11 septembre 2001, les guerres du Moyen-Orient, plus tard le Covid, etc. Le modèle théorique général consiste à croire qu'il existe un discours officiel médiatique, politique et universitaire qu'il faut remettre en cause dans son intégralité, que les explications de la réalité sont totalement ailleurs et qu'elles ne sont dévoilées que par une avant-garde de « chercheurs » officieux, marginaux et persécutés. La posture révisionniste est la base du complotisme. Le complotisme fait aujourd'hui l'objet d'études très sérieuses[1] et concerne des milliers de nos contemporains, persuadés de vivre dans le mensonge généralisé[2]. Il y a fort à parier que ce phénomène a encore de beaux jours devant lui, au gré des crises et des ruptures historiques. En 1996, l'abbé Pierre s'est un peu comporté comme le feront les complotistes ordinaires qui apparaîtront dans les années ultérieures sur d'autres sujets.

Le 22 juillet 1996, dans un communiqué humble et laconique envoyé au quotidien *La Croix*[3] l'abbé Pierre retire ses propos et demande pardon : « Soucieux de vivre la vérité, libre de toutes pressions, voyant mes propos relatifs aux travaux de Roger Garaudy, spécialement le livre *Les Mythes fondateurs de la politique israélienne*, exploités par des courants qui jouent dangereusement avec les périls antisémites, et néofascistes ou néonazis, que j'ai combattus et que je combattrai toujours, je décide de retirer mes propos, m'en remettant entièrement aux seules opinions des experts de l'Église, et, demandant pardon à ceux que

1. On se reportera avec profit aux travaux de ces historiens : Peltier Marie, *L'Ère du complotisme. La maladie d'une société fracturée*, Les Petits Matins, 2014 et Desormeaux Didier et Grondeux Jérôme, *Le Complotisme. Décrypter et agir*, Canopé, 2017.

2. Une étude Ipsos de mai 2014 révèle que 20 % des Français (sur un panel représentatif de 1 500 personnes) croient à l'existence d'une société secrète appelée Illuminati qui regrouperait les principaux dirigeants de la planète…

3. Abbé Pierre, « Lettre à Roger Garaudy », *La Croix*, 23 juillet 1996.

j'ai pu blesser, je veux laisser Dieu seul juge de la droiture des intentions de chacun. »

Il publie le lendemain dans ce même journal une nouvelle lettre à Garaudy où il précise : « Je ne savais rien de ce que, sur tout ce dont ont été martyrisés tant de nos frères juifs, on nomme “révisionnisme” et “négationnisme”. C'est seulement lorsque je lisais à un ami la lettre que je t'avais adressée qu'il me parla de ce que ces mots signifiaient. » Il lui demande que son nom « ne soit plus d'aucune façon lié au tien à propos de ce livre ». Fin de l'histoire du côté de l'abbé Pierre.

En 1998, Roger Garaudy est condamné en appel par le tribunal correctionnel de Paris à 160 000 francs[1] d'amende et neuf mois d'emprisonnement avec sursis, pour diffamation raciale et contestation de crimes contre l'humanité. En 2003, sa requête est rejetée par la Cour européenne des droits de l'homme.

Pourquoi ?

L'affaire « Abbé Pierre-Garaudy » a saisi d'effroi toute la France. Elle provoque toujours la même stupeur quand on s'y penche de près, plusieurs années plus tard. Comment un homme aussi bon et aimé, avec un tel bilan de réalisations formidables a-t-il pu verser dans une des pires déviances de son époque, consistant à douter publiquement des faits observés et décrits par les historiens, au sujet du génocide des Juifs ? Les lignes précédentes ont tenté de répondre à cette question, mais il convient d'avouer qu'il n'existe aucune explication totalement satisfaisante.

Cependant, cette affaire révèle un aspect important de la personnalité de l'abbé Pierre, que l'on n'a peu mis en

1. L'équivalent de 35 600 euros en 2022.

lumière et qui fournit d'autres clefs de compréhension. La perception de sa personnalité réelle se trouve enrobée dans de multiples couches de vénération générale. Cette fascination collective empêche de considérer qu'une grande partie de la personnalité de l'abbé Pierre est extravagante, au sens de « bizarrerie déraisonnable ». Cohabite en lui un mélange d'excentricité, d'enthousiasme et d'obstination qui l'a conduit, d'un côté, à accomplir de grandes choses, car ce sont des défauts de personnalités généreuses et créatives, et, par ailleurs, à se perdre avec d'autres dans des projets pour le moins contestables : campements de secours dirigés par des sans-abri, fiasco national des cités d'urgence, volontariat international pas structuré et peu protégeant, communautés dans lesquelles des escrocs ou des despotes ont pu régner un moment, confiance accordée à des personnalités visiblement suspectes, non-respect de principes qu'il a lui-même imposés, créations de projets vite abandonnés ou peu suivis dont les protagonistes eux-mêmes finissent par faire scission ou claquer la porte, soutien à des causes politiques interlopes, cacophonie des différentes structures héritières au sein du mouvement Emmaüs, etc. Cette extravagance apparaît comme une évidence pour son proche entourage tout au long de sa vie. Fondamentalement, l'affaire Garaudy, nous le révèle de façon flagrante : l'abbé Pierre est un homme, tout simplement un homme, avec ses défauts, comme tous les hommes.

Jusqu'au bout de l'amour

La présence médiatique de l'abbé Pierre chute brutalement en 1997 et n'atteindra plus jamais le niveau précédant l'affaire Garaudy. L'abbé se fait discret un moment, par la force des choses. La douche froide a du mal à passer, malgré ses excuses. Cependant, sa popularité ne se trouve pas totalement écornée. Une enquête téléphonique de la fondation Abbé Pierre effectuée quelque temps après le scandale, auprès de 200 donateurs, révèle que 72 % d'entre eux affirment ne pas changer leur position au sujet de l'abbé Pierre[1]. Le retour de l'abbé Pierre dans la vie publique se produit petit à petit au gré des engagements des dernières années de sa vie.

En 1997 et 1998, avec la fondation Abbé Pierre pour le logement des défavorisés, il participe à une nouvelle opération, le « Tour de France des mal-logés et des sans-abri », qui dure trois mois en 1997 et quatre mois en 1998. Cette nouvelle idée de la fondation consiste à se rendre tous les quinze jours à une nouvelle étape, dans huit villes différentes chaque année, pour découvrir les structures qu'elle finance. L'abbé Pierre visite les accueils de jours pour personnes sans abri, appelés « boutiques solidarité » et tous les autres projets accompagnés par la fondation. Des débats sont organisés afin de mettre en valeur ces réalisations et de présenter au public et aux dirigeants politiques les grandes préoccupations en matière de logement très populaire : prévention des expulsions, création de centres adaptés pour les plus fragiles, logement des jeunes, accompagnement social et médical des personnes vivant à la rue, etc. Le charisme de l'abbé Pierre permet de toucher les personnes rencontrées, non sur des points techniques compliqués, qu'il ne maîtrise pas bien, mais avec le langage du cœur et du bon sens. Les salariés de la fondation, quant à eux, présentent une expertise s'appuyant sur des études approfondies et formulant des propositions élaborées. Chaque année, la fondation Abbé Pierre publie son rapport sur l'état du mal-logement.

---

1. Delahaye Thierry, *Fondation Abbé Pierre. Un combat un héritage*, Actes Sud, 2017, p. 125.

En 1998, il quitte Esteville et déménage à Alfortville, dans le Val-de-Marne, dans l'immeuble où se trouve le secrétariat d'Emmaüs international. Esteville redevient sa résidence secondaire où il se rend par intermittence, jusqu'à quelques jours avant son décès. La maison normande cesse d'être une maison de retraite et devient un centre de séjours de rupture pour des jeunes de Paris et sa banlieue, venus se mettre au vert dans une ambiance familiale et champêtre. À chaque visite de l'abbé Pierre, ces jeunes, pour la plupart musulmans, sont impressionnés par les connaissances de l'abbé pierre sur le Maghreb et l'islam et le temps qu'il passe en leur compagnie apporte beaucoup de bonheur à toute la maison.

Dès le début des années 2000, l'abbé Pierre apparaît en public en fauteuil roulant. Il peut encore marcher, ce qui surprend son entourage lorsqu'il jaillit soudain du fauteuil et se déplace d'un pas assuré sur quelques mètres, mais il ne peut plus rester longtemps debout. Il entre dans le quatrième âge.

En 2000, l'abbé Pierre confie ses archives à Emmaüs international et les dépose officiellement aux Archives nationales du monde du travail, à Roubaix, ce qui traduit son souhait que ce fonds fasse l'objet d'études historiques. Il y a près de trente mètres de dossiers, complétés par des dépôts ultérieurs. L'abbé Pierre conservait tous ses documents depuis l'enfance et il était abonné à un argus de la presse qui lui a fourni une gigantesque revue de presse sur plusieurs décennies. Un photographe professionnel, Roger Dick, l'a accompagné dans ses nombreux voyages entre 1954 et 1983 (il existe plus de 3 300 photographies répertoriées) et l'abbé a lui-même pris de très nombreuses photos et réalisé des vidéos. En 2006, il désigne Emmaüs international, par testament, comme son légataire universel.

En 2000, la France adopte la loi Solidarité et renouvellement urbain (SRU) qui impose aux communes de construire 20 % de logements sociaux sur le total des résidences principales. Cette solution permet de mobiliser la capacité à bâtir de la France afin que tous les citoyens puissent obtenir un logement digne. Elle vise aussi à diminuer la concentration des difficultés sociales sur les territoires qui comptent déjà un grand nombre de logements sociaux. En 2001, sur une suggestion de l'abbé Pierre, la fondation prépare un « tableau du déshonneur » répertoriant les principales villes qui ne disposent d'aucun logement social ou construisent très insuffisamment, ne respectant pas la loi SRU. En avril 2002, se retrouvent en tête de ce palmarès, certaines villes aisées de la région parisienne (Boulogne-Billancourt, Neuilly-sur-Seine, Saint-Maur-des-Fossés et Vincennes) et certaines localités chics de bord de mer (Antibes, Biarritz, Cagnes-sur-Mer, Fréjus, Le Cannet et Six-Fours-les-Plages). Ce classement est complété les années suivantes.

En 2002, il participe à l'inauguration des deux premières pensions de famille de la fondation Abbé Pierre, dispositifs de logements autonomes, avec un accompagnement social sur place, adaptés aux personnes ayant connu un parcours marqué par l'absence de logement. La même année, il soutient les habitants des bidonvilles de la voie des Roses à Choisy-le-Roi, où vivent plus de 600 Roms de Roumanie, répartis également sur des terrains voisins à Orly et Vitry-sur-Seine[1]. En novembre, accompagné de représentants d'associations de lutte contre l'exclusion, l'abbé Pierre manifeste sa solidarité avec les occupants du bidonville, prenant l'exact contre-pied des dispositions

1. Carayol Rémi, « À Choisy, le bidonville de la misère rom », *Libération*, 20 avril 2022.

de la loi sur la sécurité intérieure, dite « loi Sarkozy », adoptée en 2003, qui vise à punir la mendicité et les installations sauvages sur des terrains vagues. L'abbé reproche à cette loi de ne contenir que des dispositions répressives, sans volet social. Il propose un amendement, cosigné par sept associations, qui prenne en compte la détresse de ces personnes en situation d'extrême pauvreté et engage la société à leur trouver des moyens de vivre décemment. Cet amendement est rejeté.

En 2003, il participe à la première assemblée générale d'Emmaüs international organisée en Afrique à Ouagadougou, au Burkina Faso. En 2004, il se rend en Algérie à l'inauguration de maisons reconstruites selon des normes sismiques grâce à la fondation Abbé Pierre, après le tremblement de terre ayant frappé le pays l'année précédente.

Le 24 janvier 2006, il se rend à l'Assemblée nationale (sa dernière prise de parole en public), pour protester contre le projet de modifier la loi SRU dans un sens qui arrange les communes qui refusent de construire des logements sociaux en nombre suffisant. Devant les parlementaires et les journalistes, il déclare : « Si je suis là, cinquante ans après l'époque où j'étais parmi vous, si je suis venu, c'est que se trouve mis en question l'honneur de la France. L'honneur dans la définition que tout le monde comprend, c'est quand le fort s'applique à aider le moins fort, à aider le faible. » Son intervention et celui de la fondation permettront de faire reculer ce projet funeste. Comme l'abbé Pierre le confiait en 2000 : « Je ne suis pas satisfait que mon nom soit utilisé par la fondation, mais je dois reconnaître que c'est utile[1]. »

---

1. Delahaye Thierry, *Fondation Abbé Pierre*, *op. cit.*, p. 175.

Le 5 septembre 2006, il interpelle par écrit le président de la République Jacques Chirac, à propos de l'expulsion du squat de Cachan, au cours de laquelle des femmes et des enfants ont été brutalisés par les forces de l'ordre. Il dénonce les arrestations de personnes sans-papiers qui se sont produites alors qu'elles étaient réfugiées dans les hôtels où les services de l'État les avaient orientées. Quelques semaines plus tard, l'association des enfants de Don Quichotte installe des tentes à Paris, sur les berges du canal Saint-Martin, sur le modèle des opérations de l'abbé Pierre dans les années 1950, dans l'optique d'élever une protestation de longue durée contre l'absence de solutions pour des milliers de sans-abri.

Grandes vacances

Alors qu'il attendait sa rencontre avec Dieu avec impatience depuis sa prime jeunesse, la mort qu'il nomme avec humour « les grandes vacances », tant sa foi en la vie éternelle est grande, a pris tout son temps pour venir à sa rencontre. Quand quelqu'un pleurait à un enterrement, l'abbé Pierre le consolait en disant que « la mort est la rencontre tant attendue avec un ami ». Il décède à 94 ans à l'hôpital du Val-de-Grâce à Paris, le 22 janvier 2007, d'une infection pulmonaire. Ses obsèques donnent lieu à un immense hommage national. Conformément à sa volonté, il repose à Esteville aux côtés des compagnons, comme Georges Legay et Jules Joffrin Carpentier, et sa collaboratrice Lucie Coutaz. En 2012, un lieu de mémoire ouvre au public dans la maison où il a vécu, espace muséographique qui permet de découvrir son parcours de vie et l'actualité de son action. Plusieurs milliers de personnes viennent à Esteville chaque année.

Vocation

L'abbé Pierre est un homme au parcours extraordinaire. On peut dire de lui qu'il a trouvé sa pleine vocation à partir de 1949-1952, quand il se lance dans l'accueil des premiers compagnons et la construction de maisons, quand il devient le militant de la lutte contre la misère et ses causes. Il assumait mal ses expériences antérieures à Emmaüs et en particulier son action de député. Il se jugeait insuffisamment conscient et engagé selon les propres critères qu'il a développés après coup. En outre, il racontait assez peu son action dans la Résistance. Certains de ses proches ont découvert cette partie de sa vie en rééditant bien plus tard son récit de guerre. Pourtant, on remarque une réelle continuité biographique chez l'abbé Pierre, qui procède d'une série de hasards, mais aussi de relations de causalités évidentes. Essayons de les résumer ainsi : l'abbé Pierre vient d'un milieu familial aisé, marqué par le catholicisme social lyonnais, qui suscite sa vocation dans la famille spirituelle de saint François d'Assise dont son propre père est membre, puis son investissement auprès des plus faibles pendant la guerre qui survient dans le cadre des réseaux d'action catholique et de la résistance spirituelle, au sein desquels il se forme et agit aux côtés des futurs fondateurs du mouvement de la démocratie chrétienne, militants qui créent la principale force politique d'après guerre, dont il devient député, attaché à la paix (fédéralisme et objection de conscience) et à la lutte contre la faim dans le monde, à l'époque de la création de l'ONU et de l'Europe, à la suite de quoi une série de hasards l'amènent à s'occuper des problématiques criantes dans la banlieue parisienne où il réside, avec ses amis pacifistes, d'action catholique et proches des prêtres-ouvriers, ce qui va l'amener à créer et développer par une addition de rencontres, d'astuces et d'audaces, le mouvement Emmaüs, qu'il fonde et anime pendant plus de cinquante-cinq ans, expérience aux départs de laquelle il parvient à mobiliser une partie de la société lors de l'insurrection de l'hiver 1954, ce qui va l'inciter à chercher en permanence à reproduire cette étincelle, afin de provoquer les dirigeants et l'opinion publique pour transformer la société, tout entière et sur toute la planète, dans le sens d'un humanisme intégral et progressiste, d'inspiration évangélique.

Il a essayé d'aimer

L'abbé Pierre est l'homme de l'amour, l'amour qu'il aurait voulu inscrire dans la déclaration universelle des droits de l'homme de 1948, l'amour qu'il considère comme le fondement du phénomène humain et dont la réalisation passe par l'accomplissement d'actes concrets pour ceux qui souffrent le plus. Tous les combats de l'abbé Pierre consistent à trouver des solutions pour transformer l'amour qui est dans le cœur des êtres humains, en actions civiques et politiques concrètes pour le bien des plus malheureux. La réalisation de cet amour consiste à servir en premier les plus faibles. L'amour le plus accompli se porte par lui-même, par nature, vers les moins aimables, ceux qui ont le plus de besoins non satisfaits, dont la vie est marquée par le désespoir et la souffrance. En effet, l'amour, pour ceux que tout le monde admire et comble d'affection et qui vont bien, ne demande guère de dépassement de soi, de ressources intérieures. Il est un surcroît (voire un ennui) pour ceux qui en sont l'objet, alors que pour les plus malheureux l'amour est une nécessité. Le malheureux a besoin de l'amour pour être moins malheureux ; l'amour a besoin de se porter vers les plus malheureux pour se traduire en acte conformément à sa nature.

Dans ses différentes chambres, l'abbé Pierre affichait une feuille au-dessus de son lit sur laquelle on peut lire : « Souviens-toi d'aimer. » Sa phrase testament, conçue comme un message concis pour les générations suivantes, qu'il n'a cessé de répéter est : « La vie, c'est un peu de temps donné à des libertés pour, si tu veux, apprendre à aimer. » Au-dessus de sa tombe, une plaque reproduit le dessin de l'épi de blé de son invention, symbole d'union, de fécondité, d'universalité et d'éternité, sur laquelle on lit l'épitaphe suivante : « Il a essayé d'aimer. »

La voix

Le message de l'abbé Pierre est précieux pour l'humanité. Il résonne toujours, dans la mémoire collective, grâce au grand nombre de publications et de films qui lui sont toujours consacrés et grâce aux enregistrements audio et vidéo qui réapparaissent par le travail des archivistes et des passionnés et qui sont diffusés au plus grand nombre par internet. L'abbé Pierre, la « voix des hommes sans voix », continue d'être l'expression de l'impossibilité morale et émotionnelle de rester indifférent à la détresse de ceux qui souffrent à cause de l'ordre social injuste, l'impossibilité morale et émotionnelle de se résigner devant la souffrance des plus pauvres. Notre époque se trouve intellectuellement écrasée sous les théories économiques qui prétendent qu'il faut restreindre le plus possible l'aide aux plus démunis afin que le corps social entier puisse profiter des effets de la plus grande prospérité des plus fortunés. Notre époque condamne les plus fragiles, les jugeant coupables de leur malheur, faisant fi de tous les travaux, depuis des décennies, qui révèlent les mécanismes d'exclusion qui atteignent des millions de personnes. Cette idéologie crée les conditions du maintien d'une société archaïque, où tous les hommes n'ont pas le même droit de vivre humainement, une société qui encourage l'indifférence, quand ce n'est pas une certaine forme de cruauté. Notre époque exagère le mérite de ceux qui vivent dans l'opulence et le luxe, accordant une justification infondée à la hiérarchie sociale, aux inégalités, toujours plus grandes, toujours plus insupportables. L'abbé Pierre nous crie encore et encore : « Mes amis, au secours », pour que nous agissions, ici et partout ailleurs, selon nos moyens, pour les millions de mal logés, de mal nourris, d'exclus des savoirs communs, de mal soignés, d'humiliés, de gens rongés par l'angoisse du manque…

Puisse la voix de l'abbé Pierre résonner jusqu'à l'éradication de la misère partout dans le monde.

Bibliographie sélective

Discours de l'abbé Pierre

L'abbé Pierre parle aux Canadiens, De l'Homme, 1959
L'abbé Pierre vous parle, Centurion, 1955
L'abbé Pierre, infiniment. Éclats de voix, coffret de quatre CD audio de témoignages et discours de l'abbé Pierre, coproduction Emmaüs international, Pierre Lunel et L'Escale, 2002
Le scandale de la faim interpelle l'Église, Apostolat des éditions, 1968
Rousseau Jean, *Abbé Pierre. La force des infiniment petits*, Le Cherche-Midi, 2019

Poèmes, lettres et écrits intimes

Abbé Pierre, *Feuilles éparses*, ACAPE, 2020
Garbit François, *Vers le plus grand amour*, Soleil Levant, 1962
Mary Brigitte (dir.), *Inédits. Abbé Pierre, textes de combat, écrits intimes, correspondances*, Bayard, 2012

Biographies de l'abbé Pierre et entretiens

ABBÉ PIERRE et KOUCHNER Bernard, *Dieu et les hommes*, Robert Laffont, 1993

ABBÉ PIERRE, *Clandestin, 1942-1944*, Volodalen (Citadelle), 2007

ABBÉ PIERRE, *Je voulais être marin, missionnaire ou brigand*, J'ai lu, 2005

ARCHIVES NATIONALES DU MONDE DU TRAVAIL, *L'Abbé Pierre 1912-2007. « Frère des pauvres et provocateur de paix »*, 2012

BRODIEZ-DOLINO Axelle, *Emmaüs et l'abbé Pierre*, Presse de la FNSP, 2008

CHEVALLIER Bernard et L'ABBÉ PIERRE, *Emmaüs ou Venger l'homme*, Centurion, 1980

COUTAZ Lucie, *40 ans avec l'abbé Pierre*, Centurion, 1988

DESMARD Laurent et ÉTIENNE Raymond, *L'Abbé Pierre fondateur et rebelle*, Desclée de Brouwer, 2012

DUPONT Philippe et KURTS Ivo, *Ressourcement et combats. L'abbé à Esteville*, documentaire, 52 min, DVD ACAPE, 2018

LEFÈVRE Denis, *Les Combats de l'abbé Pierre*, Cherche-Midi, 2011

MARIN Gérard et BONNET Roland, *La Grande Aventure d'Emmaüs*, Grasset, 1969

ROUMIEUX André, *L'Abbé Pierre, le pèlerin d'Emmaüs*, Presses du Châtelet, 1999

VIOLET Bernard, *L'Abbé Pierre*, Fayard, 2004

L'abbé Pierre et les médias

SCHNEIDERMANN Daniel, *Arrêts sur images*, Fayard, 1994

Histoire du mouvement Emmaüs

BRODIEZ-DOLINO Axelle, *Emmaüs et l'abbé Pierre*, Presse de la FNSP, 2008

DELAHAYE Thierry, *Fondation Abbé Pierre. Un combat en héritage*, Actes Sud, 2017

DESMARD Laurent et ÉTIENNE Raymond, *L'Abbé Pierre fondateur et rebelle*, Desclée de Brouwer, 2012

LE RU Hervé, *De l'amour au management. Emmaüs en héritage*, Éditions ouvrières, 1986

LEFÈVRE Denis, *Les Combats d'Emmaüs*, Cherche-Midi, 2001

Textes religieux et vie de saints

CHAUVELOT France-Marie, *Vie et pensée de Maurice Zundel*, Passeur, 2019

DALARUN Jacques, *François d'Assise en questions*, CNRS, 2019

LE GOFF Jacques, *Saint François d'Assise*, Gallimard (Folio), 2014

LÉON XIII, *Rerum Novarum*, CreateSpace Independent Publishing Platform, 2015

TEILHARD DE CHARDIN Pierre, *Hymne de l'univers*, Seuil, 1961

Sociologie de la pauvreté

ANGLERAUD Bernadette, *Lyon et ses pauvres. Des œuvres de charité aux assurances sociales, 1800-1939*, L'Harmattan, 2011

BRODIEZ-DOLINO Axelle, *Combattre la pauvreté, vulnérabilités sociales et sanitaires de 1880 à nos jours*, CNRS, 2013

DARMON Julien, *La Question SDF*, Puf, 2002

La Gorce Francine (de), *L'Espoir gronde (1956-1962)*, ATD Quart-Monde, 1992
Labbens Jean, « La condition sous-prolétarienne. L'héritage du passé », *Cahiers science et service*, 1965
Loew Jacques, *En mission prolétarienne. Étapes vers un apostolat intégral*, Économie et humanisme, 1946
Paugam Serge, *La Société française et ses pauvres*, Puf, 1993
Quoist Michel, *La Ville et l'Homme. Étude sociologique d'un secteur prolétarien*, Éditions ouvrières, 1952

Seconde Guerre mondiale

Abbé Pierre, *Clandestin, 1942-1944*, Volodalen (Citadelle), 2007
Barrière Philippe, Bruttmann Tal, Duclos Jean-Claude, Emprin Gil, Esperguin Nora, Loiseau Jacques, *1939-1945 L'Isère en résistance*, Dauphiné libéré, 2005
Belot Robert, *Aux frontières de la liberté. Vichy, Madrid, Alger, Londres, s'évader de France sous l'Occupation*, Fayard, 1999
Cogne Olivier, Duclos Jean-Claude, Ihl Olivier, Loiseau Jacques, *1939-1945. Grenoble en Résistance*, Dauphiné libéré, 2015
Comte Madeleine, *Sauvetages et baptêmes. Les religieuses de Notre-Dame de Sion face à la persécution des Juifs de France (1940-1944)*, L'Harmattan, 2001
De Uffredi Jean-Luc, *L'Abbé Payot. Résistant et chef de réseau (1939-1945), Chamonix Mont-Blanc – Vallorcine*, Les Passionnés de bouquins, 2019
Doulut Alexandre et Lazare Lucien, *Ni héros, ni salauds. La population a-t-elle protégé les Juifs en France occupée* ? Le Bord de l'eau, 2019
Eychenne Émilienne, *Les Pyrénées de la Liberté. Les évasions par l'Espagne 1939-1945*, France-Empire, 1983

Fivaz-Silbermann Ruth, *La fuite en Suisse. Les Juifs à la frontière franco-suisse pendant les années de « la Solution finale »*, Calmann-Lévy, 2020

Grenard Fabrice, *Les Maquisards. Combattre dans la France occupée*, Vendémiaire, 2019

Lalanne Guy, *Le Passage de l'abbé Pierre en Espagne pendant la Seconde Guerre mondiale*, Jakintza, Ciboure, 2018

Minczeles Henri, *Une histoire des Juifs de Pologne*, La Découverte, 2006

Montagnon Pierre, *Les Maquis de la Libération, 1942-1944*, Pygmalion, 2000

Parsus Joseph, *Malleval dans la Résistance*, première édition non datée (années 1990)

Sémelin Jacques, *La Survie des Juifs en France, 1940-1944*, CNRS, 2018

Wieviorka Olivier, *Histoire de la résistance, 1940-1945*, Perrin (Tempus), 2013

Quatrième République et Mouvement républicain populaire

Berstein Serge et Milza Pierre, *Histoire du XXe siècle, 1939-1953*, Hatier, 1987

Letamendia Pierre, *Le Mouvement républicain populaire. Histoire d'un grand parti français*, Beauchesne, 1995

Rioux Jean-Pierre, *La France de la IVe République. L'ardeur et la nécessité (1944-1952)*, Seuil, 1980

Le logement populaire et la Reconstruction

Croizé Jean-Claude, *Politique et configuration du logement en France (1900-1980)*, Sciences de l'homme et société, université de Nanterre-Paris-10, 2009

GAY-DUPUY Antonin, *Voyage au bout de Noisy. Étude sociale et urbaine du camp de l'abbé Pierre. Noisy-le-Grand 1954-1971*, Histoire, 2017

LE CORBUSIER, *La Ville radieuse*, L'architecture d'aujourd'hui, 1935

LEGOULLON Gwenaëlle, « La politique des cités d'urgence, 1954-1958 », mémoire de maîtrise, Université Paris-1, Centre d'histoire sociale des mondes contemporains, 2000

STÉBÉ Jean-Marc, *Le Logement social en France*, Puf, 2011

VOLDMAN Danièle, *La Reconstruction des villes françaises de 1940 à 1954*, L'Harmattan, 1997

Fédéralisme et citoyens du monde

AUVRAY Michel, *Histoire des citoyens du monde. Un idéal en action de 1945 à nos jours*, Imago, 2020

Autres fondateurs, personnalités et mouvements sociaux

BÉRISÉ Claude, *Gëorgia Knap. L'inventeur troyen*, Maison du Boulanger, 1995

DRAPERI Jean-François, *Godin. Inventeur de l'économie sociale. Mutualiser, coopérer, s'associer*, Repas, 2008

DUBRULLE Luc, *Mgr Rodhain et le Secours catholique*, Desclée de Brouwer, 2008

GUERRAND Roger-Henri et MOISSINAC Christine, *Henri Sellier. Urbaniste et réformateur social*, La Découverte, 2005

HOUÉE Paul, *Louis Joseph Lebret. Un éveilleur d'humanité*, L'Atelier, 1997

MARREY Bernard, *L'Abbé Pierre et Jean Prouvé. La maison des jours meilleurs*, Linteau, 2010
VANHOVE Jean-Pascal, *L'Abbé Lemire*, Marais du livre, 2013

Négationnisme et génocide des Juifs

BURNIER Michel-Antoine et ROMANE Cécile, *Le Secret de l'abbé Pierre*, Mille et Une Nuits, 1996
HILBERG Raul, *La Destruction des Juifs d'Europe*, Gallimard (Folio), 1991
IGOUNET Valérie, *Histoire du négationnisme en France*, Seuil, 2000
MINARD Adrien et PRAZAN Michaël, *Roger Garaudy. Itinéraire d'un négateur*, Calmann-Lévy, 2007
POLIAKOV Léon, *Bréviaire de la haine. Le IIIe Reich et les Juifs*, Presses Pocket, 1993
VIENNET Jean-Marie, *Une parcelle de vérité*, Espace et Documents, Étouvans, s.d.

Achevé d'imprimer en octobre 2023
sur les presses de la Nouvelle Imprimerie Laballery
58500 Clamecy
Numéro d'impression : 310082

Imprimé en France

La Nouvelle Imprimerie Laballery est titulaire de la marque Imprim'Vert®